Gerd Krumeich

Als Hitler den Ersten Weltkrieg gewann

Gerd Krumeich

Als Hitler den Ersten Weltkrieg gewann

Die Nazis und die Deutschen 1921–1940

HERDER

FREIBURG · BASEL · WIEN

MIX
Papier | Fördert gute Waldnutzung
FSC® C014496

www.herder.de

Satz: Carsten Klein, Torgau
Herstellung: GGP Media GmbH, Pößneck

Printed in Germany

ISBN Print: 978-3-451-38568-1
ISBN E-Book (EPUB): 978-3-451-83282-6

Inhalt

Prolog

Ein Vater-Sohn-Gespräch um 1960

Ich (Jahrgang 1945): Papa, schau mal das Bild hier von eurer Straße. Da hängen so viele Hakenkreuzfahnen aus den Fenstern. Ihr wart doch alle Nazis!

Er (Jahrgang 1906): Nein, mein Sohn, so war das gar nicht. Nazi war doch nicht, wer die Fahne heraushängte. Nazi war, wer kam und fragte, warum man nicht geflaggt hatte und ob er das nicht melden solle.

Ein SOPADE-Bericht von 1934:

»Ein Bericht aus Südbayern meldet: Ehemalige fanatische Nazis, die früher an jedem Fenster Riesenfahnen hatten, hängen nur mehr eine Fahne hinaus. Es ist zu beobachten, dass die Nazis selbst oft viel weniger dekorieren als die Leute, von denen man weiß, dass sie es nur aus Angst und Zwang tun.«[1]

Vorwort

Der Titel dieses Buches ist eine Provokation. Denn über Hitler und den Nationalsozialismus ist zwar unendlich viel geschrieben worden, aber nach wie vor unterbelichtet erscheint mir der Aspekt des Einflusses des Ersten Weltkriegs auf die Akzeptanz der Deutschen für Hitler und seine Bewegung. Deshalb sei hier gleich meine Hauptthese genannt, nämlich: Ohne das Versprechen, die Niederlage von 1918, den »schandhaften« Friedensvertrag von Versailles 1919 zu tilgen, Deutschland wieder zu alter und neuer Größe zu führen, die zwei Millionen Gefallenen des Krieges zu ehren und ihrem Tod für das Vaterland einen neuen Sinn zu verleihen, hätte Hitler niemals die Unterstützung gefunden, die dazu führte, dass er 1933 die Macht übertragen bekam. Mit diesen Themen, die für die Deutschen jener Jahre zentrale Bedeutung hatten, gelang es ihm, in Politik und Gesellschaft den Einfluss zu gewinnen, den er als Anführer einer nur extrem nationalistischen, antisemitischen und mit Blut-und-Boden-Spinnereien und Straßengewalt auffallenden Extremistenpartei niemals erhalten hätte. Es geht mir also um die strukturelle Bedeutung des Ersten Weltkriegs für die »Machtergreifung« der Nationalsozialisten und für die Stabilisierung ihrer Herrschaft nach 1933.

Es gibt bislang keine Geschichte der Weimarer Republik, die das Trauma des verlorenen Krieges durchgehend verarbeitet hätte.[1] Man begnügt sich meist mit der Darstellung des Waffenstillstands von 1918 und des Versailler Friedensvertrags von 1919, wobei normalerweise darauf verwiesen wird, dass dieser Vertrag ja auch sehr gute Seiten gehabt habe, also keineswegs ein »Schandfrieden« gewesen ist, wie Generationen von Deutschen gemeint haben. Hinzu kommen immer wieder die geharnischte Abwehr der »Dolchstoßlegende« und die Beteuerung, dass davon überhaupt keine Rede sein könne, an der Niederlage von 1918 seien doch allein die Militärs schuld gewesen. Das lässt sich alles diskutieren, aber man sollte unterscheiden zwischen dem, was die Geschichtswissenschaft heute von all diesen Ereignissen und Verhältnissen weiß, und dem, was die Zeitgenossen davon wussten oder zu wissen glaubten und wovon sie überzeugt waren. Allein das damalige Wissen und die Überzeugungen der Menschen können erklären, was sie für wahr hielten und wem sie Glauben schenkten. Um ein Beispiel für diesen Zusammenhang zu nennen: Historiker haben herausgefunden, dass der sogenannte Kriegsschuldartikel des Versailler Vertrages, dem zufolge Deutschland Reparationen an die Siegermächte zahlen musste, weil es »als Verursacher« für alle Schäden verantwortlich sei, welche die alliierten Nationen erlitten hatten, überhaupt keine moralischen Implikationen gehabt, sondern nur die finanziellen Verpflichtungen des Verlierers geregelt habe. Auch das lässt sich diskutieren, aber fest steht, dass niemand in den Jahren nach 1919 so gedacht hat. Allen ging es um die klare Verbindung zwischen Schuld am Kriege, Schuld am Tod von etwa zehn Millionen Soldaten und ungeheuren Verwüstungen. Nur daran entzündeten sich Hass und Rachegedanken[2] und nur deshalb konnten Politiker wie Hitler Gehör finden, die versprachen, diesen »Schandvertrag« wieder abzuschaffen.

Was die Spezialliteratur angeht, so gibt es einige weiterführende Bücher zu der Frage, warum die Deutschen den Nationalsozialismus an die Macht gebracht haben.[3] Aber in keinem dieser Werke ist das Erbe des Weltkriegs zentral mit Hitlers Versprechen, die »Schmach« von Versailles zu tilgen und Deutschland wieder zu Ehre und Ansehen zu bringen. Deshalb habe ich mit diesem Buch versucht, in gewisser Weise neu anzusetzen, und exklusiv, ohne auf die vielen anderen Motivationsstränge für den Erfolg der Nationalsozialisten einzugehen, die Themen Bewältigung der Kriegsniederlage, Ehrung der Gefallenen, Heroisierung der »Frontkämpfer« in den Fokus der Betrachtung gestellt.

Sicherlich lässt sich auf diese Weise nur eine Teilerklärung für Hitlers Erfolg finden. Aber es ist zweifellos von Bedeutung, wenn erkannt wird, wie ungeheuer stark doch in allem, was die Nationalsozialisten dachten und taten, immer wieder auf den Großen Krieg von 1914 bis 1918 zurückgegriffen wurde. Es gibt keine Hitlerrede, die den Weltkrieg nicht thematisiert. Deshalb habe ich Hitlers Äußerungen zu diesem für ihn so zentralen Thema genau verfolgt und zu systematisieren begonnen, um die hauptsächlichen Weltkriegstopoi seines Redens und Schreiens offenzulegen. Und wenn man die Reaktionen der Zuhörer – auch der Frauen! – auf diese Reden liest, soweit sie protokollarisch überliefert sind, so war es meistens die Rede vom Krieg, von der Schande, von der Ehre und nicht zuletzt von den gefallenen zwei Millionen deutschen Soldaten, deren Opfer für das Vaterland doch nicht umsonst gewesen sein dürfe, die am meisten Erregung bzw. Beifall hervorrief. Hitlers Glaubwürdigkeit beruhte ja nicht zuletzt darauf, dass er die Menschen als jemand ansprach, der als »einer unter Millionen« den Krieg an der Front erlebt hatte, verwundet worden war und sogar das Eiserne Kreuz Erster Klasse (EK I) erhalten hatte – eine Auszeichnung für besonderen persönlichen Mut. Das wurde zwar schon in den 1920er Jahren angezweifelt und stimmte wohl auch nicht zur Gänze[4], war aber für die allermeisten Menschen, die ihm folgten oder zuhörten, unzweifelhaft wahr.

Doch es geht in diesem Buch keineswegs allein um Hitlers Reden vom Krieg und dessen Folgen. Mindestens so wichtig ist, wie die Nationalsozialisten den Ersten Weltkrieg permanent inszenierten. So ist bislang kaum bekannt, dass beispielsweise der erste große Parteitag der NSDAP 1929 in Nürnberg ganz und gar dem »Vermächtnis« des Weltkriegs gewidmet war, einschließlich Gefallenenehrung und einem »Riesenfeuerwerk«, welches das Fronterlebnis zehn Jahre nach Ende des Krieges zurückzuholen versprach. Wussten wir schon, wie stark auch nach 1933 das Gefallenengedenken durch den NS geprägt bzw. erneuert wurde und dass Hitler selbst schon 1925 einen Riesentriumphbogen skizziert hatte, auf dem die Namen aller zwei Millionen deutschen Gefallenen eingraviert sein sollten? Oder wie sehr sich die Nationalsozialisten um die Kriegsversehrten kümmerten? Sie versprachen ihnen, dass sie unter ihrer Herrschaft endlich die öffentliche Ehrung erhalten sollten, die ihnen Weimar fast ostentativ versagte. Sicherlich war das durch Spezialstudien erforscht, aber wenig davon ist in die allgemeine Geschichtsschreibung und damit in die öffentliche Kenntnis von Weimar und dem »Dritten Reich« vorgedrungen.

Hat Hitler die Deutschen zu Nazis gemacht? Wer war denn ein echter Nazi und wer hatte nur Respekt oder sogar Begeisterung für Hitler? »Wenn das der Führer wüsste«, war ja nicht von ungefähr eine verbreitete Redensart angesichts des braunen Bonzensumpfes, der sich nach 1933 über Deutschland ausbreitete. Es geschah zwischen 1933 und 1940 etwas Merkwürdiges, auf das ich beim Schreiben dieses Buches gestoßen bin und was weiterer Klärung bedarf. Wie weit ist eigentlich die »Gleichschaltung« der Deutschen durch den NS gegangen?

Hat es nicht zumindest in der Zeit von 1933 bis 1938/39 in gewisser Weise »zwei Kulturen« des NS gegeben? Eine für die überzeugten Nazis und eine andere für die Abermillionen Mitläufer und Menschen, die eigentlich mit der Ideologie der Nationalsozialisten, mit Rasse, Blut und Boden und mit ihrem extremen Antisemitismus wenig zu schaffen hatten? Die aber glaubten, dass Hitlers Vorstellung von »Volksgemeinschaft« so ziemlich mit dem übereinstimmte, was man selbst immer schon gedacht und gefühlt hatte. Man kann feststellen, dass »Volksgemeinschaft« ein zentraler Punkt in nahezu allen Programmen der politischen Parteien der Weimarer Republik war. Und wenige erkannten den spezifischen Unterschied zwischen den allgemein verbreiteten »Gemeinschafts«-Topoi und der brutalen, alle inneren Feinde ausschließenden Vorstellung des NS von der »Volksgemeinschaft« der »echten« Deutschen unter Ausschluss aller Andersdenkenden und »Fremdstämmigen«. Dies ist ein weiterer Fall, wo sich unser historisches Wissen extrem von dem unterscheidet, was die Zeitgenossen fühlten und dachten und was ihr Handeln bestimmte.

Bei genauerem Hinsehen zeigt sich auch, dass es kaum spezifische NS-Literatur zum Ersten Weltkrieg gegeben hat, weil die Nationalsozialisten nämlich einfach das fortführten, was schon vor 1933 in der Literatur des »soldatischen Nationalismus« üblich war. Und beim Kult um die Gefallenen des Weltkriegs, der nach 1933 stark gepflegt wurde, achtete man offensichtlich sorgsam darauf, die alten und die vielen neuen Denkmäler nicht mit spezifischen NS-Symbolen zu versehen und nicht umstandslos mit dem Kult um die »Gefallenen der Bewegung«, also die bei den Straßenkämpfen getöteten SA-Männer, zu vermischen. Es gibt viele solche Beispiele einer vorläufigen »kulturellen Zurückhaltung« des NS gegenüber dem Gros der Bevölkerung. Nach einem »Endsieg« wäre das sicher anders geworden, aber dazu ist es ja glücklicherweise nicht gekommen.

Diese relative Zurückhaltung des NS gegenüber den etablierten Denkweisen und Gefühlswerten aller »national« eingestellten Deutschen ist der Grund, so meine These, warum Hitler die Lösung des großen Traumas der Deutschen gelungen ist, nämlich die von kollektiver Begeisterung getragene Bewältigung der Niederlage von 1918.[5] Und dieser Enthusiasmus war umso größer, als der »Führer« ja nicht etwa einen weiteren Krieg versprach, sondern den Frieden Europas, der aus Deutschlands neuem Rang in der Welt erwachsen sollte. Ein wichtiges Indiz für diese Friedenssehnsucht sind die Frontkämpfer-Treffen der verschiedenen Nationen, wie sie Mitte der 1930er Jahre in Verdun, Freiburg, Besançon und Berlin durchgeführt wurden.

Nur wenige haben gewusst oder geahnt, wie groß die Lüge dieser Inszenierung der friedlichen Absichten des NS war. Das zeigen u.a.

die hier ausgewerteten Berichte der Exil-SPD über die Stimmung der deutschen Bevölkerung – die sogenannten SOPADE-Berichte – in den Jahren 1934 bis 1939.

Dieses Buch ist umfangreichem Quellen- und Literaturstudium entsprungen, aber es wird nichts wirklich zuvor ganz Unbekanntes präsentiert. Das war auch nicht die Absicht, weil mein Vorhaben, in die Tiefen der nationalsozialistischen Aneignung des Ersten Weltkriegs vorzudringen, ohnehin eine klare Bresche durch den Urwald der Forschungsliteratur zu Weimar und dem »Dritten Reich« schlagen musste. Darauf ist hier nicht näher einzugehen, die Fußnoten zu den einzelnen Kapiteln legen Rechenschaft über die verwendete Literatur ab.

Einiges von dem, was auf den folgenden Seiten ausgeführt wird, ist schon in eigenen Publikationen angesprochen worden. Viel wichtiger aber war das, was ich viele Jahre lang von meinen Studierenden aller Stufen habe lernen können. Von den Seminararbeiten bis zu den gedruckten Dissertationen haben sich doch viele von ihnen mit Aspekten dieses Themas beschäftigt und die Forschung weitergebracht. Eine erste Synthese konnten wir dann vor über zehn Jahren mit dem Tagungsband »Nationalsozialismus und Erster Weltkrieg« vorlegen.

An all diese Forschungen schließt dieses Buch an. Und es ist sicherlich nur ein weiterer Schritt auf dem noch tiefer umzugrabenden riesigen Feld der Wirkungsgeschichte des Ersten Weltkriegs für Weimar und den Nationalsozialismus.

I. Das Trauma des verlorenen Krieges

1. Revolution und Waffenstillstand

Mehr als 100 Jahre ist es jetzt her, dass der Erste Weltkrieg endete. Aber wie stark der Schatten dieser Vergangenheit noch auf uns lastet, mag die Tatsache verdeutlichen, dass in der Fülle der 2018/19 erschienenen Bücher, die der Revolution von 1918/19 gewidmet waren, niemand – auch nicht die Fachwissenschaftler – auf das damalige Hauptthema der so unversöhnlichen gesellschaftlichen und politischen Auseinandersetzung zu sprechen gekommen ist. Es ging dabei um die Frage, ob und in welcher Weise die Revolution dazu beigetragen hatte, dass Deutschland einen Waffenstillstand schließen musste, der wenig mehr war als eine bedingungslose Kapitulation.[1] Und danach hatte die Republik auch noch einen Friedensvertrag unterzeichnen müssen, in dem den Siegern bestätigt wurde, dass Deutschland allein schuld sei an diesem alles verwüstenden Krieg mit seinen wohl zehn Millionen getöteten Soldaten (davon ungefähr zwei Millionen Deutsche) und unermesslichen Sachschäden, für welche Reparationen in unvorstellbarer, zunächst nicht einmal konkret festgesetzter Höhe gezahlt werden sollten.

Mit dem Tag des Waffenstillstands begann deshalb die Suche nach den Verantwortlichen für diese Katastrophe. Weitsichtige Zeitgenossen wie der Theologe und liberale Politiker Ernst Troeltsch sahen schon damals voraus, wie sich die öffentliche Debatte entwickeln würde:

> *»Man wird von der Revolution heute noch nicht sagen können, ob sie vermeidbar war. Ob vermeidbar oder nicht, ein großes Unglück ist sie. Schon der Waffenstillstand wäre ohne sie nicht so entsetzlich geworden.«*[2]

In der Tat: Der Waffenstillstand vom 11. November 1918 war der *point of no return* sowohl des Kaiserreichs als auch – von später her gesehen – der Republik. Wie es dazu kam, hatte kommen können, war und blieb extrem kontrovers. Die heutige Historiografie ist im Wesentlichen der Ansicht, dass der Waffenstillstand schlicht die Konsequenz der bereits vollständig besiegelten Niederlage der deutschen Armee war, denn die deutschen Heere befanden sich überall auf dem Rückzug und es sei »nur noch« um einige Wochen oder ein paar Monate bis zum endgültigen Kriegsende gegangen.[3]

Ja, das wissen wir heute. In den Jahren nach 1918 aber war die große Streitfrage, ob es zum Zeitpunkt des Waffenstillstands noch militärische Alternativen gab, etwa die von Walther Rathenau im Oktober 1918 in die Diskussion eingebrachte und von vielen Politikern und Gruppen geteilte *levée en masse*:

> *»Die nationale Verteidigung, die Erhebung des Volkes muss eingeleitet, ein Verteidigungsamt errichtet werden […]. Einer erneuten Front werden andere Bedingungen geboten als einer ermüdeten. Wir wollen nicht Krieg, sondern Frieden. Doch nicht den Frieden der Unterwerfung.«*[4]

Auch führende Militärs waren der Ansicht, dass die Armee noch einige Wochen oder auch Monate würde Widerstand leisten können. Hier sei nur eine Stellungnahme von Generalleutnant Wilhelm Groener zitiert, der am 26. Oktober 1918 vom Kaiser zum Nachfolger von Erich von Ludendorff, dem »Generalquartiermeister« und strategischen Kopf des Heeres, ernannt worden war:

> *»Dass wir den Krieg dermaßen eingekreist nicht lange fortführen können, ist klar. [...] Wenn es [aber] gelingt, die Front noch einige Wochen zu halten, sind die militärischen Voraussetzungen zur Erreichung erträglicher Bedingungen nicht unwesentlich gebessert.«*[5]

War das vollkommen illusorisch? Quellenmäßig ist eine eindeutige Antwort wohl unmöglich, aber das ist mentalitätsgeschichtlich betrachtet unbedeutend. Entscheidend für meine Fragestellung ist, dass diese Auffassung massive Folgen für den politischen Diskurs der Weimarer Republik hatte. Das eklatanteste Beispiel ist Hitler, der in seinen Reden immer wieder betonte, dass die Revolutionäre doch hätten weiterkämpfen können, anstelle sich den Siegern bedingungslos zu ergeben. So sagte er in seiner Rede vom 9. November 1928 anlässlich zehn Jahren Waffenstillstand und des fünften Jahrestages seines Münchener Putsches, dass sich »Millionen von Deutschen« mit der Republik »versöhnt« hätten, wenn diese versucht hätte, die Verteidigung Deutschlands neu zu organisieren, anstatt den Waffenstillstand zu schließen.[6]

Wie aber sahen die alliierten Militärs die militärische Lage zu diesem Zeitpunkt? Die Quellen zeigen, dass niemand unter ihnen, weder auf französischer noch auf britischer oder amerikanischer Seite, glaubte, dass eine Niederlage Deutschlands unmittelbar bevorstehen könnte.[7] Im Gegenteil! Der Oberkommandierende der alliierten Streitkräfte, General Ferdinand Foch, nahm an, dass die für den November 1918 geplante Großoffensive in Lothringen keineswegs eine definitive Entscheidung erzwingen werde.[8] Man war sich zwar sicher, auf Dauer den Sieg davonzutragen, ging aber von der Notwendigkeit weiterer großer Offensiven aus, wie sie auch bereits für das Frühjahr 1919 geplant wurden.[9]

Am 18. Oktober 1918 kam es zu einer Konferenz der Armeeführer Frankreichs (Philippe Pétain) und Großbritanniens (Douglas Haig) unter Leitung des Oberkommandierenden Foch. Dieser machte hier noch einmal klar, dass eine Kapitulation des deutschen Heeres trotz aktueller Fortschritte der alliierten Offensiven nicht absehbar sei. Auch die französischen Truppen seien ebenfalls bereits stark ermüdet und wenig bereit, noch mit letzter Energie zu kämpfen.[10] Deshalb forderte Haig in dieser Sitzung auch, dass man dem fast, aber eben nicht zur Gänze geschlagenen Gegner milde Waffenstillstandsbedingungen stellen müsse. In der Sitzung vom 31. Oktober wurde diese vorsichtige Haltung der Alliierten deutlich. Man bestätigte die allgemeine Auffassung, dass vermieden werden solle, die Verhandlungen mit Deutschland durch »zu harte Forderungen« scheitern zu lassen.[11] Der französische Staatspräsident Raymond Poincaré hat in seinem Tagebuch unter dem 1. November 1918 notiert, ihm sei mitgeteilt worden, dass weder Foch noch Pétain an einen baldigen Sieg glaubten.[12] Am 4. November wiederum schlug der britische Premierminister Lloyd George den anderen Alliierten vor, mit Deutschland Geheimverhandlungen aufzunehmen, weil dann die deutsche Regierung konzessionsbereiter sein könne, als wenn die Forderungen öffentlich erhoben würden. Man solle doch am besten »Foch mit unseren Instruktionen zum Diskutieren [sic!] mit den Deutschen schicken«.[13] General Foch und der amerikanische Vertreter im Obersten Kriegsrat, Colonel Edward House, stimmten dem ausdrücklich zu.[14]

Dies alles wussten indessen die führenden deutschen Militärs genauso wenig wie die Politiker in der Heimat. Für Letztere war seit Anfang Oktober 1918 klar, dass man den Krieg unverzüglich beenden müsse, um einen »Einbruch« der alliierten Truppen in Deutschland zu vermeiden. Aber die Hoffnung war groß, dass die Gegner mit dem inzwischen ja parlamentarisch regierten Deutschland vernünftige Friedensbedingungen auf der Grundlage der »14 Punkte« Wilsons aushandeln würden.[15]

Das wiederum wussten die Kieler Matrosen nicht, als sie sich am 30. Oktober 1918 weigerten, zu einer vielleicht »ehrenvollen«, aber sicherlich nutzlosen Offensive auszulaufen, was ja der Startpunkt der Revolution von 1918/19 war, die dann mit der Ausrufung der Republik in Bayern durch Kurt Eisner am 8. November einen ersten Höhepunkt fand. Als an diesem 8. November die deutsche Waffenstillstandsdelegation unter Leitung von Matthias Erzberger im Wald von Rethondes bei Compiègne eintraf, wurde sie von Marschall Foch äußerst kühl mit der Bemerkung empfangen, man werde nicht verhandeln, sondern lediglich die Bedingungen verlesen. Und so geschah es. Die bis wenige Tage zuvor so massiven Bedenken der alliierten Führer vor einem möglichen Wiederaufflammen der Kämpfe waren nun verflogen. Und sicherlich wurde die Situation für die deutsche Delegation nicht besser durch die Bitte Erzbergers, man möge doch eine sofortige Waffenruhe anordnen, weil die deutsche Armee vollständig durcheinander sei und Deutschland deshalb bald vom Bolschewismus überflutet werde. Nur ein sofortiges Beenden der alliierten Angriffe könne die Disziplin der Truppe wieder herstellen und Deutschland retten.[16]

Die Alliierten konnten sich also nunmehr sicher sein, dass wegen der seit einer guten Woche überall in Deutschland aufflackernden Revolution eine Wiederaufnahme der Kämpfe ausgeschlossen war. Und es geschah auch genau das, was Theodor Wolff im *Berliner Tageblatt* bereits kurz vor Kriegsende befürchtet hatte, dass nämlich die politische Rechte und die Militärs künftig versuchen würden, den Zivilisten die Schuld am unrühmlichen Kriegsende zuzuschieben. Man werde den Truppen sagen, dass die Revolution ihnen verräterisch in den Rücken gefallen sei.[17]

Eine große Rolle bei der Ausbildung dieser so gewaltigen (und dann auch überaus gewalttätigen) Überzeugung nicht allein der äußersten Rechten spielte die Unterzeichnung des Kapitulationswaffenstillstandes am 11. November 1918 durch Matthias Erzberger als Repräsentanten der neuen demokratischen Republik.

Sonderanschlag

Gemeinschaftlich herausgegeben von den Ulmer Tagesblättern:

Tagblatt, Volksbote und Zeitung.

Druck und Verlag: „Südd. Verlagsanstalt Ulm" e. G. m. b. H. Verantwortlich: Direktor Dr. jur. W. Sedlmayr, Ulm.

Ausgegeben: Sonntag, 10. November 1918, nachmittags 7.00 Uhr.

Die Waffenstillstands-Bedingungen.

(Auszug.)

WTB. Berlin, 10. Nov. Amtlich. Folgendes ist ein Auszug aus den Waffenstillstandsbedingungen.

1. Inkrafttreten 6 Stunden nach Unterzeichnung.
2. Sofortige Räumung von Belgien, Frankreich, Elsaß-Lothringen binnen 14 Tagen. Was an Truppen noch zu dieser Zeit übrig bleibt, wird interniert oder kriegsgefangen.
3. Abzugeben sind 5000 Kanonen, zunächst schwere, 30 000 Maschinengewehre, 3000 Minenwerfer, 3000 Flugzeuge.
4. Räumung des linken Rheinufers. Mainz, Koblenz und Köln werden auf einen Radius von 30 Kilometers Tiefe vom Feinde besetzt.
5. Auf dem rechten Rheinufer sind 30 bis 40 Kilometer Tiefe neutrale Zone. Räumung innerhalb 11 Tagen.
6. Auf dem linken Rheinufergebiet darf nichts weggeführt werden. Alle Fabriken, Eisenbahnen usw. müssen intakt bleiben.
7. 5000 Lokomotiven, 150 000 Waggons, 10000 Kraftwagen sind abzugeben.
8. Unterhaltung der feindlichen Besatzungstruppen durch Deutschland.
9. Im Osten sind alle Truppen hinter die Grenze vom 1. August 1914 zurückzunehmen. Ein Termin dafür ist nicht angegeben.
10. Verzicht auf die Verträge von Brest-Litowsk und Bukarest.
11. Bedingungslose Kapitulation von Ostafrika.
12. Rückgabe des Bestands der belgischen Bank; des russischen und rumänischen Goldes.
13. Rückgabe der Kriegsgefangenen ohne Gegenseitigkeit.
14. Abgabe von 100 Unterseebooten, 8 Panzerkreuzern und 6 Dreadnoughts. Die übrigen Schiffe werden interniert und überwacht von Alliierten in neutralen oder alliierten Häfen.
15. Sicherung der freien Durchfahrt durch das Kategat; Wegräumung der Minenfelder und Besetzung aller Forts und Batterien, von denen aus die Durchfahrt behindert werden könnte.
16. Die Blockade bleibt bestehen. Die deutschen Schiffe dürfen weiter gekapert werden.
17. Alle von Deutschland über die Neutralen verhängten Beschränkungen der Schiffahrt werden aufgehoben.
18. Der Waffenstillstand dauert 30 Tage.

Deutscher Tagesbericht.

WTB. Großes Hauptquartier, 10. Nov. Amtlich.

Westlicher Kriegsschauplatz:

Zwischen der Schelde und der Maas ist der Feind gestern unseren Bewegungen über Bonsee-Leuze-St. Ghislain-Maubeuge-Trelon und über die Sormonne westlich von Charleville gefolgt. Auf den östlichen Maashöhen, in der Ebene der Woevre wurden mehrfach Vorstöße der Amerikaner abgewiesen.

Der Erste Generalquartiermeister: Gröner.

Verkaufspreis 5 Pfg.

Ein Extrablatt zu den Waffenstillstands-Bedingungen, wie es viele deutsche Zeitungen am 10. November1918 brachten.

Anlässlich der 100 Jahre der Ermordung von Erzberger (26. August 1921) ist in einer Vielzahl von Publikationen beklagt worden, dass Erzberger ja leider anstelle der für die Niederlage doch verantwortlichen Militärs – Ludendorff und Hindenburg – habe nach Compiègne fahren und die Unterzeichnung leisten müssen. In Wirklichkeit war die Sachlage sehr viel komplizierter. Denn der amerikanische Präsident Woodrow Wilson, an den die deutsche Regierung ihre Bitte um Vermittlung eines Waffenstillstands gerichtet hatte, ließ kurz und bündig mitteilen, dass die Alliierten keineswegs bereit seien, mit den Vertretern der verhassten preußischen Militärmonarchie, deren überwiegender Einfluss auch nach der »Parlamentarisierung« des Deutschen Reiches keineswegs gebrochen sei, überhaupt zu verhandeln:

> *»Wenn mit den militärischen Beherrschern und monarchistischen Autokraten Deutschlands jetzt verhandelt werden muss […] kann Deutschland über keine Friedensbedingungen verhandeln, sondern muss sich ergeben.«*[18]

Der seit dem 2. Oktober 1918 eingesetzten Regierung des Prinzen Max von Baden war diese Forderung im Übrigen keineswegs unrecht. Denn man ging davon aus, dass die Alliierten zwar nicht mit der alten Militärmonarchie verhandeln, wohl aber mit einer demokratisch legitimierten Regierung Deutschlands einen Verständigungsfrieden schließen wollten. Wilsons ursprüngliche Ablehnung zu harter Bedingungen für Deutschland aus Furcht vor einer »Bolschewisierung« des geschlagenen Gegners war ja auch sehr deutlich und damals schon bekannt.[19] Aber zweifellos hat die Revolution dazu geführt, dass solche Annahmen und Hoffnungen obsolet wurden und dass die neue Republik für die Niederlage verantwortlich gemacht wurde. Die zum allergrößten Teil dafür verantwortlichen Militärs und Kaiser Wilhelm II. wurden auf diese Weise entlastet, nahmen selbst regen Anteil an der Dolchstoßkampagne und stützten sie mit ihrer Autorität.

2. Der »Schandfrieden« von Versailles

In gewisser Weise lebten die Deutschen nach 1918 kurzfristig tatsächlich im »Traumland der Waffenstillstandsperiode«, wie es eine viel zitierte Notiz von Ernst Troeltsch in seinen so wachen Beobachtungen jener Zeit ausdrückt.[20]

Dies trifft insbesondere für jene zu, die lange, viel zu lange glaubten, dass die aus der Revolution geborene Republik von den Siegernationen begrüßt und in den Kreis der freien Völker aufgenommen werde. Beispielhaft für diese Hoffnung sind die Aktionen und Parolen von Kurt Eisner, dem durch die Revolution in Bayern zum Ministerpräsidenten avancierten linksradikalen Journalisten und Politiker, der unmittelbar nach der Proklamation der bayerischen Republik den folgenden Aufruf »An die Bevölkerung Münchens« erließ:

> *»Eine neue Zeit hebt an! Bayern will Deutschland für den Völkerbund rüsten. Die demokratische und soziale Republik Bayern hat die moralische Kraft, für Deutschland einen Frieden zu erwirken, der es vor dem Schlimmsten bewahrt.«*[21]

Und noch am selben Tag richtete Eisner einen Appell an die Alliierten, in dem es u. a. hieß:

> *»Wir beschwören Euch, die Regierungen wie die Völker, in einer Tat erhabener Selbstüberwindung die für Alle verhängnisvolle Liquidierung des Weltkrieges in gemeinsamer Arbeit der Sieger und Besiegten zu unternehmen.«*[22]

Spätestens mit dem Beginn der Friedensverhandlungen von Versailles, die nicht von ungefähr auf den 18. Januar 1919 gelegt worden waren[23], musste aber auch dem Gutgläubigsten klar werden, dass von einem solchen großen Pardon und einer Eingemeindung der deutschen Republik in den Kreis der freien Völker überhaupt keine Rede sein konnte. Zu sehr hatte insbesondere Frankreich unter dem Krieg und der deutschen (Teil)-Besetzung gelitten, zu schwer erträglich war die Verwüstung von nicht weniger als zehn Departements, zu groß war die Zahl der Gefallenen, deren Dimensionen man jetzt nach Kriegsende zu realisieren begann.[24]

Ein ungewöhnlicher Aufruf gegen den Versailler Vertrag.

Der Hass, den der Krieg geschürt hatte, war noch lange nicht überwunden, was dazu führte, dass mit den Deutschen nicht einmal über die Friedensbedingungen verhandelt wurde – ein absolutes Novum in der Geschichte von Friedensverträgen. Bei der Eröffnung des Versailler Kongresses am 18. Januar 1919 äußerte sich der französische Staatspräsident Raymond Poincaré gegenüber den Vertretern der Siegermächte folgendermaßen:

> *»Was Ihnen die Autorität verleiht, einen Frieden der Gerechtigkeit zu schaffen, ist die Tatsache, dass keines der von Ihnen vertretenen Völker irgendeinen Anteil an diesem Verbrechen hat, das zu einem noch nie dagewesenen Unheil geführt hat […]. Die blutdurchtränkte Wahrheit ist bereits aus den kaiserlichen Archiven ans Licht gekommen. Der vorsätzliche Charakter des Anschlags ist schon jetzt erwiesen.«*[25]

Auch der bereits am 28. März 1919 vorgelegte Bericht der »Schuldkommission« der Alliierten behauptete, dass Deutschland (und Österreich-Ungarn) den Krieg »mit Vorbedacht geplant« und ausgelöst hätte und dass man alles unternommen habe, um »die zahlreichen Vermittlungsvorschläge [der Entente-Mächte] beiseitezuschieben und ihre wiederholten Bemühungen, den Krieg zu verhüten, zunichtezumachen«.[26]

Am 7. Mai 1919 wurden schließlich der mit drei Monaten Verspätung nach Paris geladenen deutschen Delegation die Friedensbedingungen vorgelegt.[27] Besondere Empörung lösten die sogenannten Ehrparagrafen 227–230 aus, die es den Alliierten erlaubten, den Kaiser und führende Generäle der Deutschen wegen Kriegsverbrechen vor Gericht zu stellen, sowie der Artikel 231, der »Deutschland und seinen Verbündeten« die Alleinschuld am Krieg zuschrieb, aus der sich – noch nicht präzisierte – Zahlungsverpflichtungen ergaben.

Dieser Artikel hatte folgenden Wortlaut:

> *»Die alliierten und assoziierten Regierungen erklären, und Deutschland erkennt an, dass Deutschland und seine Verbündeten als Urheber für alle Verluste und Schäden verantwortlich sind, die die alliierten und assoziierten Regierungen und ihre Staatsangehörigen infolge des ihnen durch den Angriff Deutschlands und seiner Verbündeten aufgezwungenen Krieges erlitten haben.«*[28]

Der Leiter der deutschen Delegation, Graf Brockdorff-Rantzau, verlas am 7. Mai 1919 bei der Überreichung die folgende Antwort:

> *»Es wird von uns verlangt, dass wir uns als die allein Schuldigen am Kriege bekennen; ein solches Bekenntnis wäre in meinem Munde eine Lüge. Wir sind fern davon, jede Verantwortung dafür, dass es zu diesem Weltkrieg kam, und dass er so geführt wurde, von Deutschland abzuwälzen. […] Aber wir bestreiten nachdrücklich, dass Deutschland, dessen Volk überzeugt war, einen Verteidigungskrieg zu führen, allein mit der Schuld belastet wird.«*[29]

Diese Replik, die Brockdorff-Rantzau zudem noch im Sitzen vorlas, erzeugte großen Zorn bei den Alliierten. Von den meisten deutschen Historikern werden seit den 1970er Jahren diese Uneinsichtigkeit und das scheinbar skandalöse Verhalten als Hauptgrund dafür angesehen, dass die Verhandlungspositionen der Alliierten absolut unerbittlich wurden.[30] Ich habe an anderer Stelle nachzuweisen versucht, dass diese Einschätzung der Dramatik der damaligen Situation nicht gerecht wird.[31] Aber ungeachtet der Differenz in der historischen Beurteilung dieser Situation und der Absichten der Sieger bei der Formulierung des Kriegsschuldartikels bleibt unbenommen und wohl auch unbestritten, dass diese radikale Schuldzuweisung an die Deutschen ungeheuer starke Konsequenzen für die Entwicklung der Republik hatte. Denn Zorn und Wut über diesen »Schandparagrafen« waren und blieben gewaltig, wie allein schon die wiederholten Aufrufe der Reichsregierung zeigen, insbesondere die von 1924 anlässlich des zehnten Jahrestags des Kriegsausbruchs und von 1928 zur Erinnerung an das Weltkriegsende:

Die »Amtliche Kundgebung« vom 29. August 1924 hatte folgenden Wortlaut:

> *»Die uns durch den Versailler Vertrag unter dem Druck übermächtiger Gewalt auferlegte Feststellung, dass Deutschland den Weltkrieg durch seinen Angriff entfesselt habe, widerspricht den Tatsachen der Geschichte. Die Reichsregierung erklärt daher, dass sie diese Festlegung nicht anerkennt. Es ist eine gerechte Forderung des deutschen Volkes, von der Bürde dieser falschen Anklage befreit zu werden. Solange das nicht geschehen ist und solange ein Mitglied der Völkergemeinschaft zum Verbrecher an der Menschheit gestempelt wird, kann die wahre Verständigung und Versöhnung zwischen den Völkern nicht vollendet werden.«*[32]

Und im November 1928 hieß es in einer gemeinsamen Erklärung des Reichspräsidenten und der Reichsregierung:

> *»Der heutige Tag ist ein Tag der Trauer. Zehn Jahre sind verflossen, seit in Versailles deutsche Friedensunterhändler gezwungen waren, ihre Unterschrift unter eine Urkunde zu setzen, die für alle Freunde des Rechts und eines wahren Friedens eine bittere Enttäuschung bedeutete. […] Deutschland hat den Vertrag unterzeichnet, ohne damit anzuerkennen, dass das deutsche Volk der Urheber des Krieges sei. Dieser Vorwurf lässt unser Volk nicht zur Ruhe kommen und stört das Vertrauen unter den Nationen. Wir wissen uns eins mit allen Deutschen in der Zurückweisung der Behauptung der alleinigen Schuld Deutschlands am Kriege.«*[33]

Niemals konnte aber ein einhelliger Protest bzw. sogar eine gemeinsame Front der deutschen Parteien erreicht werden, da die durch die Revolution zunächst für einen Moment zum Schweigen gebrachte politische Rechte die Katastrophe von »Versailles« sofort und unmittelbar mit der deutschen Revolution verband. Ohne die Revolution hätte es diese erbärmliche Niederlage nicht gegeben, so wurde durchgehend argumentiert. Und die äußerste Rechte behauptete sogar, dass Deutschland ohne die Revolution siegreich aus dem Krieg hervorgegangen wäre und sich somit keinem »Schandfrieden« wie dem von Versailles hätte beugen müssen.

Bereits Ende 1930, als man auch in bürgerlichen Kreisen erkannte, welche Gewalt die NS-Bewegung zu entfalten fähig war, urteilte der damals schon hochgeachtete Historiker Friedrich Meinecke in einem Zeitungsartikel, dass »der Versailler Friede […] die letzte und stärkste Ursache des Nationalsozialismus« sei. Und weiter: »Der Versailler Friede aber ist zum gemeinsamen Schrittmacher für Bolschewismus und Nationalsozialismus in Deutschland geworden.«[34] In Meineckes Auffassung spiegelt sich die auch in der frühen Weimar-Historiografie überwiegende Meinung, dass Hitler nicht ein Produkt der spezifisch deutschen Geschichte und Fehlentwicklung gewesen ist, sondern im Grunde von den Alliierten und ihrem empörenden Zwangsfrieden zu verantworten sei. Dagegen hat sich seit den 1970er Jahren eine inzwischen etablierte und dominierende Forschungstradition gewandt, die das Gegenteil behauptete und ganz pointiert – zu pointiert! – auf die alleinige Provenienz der Hitlerei aus der Fehlentwicklung des deutschen »Sonderweges« pochte. Als Beispiel sei hier nur Peter Krügers Verdikt genannt, dass die Auffassung Meineckes ein schlichtes »Fehlurteil« gewesen sei.[35]

Sicherlich hat Meineckes Urteil – das so lange von vielen geteilt wurde – einen apologetischen Charakter. Gleichwohl bleibt festzuhalten, dass das Totalverdikt von Versailles nicht allein die Befürchtung nährte, dass Deutschland versuchen werde, sich so bald wie möglich mittels eines Revanchekrieges von diesen Fesseln zu befreien. Für die politische Entwicklung Deutschlands war es verheerend, dass die Enttäuschung über diesen »Schandfrieden« so weit ging, dass sofort die Suche nach den Schuldigen an dieser Katastrophe begann und sich auf den vermeintlichen »Dolchstoß« der Pazifisten und Antimilitaristen gegen das »im Felde unbesiegte« Heer konzentrierte.[36]

3. Dimensionen und Varianten des »Dolchstoßes«

Wenn heute von der Niederlage von 1918 die Rede ist, dann wird damit sofort die »Dolchstoßlegende« bzw. sogar die »Dolchstoßlüge« assoziiert. Diese Varianten sind aufschlussreich: Legenden haben ja meistens einen wahren oder realitätsnahen Kern, Lügen hingegen sind wissentlich falsche Behauptungen oder Zuschreibungen, die es aufzuklären gilt. Dies umso mehr, als die Nazis und andere Rechtsradikale behaupteten, dass Deutschland den Weltkrieg sicher gewonnen hätte, wenn es nicht von den Bolschewisten und den Juden bzw. kurz gefasst dem »jüdischen Bolschewismus« daran gehindert worden wäre.[37]

Diese grobschlächtige Lüge ist selbstverständlich indiskutabel und man muss sich fragen, wieso sie eine so breite Anhängerschaft finden konnte und warum diese Variante in der heutigen Geschichtswissenschaft noch so häufig mit dem »Dolchstoß« insgesamt identifiziert wird.[38] Historisch korrekter – und viel interessanter – ist allerdings die Problemstellung, von der die gesamte ursprüngliche Diskussion nach 1918 ausgegangen ist: Hat erst die Revolution dazu geführt, dass die auf Dauer zweifellos unvermeidliche Niederlage so plötzlich kam und zu einer veritablen Kapitulation wurde? Schon Hiller von Gaertringen hat dies in seiner Pionierstudie zum Dolchstoßtopos gezeigt, in der überzeugend herausgearbeitet wurde, dass diese »weiche« Variante des Dolchstoßvorwurfs in den Anfangsjahren der Republik vorherrschte, als die NS-Version vom jüdisch-bolschewistischen Verräter und dessen Dolchstoß in den Rücken des siegreich voranstürmenden Heeres nur eine Randexistenz führte.[39]

Karikatur aus dem Kladderadatsch *vom 30. November 1919 mit dem Titel: »An die Kurzsichtigen«. Eindeutig sind es also die Zivilisten, zumal eine »jüdisch« aussehende Frau, die den deutschen Soldaten zu Fall brachten.*

Ein gutes Beispiel hierfür findet sich in der Debatte über den Militäretat, die die Deutsche Nationalversammlung im Oktober 1919 führte.[40] Wie so häufig in Haushaltsdebatten nutzten die Fraktionen den Regierungsentwurf für grundsätzliche Stellungnahmen. Zu Beginn legte Albrecht von Graefe vom »völkischen« Flügel der äußerst rechts stehenden Deutschnationalen Volkspartei (DNVP) in einer mehr als zweistündigen Rede dar, wie die »alte Armee«, die bravourös gekämpft habe, keineswegs durch feindliche Übermacht besiegt, sondern »von hinten erdolcht« worden sei. Damit meinte er nicht nur die Aktivitäten der Linken während des Krieges, sondern auch schon die antimilitaristischen Proteste in der Vorkriegszeit, etwa in der »Zabern-Affäre« von 1913. Graefes Rede wurde häufig unterbrochen, die Erregung war groß. Das zeigte sich auch in den Repliken der Regierungsmitglieder Gustav Noske und Eduard David. Noske verteidigte die Unterzeichnung des Versailler Vertrages als unabänderlich und wies darauf hin, dass die Nationalversammlung beschlossen habe, die Meinung eines jeden Abgeordneten als gleichwertig zu respektieren. Man habe im Juni 1919 einmütig beschlossen, dass allen an der Abstimmung über den Vertrag Beteiligten zugebilligt werde, dass sie aus patriotischen Motiven gehandelt hätten.[41]

Eduard David hingegen legte den Finger in die große schwärende Wunde der deutschen Gesellschaft: Die nationale Einheit des »August 1914« sei in erster Linie durch die maßlosen Kriegsziele der Rechten angegriffen worden und deshalb schließlich zerbrochen. Denn die Einheit des »Augusterlebnisses« habe allein auf der allgemeinen Überzeugung beruht, dass Deutschland zur Verteidigung seiner Grenzen Krieg führen müsse. Die dann allmählich entstandenen Kriegszielprogramme der Rechten und der Wirtschaftsverbände seien einem »Machtwahnsinn« entsprungen. Mitglieder der rechten Fraktionen seien sogar an die Front gereist, um den Soldaten einzureden, dass es schließlich doch um mehr gehe als um die Vaterlandsverteidigung im engeren Sinne. Man habe Politiker und Intellektuelle, die auf dem reinen Verteidigungskrieg beharrten, als »Vaterlandsverräter« beschimpft und durch größenwahnsinnige Eroberungsziele die ursprüngliche Kraft der Einheit Deutschlands aufs Spiel gesetzt. Die Rechte und große Teile der Mitte hätten einen »Verständigungsfrieden«, wie ihn die Linke angestrebt habe, zugunsten irrwitziger Kriegsziele lautstark abgelehnt. Ohne Sinn und Verstand habe man bis zum Sommer 1918 behauptet, dass sogar der Kriegseintritt der USA Deutschlands Sieg nicht werde verhindern können. Es sei also eine grobe Entstellung der historischen Wahrheit, wenn man nunmehr die deutsche Niederlage als eine Folge der Revolution darstelle: »Das Volk weiß, wem es die Niederlage zu verdanken hat.«[42]

Als Beleg gab Eduard David u. a. maßlose Reden des Führers der Deutschkonservativen Partei, Kuno Graf Westarp, an. Westarps Stellungnahme von 1917 zu Friedensresolution und Kriegszielen war in der Tat so prototypisch für die exzessiven Kriegsziele der Rechten, dass sie noch Eingang in Wilhelm Mommsens »Deutsche Parteiprogramme« gefunden hat.[43]

Die Erregung über diese ganz unzweifelhaft sehr gut begründeten Anklagen wollte nicht abreißen und wurde noch verstärkt durch eine Intervention des badischen DDP-Abgeordneten Ludwig Haas, der sich energisch gegen Graefes angebliche Behauptung wehrte, die deutsche Armee sei von hinten erdolcht worden und die Revolution habe Deutschland um den Sieg gebracht. Hierbei kam es allerdings zu einer bemerkenswerten Reaktion, nämlich einem Zwischenruf seitens der Rechten: »Wann hat er [Graefe] von Sieg gesprochen? Davon hat er nicht gesprochen.« Haas und andere bestritten das, aber eine genaue Durchsicht von Graefes Rede zeigt, dass er in der Tat kein Wort von einem Dolchstoß gesagt hatte, welcher den Sieg Deutschlands verhindert habe. Graefe hatte nur ausgeführt, dass die deutsche Armee durch die Propaganda der Linken geschwächt worden sei und dass man mit einer weniger zersetzten Armee den Versailler Kapitulationsfrieden nicht hätte eingehen müssen. Das war genauso denkbar und bleibt diskutabel. Aber wichtig im hier verfolgten Zusammenhang ist, dass es zu jenem Zeitpunkt noch keineswegs eine Identifizierung der gesamten Rechten mit der radikal-nationalistischen Dolchstoßthese gab, dass nämlich die Linke mit ihrer antimilitaristischen Propaganda in Kriegszeiten und mit der Revolution einen sonst sicheren Sieg Deutschlands verhindert habe.

Dieser Streitpunkt war auch noch einige Jahre später keineswegs ausgeräumt, wie die Debatte im Untersuchungsausschuss des Reichstags über die Ursachen der Niederlage zeigt. Die Parteien konnten sich nach langen Jahren der Auseinandersetzung nur auf die Aussage einigen, dass die Mehrheitssozialdemokratie keine Schuld am Ausbruch der Revolution gehabt habe, die aus dem allgemeinen Verlangen entstanden sei, »den Krieg auf alle Fälle zu beenden«. Der Schlusssatz dieser Entschließung betraf genau das unlösbare Grundproblem:

> *»Die Frage, ob die Gegner Deutschlands ihre Waffenstillstandsbedingungen ermäßigt hätten, wenn das deutsche Volk sich zu letztem Widerstand bereit gezeigt hätte, ist ungeklärt geblieben.«*[44]

Man mag streiten, ob in dieser Hinsicht mehr hätte geschehen können und müssen, aber für die zeitgenössischen Militärs und die gemäßigten bzw. konservativen Kräfte im Reich stand fest, dass die Regierung sowie die Parteien der Linken und der Mitte nicht genug unternommen hätten, um die Bevölkerung vor Demoralisierung durch kommunistische bzw. alliierte Propaganda zu schützen. Dabei wurde aber geflissentlich übersehen, wie groß der Hunger und die Verzweiflung vor allem bei der Arbeiterbevölkerung geworden war, wie wenig es seit dem »Steckrübenwinter« von 1916/17 zu essen gab.[45] Man war in Deutschland so weit, dass die Soldaten von ihren Angehörigen angebettelt wurden, sie möchten doch Lebensmittel von der Front (bzw. aus der Etappe) in die Heimat schicken, was auch vielfach geschah.[46]

Die Behörden bemühten sich wohl, beispielsweise bei der Eindämmung des Januarstreiks der Metallarbeiter in Berlin 1918.[47] Sie waren aber zu halbherzig oder auch zu wenig zentral koordiniert, um wirksame Abhilfe schaffen zu können. Anders als in Frankreich, wo die

Regierung Clemenceau ab dem Spätherbst 1917 und der Erklärung eines »totalen« Krieges die pazifistischen und antimilitaristischen Bewegungen zu Landesverrat erklärte und dementsprechend unerbittlich verfolgte, geschah dies im Deutschen Reich nur sehr zögerlich, wenn überhaupt.[48] Im Unterschied zu dem von deutschen Truppen teilbesetzten Frankreich war das Deutsche Reich doch trotz allem dem Krieg ferner und keineswegs bereit oder fähig, es auf einen »totalen Krieg« ankommen zu lassen. Das zeigte sich auf vielen Ebenen – vom zögerlichen Regierungshandeln bis hin zu den Bestrebungen, den Krieg revolutionär zu beenden. Diese Haltung wurde dann nach dem Krieg der Republik von der Rechten immer wieder vorgeworfen. Allerdings übersah bzw. beschwieg die Rechte geflissentlich, dass sie selbst mit ihren unermesslichen Kriegszielforderungen erheblich zur Verlängerung und Ausdehnung des Krieges beigetragen hatte.[49]

Die Einigkeit des August 1914 war bald zerbröckelt und einer erbitterten Auseinandersetzung um Kriegsziele und Friedensabsichten gewichen, woran auch die Tatsache nichts änderte, dass die öffentliche Kriegszieldiskussion eine Zeit lang verboten wurde. Bereits im September 1916 forderte der Sozialwissenschaftler Hermann Plenge, dessen Buch über den »Krieg und die Volkswirtschaft« von 1915 damals stark rezipiert wurde und der als »Erfinder« des Konzepts einer neuen »Volksgemeinschaft« durch den Krieg gilt, die Heimat auf, genauso ihre Pflicht zu tun wie das Heer.[50]

Diese Frage der Kriegs- und Friedensziele wühlte die deutsche Öffentlichkeit auf und verstärkte nach dem Krieg die politische Polarisierung. Denn durch eine Reihe von Veröffentlichungen wurden jetzt, kurz nach Abschluss des so schlechten Friedens, die maßlosen Kriegszielforderungen von Verbänden und Parteien während des Krieges bekannt.[51] Auch die inzwischen allmählich publizierten Dokumentationen zur Schuld am Ausbruch des Ersten Weltkriegs, welche eine zumindest starke Mitschuld des kaiserlichen Deutschland unabweisbar machten, haben zu dieser Erregung mächtig beigesteuert.

Von da an gehörte die Klage über die »Lüge vom Verteidigungskrieg« zu den Kernthemen der Linken. Bereits Ende November 1918 erklärte der sozialdemokratische *Vorwärts*, das deutsche Volk sei seit Juli 1914 systematisch belogen worden. Wilhelms II. Aufruf »An das deutsche Volk« vom 4. August 1914 mit dem Kernsatz »Mitten im Frieden überfällt uns der Feind« sei nichts als eine »bodenlos-freche, niederträchtige, schamlose Lüge« gewesen.[52] Und die *Weltbühne* verlegte sich seit dem Januar 1919 auf den Nachweis, dass von einem Verteidigungskrieg der Deutschen keine Rede sein könne:

> »*Vier Jahre lang ist das deutsche Volk von seinen Machthabern belogen und betrogen worden und hat geglaubt, gegen den tückisch-hinterlistigen Überfall einer Welt von Feinden zu kämpfen.*«[53]

Es muss auch in Erinnerung gerufen werden, dass wenige Wochen vor diesem eben erzählten Zusammenprall in der Nationalversammlung zum ersten Mal die konkreten Zahlen der deutschen »Kriegsverluste« offiziell bekannt gegeben worden waren. Erst jetzt erkannten die Deutschen, dass dieser verlorene Krieg, an dem sie allein Schuld tragen sollten, ungefähr zwei Millionen tote Soldaten und wohl 4,5 Millionen Verwundete gefordert hatte. Den Schock, den dieses Wissen ausgelöst haben muss, können wir bislang nur erahnen. Man kann jedoch davon ausgehen, dass sich dadurch die Frage nach dem Sinn des Krieges, nach Kriegsschuld und Ursache der Niederlage noch tiefer in das (Unter)-Bewusstsein der Menschen eingefressen hat, als dies ohnehin schon seit Ende 1918 der Fall war. Anders ist die ungeheure Schärfe und Dauerhaftigkeit der Auseinandersetzung um Niederlage, Kriegsschuld und Dolchstoß, welche die Politik der Weimarer Republik von Anfang bis Ende bestimmte, nicht zu erklären.

4. Auf der Suche nach der »Volksgemeinschaft«

Die somit von vornherein tief zerklüftete Weimarer Gesellschaft blieb wohl gerade wegen dieser grundlegenden und oft unerträglichen Spannung von der Suche nach innerer Einigkeit beherrscht, für die das »Augusterlebnis« des Kriegsbeginns als Vorbild diente. Der Ausspruch des Kaisers vom 3. August 1914, dass er keine Parteien mehr kenne, sondern »nur Deutsche«, blieb eine Utopie, die aber den allermeisten Deutschen als Sehnsucht nach einer »guten alten Zeit« zutiefst am Herzen lag.[54] Dies umso mehr, als es bereits während des Krieges vielseitige Bemühungen gegeben hatte, das »Augusterlebnis« zu verlängern, auf stabile gesellschaftliche Füße zu stellen. Insbesondere das schon seit 1914 zu beobachtende Streben nach einer »Volksgemeinschaft«, die es jenseits der schädlichen Parteipolitik zu erringen und zu bewahren gelte, war weitverbreitet und wurde auch als Modell für die Gestaltung von Deutschlands Zukunft eingefordert.[55] Wohl zum ersten Mal geschah dies ganz explizit in einer Reichstagsrede des Kanzlers Bethmann-Hollweg, der am 2. Dezember 1914 den Dank des Kaisers an die ganze Nation überbrachte »für die beispiellose Aufopferung und Hingabe, [...] die von allen Schichten des Volkes ohne Unterschied geleistet worden ist«. Bethmanns Rede, die im Wesentlichen von »Einkreisung« und »Verteidigungskrieg« handelte, schloss mit der Apotheose einer künftigen Volksgemeinschaft trotz des in Friedenszeiten unerlässlichen politischen Kampfes:

> *»Dieser wunderbare Geist, der die Herzen des deutschen Volkes durchglüht in nie gesehener Einigkeit, in der unbedingten Hingabe des einen an den anderen, der muss und der wird siegreich bleiben. Und wenn ein ruhmvoller, ein glücklicher Friede erkämpft sein wird, dann wollen wir diesen Geist hochhalten als das heiligste Vermächtnis.«*[56]

Steffen Bruendel hat gezeigt, wie sich hieraus die Idee einer »Volksgemeinschaft« entwickelte, die in den ersten beiden Kriegsjahren noch nicht wirklich kontrovers diskutiert bzw. eingefordert wurde. Man war sich weitgehend einig, dass es gelte, den »Geist von 1914« in irgendeiner Weise gesellschaftlich auszubauen. Sicherlich gab es Unterschiede in der Auffassung der konkreten Gestaltung dieser Vision. Die einen glaubten, die Gemeinsamkeit aller Deutschen durch eine weitere Demokratisierung der Gesellschaft erreichen zu können, die anderen wollten eher »korporative« Ideen beständig machen bzw. alte ständische Gesellschaftsmodelle wieder beleben. Und nach 1916, als sich die Kluft zwischen Anhängern eines »Verständigungsfriedens« und jenen, die einen »Siegfrieden« forderten, zuspitzte, verlor die Gemeinschaftsidee viel von ihrer ursprünglichen Zugkraft. Gleichwohl blieb die Sehnsucht nach der großen Zeit der inneren Einigkeit und des »Augusterlebnisses« auf der Linken, in der Mitte und auf der Rechten erhalten.[57]

Die unmittelbar nach dem Krieg veröffentlichten Programme der verschiedenen Parteien zeigen, wie stark die Hoffnung auf eine die Spaltung der Gesellschaft überwindende »Volksgemeinschaft« in Erinnerung an den »August 14« war und blieb.[58] So heißt es im (kurzlebigen) Görlitzer Programm der SPD von 1921, dass das Recht »aller Volksgenossen an den Kulturgütern« das »oberste Erziehungsrecht der Volksgemeinschaft« sein solle. Und wenige Zeilen weiter wird noch präzisiert: »Erziehung des heranwachsenden Menschen in der Familie, in der Schule und der freien Jugendbewegung zum bewussten Glied der sozialen Volks- und Menschheitsgemeinschaft, zu den Idealen der Republik, der sozialen Pflichterfüllung und des Weltfriedens.«[59] Zwar tauchte das Wort im Heidelberger Programm der Sozialdemokraten von 1925 nicht mehr auf, blieb aber gleichwohl zentral für Einstellungen und Politik der gemäßigten Sozialdemokratie und war etwa in den Reden von Friedrich Ebert bis zu dessen Tod im Jahre 1925 eine Art Leitmotiv.[60] Es ist bemerkenswert, dass gerade die Sozialdemokraten in den frühen Jahren der Weimarer Republik den Gedanken einer »Volksgemeinschaft« hochhielten, denn dieses Konzept konkretisierte Integration und Partizipation der so viele Jahrzehnte als »vaterlandslose Gesellen« diffamierten Bewegung. Nach den Erfahrungen des Weltkriegs hoffte man hier, »das Gefühlsvakuum bei den eigenen Anhängern zu besetzen und der politischen Rechten ihr Monopol für Begriffe wie Vaterland und Volk streitig zu machen«.[61] Am 17. Januar 1919 publizierte der *Vorwärts* einen von Gerhard Hauptmann, dem damals wohl bekanntesten und beliebtesten deutschen Schriftsteller, verfassten Aufruf »Für das neue Deutschland«, der für die Überwindung der »jämmerlichen Parteiungen« Deutschlands plädierte und in dem es hieß:

> *»Solange die Bauleute streiten, entsteht kein Bau. Einig und in Ahnung eines höchsten vorhandenen Planes muss Stein auf Stein vermauert werden. Zum ersten Mal ist der deutsche Genius ganz auf sich selbst gestellt, um sein Land, sein Haus, seinen Tempel aufzurichten.«*[62]

Das Programm der katholischen Zentrumspartei wiederum machte Vorschläge, wie jedem »Volksgenossen« ein menschenwürdiges Dasein beschert werden könne: Auch die »deutsche Kulturpolitik muss auf die Erneuerung und Festigung der geistigen und sittlichen Volksgemeinschaft abzielen«.[63]

Die linksbürgerliche Deutsche Demokratische Partei (DDP) hatte zwar nicht das Wort »Volksgemeinschaft« in ihrem Programm vom Dezember 1919, aber man betonte dort die »Einheit des ganzen Volkes«; die »Volksgenossen« sollten in einem »Volksstaat« miteinander verbunden sein, sodass die Deutschen insgesamt einen »einheitlichen Körper« bilden könnten.[64] Nach der Untersuchung von Retterath stand der Volksgemeinschaftstopos bei den Reichstagswahlen von 1924 im Zentrum der Agitation und gehörte auch noch in den Wahlkämpfen von 1928 bis 1930 zu den Kernthemen der linksliberalen Parteien.[65]

Wie groß das Verlangen nach einer Gemeinschaft des Volkes in der politischen Mitte und gemäßigten Linken war, zeigt ein zum Jahreswechsel 1923/24 in der *Frankfurter Zeitung* publizierter offener Brief an den Reichspräsidenten, den Münchener Persönlichkeiten wie Erhard Auer, Wilhelm Hoegner, Georg Kerschensteiner, Lujo Brentano, Thomas Mann u. a. veröffentlichten. Die Unterzeichner konstatierten darin die »Krise des deutschen Volkes« und forderten Aktivitäten zur Stärkung des inneren Zusammenhalts ein. Man dürfe sich nicht bis aufs Messer bekämpfen, sondern müsse das »Bewusstsein der unentrinnbaren Schicksalsgemeinschaft« und das »Gefühl für den Wert der Volksgemeinschaft« behalten. Insbesondere dürften die wirtschaftlichen Gegensätze nicht dazu führen, dass die »Volkseinheit« aufgekündigt werde.[66]

Die rechtsbürgerliche Deutsche Volkspartei (DVP), anfänglich in scharfer Opposition zum Weimarer Staat, erwähnte im Grundsatzprogramm vom Oktober 1919 ziemlich beiläufig den Wunsch, das deutsche Volk im Kreis der Völkergemeinschaft genauso aufgehoben zu sehen, »wie es für den einzelnen in der Volksgemeinschaft« der Fall sei.[67] Dahingegen kreiste die am äußersten rechten Rand des parlamentarischen Spektrums stehende Deutschnationale Volkspartei (DNVP) in ihren »Grundsätzen« von 1920 ganz um dieses Konzept:

> *»Wir wollen aufrufen zu der opferwilligen Arbeitsbereitschaft, zu der jeder Volksgenosse dem Vaterland gegenüber verpflichtet ist. Auf unserer inneren Geschlossenheit, auf der warmherzigen, alle Volksgenossen erfassenden brüderlichen Gesinnung ruht Rettung, Heil, Zukunft der deutschen Volksgemeinschaft.«*[68]

Nur nebenbei wurden hier die Grenzen der Gemeinschaft definiert, wenn vom Kampf »gegen jeden zersetzenden, undeutschen Geist, mag er von jüdischen oder anderen Kreisen ausgehen«, polemisiert wurde. Die gesamten Programme der wichtigsten Parteien enthielten keine darüber hinausgehenden Ausschließungen. Und das Wort »Volksgenosse«

scheint damals genauso selbstverständlich gewesen zu sein, wie es für uns heute der »Mitbürger« ist.

Nur im Programm der NSDAP, wie es 1920 festgelegt und als unveränderbar deklariert wurde, finden sich solche Exklusionen zuhauf. Und so exklusiv-spalterisch, wie sich dieses extravagante Programm einer damaligen Minipartei gab, so bezeichnend ist es, dass »Volksgemeinschaft« darin nicht vorkommt. Die später so dominierende Diktion mit ihrer Betonung des »exklusiven« Charakters der Volksgemeinschaft unter Ausschluss aller »rassisch« oder politisch Entgegenstehenden war hier natürlich schon angelegt und kam auch im exzessiven Gebrauch des Kunstworts »Volkskörper« zum Vorschein.[69] Entscheidend aber ist – und darauf wird ausführlich zurückzukommen sein –, dass die Nationalsozialisten sich wohl Ende der 1920er Jahre eines im öffentlichen Bewusstsein zentralen und politisch recht inoffensiven Terminus bedienen konnten, ohne dabei viel Argwohn zu erregen, so geläufig waren ja Wort und Konzept der erstrebenswerten Gemeinschaft aller Deutschen. Hitler hat auch immer wieder versucht, rhetorisch den »exkludierenden« Charakter seiner Vorstellung von der Volksgemeinschaft zu verwischen. Etwa wenn er auf einer Rede in Zwickau am 15. Juli 1925 ausführte, dass die wahre Volksgemeinschaft auf sozialer Gerechtigkeit basiere und die »Harmonie der körperlichen und geistigen Stärke des Volkes« sei.[70]

Wenn, wie Ian Kershaw geurteilt hat, Hitler und seine Partei den Anspruch hatten, die gefühlte Gemeinschaft des August 1914 in einen permanenten Zustand zu überführen, so wurden dabei immer auch »Gemeinschaftsfeinde« mitgedacht und mitgesagt. Gleichwohl wurde der Volksgemeinschaftsgedanke einer der wichtigsten Anknüpfungspunkte zwischen den Erwartungen des Bürgertums und der NS-Ideologie.[71] Oder, wie es Hans-Ulrich Thamer lakonisch ausgedrückt hat:

> *»Dass in der nationalsozialistischen Gemeinschaftsideologie […] zugleich auch die Exklusion von ›Gemeinschaftsfremden‹ einbegrif-*

fen war, nahmen die meisten Zeitgenossen achselzuckend oder auch billigend zur Kenntnis.«[72]

5. Von der Frontkameradschaft zur Volksgemeinschaft?

Wie aber konnte sich das doch ebenso vage wie umfassende Konzept einer »Volksgemeinschaft« konkretisieren? Angesichts der vielen Millionen gerade heimkehrender Soldaten war es naheliegend, den während der Kriegsjahre doch immer so hochgehaltenen Frontgeist zu beschwören. So wurden immer wieder die soldatische Kameradschaft und die »Frontgemeinschaft« zum Vorbild einer künftigen Gesellschaft stilisiert.[73]

Der Topos trat zunächst in mehr oder weniger aggressiven Varianten auf. Es konnte die einfache Hochschätzung des von den Soldaten Geleisteten bzw. Erlittenen sein, wie sie in allen Fest- und Gedenkreden gepflegt wurde. Zu diesem Redetypus gehörte auch die Versicherung, dass die Soldaten »im Felde unbesiegt« geblieben seien und die Heimat ihnen zu größtem Dank verpflichtet sei, weil sie das Vaterland vor dem Eindringen der Feinde geschützt hatten. Die heute noch bekannteste Äußerung dieser Art ist die Begrüßung der heimkehrenden Fronttruppen durch den Regierungschef Friedrich Ebert:

> *»Kameraden, willkommen in der Deutschen Republik! […] Eure Opfer und Taten sind ohne Beispiel. Kein Feind hat Euch überwunden. […] Unendliche Leiden habt Ihr erduldet, unvergängliche, fast übermenschliche Taten vollbracht […] Ihr habt die Heimat vor feindlichem Einfall geschützt, Ihr habt Euren Frauen und Kindern, Euren Eltern den Mord und Brand des Krieges ferngehalten, Deutschlands Fluren und Werkstätten vor Verwüstung und Zerstörung bewahrt. Dafür dankt Euch die Heimat in überströmendem Gefühl.«*[74]

Alfred Döblin hat in seiner »Heimkehr der Fronttruppen«, den ein Vierteljahrhundert später verfassten Collagen aus zeitgenössischem Material, noch bemerkt, dass Ebert den Frontsoldaten geschmeichelt habe, so groß sei die Furcht vor deren Zorn gewesen.[75] Das ist im Wissen um das, was sich dann später ereignet, geschrieben worden und entsprach nicht der tatsächlichen Situation Ende 1918. Denn 1918/19 konnte die Regierung durchaus noch auf reguläre Fronttruppen-Einheiten zurückgreifen, wenn es um die Bekämpfung der überall aufflackernden Unruhen und Revolutionsversuche von München bis Berlin ging. Der bereits Ende 1918 gegründete Stahlhelm, Bund der Frontsoldaten, formulierte schon bald den Führungsanspruch der »Frontkämpfer«:

> *»Wir, die wir im Felde gestanden haben, jahrelang, Not, Tod und Entbehrungen getragen, sind der stärkste, wertvollste Teil des Volkes.«*[76]

Und im »Führer-Handbuch« derselben Vereinigung aus dem Jahre 1925 hieß es, dass die Quintessenz der Vereinigung »die Volksgemeinschaft auf Grundlage der im Trommelfeuer geborenen Kameradschaft« sei.[77]

Eine sehr frühe und für diesen Zeitpunkt ganz außergewöhnlich aggressive Variante des Führungsanspruchs der Frontsoldaten in der zivilen Gesellschaft bildet ein Pamphlet von Franz Schauwecker aus dem Jahre 1921. Schauwecker war einer der wenigen aus dem Krieg heimkehrenden Soldaten, der bereits unmittelbar nach dem Krieg fähig war, das »Fronterlebnis« in allen schrecklichen Details zu schildern. Sein schmales Buch »Im Todesrachen« aus dem Jahre 1919 ist an Intensität wohl nur mit dem gleichzeitig erschienenen »Seelenleben des Soldaten an der Front« des Feldgeistlichen Ludwig Scholz zu vergleichen. Schon hier kam die Frustration des »Unbesiegten« gegenüber einer Heimat zum Ausdruck, die vom Krieg und dem großen Einsatz und Leid der Soldaten nichts mehr wissen wollte:

»[Der deutsche Soldat] siegte, siegte, siegte, bis er unterlag, nicht dem höheren Geist, der höheren Sittlichkeit – nein, der stumpfen Masse. Und dann nahm er sein Gewehr über die Schulter und marschierte mit Gesang und Blumen, Fahnen und Schleifen, Stolz im Herzen in seine wunde Heimat, in die Revolution derer, die nichts für ihr Vaterland getan als geredet, gezankt, geschimpft und gescholten.«[78]

Zwei Jahre später erneuerte Schauwecker in einem mit »Gedenke!« überschriebenen Beitrag zu einer zweibändigen Aufsatzsammlung mit dem bezeichnenden Titel »Im Felde unbesiegt« diese Drohung:

»Eine Masse kommt heran, grau, dicht gedrängt […] und ich sehe das deutsche Heer des großen Krieges, das aufsteht, das herannaht, dessen Marsch wie der mächtig schwellende Atem einer gewaltigen Brust ist […] Sieg wühlt in den Falten der Fahnen und Standarten über ihnen. Sie kommen heran, unaufhaltsam und ungeheuer wie das Wandern des Meeres. […] Euch alle schmolz die Flamme des Vaterlandes in eins, in ein neues Wesen, das Heer heißt und Volk in Waffen. […] Und ich vernehme diese harte und gewaltige Stimme, die von dem großen Kriege redet und singt, klagt und anklagt, die Stimme der Unerbittlichkeit, des Ruhmes, der Größe, die feierliche Stimme des Todes, der Schlacht und des Vaterlandes, die hinweghallt über die Massen.«[79]

Der Hass auf das »System« entwickelte sich also erst in dem Maße, wie die Republik sich sowohl dem Versailler Diktat beugte als auch den Anspruch der heimgekehrten Soldaten auf Ehrung und auf einen besonderen Platz in der Republik überhaupt nicht erfüllte.[80] Das erkannte im Rückblick auf diese Anfangsjahre auch Kurt Tucholsky, dessen *Weltbühne* eines der wichtigsten Foren des Antimilitarismus und des Kampfes gegen den neuen soldatischen Nationalismus war:

»Kein Mensch vermag eine ganze Epoche seines Daseins als sinnlos zu empfinden. Er muss sich einen Vers darauf machen. Er kann seine Leiden verfluchen oder loben, zu verdrängen versuchen oder sie lebendig halten – aber dass sie sinnlos gewesen seien, das kann er nicht annehmen. Der Pazifismus hat seinen großen Augenblick versäumt, welcher das Ende des Jahres 1918 war. Wir haben den Millionen, die zurückgekehrt sind, kein seelisches Äquivalent für ihre Leiden gegeben – hätte man die Krüppel als Opfer einer Idee gefeiert, so wäre das im Menschen wohnende Element der lebensnotwendigen Eitelkeit Triebfeder zum Frieden, zur Kriegsverneinung geworden. Die andre Seite hat diese geborenen Agenten des Pazifismus eingefangen.«[81]

Richard Bessel hat zu Recht geurteilt, dass die Konstruktion des »heroischen« und »unbesiegten« Heldensoldaten, der von den Zivilisten gedolchstoßt worden sei bzw. zumindest in der Heimat schlecht empfangen wurde, für Millionen Deutsche in der gesamten Zeit der Weimarer Republik unverändert erhalten geblieben ist und die schlimmsten Konsequenzen für die Radikalisierung der Feindschaft zwischen den politischen Lagern gehabt hat.[82]

An diesem zutreffenden Gesamtbefund kann auch der berechtigte Einwand, dass doch an vielen Orten die Soldaten gut empfangen und integriert wurden, nichts ändern.[83] Denn wie konnte es geschehen, dass trotz des weithin freundlichen Empfangs die Erzählung von mangelnder Emphase oder sogar von einer Missachtung der Zivilisten für die aus dem Krieg Heimgekehrten so dominierend blieb? Trotz aller Wertschätzung, allem Beifall und aller Bestätigungen, dass »kein Feind« die deutschen Truppen besiegt habe, blieb doch eine große Bitterkeit zurück. Und dafür war das stetige Bemühen der Republik verantwortlich, so wenig wie möglich vom verlorenen Krieg zu sprechen, seine schrecklichen Wunden eher zu verdecken, als in kommunikative Strukturen, in ein dauerhaftes Verhältnis des Danks und

Respekts für die heimgekehrten Krieger umzuschreiben. Es gab keine Feiertage oder -stunden für den unbekannten Soldaten, keine öffentliche Ehrung der Frontkämpfer, auch nicht der »Kriegsbeschädigten«, sondern immer wieder die Versuche, die Besonderheit des soldatischen Opfers gegenüber den Leiden der zivilen Bevölkerung zu relativieren.[84]

Gerhard Hauptmann hat dieses große Defizit bereits im Juni 1919 in seinem Tagebuch kritisch angemerkt:

> *»Und nun W. R.[athenau]. Warum dieses Mitleid mit den Lebenden? Warum nichts, kein geringstes, mit den Toten? Warum nicht das geringste Verweilen bei den Toten? (Millionen). Warum die Schrecken für die Lebenden malen, die doch auch nur sterben können.«*[85]

Für mich bleibt es schwer zu begreifen, warum die Weimarer Republik die Kriegsverwundeten mit denjenigen rechtlich gleichstellte, die einen Arbeitsunfall gehabt hatten. Welch ein Unterschied etwa zu Frankreich, wo ebendiese Verwundeten einen ganz besonderen Rang in der Gesellschaft erhielten und behielten, sodass sogar eine heute noch bestehende Lotterie für sie geschaffen wurde – *les gueules cassées*. Die jährliche Totenehrung am 11. November, das Errichten von Kriegerdenkmälern per staatlicher Anordnung in jeder einzelnen Gemeinde, all das fehlte in Deutschland und ließ die Wunden auch derjenigen schwären, die nicht ins Lager der Gegner der Republik gehörten. Selbstverständlich war dieses Missverhältnis zwischen Kriegsleid und öffentlicher Ehrung auch Wasser auf die Mühlen der Feinde der Republik.[86]

6. Ein neuer Antisemitismus

Die Begründung des Burgfriedens vom August 1914 war das Wort Wilhelms II., dass er keine »Parteien« mehr kenne, sondern »nur Deutsche«. Dieses nicht von ungefähr berühmt gewordene »Kaiserwort« war zwar auf die aktuelle Situation bezogen, wo alle Deutschen wie in einer belagerten Burg zusammenstehen müssten, eröffnete aber die Perspektive auf vollständige Integration sowohl der Katholiken als auch der Menschen jüdischen Glaubens. Das war insofern besonders bemerkenswert, als doch seit Langem der Antisemitismus ein sehr starkes Element auch des deutschen Nationalismus war. Wenn Wilhelm II. damals wohl noch kein radikaler Antisemit war (zu dem er sich wenig später entwickeln sollte) und den engen Umgang mit jüdischen Honoratioren wie Albert Ballin pflegte, so war doch in adeligen und großbürgerlichen Kreisen ein massiver Antisemitismus gang und gäbe. Studentische Verbindungen schlossen Juden aus und es gab explizit antisemitische Vereinigungen, wie den erst 1912 gegründeten Verband gegen die Überhebung des Judentums. Höhere Beamtenpositionen und Offiziersstellen im Heer waren Juden ganz regelmäßig unzugänglich gewesen, was sich allerdings während des Krieges durch den Mangel an Offiziersersatz leicht änderte und auch gleich die Antisemiten in Wut versetzte.

Daher war das Versprechen Wilhelms II. wirklich ganz außerordentlich und wurde entsprechend bejubelt. Aber schon wenige Monate später zeigten sich erste Risse des Burgfriedens, als konservative Organisationen anfingen, sich über zu großen jüdischen Einfluss in der Kriegswirtschaft zu beschweren.

Die ersten Anzeichen eines aus den Frustrationen des Kriegs geborenen Antisemitismus wurden im August 1915 sichtbar, als sich die katholische Zentrumspartei, die im bäuerlichen Süddeutschland sehr einflussreich war, mit der Frage an die Regierung wandte, warum es so viele Juden in den staatlichen Organismen zur Verteilung der knappen Lebensmittel, den sogenannten Kriegsgesellschaften, gebe. Die Antwort des Kanzlers war einfach und direkt: Man müsse die Experten dort nehmen, wo man sie finden könne. Und da der Handel mit Rindern traditionell von Juden ausgeübt werde, folge daraus, dass die jüdischen Fachleute in diesem Bereich für die neuen Kontroll- und Verteilungsstellen gebraucht würden.

Diese loyale Erklärung trug aber offensichtlich nicht dazu bei, die Gemüter zu beruhigen und die Gerüchte verstummen zu lassen. Ganz im Gegenteil: Diese wurden von den antisemitischen Verbänden befeuert, die den »Burgfrieden« von 1914 mit Misstrauen betrachtet hatten und weiter vom schädlichen Charakter der Juden überzeugt blieben. Dies umso mehr, als durch den Krieg und die deutsche Besetzung des russischen Teils Polens eine große Zahl Juden aus dem Osten (die sogenannten Ostjuden) begannen, nach Deutschland zu ziehen, um in der Kriegsindustrie oder der Landwirtschaft zu arbeiten.[87] Von März 1916 an beschwerten sich die Führer der antisemitischen Parteien darüber bei der Regierung, in zahlreichen Pamphleten wurden die den Juden unterstellten enormen Kriegsprofite thematisiert. Das wichtigste Dokument dieser Hetze war eine an den Kaiser, die Regierungen der deutschen Einzelstaaten und verschiedene Persönlichkeiten gerichtete Denkschrift, in der man den in der Heimat gebliebenen Juden direkt vorwarf, enorme Profite auf Kosten der Bevölkerung zu machen, die immer mehr unter schwer erklärbarem Mangel leide.[88]

Der noch bis ans Ende der Weimarer Republik nachhallende Höhepunkt des »Gerüchts über die Juden« war dann die sogenannte Judenzählung vom Oktober 1916. Das preußische Kriegsministerium sandte am 11. Oktober 1916 die folgende Anordnung an die verschiedenen Kommandoebenen der deutschen Armeen:

> *»Fortgesetzt laufen beim Kriegsministerium Klagen aus der Bevölkerung darüber ein, dass eine unverhältnismäßig große Anzahl wehrpflichtiger Angehöriger des israelitischen [sic!] Glaubens vom*

Heeresdienst befreit sei oder sich vor diesem unter allen nur möglichen Vorwänden drückte. Auch soll es nach diesen Mitteilungen eine große Zahl im Heeresdienst stehender Juden verstanden haben, eine Verwendung außerhalb der vordersten Front, also in dem Etappen- und Heimatgebiet und in Beamten- und Schreiberstellen zu finden.«[89]

Diese ministerielle Instruktion wies die Militärs der verschiedenen Dienstgrade an, ein beigefügtes Formular auszufüllen und binnen zweier Monate zurückzusenden.[90] Auf Nachfrage im Reichstag wurde beteuert, dass selbstverständlich keine antisemitische Absicht vorläge, man wolle nur Material sammeln, um den grassierenden Verdacht gegen die Juden eindämmen zu können. Die Auswirkungen waren jedoch ganz andere. Sowohl an der Front als auch in der Militärverwaltung zogen viele Offiziere sehr eigene Schlüsse aus der Anordnung vom 11. Oktober; sie führten selbst »Kontrollen« durch. So ordnete etwa der Chefinspekteur der 4. Armee am 30. Oktober an, dass sich alle jüdischen Soldaten in seinem Befehlsbereich nach Gent, dem Sitz der Inspektion, zu begeben hätten, um ihre Fronttauglichkeit überprüfen zu lassen.

In der Nachkriegszeit gab es dann eine der so charakteristisch erbitterten Diskussionen über den Anteil der jüdischen Soldaten im Heer und vor allem über die Zahl der gefallenen Juden. In einer polemischen Schrift wurde behauptet, dass die Teilnahme von Juden an der Front nur minimal gewesen sei und dass die Ergebnisse der »Judenzählung« von 1916 nur deshalb nicht veröffentlicht worden seien, weil Regierung und Verwaltung zu sehr von den Juden beeinflusst würden.[91]

Die Debatte über die »Juden im Heere« wurde sogar in einem Unterausschuss des parlamentarischen Untersuchungsausschusses, der sich mit den »Ursachen des deutschen Zusammenbruchs« befasste, zur Sprache gebracht. Im Februar 1924 hörte dieser 4. Unterausschuss die Militärchefs und -experten Kuhl und Schwertfeger an. Beide widersprachen ausdrücklich der Behauptung, die Juden hätten allgemein versucht, sich dem Militärdienst zu entziehen.[92]

Für die äußerste Rechte blieb es jedoch dabei, dass auf allen Ebenen »der Jude Deutschland verraten« habe. Die Nationalsozialisten bedienten von Anfang an das Thema einer jüdischen Schuld an der Niederlage. Der *Völkische Beobachter*, die im August 1919 gegründete Wochenschrift der NSDAP, schrieb am 8. April 1920 in einer seiner ersten Ausgaben:

> *»Und solange wir den unschuldigen Tod unser Hunderttausenden von deutschen Landeskindern nicht gesühnt haben, solange wir noch diejenigen im Lande haben, die die Drahtzieher des gemeinsten aller Kriege gewesen sind, solange wir noch das Angesicht derjenigen Vampire am deutschen Volk schauen müssen, denen der Krieg nur ein Geschäft war, solange werden wir nicht ruhen und nicht rasten. Das Blut unserer Helden schreit zum Himmel um Sühne. […] wir stehen zusammen und reichen uns die Hände und schwören Rache, Rache, Rache!«*[93]

Für die Nationalsozialisten war »der internationale Jude« an allem schuld: Er habe in der Hoffnung auf Profite zum Krieg gedrängt, er habe Deutschland durch die Verbindung von Bolschewismus und Finanzkapitalismus erstickt. Kapitalismus und Bolschewismus waren für den NS die beiden Seiten einer universellen, durchdachten und geschickt inszenierten Verschwörung.

Hitler fasste all dies in »Mein Kampf« von 1924 zusammen. Er erzählte von seinem Lazarettaufenthalt in der Heimat Ende 1916. In diesem Militärhospital prahlten einige damit, Mittel gefunden zu haben, sich vor der Front zu drücken. Das waren Feiglinge – Juden. Danach kam er zu einem Ersatzbataillon nach München, um seine Verwundung behandeln zu lassen:

»Aber von dem ganz abgesehen, war die allgemeine Stimmung miserabel; die Drückebergerei galt schon fast als Zeichen höchster Klugheit […]. Die Kanzleien waren mit Juden besetzt. Fast jeder Schreiber ein Jude und jeder Jude ein Schreiber. Ich staunte über die Fülle von Kämpfern des auserwählten Volkes und konnte nicht anders, als sie mit den spärlichen Vertretern an der Front zu vergleichen.«[94]

Danach beschrieb er andere »Umtriebe« der Juden, die er für den Mangel an Lebensmitteln für die Bevölkerung, die Streiks und – schließlich – die Novemberrevolution 1918 verantwortlich machte:

»In diesen Nächten wuchs mir der Hass, der Hass gegen die Urheber dieser Tat. […] Kaiser Wilhelm II. hatte als erster deutscher Kaiser den Führern des Marxismus die Hand zur Versöhnung gereicht, ohne zu ahnen, dass Schurken keine Ehre besitzen. Während sie die kaiserliche Hand noch in der ihren hielten, suchte die andere schon nach dem Dolche. Mit den Juden gibt es kein Paktieren, sondern nur das harte Entweder-oder. Ich aber beschloss, Politiker zu werden.«[95]

Die Erfahrung des Weltkriegs lieferte den Extremisten, Nationalsozialisten wie anderen, einen enormen Fundus an Argumenten. Aus der Überzeugung, dass »die Juden« die Niederlage verschuldet hätten bzw. dass sie bewusst den Sieg Deutschlands sabotiert hätten, erwuchs ein immenser Hass. Die Rache für die totale Niederlage von 1918 war also eine totale Rache am »Juden«. Die ungeheuerliche Rede des Reichsführers SS Heinrich Himmler am 4. Oktober 1943 vor einem Publikum von SS-Gruppenführern, in der er ausdrücklich die Bedeutung der Politik der »Endlösung« ansprach, ist ein Paroxysmus dieser Phobie:

> *»Von Euch werden die meisten wissen, was es heißt, wenn 100 Leichen beisammen liegen, wenn 500 daliegen oder 1000 daliegen. Dies durchgehalten zu haben, und dabei – abgesehen von Ausnahmen menschlicher Schwäche – anständig geblieben zu sein, das hat uns hart gemacht. Dies ist ein niemals geschriebenes und niemals zu schreibendes Ruhmesblatt unserer Geschichte, denn wir wissen, wie schwer wir uns täten, wenn wir heute noch in jeder Stadt – bei den Bombenangriffen, bei den Lasten und bei den Entbehrungen des Krieges – noch die Juden als Geheimsaboteure, Agitatoren und Hetzer hätten. Wir würden wahrscheinlich jetzt in das Stadium des Jahres 1916/17 gekommen sein, wenn die Juden noch im deutschen Volkskörper säßen.«*[96]

Die »Judenzählung« war somit ein erstes großes Menetekel, weil hier nicht das ökonomische Motiv im Vordergrund stand, sondern der Patriotismus der jüdischen Deutschen offen infrage gestellt wurde. Verschärft wurde dieser Vorwurf dann auch seit 1917/18 dadurch, dass unter den linksextremen Agitatoren gegen eine Fortsetzung des Krieges einige Juden waren, etwa Rosa Luxemburg und Kurt Eisner. Und da zu den führenden Persönlichkeiten der Revolution von 1918/19 auch Juden gehörten, wie etwa die bereits genannten Eisner und Luxemburg oder Max Levien, wurde der Kampf gegen den »jüdischen Bolschewismus« zu einem regelrechten Losungswort der gesamten Rechten.[97] Selbstverständlich wurden diese Furcht und dauernde Erregung durch den ursprünglichen Anspruch der Bolschewiki, die gesamte Welt zu revolutionieren sowie die aus Russland nach Deutschland gelangenden Nachrichten über ungeheure Gräueltaten der »Roten« noch einmal verschärft.[98]

Wie stark diese Phobie wurde, mag am deutlichsten der unfassbare Erfolg zeigen, den die »Protokolle der Weisen von Zion« in der Nachkriegszeit nicht allein in Deutschland, sondern in all den Ländern erzielten, deren Bevölkerung mit Niederlage und Systemwandel nicht zurechtkam. Dieser seit einigen Jahrzehnten in antisemitischen Kreisen zirkulierende Text hatte bis zum Ende des Ersten Weltkriegs keinerlei öffentliche Aufmerksamkeit erregt. Zu grotesk-absurd war ja auch diese Erzählung von den sieben Weisen des internationalen Judentums, die sich auf dem Prager Friedhof getroffen hätten, um dort gemeinsam über die Methoden der Zerstörung Europas und die Neuverteilung der Welt zu diskutieren. Aber von 1920 bis 1924 wurden die aus dem Russischen ins Deutsche übersetzten »Protokolle« mehrfach in großen Auflagen veröffentlicht. Eine der wichtigsten Publikationen hierzu stammte von Alfred Rosenberg, der wenig später zum Chefideologen des NS avancieren sollte.[99]

Wie Richard Evans jüngst kohärent zusammengefasst hat, war der Wahrheitsgehalt der »Protokolle« für die Rechtsradikalen, selbstverständlich auch für die Nazis, im Grunde vollkommen gleichgültig. Selbst wenn diese erfunden waren, so die allgemeine Überzeugung, so waren sie doch ein Symbol für die angeblich ohnehin vorhandene Absicht des Judentums, die Welt auf ebenso raffinierte wie gemeine Art zu unterdrücken und zu beherrschen. In dieser extremistischen Halluzination handelten die Juden sowohl unter dem Deckmantel des internationalen Kapitalismus als auch als Bolschewisten. Und die doch offensichtliche Gegnerschaft von beiden Elementen war für die Antisemiten im Grunde nichts als eine weitere Raffinesse, um das Zusammenspiel aller Juden zur Unterdrückung Europas und der Welt, insbesondere aber der Deutschen, zu verschleiern. So wurde dann auch die ursprünglich relativ realistische Dolchstoßvermutung, dass nämlich die Revolution ein Weiterkämpfen bis zu einem akzeptablen Waffenstillstand bzw. Frieden verhindert hätte, zum absoluten Schreckgespenst des »jüdischen Bolschewismus«, der es mit der ihm eigenen ungeheuerlichen Bösartigkeit darauf abgesehen habe, den sonst sicheren Sieg Deutschlands um jeden Preis zu verhindern.

Ein Plakat vom Anfang der 1930er Jahre. So aktuell war immer noch der Vorwurf, dass sich die Juden vor dem Dienst im Heere gedrückt hätten.

Neu an diesem aus dem Krieg und der unbegreiflichen Niederlage entstandenen Radikal-Antisemitismus war seine extreme Gewalttätigkeit, die sich ab 1918/19 überall Bahn brach, kulminierend in der Ermordung von jüdischen oder als jüdisch angesehenen Politikern der Republik wie Erzberger und Rathenau. Auch andere antisemitische Verbrechen nahmen rapide zu, es kam zu einer spezifisch antisemitischen Straßenkriminalität, die oft pogromartige Züge trug.[100] Diese war zwar Mitte der 1920er Jahre in der »stabilen« Phase der Republik einigermaßen gebannt, wurde aber in der Zeit der ökonomischen Krise, dem Aufflammen der Weltkriegserinnerung Ende der 1920er Jahre wieder so akut, dass sich auch um 1930 jüdische Organisationen wieder massiv gegen den Vorwurf verteidigen mussten, dass sich die Juden im Krieg bereichert und nicht hinreichend am soldatischen Opfer für das Vaterland beteiligt hätten.[101]

II. Wie die Nazis den Weltkrieg erzählen

1. Der »Führer« spricht vom Krieg

Die Überschrift zu diesem Teilkapitel versteht sich als Reverenz für einen Aufsatz von Gerhard Hirschfeld unter ebendiesem Titel, und es gilt hier, seine Gedanken weiterzuführen.[1] Dabei geht es mir insbesondere um die Thematisierung des Ersten Weltkriegs in Hitlers Reden im Zeitraum von 1925 bis 1932, also den Jahren, in welchen die NSDAP auf einen »legalistischen« Kurs umschaltete und sich bemühte, die putschistischen Elemente in ihrer Doktrin und im Verhalten der Mitglieder – insbesondere der SA – einzugrenzen. Denn nur so konnte sie, so Hitlers Überzeugung, zu einer alle Klassen überwindenden »Volkspartei« werden, was sie ja dann auch als »Volkspartei des Protests« wirklich geworden ist.[2]

In Hitlers Reden, gleichgültig ob vor NS-Publikum oder vor einer größeren Öffentlichkeit, spielt die Erinnerung an den Krieg eine entscheidende Rolle. Weshalb es im Übrigen erstaunlich ist, dass außer in den genannten Arbeiten von Gerhard Hirschfeld kaum einmal auf die speziell auf den Weltkrieg gemünzte Rhetorik Hitlers eingegangen worden ist.[3] Dabei war und blieb der Krieg aber doch ein Kernstück seiner Reden, denn Hitler wusste natürlich genau, wie sehr alle Deutschen von der unverstandenen Niederlage und dem »Schandfrieden«

bewegt waren, und konstruierte für seine Reden eine Gesamttopologie der Erzählung dieser Ereignisse. Diese blieb im untersuchten Zeitraum ziemlich unverändert und soll im Folgenden analysiert werden.

Auch hier gilt natürlich, was die Hitlerforschung vielfach herausgestellt hat: Die Reden des »Führers« sind nicht in erster Linie von der schriftlichen Form her zu beurteilen.[4] Entscheidend für ihren Einfluss und die Akzeptanz war die gesprochene – bzw. die geschrieene – Form. Hitler war ein echter »Volksredner«. Gleichgültig, ob er vor 15 oder 15000 Menschen (darunter auch viele Frauen!) sprach, jeder fühlte sich persönlich angesprochen und seine bis zu vier Stunden dauernden Reden waren alles andere als Monologe, warf er doch Fragen in den Raum und reagierte immer wieder auf Zwischenrufe und andere Formen der Anteilnahme.[5] Für diesen zutiefst dialogischen Charakter seiner Reden spricht auch die Art und Weise, wie er es verstand, Alltagsweisheiten und Volksempfinden in seinen politischen Diskurs einzubauen. Dafür hier jetzt nur ein ausführliches Beispiel, als er am 26. Juni 1927 über die aktuelle Tagespolitik angesichts der so drückenden Probleme ausführte:

> *»Es kommt mir vor wie ein Mensch, der eine unvernünftige Lebens- und Ernährungsweise betreibt, und dann zum Arzt geht und ihm klagt, daß er seine Arbeit nicht mehr leisten kann. Welches ist nun der bessere Arzt: derjenige, der an jeder Folgeerscheinung des Grundübels herumdoktert und fragt: haben Sie heute Nacht nicht schlafen können? Nein! Gut, dann gebe ich Ihnen ein Schlafpulver. Kommt der Kranke morgen wieder und sagt: ich habe keinen Appetit; gut, dann gebe ich Ihnen ein Mittel für den Appetit. Von diesen Appetitmitteln bekommt er einen Ausschlag, also bekommt er ein Mittel gegen Ausschlag. Schließlich ist der Kranke so matt und schwach geworden, daß er seinem Geschäft nicht mehr nachgehen kann. Da empfiehlt ihm schließlich dieser Arzt, eine Stütze zu nehmen. – Nun geht der Kranke zu einem anderen Arzt. Dieser*

sagt: Mein lieber Freund! Deine vielen Krankheiten sind ja nur die Folgeerscheinungen eines einzigen Grundübels, nämlich Ihrer unvernünftigen Lebensweise. Wenn Sie diese nicht ändern, dann helfen alle Mittel nichts. Nun frage ich Sie: welches ist der bessere Arzt, derjenige, der ewig an dem Kranken herumdoktert, oder der andere, der die Krankheit an der Wurzel fasst. Freilich gibt es Menschen, denen es besser geht, wenn andere krank sind, die gerade von der Krankheit der anderen leben. So gibt es auch Politiker, die davon leben, daß ein Volk nie gesund wird. Sie wünschen ja gar keine Befreiung des Kranken von seinen Krankheiten. Das ist aber der Grund, warum solche Menschen denjenigen mit ihrer Wut verfolgen, der es wagt, die Nation auf ihr Grundübel aufmerksam zu machen.«

Auf diese dialogische Fähigkeit der Hitler'schen Rede spielten wohl auch die *Hamburger Nachrichten* im September 1930 an, nach einem Auftritt des NS-Führers in Hamburg:

»Trotz des unscheinbaren Äußeren dieses Mannes ging dennoch von ihm ein Nimbus aus, der um den Führer der noch jungen Bewegung geflochten wird. Ursprünglich ist alles, was er sagt. Es kommt von Herzen, ist spontan und entbehrt jeder intellektuellen Note. Er ist ein geborener Volksredner, der die Massenpsychose gefühlsmäßig meisterhaft ausnutzt. Bei ihm kommt es unwillkürlich mehr darauf an, wie er etwas sagt, und nicht, was er sagt. Seine Ausführungen könnte man mit einem spannenden Film vergleichen, in dem sich unzählige Bilder schneiden und in disharmonischer Weise kreuzen.«[6]

Solche »realistischen« Beschreibungen zeugen von einer gewissen Sympathie und lassen – wohl ganz unbewusst – das in den Hintergrund treten, was damals immer wieder zu Verboten von Hitlers Auftritten führte, nämlich die stets extreme Freund-Feind-Polarisierung. Es gibt keine Hitlerrede ohne die wüste Beschimpfung der immer gleichen Feinde, den permanenten Aufruf zu äußerstem Hass und erbittertster Aktion gegen alles, was »die Juden« und »Marxisten« mit Deutschland angerichtet hätten.

Reinhart Koselleck hat diese teuflische Dynamik auf den Punkt gebracht: Wenn Hitlers Denken inhaltlich voll von Stereotypen »aus dem Papierkorb« des 19. Jahrhunderts sei, so schaffe es die permanente Polarisierung von Gute und Böse, von Freund und Feind, von Arier und Jude, von Übermensch und Untermensch in seiner gesprochenen Rede, dem »Feindbegriff seine potenzielle Wirklichkeit« zu geben, nämlich aus dem Reden Taten zu machen.[7]

Fotografie von einer Hitlerveranstaltung im überfüllten Münchener Bürgerbräukeller, vermutlich 1923.

Das ist zweifellos zutreffend, erklärt aber noch nicht, warum diese Art von absolut exzentrischer Rhetorik einen so ungeheuren Erfolg gehabt hat. Warum haben sich die Zuhörerinnen und Zuhörer nicht vor Lachen gebogen und diesen wütenden Wanderprediger nicht allein gelassen, sondern sind ihm in immer größeren Massen zugeströmt? Auch als seine Partei nur minimale Größe und Bedeutung hatte, verstand Hitler es, Münchens Bierhallen zu füllen. Schon vor dem gescheiterten Putsch von 1923 liefen ohne Weiteres 2000 bis 3000 Menschen zusammen, um sich die Tiraden dieses Mannes anzuhören und mit ihm zusammen ihren Zorn herauszuschreien.

Thomas Mann hat im Exil 1939 einen Essay mit dem Titel »Ein Bruder« über Hitler verfasst, in welchem er insbesondere diesen Redeerfolg unter die Lupe nahm und überlegte,

> *»wie die tief schwärende Rachsucht […] des ganz und gar Schlechtweggekommenen sich mit den (viel weniger berechtigten) Minderwertigkeitsgefühlen eines geschlagenen Volkes verbindet, welches mit seiner Niederlage das Rechte nicht anzufangen weiß und nur auf die Wiederherstellung seiner ›Ehre‹ sinnt«.*

Und weiter schreibt Thomas Mann, Hitler habe

> *»eine unsäglich inferiore, aber massenwirksame Beredsamkeit, dies platt hysterisch und komödiantisch geartete Werkzeug, womit er in der Wunde des Volkes wühlt, es durch die Verkündigung seiner beleidigten Größe rührt, es mit Verheißungen betäubt und aus dem nationalen Gemütsleiden das Vehikel seiner Größe, seines Aufstiegs zu traumhaften Höhen, zu unumschränkter Macht, zu ungeheuren Genugtuungen und Über-Genugtuungen macht«.*[8]

Ganz ähnlich hatte Theodor Heuß in seinem bereits 1932 erschienenen Buch »Hitlers Weg« die Reden des NS-Führers beobachtet. Seine Reden seien – so Heuß – stets Kundgebungen, die er sehr eindrucksvoll gestalte. Sie seien meist inhaltlich vage, er habe »nie Angst vor der unverbindlichen Banalität« gehabt. »Doch ist er in reicher Variation ein Meister der Gefühlsekstase.« Und weiter:

> *»Und die Menschen, die zu ihm kommen, wollen das Allgemeine – er redet von Macht, Recht, Ehre, Sieg, Rache – er weiß, dass Gewinn schon allein darin liegt, dass die Tausende, die sein Name in einen Raum zwingt, sich selber in ihrer Vertausendfachung als Macht erleben. Dieses sinnenhafte Sich-Erleben der Masse ist propagandistisch wichtiger als der glücklichste Einfall, die schlagendste Argumentation. Dafür sind die Menschen Hitler dankbar.«*[9]

Aber die Wirklichkeit und Wirkung der Hitlerreden ist noch komplexer. Denn die permanente Betonung von Deutschlands Größe, von Volkstum und Volksgemeinschaft, von Brechung des »Schandfriedens« von Versailles und Friedensstiftung durch Rüstung und Machtpolitik fand auch Beifall bei Nichtnazis oder sogar entschiedenen Gegnern des Nationalsozialismus. Beispielhaft der damals schon bekannte Maler Lyonel Feininger, der trotz der massiven Unterdrückung seit der »Machtergreifung« noch im Mai 1933 schrieb, dass er »ganz hingerissen« sei von Hitlers Rede vor dem Reichstag, in welcher der neue Reichskanzler mit Versailles und den Reparationen abgerechnet, aber gleichzeitig auch seinen unbedingten Friedenswillen betont hatte.[10]

In seiner ersten Rede nach Wiedergründung der NSDAP im Februar 1925, die eine regelrechte Prinzipienerklärung bzw. ein ausformuliertes Parteiprogramm sein wollte[11], erklärte Hitler vor 3000 Zuhörern im Münchener Bürgerbräukeller (der wegen des Massenandrangs geschlossen werden musste) u. a. Folgendes, das hier gleichermaßen als Initial ausführlich zitiert sei, denn es enthält bereits den Kern aller seiner künftigen Aussagen zum Ersten Weltkrieg in den Jahren bis 1933.

> *»Was also sind die Ursachen gewesen zur Bildung dieser neuen Partei? Denken Sie sich zurück in das Jahr 1918. Das deutsche Volk,*

das noch im Hochsommer auf dem Höhepunkte seiner Macht stand, war in wenigen Monaten zusammengebrochen und lag nun vollständig geschlagen, niedergeschmettert und zertrümmert am Boden. [. . .] Die Tragik unseres Zusammenbruches lag ja nicht in der militärischen Niederlage, sie lag auch nicht in diesem entsetzlichen Frieden an sich, auch nicht in der Unterdrückung, die seitdem eintrat, nicht in der Waffen- und nicht in der Wehrlosigkeit, und nicht in all dem, was in den langen Jahren nun über Deutschland hereinbrach, das Tragische lag darin, daß dieses alles durch unsere eigene Schuld so gekommen ist, sowie, daß Millionen Deutscher dies bis zum letzten Augenblick nicht nur nicht begriffen haben, sondern es im Gegenteil begrüßten; daß Hunderttausende und Hunderttausende die Niederlage bejubelten, daß Millionen die Waffenlosigkeit priesen und andere in aller Unterdrückung durch den Feind ein gerechtes Urteil und den Vollzug einer gerechten Strafe sahen. Darin liegt das tragische Unglück und das entsetzliche Unheil, das uns getroffen hat, daß ein großer Teil des deutschen Volkes kein Gefühl mehr besaß für das Unglück des Vaterlandes.«

Vieles an diesen Ausführungen mag heute rätselhaft klingen. Wieso haben »Hunderttausende und Hunderttausende« die Niederlage bejubelt? Und wieso haben sie die Unterdrückung durch den Feind als »gerechte Strafe« ansehen können? In solchen Sätzen steckt zweifellos eine gewisse Originalität, war doch der normale Nachkriegsdiskurs die Empörung sozusagen aller Deutschen über die inkommensurable Niederlage und den »Schandfrieden« von Versailles. Hitler hingegen hatte eine in gewisser Weise ganzheitliche Sicht dieser jüngsten Vergangenheit. Deutschland hatte den Krieg nicht wegen der schließlichen militärischen Überlegenheit des Feindes verloren, sondern allein wegen der revolutionären Gesamtstimmung von »Hunderttausenden«, die den Krieg beenden wollten. Was hier in ganz allgemeiner Form ausgeführt wurde, variierte Hitler in den folgenden Jahren immer wieder aufs Neue und bezog es ganz eindeutig auf die Revolution von 1918. Große Massen hätten vergessen, wie im August 1914 aus dem Volk eine Nation geworden war. »Hunderttausende« hätten sich der Revolution hingegeben und »Hunderttausende« seien der Auffassung, dass Deutschland den Krieg zu Recht verloren habe, weil es ihn angestiftet hatte. Und in einer weiteren Rede wenig später in München zur Unterstützung Ludendorffs behauptete Hitler sogar, dass Ludendorff so lange für Deutschlands Erfolge im Weltkrieg gesorgt habe, »bis der Dolchstoß der verhetzten Massen die Widerstandskraft des Feldheeres brach und Ludendorff auf Betreiben der Verständigungspolitiker entlassen wurde«.[12] »Dolchstoß der verhetzten Massen« ist eine m. W. einzigartige Formulierung, die in dieser Form auch bei Hitler nicht wiederkehrt. Aber der gesamte Gedankengang birgt eine zunächst etwas unverständliche Übertreibung, denn die von Kurt Eisner und einigen anderen Linken vertretene Auffassung, dass das Deutsche Reich hauptsächlich schuldig gewesen sei am Ausbruch des Weltkriegs, ist niemals von größeren Massen geteilt worden.[13] Wenn Hitler das gleichwohl behauptet, so erweist sich hier ein ganz besonderes Moment der gedanklichen Zuspitzung, die in nahezu all seinen politischen Reden wieder aufscheint: Am Untergang Deutschlands schuld sind die »Marxisten« aller Schattierungen. Zwischen Ebert und Noske einerseits, Eisner und Rosa Luxemburg andererseits gibt es für ihn keine substanziellen Unterschiede, sind sie doch alle eindeutig »Marxisten«. Und diese wiederum sind nichts als Ausgeburten des internationalen Judentums, welches den »Marxismus« erfunden und Deutschland überhaupt erst in den Krieg verwickelt hatte, um es schließlich durch die Revolution zu zerstören.

Wenn die »breiten Massen« solchen Volksverderbern folgten, dann zeige dies – so Hitler wenig später in einer Rede auf einer NSDAP-Versammlung in Plauen am 11. Juni 1925 –, dass sie ihr »nationales Gefühl« verloren hätten. Und die größte Schwierigkeit liege darin, das deutsche Volk zu neuem nationalen Leben zu führen. Genau dies aber sei die Aufgabe der NSDAP, und weil diese Partei aus der »Schicksalsgemeinschaft im Schützengraben« entstanden sei, werde ihr dies gelingen. Er selbst habe ja als einfacher Musketier viereinhalb Jahre diese Frontgemeinschaft erlebt, aus der ein neues Deutschland erwachsen werde.[14]

In dieser Plauener Rede sprach Hitler damit ein weiteres Thema an, das künftig seine Rede vom Weltkrieg beherrschen sollte, nämlich die Geburt der Volksgemeinschaft aus der Frontgemeinschaft. Es wird zu zeigen sein, mit welcher Hartnäckigkeit dieser Topos die gesamte Zeit bis zur »Machtergreifung« erhalten blieb. Er war und blieb eine rhetorische Figur, die ziemlich originär für den NS stand und die genau wie die Rede vom Augusterlebnis besonders anschlussfähig war und blieb. Im Unterschied zu explizit soldatischen Verbänden, insbesondere dem Stahlhelm, waren die »Frontsoldaten« für den NS nicht eine Elite bzw. eine gesellschaftliche Klasse für sich, sondern Vorbilder und aktive Gestalter der Zukunft des deutschen Volkes, in welchem sie unterschiedslos aufgingen. Dies machte im Übrigen die Quasi-Identifizierung des Frontsoldaten mit dem SA-Mann, welche der Nationalsozialismus durchgehend betonte, umso einfacher und auch für viele glaubwürdig.[15]

Es ist allerdings sehr interessant, dass Hitler diese Frontgemeinschaft oder Gemeinschaft der Frontsoldaten niemals mit »Kameradschaft« verband. Thomas Kühne hat bereits darauf aufmerksam gemacht, dass dieser Begriff in »Mein Kampf« nicht vorkommt, auch da nicht, wo er ausführlich von der Gemeinschaft der Soldaten spricht.[16] Die Analyse seiner Reden bestätigt diesen Befund: In den von mir durchgesehenen Reden 1925 bis 1933 kommt das Wort Kameradschaft nicht vor. Allein »Frontkamerad« erscheint zwei Mal, einmal davon allerdings zur Benennung von ehemaligen Soldaten, die die Grundlage der Partei gebildet hätten.[17] Nur ein einziges Mal spricht er von »Frontkameraden«, mit denen er viereinhalb Jahre lang im Felde ausgeharrt habe.[18] Diese Fehlstelle zu erklären, dürfte schwierig sein. Vielleicht hat der »Führer«

diesen Begriff weitestgehend für die ihm sehr nahestehende SA reserviert?

Auch im kurz darauf folgenden Aufruf zum zweiten Wahlgang der Reichspräsidentenwahl vom 26. April 1925 betonte Hitler, dass der Kern der NSDAP aus Männern bestehe, die »einst an den Fronten gestanden« hatten, und »die dem alten Feldsoldaten seine ihm bisher vorenthaltenen Rechte im Staate sichern« wollten. Wenn er aus ebendiesem Grunde zur Wahl Hindenburgs aufrufe, so geschehe dies, weil Hindenburg ein militärischer Führer gewesen sei, »der im Kriege nicht nur sich selbst, sondern auch das Andenken an Euch für die fernsten Zeiten der Unsterblichkeit weihte«.[19]

Immer wieder feierte Hitler in seinen Reden die »unermessliche Heldenhaftigkeit« der deutschen Armee im Weltkrieg.[20] Sehr selten hingegen ging er dabei auf einzelne Schlachten ein, so wie etwa in einer Münchner Rede vom 11. April 1927, wo er auf das »Ringen« um Fort Vaux vor Verdun zu sprechen kam, wobei »Bataillons bis auf 40 und 50 Mann zusammenschmolzen, dem Ansturm feindlicher Divisionen im ungeheuersten Eisenhagel Widerstand hielten«.[21] Nicht ein einziges Mal in dem gesamten Redeschwall von 1920 bis 1933 habe ich finden können, dass Hitler auf die so offenkundige innere Zersetzung der Armee insbesondere im Jahre 1918 eingegangen wäre. Kein Wort über den seit der Untersuchung von Wilhelm Deist sogenannten und viel diskutierten verdeckten Militärstreik des deutschen Heeres, wo sich bereits Anfang August 1918 mehr als 100 000 Soldaten in alliierte Gefangenschaft absetzten.[22] All dies hat für Hitler nicht existiert, oder aber er wusste genau, wie kontraproduktiv solche Tatsachen für die immer wiederholte Heldenerzählung sein würden. Es ging ihm ja niemals um Ausdifferenzierung der Wirklichkeit, sondern um die eigene Festlegung dessen, was Wirklichkeit gewesen war und künftig sein sollte.

Dazu gehörte die immer wieder thematisierte radikale Opposition von »Front und Heimat«. Diese so wichtige allgemeine Problemstellung, die uns bis heute stark beschäftigt[23], bildete beispielsweise den

Hauptteil einer Rede, die er am 13. April 1927 vor mehr als 7000 Besuchern und Besucherinnen im Zirkus Krone in München hielt – also nur zwei Tage nach der eben analysierten Rede vom 11. April.[24] Eigentlich ging es nur um die so strittige Frage, ob Deutschland sich engagieren sollte, dass Südtirol bei Italien blieb (wofür Hitler stets plädierte), oder an Österreich zurückzugeben sei. Es wurde aber eine wohl dreistündige Rede, in der es zunächst um die gewünschte »blutsmäßige Zusammenfassung« der laut Hitler mehr als 100 Millionen Deutschen ging, von denen ja nur 62 Millionen in Deutschland lebten, wohingegen die übrigen in Österreich, Russland usw. als zumeist unterdrückte Minderheiten ihr ärmliches Leben fristeten. Die deutsche Regierung habe schon vor 1914 große Schuld auf sich geladen, als sie dieser Entwurzelung tatenlos zuschaute und dazu noch eine »Bastardisierung« durch Einwanderung polnischer Juden nach Deutschland tolerierte. Deutschland hätte damals schon versuchen müssen »Boden zu gewinnen«. Stattdessen habe man aber eine schwächliche »Friedenspolitik« betrieben und sich in die absolute Verteidigungsposition des August 1914 hineindrängen lassen. Dabei hätte man etwa 1905 angesichts der Schwäche Russlands und Frankreichs einen Eroberungskrieg führen können und sollen. Aber weil dies unterlassen wurde, kam es dann 1914 zu einem

> *»Ringen, in dem das deutsche Volk Unermeßliches erduldete, Blut einsetzte wie kein zweites, in dem dieses Volk Heldentum zeigte wie noch nie ein Volk auf dieser Welt, und in dem dieses Volk doch endlich verlieren mußte, schon deshalb, weil ihm vom ersten Tage an jedes klare Ziel gefehlt hat«.*

Daraus habe sich die deutsche Niederlage ergeben mit der Konsequenz der weiteren Abtretung von Land und Menschen durch den Vertrag von Versailles. Schuld an der Niederlage trügen aber sowohl die schwache »Innenleitung«, also die Regierung, sowie hauptsächlich »jene Kreise zu Hause, die langsam begannen, alles zu zersetzen, auszuhöhlen, zu unterwühlen und die Heimat in einen Seuchenherd zu verwandeln«.

Das waren natürlich vor allem die Juden, denen Hitler hier wie stets vorwarf, Deutschland zielstrebig zersetzt zu haben, diesmal mit einem – bei ihm seltenen – expliziten Hinweis auf die »Judenzählung« im deutschen Heer vom Oktober 1916, deren mangelnder Erfolg auch wieder ein Zeichen für die abgrundtiefe Schwäche der Regierenden war:

> *»Ja, man wagte nicht einmal festzustellen, wieviel Leute einer bestimmten Konfession sich hinter der Front aufhielten. (Lebhafteste Zustimmung.) Als man einmal versuchte, dieses auserwählte Gottesvolk zahlenmäßig zu erfassen und in seinen Tätigkeitsbezirken festzustellen, erkannte man auf der Frankfurter Börse, daß das die schädlichsten Einflüsse auf die Kriegsanleihen ausüben müßte, und im Verlauf von noch nicht einmal 14 Tagen war dieser Erlaß der Heeresleitung wieder beseitigt. (Pfuirufe.)«*

Der Höhepunkt dieser ebenso großspurigen wie kleinlichen Hetzrede war dann wieder die Apotheose der deutschen Soldaten und der grässlichen Realität, in der diese um ihr Leben und um Deutschland kämpften:

> *»Es ist für einen alten Soldaten geradezu niederdrückend, zu denken, was der Mann im Felde ausstehen mußte, zu denken, wie oft damals die deutsche Front von wenigen Bataillonen, die tagelang zusammengetrommelt wurden und über die tagelang ein Höllenfeuer niederging, gehalten wurde; am ersten Tage dreißig, dann sechzig und siebzig Mann Verluste usw., die Bataillone in einer Stärke von 800 Mann schmolzen zusammen auf 280, auf 180, und jeden Morgen begann die Hölle von neuem und warf die armen Würmer herum, die warteten, bis nach 8, 10 und 13 Tagen der Feind*

glaubte, daß in diesem Schlamm, in diesem Morast, in diesen Löchern, in dieser Hölle überhaupt kein Mann mehr lebe. Und dann waren noch vierzig, noch dreißig Mann von den Bataillonen zur Abwehr des Angriffs vorhanden, die aus ihren Löchern krochen, die Maschinengewehre bedienten und Widerstand leisteten, sonst wäre Deutschland damals nicht viereinhalb Jahre in Frankreich gestanden, sondern umgekehrt. Und in der Heimat? 400 Mann marschierten von der Theresienwiese herein, keine Soldaten, sondern Zuhälter, und vor denen hat man feige kapituliert!«

Interessanterweise hat Hitler hier mit keinem Wort die Leiden der »Heimat« thematisiert, nicht die ausgehungerten Kinder und die Frauen, die schließlich noch »Bettelbriefe« an die Front schreiben mussten, um Nahrung zu erhalten, nicht regelrecht zu verhungern. Für ihn war allein ausschlaggebend, was der »Frontsoldat« (zu denen er sich umstandslos zählte)[25] erlebt und erlitten hatte. So stark war dies, dass er in derselben Rede noch einmal ausführlich auf dieses Leben in der Hölle zurückkam, von dem die an der Front kaum anzutreffenden Kriegsberichterstatter der Heimat nichts oder kaum etwas vermitteln wollten:

»Das versteht nur ein Soldat, der selbst so und so oft entweder durch das Feuer gehen mußte oder im Feuer lag. Er wird verstehen, was ich damit meine, wenn ich ganz freimütig erkläre, daß jeder einzelne wohl so und so oft zu ringen hatte zwischen Pflichtgefühl und Pflichtbewußtsein und der langsam ihn umkrallenden Todesangst. Sie alle werden wissen, was dieser Kampf an den einzelnen Mann für Anforderungen stellte, wie er den einzelnen Mann manchmal niederzuziehen drohte. Daran denke ich zurück und sehe dann diese langen Jahre hinter mir, sehe die Zeit, in der wir ausgezogen sind, und sehe Hunderte und Hunderte von Kameraden, die gestürzt sind, um niemals wieder aufzustehen, sehe Tausende und Tausende von Toten, über die wir jahrelang steigen mussten, vor

> *mir, sehe die zusammengerissenen Menschen, bleich geworden, fast wie Totenschädel aussehend, wenn sie zurückkamen. Sehe die Leute noch, die damals 1914 alle noch sangen, und sehe mich selbst, wie ich mitgesungen habe. Sehe, wie sie dennoch standgehalten haben, alle, Jahr für Jahr, bis sie einmal, ein zweites und ein drittes Mal verwundet wurden, sehe das große Grausen dieses endlosen Elends und sage mir, kein Mensch kann es verantworten, daß dieses Blut noch einmal eingesetzt wird für einen Wahnsinn, aus dem nichts herauskommt für Deutschland.« (Brausender Beifall.)*

Während der gesamten Zeit der Weimarer Republik war und blieb der 9. November für den NS der größte Gedenktag. Am 9. November 1918 war der Waffenstillstand geschlossen worden und am 9. November 1923 hatte Hitler seinen Münchener Putsch riskiert und vorläufig verloren. So kann es nicht verwundern, dass dieser Tag immer dazu diente, die substanzielle Einheit von Frontkämpfertum und NS-Bewegung zu inszenieren und den Anspruch zu bestätigen, dass der NS willens und fähig sein werde, die Niederlage von 1918 zu tilgen und die Verantwortlichen zur Rechenschaft zu ziehen.[26]

Am 9. November 1927 war der Bürgerbräukeller wieder einmal so überfüllt, dass die Polizei den Zugang schließen musste.[27] Hitler entwarf zunächst ein Panorama der deutschen Geschichte seit Beginn des 19. Jahrhunderts. Er sprach von Bismarck und der Reichsgründung, die eigentlich auch eine Art Putsch gegen den bestehenden Staat gewesen sei, deren Erfolg Bismarck aber recht gegeben habe. Er kam dann auf die Vorkriegszeit und den Imperialismus zu sprechen. Deutschland habe viel zu lange versucht, auf friedliche Weise in der Welt Absatzgebiete zu finden, was sich aber als unmöglich herausgestellt habe. Das müsse auch so sein, denn nur »der Stärkere erhält Brot für seine Existenz, und der Schwächere geht unter«. Nicht der sogenannte deutsche Militarismus, sondern die entschlusslose Friedfertigkeit Deutschlands habe den Großen Krieg heraufbeschworen. Die eigentliche Schuld am

Krieg war »der Neid der anderen«. Im August 1914 handelte es sich also »um die Verteidigung unseres Volkes, bei dem Sein oder Nichtsein auf dem Spiele stand«. Offensichtlich fortgetragen von seiner eigenen Rede und dem sich permanent erhebenden stürmischen Beifall, klagte Hitler, dass sich das deutsche Heer aus »Humanitätsduselei« nicht entschlossen habe, die zur Verfügung stehenden modernen Waffen zu verwenden (damit kann er eigentlich nur Gas und Panzer sowie eventuell Flugzeuge zur Bombardierung gemeint haben). Dann folgte eine Passage über die Besatzungspolitik während des Krieges, ein Thema, auf das Hitler in anderen Reden eigentlich nie einging:

> *»Wer von Ihnen im Felde war, der kann bestätigen, daß leider Gottes in allen besetzten Gebieten der deutsche Soldat selbst der zweite war, der erste immer der sogenannte Eingeborene (Zurufe: Sehr gut!), der kann bestätigen, daß wir überall leider mit Methoden kämpften, die viel zu milde waren. (Zurufe: Sehr richtig!) Nichtsdestoweniger schrie [sic!] man uns vor, daß wir verruchte Methoden angewendet hätten, völkerrechtswidrige Methoden.«*

Dann wiederum beklagte er die Bemühungen, während des Krieges zu einem Verständigungsfrieden zu gelangen. Diese seien die Vorstufe zum verruchten 9. November gewesen, dem Tag der Revolution, die »ein Kardinal später wagte, als eine Tat des Meineids, der Lüge und des Verrats zu bezeichnen«.[28] Und die damaligen Revolutionäre erdreisteten sich sogar noch zu behaupten, sie hätten damals einen Staat in trauriger Lage übernommen – wo sie doch selbst für diese traurige Lage Deutschlands im November 1918 verantwortlich gewesen wären (stürmischer Beifall). Die Revolutionäre von 1918 hätten das »Volk, das 2 Millionen Tote und fast 4½ Millionen Krüppel und Verwundete« zu verzeichnen hatte, um ebendieses Opfer betrogen. Und damit wäre die Revolution »das größte Verbrechen der Weltgeschichte aller Zeiten«, verschuldet »von einer organisierten Verbrecherbande« (stürmischer anhaltender Beifall). Wohl getragen von diesem Applaus fügte Hitler hinzu, was er sonst so explizit nicht wiederholt hat:

> *»Auf vielerlei Art sind schon Staaten gegründet worden, aber noch selten wurde wohl ein Staat ins Leben gerufen von einer Koalition von Zuhältern, Dieben, Deserteuren, Einbrechern und Schiebern, und an der Spitze der Organisator dieser genialen Methode, der internationale Hebräer, der Jude.«*

Wie in einem Refrain wiederholte er genau diese Anklagen in derselben Rede noch mehrfach in anderer Form, um dann in Art eines »J'accuse!« die »Novembermänner« zu beschuldigen:

> *»Wir klagen sie an, daß sie eine Revolution hervorriefen in dem Augenblick, da Deutschland dabei zusammenbrechen mußte. Wir klagen sie an, daß sie im Augenblick der größten Gefahr das persönliche Interesse über das des Vaterlands gestellt haben. Wir klagen sie an, daß sie ein Verbrechen begingen aus gemeinem Eigennutz. (Lebhafter Beifall.) Wir machen sie weiter verantwortlich für die Niederlegung der Waffen des alten großen Heeres. Sie sind schuldig für alles, was aus dieser Niederlegung später in ewigen Weiterungen gekommen ist. […] Darüber klagen wir sie an und weiter auch darüber, daß sie durch den Abschluß des Waffenstillstandes jene endlose Reihe von Verträgen einleiteten, die in Wirklichkeit lauter Erpressungen, Diktate und Vergewaltigungen unseres Volkes sind. Wir klagen sie an, daß sie schuldig sind für die Unterschrift unter das Diktat von Versailles. Sie trifft die Verantwortung dafür, daß unser Volk, nachdem es in 4½ Jahren Tausende von Schlachten geschlagen hatte, so zur Schlachtbank geführt wurde. Sie sind schuld, daß dieses schmachvolle Dokument über die Schuld am Kriege bestätigt wurde, die wir haben sollten entgegen der ewigen Wahrheit und entgegen ihrem eigenen Wissen. Sie haben das deutsche Volk*

> *belastet durch ihre eigene Unterschrift vor der ganzen Welt mit der Schuld am Kriege. (Pfui-Rufe.) Wir klagen sie weiter an der ewigen Unterwerfung, die seit dem Schuldbekenntnis stattgefunden hat.«*

Zum Abschluss dieser ungeheuerlichen Brandrede kam Hitler dann auf den Putsch vom 9. November 1923 zu sprechen, wobei das Wichtigste seine absolute Identifizierung des Frontsoldaten mit den Teilnehmern am Hitlerputsch, allesamt eben ehemalige Frontsoldaten, war. Das einzige »Verbrechen« dieser heldenhaften Männer sei es gewesen, für Deutschlands Größe eingestanden zu sein. Diese vorgeblichen Hochverräter seien zuvor viereinhalb Jahre lang bereit gewesen, ihr Blut für Deutschland zu geben, und diesen Soldaten sei dann »von zu Hause aus« der Dolch in den Rücken »hineingetrieben« worden, was die Front zum Einsturz brachte. Aber wenn der NS an die Macht gekommen sei, werde man

> *»auch als rein irdische Erinnerung Denkmäler jenen […] setzen, die als unsere Genossen vor so viel Jahren als die ersten in den Tod gegangen sind. Und da wollen wir darauf schreiben: Das deutsche Volk seinen treuen Söhnen, die in der Zeit der tiefsten Erniedrigung starben, sterben mußten im Glauben an ein neues, heiliges Deutsches Reich. (Anhaltender stürmischer Beifall und Heil-Rufe).«*

Auch im Jahr 1928 gab es keine der vielen Hitlerreden, in denen nicht der Erste Weltkrieg zumindest wesentlicher Bestandteil gewesen wäre. Im Einzelnen muss das nicht mehr analysiert werden, mit Ausnahme einiger Ideen oder Ideenfetzen, die es zuvor noch nicht bei ihm gegeben hatte.

Etwa die Meinung, dass die Amerikaner mit ihrer phänomenalen industriellen Entwicklung eigentlich doch »deutschen Blutes« seien, stammten sie doch zu großen Teilen von deutschen Auswanderern ab. Und diese Kraft, so Hitler am 15. Januar 1928 in Neustadt a. d. Aisch,

»haben wir 1914 an der Marne zu spüren bekommen«.[29] Und zum Abschluss dieser auch wieder sehr langen Rede kam er auf die in der Weimarer Republik so umstrittene Ehrung der Gefallenen zu sprechen:

> *»Wer die Vergangenheit nicht ehrt, ist eine bessere Zukunft nicht wert. Ein Volk, das seine Vergangenheit begräbt, begräbt auch seine eigene Zukunft. Ein Volk muß zum Kampfe erzogen werden. Ein Wertfaktor wird nur dann lebendig, wenn er einem Volke zum Bewußtsein gebracht wird. Die ganze Welt richtet Denkmäler auf für den unbekannten Soldaten; das deutsche Volk hätte am meisten Grund dazu, den vielen Unbekannten ein Grab zu errichten, die draußen ihr Leben gelassen haben. Die Quelle der Kraft eines Volkes ist, daß es Männer hat, die sich aufopfern.«*[30]

Neu und weiterführend war auch Hitlers Mitteilung auf einer NS-Versammlung am 24. Februar 1928 in München[31], er habe vor wenigen Tagen den zweiten Teil des Films »Weltkrieg« angeschaut.[32] Normalerweise bekomme man in Deutschland aus Zensurgründen ja solch »nationale« Filme nicht zu sehen. Er sei aber schließlich doch nicht ganz zufrieden gewesen mit diesem bemerkenswerten Film,

> *»denn ein Schlußsatz hat gefehlt, den wir hinzusetzen müssen: Deutsche vergeßt nicht, daß alles ganz umsonst gewesen ist, vergeßt nicht, daß alles vergeblich war, die ungeheuersten Opfer, die je ein Volk gebracht hat, vergeblich, weil es einer Handvoll Verbrechern anders gefallen hat, und weil diejenigen, die berufen waren, des Reiches Ehre und Macht auch in der Heimat zu bewahren, jämmerlich und feige versagt hatten.«*[33]

Wenige Tage später sprach Hitler wiederum in München[34] und erklärte, m. W. hier zum ersten Mal, dass der Grunddefekt der Weimarer Republik die Tatsache sei, dass man dem heimkehrenden Frontsoldaten nicht den ihm gebührenden Platz in der deutschen Gesellschaft zugebilligt habe. Denn eigentlich musste

> *»Platz gemacht werden für die von der Front zurückkommenden Leute. Nicht versagt [im Unterschied zu Parlament und Regierung] haben im deutschen Volk aber jene Teile, die viereinhalb Jahre gekämpft haben. Daher wäre es logisch gewesen, daß zunächst eine Reinigung eingetreten wäre dadurch, daß man diesen Teilen maßgeblichsten Einfluß gegeben hätte. Das ist nicht nur nicht geschehen, sondern man hat sich im Gegenteil gerade gegen diesen Teil [i.e. die Frontsoldaten] außerordentlich abwehrend und zurückweisend verhalten. Die Parteien sind unter sich geblieben, wie sie vordem unter sich waren.«*[35]

Es ist sicherlich kein Zufall, dass Hitler seine bedeutendste, in vielem hochinteressante, weil permanent zwischen dem alten Extremismus und staatsmännischer Sachlichkeit oszillierende Rede am 9. November 1928, fünf Jahre nach dem Hitlerputsch, vor allem aber zehn Jahre nach dem Waffenstillstand von Compiègne, im Münchener Bürgerbräukeller hielt.[36] Exakt also zu dem Zeitpunkt, als die NS-Partei im Begriff stand, aus einer lautstarken Splitterpartei zur echten Repräsentation der Unzufriedenen und Unglücklichen zu werden – zu einer »Volkspartei des Protests« (Jürgen W. Falter) aufzusteigen.

Die Rede stand unter dem Motto: »Zehn Jahre ungesühnter Verrat« und handelte in erster Linie vom Ersten Weltkrieg und dessen Konsequenzen für Deutschland und den Nationalsozialismus.

Der Krieg sei ausgebrochen, so Hitler in dieser Rede, weil Deutschland nicht genug gerüstet hatte, zu friedlich war und deshalb den aggressiven Nachbarn die Möglichkeit gab, es systematisch einzukreisen. Hätte Deutschland so stark aufgerüstet wie Frankreich, so wäre der Krieg im September 1914 mit der Einnahme von Paris zu Ende gewesen. Dies war im Übrigen ein damals von der gesamten Rechten und auch von maßgeblichen Militärhistorikern immer wieder vorgebrachtes Argument.[37]

Aber, so Hitler weiter, bei allen Fehlern und Unzulänglichkeiten der Führung des Deutschen Reiches habe man es lieben können, so wie man ein Kind nicht trotz, sondern auch wegen seiner Fehler liebe. Denn es habe dann einen Moment gegeben, wo alle Kritik schmelzen musste angesichts der Größe des Augenblicks, und das war der August 1914. Seine nun folgende Apotheose des Augusterlebnisses sei einigermaßen ausführlich zitiert:

> *»Es kam jene Zeit, die in der Geschichte unseres Volkes für immer und ewig die größte sein wird, auch wenn sie unglücklich ausging. Ich glaube, daß einst die Weltgeschichte in ihrer ewigen Wahrheit doch feststellen wird, daß mechanische Sieger zwar die Staaten der Entente gewesen sind, daß aber moralischer Sieger für ewige Zeiten Deutschland sein wird. (Lebhafter Beifall.) […] Die Weltgeschichte wird dann feststellen, daß das der heroischste Kampf gewesen ist, den je ein Volk um seine Freiheit geführt hat und vielleicht jemals noch führen wird. Wenn wir nach einem Motto suchen für diesen Krieg, dann gibt es in meinen Augen dafür nur den einzigen Satz aus einem deutschen Studenten- und Volkslied, der dafür paßt, und der heißt: Das Volk steht auf, der Sturm bricht los. Man konnte wirklich im Jahre 1914 sagen, das ist keine Mobilmachung der deutschen Armee, kein Vorgang, den die Heeresleitung einleitet, nein, das ist der Aufstand eines Volkes, das fühlt, daß es um Sein oder Nichtsein geht.«*

Im Folgenden schildert Hitler den Kriegsverlauf, auch den Seekrieg in signifikanten Einzelheiten – wird man jemals herausfinden, wann und wo er sich das alles angelesen hat? –, wobei dieser Teil der Kriegserzählung immer wieder von frenetischem Jubel unterbrochen wurde.

Das galt vor allem für den detaillierten Bericht über Verdun und die Somme-Schlacht von 1916. Verdun war »eine Schlacht, die unentschieden ausgeht, aber für jeden, der sie mitgemacht hat, die unheimlichste Bedeutung besitzt, ein Heldengrab unseres Volkes, ein Heldengrab, wie wir nie eines in unserer Geschichte hatten«.[38] Besonderen Wert legte er auf die Feststellung, dass der Krieg insgesamt nur ein Verteidigungskrieg gewesen sei: »Ein Volk wird zur Festung.« Vier Jahre lang seien die Grenzen des Deutschen Reiches an der vorgeschobenen Front in Frankreich verteidigt worden. Aber seit 1915 sei in Deutschland Defätismus aufgekommen, angefangen mit den Aktivitäten von Karl Liebknecht »und der Jüdin Rosa Luxemburg«. Ausführlich schildert Hitler die Friedensresolution des Reichstages vom Juli 1917: »Millionen werden zu Hause damit vergiftet und auch der Mann an der Front wird langsam angegriffen.« Diese Demoralisierung auch des Heeres sei dann noch verstärkt worden durch die Millionen von Flugzetteln »mit ihren schwarz-rot-gelben Ecken bzw. Streifen« und der Aufforderung überzulaufen. Wer sich für die Republik entscheide, werde von den Franzosen mit offenen Armen empfangen.[39] Diese Wühlarbeit habe auf Dauer dazu geführt, dass sogar »der Mut des Frontsoldaten« ins Wanken kam.

Auch der sogenannte Munitionsstreik vom Januar 1918 habe die Frontsoldaten stark verunsichert, weil sich die Frage stellte, warum man noch so entschieden kämpfe, wenn doch die Heimat sogar fähig sei, dem Heer die Munition vorzuenthalten. Dies habe nicht nur vergiftend gewirkt, sondern auch dem Gegner neuen Mut verliehen. »Und die Männer, die die Front ins Wanken brachten, sind die Begründer des neuen deutschen Staates gewesen.«[40] Doch das Heer war im Oktober 1918 wieder gefestigt, und man hätte durchgehalten, wenn nicht die Revolution gekommen wäre. Aber die Revolution selbst hätte nicht zum schändlichen Waffenstillstand – in Wirklichkeit eine Kapitulation – führen müssen. Man hätte daraus auch eine »nationale Erhebung unseres Volkes« machen können:

»Wären damals die Novemberrevolutionäre wie die italienischen Deputierten im Jahre 1917, als die italienische Front zusammenbrach, den Regimentern entgegengegangen und hätten sie aufgefordert, wieder umzukehren, hätten sie so gehandelt, glauben Sie mir, Millionen von Deutschen würde das mit der Republik versöhnt haben.«[41]

Aber was die Weimarer Republik getan habe, nämlich einen Vertrag zu unterzeichnen, der die alleinige Kriegsschuld Deutschlands behauptete, sei eine unverzeihliche Schande und ein Verbrechen, für das die Verantwortlichen noch bestraft werden müssten. Viele Seiten lang, immer ekstatischer, schilderte Hitler dann noch die Schande von Versailles, den Verrat durch die Dokumentenfälschungen, die »der Jude Kurt Eisner« unternommen habe, damit Deutschlands Schuld bewiesen sei.[42] Man habe kein Recht, irgendeinen Verbrecher ins Gefängnis zu werfen, solange solche »Hauptverbrecher« noch frei herumliefen (anhaltender stürmischer Beifall). Das Ganze mündete dann in eine Schlussapotheose:

»Es gibt kein Recht, solange dieses Unrecht nicht gesühnt ist, und ich habe nur den einen einzigen Wunsch für die nationalsozialistische Bewegung: Ich glaube an die Wiederauferstehung meines Volkes, ich glaube an den Tag, der die Verbrecher des Novembers 1918 so oder so zur Rechenschaft zieht, und nur eine Bitte an den Himmel habe ich, er möge dann diese Bewegung Rächerin sein lassen des deutschen Volkes, er möge diese Bewegung zu seinem Arm machen, und wir wollen ihm versprechen, daß dieser Arm hart und schwer niederfallen wird auf die Verräter des Vaterlandes in der Stunde seiner größten Not. Dann kommt der Tag, an dem durch diese Tat nicht nur der November 1918 gerächt wird, sondern auch der Tag, an dem durch diese Tat das deutsche Volk wieder seine Ehre zurückerhält. Dann erst kann der Deutsche wieder hinausgehen in die Welt, wenn dieses Verbrechen gesühnt ist, dann erst sind alle wieder Deutsche

und können erwarten, daß der Himmel die Deutschen nicht wieder untergehen läßt, sondern einmal uns die Kraft schenkt, in eigenem Kampf und eigenem Bluteinsatz wieder das zurückzuerringen, was uns Lüge und Trug und Verrat im November 1918 geraubt haben: das deutsche Vaterland. (Stürmischer lang anhaltender Beifall.)«

Hitler hat in jenen Novembertagen, zehn Jahre nach dem November 1918, noch eine Reihe von Reden in München und anderen Städten gehalten, wo die hier zitierten und analysierten Argumente variiert wurden. Etwa am 16. November 1928 im Berliner Sportpalast, wo nach Veranstalterangaben mehr als 18 000 Zuhörer beider Geschlechter zu Hitlers erster Berliner Rede nach Aufhebung des Sprechverbots zusammengekommen waren.

Da aber keine neuen Aspekte bzw. Argumente mehr geäußert wurden, soll die Behandlung der Hitlerreden nunmehr abschließend mit einer synchronoptischen Untersuchung der Hauptstichworte, die sich aus den Reden von 1929 bis Ende 1932 ergeben, abgeschlossen werden, wobei besondere Aufmerksamkeit auf die Frage der Häufigkeit gelegt wird, mit der bestimmte Begriffe wieder oder neu in seine Reden einfließen.

»August«

Im Jahr 1929 kommt eine Erzählung des »Augusterlebnisses« erst in seiner Rede auf dem ganz der Erinnerung an den Ersten Weltkrieg gewidmeten Nürnberger Parteitag Anfang August vor (siehe dazu die ausführliche Schilderung unten, Kap. III.2.).

Und erst ein Jahr später, Mitte November 1930, kam das Augusterlebnis in mehreren Reden in nahezu gleichlautender Form wieder, so etwa am 13. November 1930 in Erlangen, vor den Studenten des NS-Studentenbunds (NSDStB):

»Wir erlebten aber, daß in wenigen Wochen, in jenen Juli- und August-Wochen des Jahres 1914, diese inneren Differenzen fast restlos

überbrückt worden sind und wie unser Volk seine ganze Kraft nach außen zu verwenden vermochte, und erlebten nun einen Krafteinsatz, wie er im deutschen Volke noch nie zu sehen war. In wenigen Jahren hat unser Volk Wunder an Leistungen vollbracht.«[43]

Nahezu ein Jahr später, auf dem Gautag von Gera am 6. September 1931, wurde »August 14« wieder Thema, indem dieses emblematische Datum erneut als Symbol für das Ende aller inneren Streitigkeiten des deutschen Volkes herangezogen wurde, dessen unerhörte Kraft sich nunmehr »losgebunden von innerer Auseinandersetzung« gegen den äußeren Feind wenden könnte.[44] Auch dieser Gautag von 1931 war ganz der Inszenierung des Weltkriegs gewidmet.[45]

Vom September 1931 bis März 1933 hat es dann keine weiteren Anlehnungen an den »August 14« mehr gegeben. Eine Teilerklärung hierfür mag sein, dass in der neuen Welle der Weltkriegserinnerung seit Ende der 1920er Jahre dieses frühere Schlüsselwort zurücktrat vor dem Kriegserlebnis und Heldentum der Frontkämpfer.[46]

»Dolchstoß«

Man sollte meinen, dass der »Dolchstoß« ein Hauptthema des NS-Diskurses über den Weltkrieg war und blieb. Oben ist er ja auch mehrfach zur Sprache gekommen, zuletzt noch in der großen Rede vom November 1928. Merkwürdigerweise fehlt der Begriff allerdings in den folgenden vier Jahren und wird nur implizit angesprochen, wenn es um »Niederlage« oder »Verrat« geht.[47] Erst im Oktober 1932 gebraucht Hitler dieses Wort wieder, allerdings nicht mehr als Anklage gegen die »Novemberverbrecher«, sondern in Analogie zu dem, was die »Reaktion« angerichtet habe, indem »der alte Herr« Hindenburg ihm trotz seiner 14 Millionen Wähler und Wählerinnen und den 230 Abgeordneten im Reichstag das Kanzleramt verweigert und somit »meinen Vormarsch behindert« habe.[48]

»Front« – »Fronterlebnis« – »Frontgeist«

In Hitlers Reden in der Frühzeit der Bewegung sind diese Begriffe allgegenwärtig. Ab ca. 1926 wird die Bedeutung von »Front« immer häufiger auch auf die innenpolitischen Verhältnisse angewandt: Es reicht dann von »brauner Front« bis »Front der Gegner« oder sogar »Young-Front«.

Dahingegen bleibt »Fronterlebnis« an den Ersten Weltkrieg gebunden und immer wieder betont er, dass der NS »aus dem Fronterlebnis« hervorgegangen ist.[49]

Allerdings wird nun der »Frontgeist«, welcher in den frühen Jahren immer wieder bemüht wurde, um den Abstand der Front zur Heimat zu schildern, gar nicht mehr gebraucht. Ein einziges Mal taucht er in den Reden nach 1928 noch auf, nämlich in einer Rede vor dem Erlanger NSDStB, wo Hitler wieder einmal die SA mit dem Heer verglich, so wie er ja stets die bei den Saal- und Straßenschlachten zu Tode gekommenen SA-Leute als »Gefallene« bezeichnete und ehren ließ – davon später mehr. Am 13. November 1930 in Erlangen wurde dieser Vergleich folgendermaßen ausgedrückt:

> *»Wir bauen eine Armee von jungen politischen Kämpfern. Diese Armee trägt ein Kleid. Damit soll bekundet werden, was wir sonst sind, ist genau so einerlei, wie es seinerzeit, im August 1914, einerlei war. Damals redete man von einem Frontgeist. Der Frontgeist kann nicht angestrebt werden, er muß immer wieder eine Erneuerung im lebendigen Kampf finden.«*[50]

»Heer« – »Reichswehr«

Das war ein für den NS und Hitler sehr »sensibles« Thema, weil in dem Maße, wie sich die Partei zur Massenpartei entwickelte, vor allem die SA mit ihrer Uniformierung und ihrem soldatischen Gestus immer stärker den Anspruch stellte, die eigentliche deutsche Armee der Zukunft und im Gegensatz zur aktuellen Reichswehr eine echte, aus dem Volk hervorgegangene Miliz zu sein.

Bekanntlich mündete diese Entwicklung in den sogenannten Röhm-Putsch von 1934. Und wie Hitler diesen durch die Ermordung Röhms und vieler anderer SA-Spitzen beendete, zeigt, wie ernst er diese Strömung nahm und nehmen musste. Denn Hitler bemühte sich seit dem misslungenen Putsch von 1923 und der »Legalisierung« der Partei nach 1925, seiner »Bewegung« die Sympathie der Reichswehr zu schaffen bzw. zu erhalten.

So hielt er am 15. März 1929 eine seiner ausführlichsten Reden auf einer NS-Versammlung in München, die allein dem Verhältnis des NS zur Reichswehr (die er häufig schon »Wehrmacht« nennt) gewidmet war.[51] Eingangs redet Hitler ausführlich über Volk und Staat, über Miliz, Volksheer und betont, dass die Entwicklung dahin gehen müsse, dass jeder Staatsbürger sich als Soldat fühle und die Nation gerüstet sei. Das wiederum führt ihn zum Weltkrieg zurück:

> *»Das Deutsche Reich wird schweren Erschütterungen entgegengehen. Es kann nicht ewig so im ›Frieden‹ weiterleben. Wir haben uns alle angewöhnt, mit Vorkriegsmaßstäben zu messen. Das war aber damals nur denkbar, weil unser Volk in Waffen gerüstet die andere Welt zum Frieden zwang. Dieses Schwert allein hat den Frieden für Europa erhalten. Es ist heute zerschlagen.«*

Und weiter: Das Heer müsse die Nation sein und die Nation das Heer – ganz im Unterschied zur heutigen Reichswehr.

> *»Wer nicht Hammer sein will, ist Amboß. Und da gestehen wir Nationalsozialisten feierlichst, daß es unser Wille ist, das deutsche Volk wieder zum Hammer zu machen. (Tosender Beifall.)«*

Wichtig in diesem Zusammenhang ist natürlich auch Hitlers Aussage im »Verrats«-Prozess gegen die Ulmer Reichswehroffiziere im November 1930, denen man vorwarf, sich mit der NSDAP eingelassen zu haben. Für Hitler war dies eine gefährliche Situation. Um sich die Sympathie der Reichswehr zu erhalten, durfte er sich nicht zur allzu offensichtlichen Unterstützung hochverräterischer Aktivitäten hinreißen lassen. Denn ihm lag ganz entscheidend daran, keinen unverrückbaren Keil zwischen Reichswehr und Partei zu treiben, war er doch der Überzeugung, dass die Reichswehr mit ihrem traditionalen Offizierskorps nach der geplanten Machtübernahme ein entscheidender Faktor für die Stabilität seines Regimes sein werde. Ganz offen gab er als Zeuge vor Gericht seine Planung zu Protokoll:

> *»Auch im neuen Staat muß das Heer einen tragenden Gedanken haben, es muß sich verantwortlich fühlen für das Schicksal des Volkes. Die Armee darf [aber] nicht rein mechanisches Kriegsinstrument sein, sie muß sich als Trägerin des deutschen Volksgedankens fühlen.«*[52]

»Kriegsschuld«

Im Juli 1929, inmitten der Diskussion um den Young-Plan[53] und zutiefst mit der NS-Propaganda gegen Young verwoben, schrieb Hitler einen Artikel für den *Illustrierten Beobachter*, in dem er sich offensichtlich bemühte, die Originalität der NS-Kampagne gegen den Plan im Unterschied zum Stahlhelm und dem DNVP-Vorsitzenden Alfred Hugenberg zu dokumentieren. Er legte den Fokus auf die Lüge von der Kriegsschuld, welche das »heutige Regierungsdeutschland« nicht allein in Versailles zugestanden, sondern sogar zu seiner eigenen Auffassung gemacht habe. Die Politiker, die sich heute bemühten, den Young-Plan durchzusetzen, seien genau dieselben, die »die verbrecherische Stirn besaßen, diese infamste Wahrheitsverfälschung aller Zeiten« anzuerkennen. Und nunmehr wolle man auch noch künftige Generationen mit den »Tributzahlungen« belasten. Deshalb werde der NS »das deutsche Volk bis in seine innersten Tiefen gegen diese infame Verschwörung wider sein Lebensrecht« aufwühlen.

Es wird im Kapitel zum Young-Plan gezeigt werden, wie intensiv der NS hier das Kriegsschuldproblem wieder in die Diskussion einbrachte, als einzige von allen Parteien, und dies zu einem Zeitpunkt, wo sich die Öffentlichkeit nach Jahren des überwiegenden Desinteresses bzw. des traumatischen Schweigens wieder so stark für den seit zehn Jahren vergangenen Weltkrieg zu interessieren begann. Immer wieder kam Hitler in den folgenden Monaten und Jahren auf die Kriegsschuld zu sprechen.[54] Und in einer Rede vom 21. Januar 1932 im Münchner Zirkus Krone brachte der »Führer« der inzwischen zu den größten Parteien zählenden NSDAP vor 7000 Zuhörern die Überzeugung des NS zu dieser so wichtigen Frage der Kriegsschuld noch einmal ausführlich auf den Punkt:

> *»Wir aber glauben, daß es in Deutschland Schuldige gibt, und dann ist der erste Schritt zur Besserung die Beseitigung der Schuldigen. Sie sagen: Schuldig ist Versailles. Jawohl! Wer ist aber schuld an Versailles? Der verlorene Krieg! Wer ist aber schuld am verlorenen Krieg? (Stürmischer Beifall!) Wer ist schuld an Versailles?! […]. Versailles ist nur Folgeerscheinung, nicht Ursache. In dem Augenblick, da man zur Revolution schritt, war alles Weitere eine zwangsläufige Folgeerscheinung. Am 9. November 1918, am Tage der Revolution, wurde auch die Kriegsschuldlüge mit aus der Taufe gehoben. Hier in Berlin, nicht in Paris. Die Revolutionsparteien brauchten die Kriegsschuldlüge, um einen Rechtsgrund für die eigene Revolte zu besitzen.«*[55]

Auf den Punkt bringen heißt hier natürlich: auf den NS-Punkt bringen. Die eigentümliche und vollständig überspannte Denkweise des »Führers« hatte dazu geführt, dass er eine Einheit der »Marxisten« erfunden hatte, die in dieser kruden Form natürlich niemals existierte. Aber für Hitler gibt es keinen Unterschied etwa zwischen Ebert und Eisner, obwohl doch sicherlich Eisner wirklich von der deutschen Kriegsschuld überzeugt war, Ebert aber überhaupt nicht – genau wie die große Mehrheit der SPD. Wenn alle »Marxisten« »Novemberverbrecher« sind, dann sind sie auch alle, so Hitlers Logik, an der Niederlage schuld und haben die Ausrede, dass das kaiserliche Deutschland schuld am Krieg gewesen sei, nur erfunden, um sich selbst zu exkulpieren.

»Millionen«

Das ist eine Art Lieblingswort in der Hitler'schen Rede seit ca. 1928 und löst in gewisser Weise die »Hunderttausende« ab, von denen er vorher stets gesprochen hatte. Um hier ein besonders prägnantes Beispiel zu geben, sei nur aus einer Rede vom 3. April 1929 zitiert:

> *»Da weiß ich, daß Millionen Herzen uns entgegenschlagen, daß Millionen Herzen sich für uns erwärmen, und ich weiß, daß in Millionen Gehirnen die Überzeugung aufzuckt: Die haben recht. Und ich weiß, daß in Millionen Menschen der Wille kommt, dieser Überzeugung eines Tages zum Durchbruch zu verhelfen, und daß aus diesen Millionen einzelner Menschen eines Tages eine einzige Tat werden wird.«*[56]

Sehr häufig stellt er dabei seine »Millionen« in eine Beziehung zu den Millionen Gefallenen des Weltkriegs. Wenn er etwa im Juli 1930 bekundet, dass Deutschlands »Raumnot« dazu geführt habe, dass annähernd eine Million Kinder pro Jahr weniger zur Welt kämen als vor dem Kriege. Und diese Millionenzahl wird dann sofort verglichen mit den »zwei Millionen Toten des Weltkriegs« und bedeutet ebenfalls »die wertmäßige Vernichtung Deutschlands«.[57]

Das war natürlich ein etwas verwegener Vergleich, aber der »Vernichtungs«-Topos blieb zielführend. Im Weltkrieg, so Hitler immer wieder, seien zwei Millionen Menschen »umsonst« gefallen. »Umsonst deshalb, weil die Idee, für die sie kämpften, nämlich ein freies Deutsches Reich, sich nicht erfüllte.«[58]

Oder am 8. November 1930:

»Als der Soldat zurückkam, hatte er die Sehnsucht, Friede muß sein. Keiner hat gewollt, daß alles vergeblich sein soll, was wir geleistet haben. Das Opfer der zwei Millionen Toten, der Krüppel, daß das umsonst sein soll, das hat niemand gewollt.«[59]

Diese Beispiele ließen sich leicht verhundertfachen. Ich belasse es deshalb hier bei einem Zitat, aus dem die untrennbare Verbindung des Nationalsozialismus mit den Toten des Weltkriegs hervorgeht, da der NS deren »Erbe« antritt und ihrem Opfer für Deutschland nun endlich einen Sinn verleihen will:

»5 Jahre nach Kriegsbeginn, inmitten der Wirren des Jahres 1919, wurde die nationalsozialistische Bewegung gegründet. Sie soll dereinst erfüllen, wofür die deutschen Millionen-Heere auf den Schlachtfeldern Europas zu Lande, auf dem Wasser und in der Luft stritten und kämpften, 4 Millionen an Verwundeten und 2 Millionen an Toten verloren.«[60]

»Volksgemeinschaft«

Mit dem »Millionen«-Topos wurde auch gleich die Verbindung zur »Volksgemeinschaft« hergestellt, welche der NS endlich realisieren wolle.

So bei der bereits erwähnten Veranstaltung des NSDStB am 13. November 1930 in Erlangen, an der mehr als 1500 Studierende und auch Honoratioren der Universität teilnahmen:

»Unserer Bewegung blieb es vorbehalten, diese Vereinigung der Begriffe [Nationalismus und Sozialismus] zu vollziehen. Ist Nationalismus mehr als ein Lippenbekenntnis, sieht man in ihm die Hingabe des einzelnen an das Volksganze, dann deckt sich dieser

Begriff mit dem Begriff Sozialismus. Sagt man mir von rechts: Sie Phantast, Sie Narr, wie können Sie zu einer solchen Auslegung kommen, dann, verehrter Herr, sind Sie niemals national gewesen und dann haben Sie keine Ahnung davon, für was die zwei Millionen im Weltkrieg gefallen sind. Die Millionen, die an den Fronten waren, sind nicht für schale äußere Begriffe gefallen, sondern am Ende war jeder davon überzeugt: Ich setze mein Leben für Deutschland ein und damit für das Leben von 60 Millionen Volksgenossen. (Ungeheurer, langanhaltender Beifall.)«[61]

Kein einziges Mal habe ich in diesem auf den Weltkrieg bezogenen Volksgemeinschaftsdenken den besonderen »exklusiven« Charakter der NS-Volksgemeinschaft finden können, der in der Forschung gemeinhin als spezifische Differenz zu den Volksgemeinschaftsvorstellungen der anderen Parteien von links bis rechts (s. dazu das Kapitel I) hervorgehoben wird. Im Gegenteil setzt Hitler in seiner Weltkriegserzählung immer auf den üblichen »inkludierenden« Charakter der Volksgemeinschaft, symbolisiert durch das Opfer der zwei Millionen (und der auch häufig erwähnten 4,5 Millionen Verwundeten), die sich ganz einfach nur für ihr Volk geopfert hatten, nicht für irgendwelche Kriegsziele oder Ideologien. Dass für Juden in dieser Gemeinschaft kein Platz sein konnte, verstand sich für den NS von selbst und musste auch vor dem Publikum der Hitlerreden nicht besonders betont werden.

Am 11. Dezember 1930 erläuterte Hitler in einer Rede in Braunschweig – wo die NSDAP seit dem 1. Oktober einen Sitz in der neuen Regierung erhalten hatte –, dass die 1918 aus dem Krieg heimkehrenden Soldaten zutiefst davon schockiert gewesen seien, dass es in der Heimat nicht die Spur dessen gab, was sie an der Front täglich erlebt hatten. »Denn sie hatten die Synthese zwischen Nationalismus und Sozialismus auf ihre Weise im Felde gefunden.« Gleichgültig, ob der Kamerad von Beruf Steinmetz oder Gutsbesitzer war, ob Lehrer oder Tagelöhner, so sehr musste man zusammenstehen, dass soziale

Differenzierungen überhaupt keine Rolle mehr spielten. »Rauschenden Beifall« erhielt Hitler für die Schlusssätze dieser Rede, wo wieder die Synthese vom Opfer für das geeinte Deutschland betont wurde:

> *»Wenn jetzt die zwei Millionen deutscher Toten plötzlich auferstehen und ich jeden einzelnen von ihnen fragen würde: ›Wofür bist du gestorben?‹ Ich weiß, daß sie alle antworten würden: ›Für Deutschland!‹ Nicht für diese oder jene Partei!«*[62]

Kurioserweise hat Hitler dann während des gesamten Jahres 1931 nicht mehr von den Kriegstoten und der durch diese konstituierten Volksgemeinschaft gesprochen. Erst in seiner Eröffnungsrede zum Wahlkampf um die Reichspräsidentschaft, in der Hitler gegen den unbestritten beliebtesten Deutschen, nämlich Generalfeldmarschall Hindenburg, antrat, kam er wieder auf dieses Thema zu sprechen, wiederholte aber nahezu wörtlich die eben zitierte Passage von Ende 1930.

Seine letzte öffentliche Erwähnung dieses Volksgemeinschaftstopos, vor der Machtübernahme im Januar 1933, wo wieder einmal die Gemeinschaft aller Deutschen dem Weltkrieg entsprang, machte er Anfang September 1932 inmitten schärfster innenpolitischer Spannungen.[63] Angesichts des enormen Wahlerfolges bei den Reichstagswahlen vom Juli 1932, bei denen die Partei mit 37,4 Prozent der Stimmen stärkste Kraft wurde, kam vielfach die Forderung auf, dass Hitler nunmehr bereit sein müsse, eine Art Juniorpartner in einer bürgerlich-konservativen Regierung zu werden. In seiner Gegenargumentation schlug Hitler wieder einmal den Bogen zwischen dem Opfer der Weltkriegssoldaten und der Pflicht seiner Bewegung, trotz aller zu leistenden Opfer das Endziel nicht aus den Augen zu verlieren:

> *»Ich bin erst gestern nachmittag wieder am Grabe eines ermordeten Sturmführers gestanden, ermordet unter der nationalen Regierung Papen. Angesichts der ganzen Reihe von Gräbern, da kam mir so*

recht zum Bewußtsein, daß, selbst wenn wir nachgeben wollten im Innern, wir es ja gar nicht dürften, genauso wenig, als [sic!] die Menschen im Jahre 1918 nachgeben durften, die 2 Millionen deutscher Frontsoldaten hätten sonst ja gar nicht fallen brauchen. Die haben genauso ihr Glück, ihr Leben, ihre Frau und ihre Kinder gehabt und für die hat die Sonne genauso schön geschienen, und wenn die ihr Opfer bringen mußten, dann haben die anderen kein Recht zu sagen, wir machen es billiger.«[64]

Hitler hat also während der gesamten Zeit der 1920er Jahre und bis zur Machtübernahme im Januar 1933 in immer neuen Varianten und mit größter Intensität das Weltkriegsthema angesprochen und auf diese Weise dazu beigetragen, dass der Erste Weltkrieg, insbesondere die »Schmach von Versailles«, lebendig, d. h. politisch einflussreich blieb. Die Worte des »Führers« fanden in den Gremien der Partei ein vielfaches Echo und bald auch eine weit darüber hinaus gehende Resonanz in der deutschen Innenpolitik.

2. Theodore Abels Interviews mit alten Kämpfern der NSDAP

Die einzigartige »Abel-Collection« ist eine hervorragende und immer wieder genutzte Quelle zur Frühgeschichte des Nationalsozialismus. 1934 schrieb der amerikanische Journalist Theodore Abel ein Preisausschreiben aus, in dem er alle Nationalsozialisten um die Zusendung von Erlebnisberichten aus der »Kampfzeit« des NS bat. Der Preis war hoch dotiert und Abel erhielt nahezu 700 Zuschriften mit mehr oder weniger ausführlichen Lebens- und Aktionsbeschreibungen. Das Preisausschreiben verlief dann im Sande, aber Abel bewahrte alle Zuschriften sorgfältig auf. Im Jahre 1938 veröffentlichte er eine Reihe von Auszügen – in englischer Sprache – mit Kommentar und Einschätzung des

Quellenwerts der Berichte.[65] Erst Mitte der 1970er Jahre kam die Sammlung zur Kenntnis der Historiker und der interessierten Öffentlichkeit, als Peter H. Merkl eine profunde, heute noch nicht überholte Studie des Gesamtkorpus von 584 noch in der Abel-Sammlung erhaltenen Berichten vorlegte.[66] Merkl achtete auch bereits auf die Altersunterschiede bei den »alten Kämpfern«[67], die Abel ihre Berichte geschickt hatten, und erstellte daraus ein sehr gutes Profil von drei durchaus verschiedenen Generationen von Nazianhängern, nicht zuletzt auch den Frauen unter ihnen.[68] In den letzten Jahren sind Merkls Forschungen in einer Reihe von Publikationen weitergeführt worden.[69]

Das große methodische Problem dieser Sammlung ist allerdings die Frage, ob diese Antworten, die in den Jahren nach der »Machtergreifung« und auf dem Höhepunkt der kollektiven Begeisterung für Hitler und den Nationalsozialismus verfasst wurden, wirklich dem entsprechen, was die »alten Kämpfer« beider Geschlechter in den Jahren nach 1918 empfunden haben. Das wird sich natürlich nie definitiv klären lassen, sollte aber als kleines Fragezeichen bei jeder Nutzung dieser autobiografischen Aufzeichnungen bedacht werden. Jedenfalls lässt sich feststellen, dass in den allermeisten Berichten sehr deutlich ist, oft sogar explizit gesagt wird, wie stolz die Verfasser und Verfasserinnen darauf waren, was Hitler und die Partei seit der Machtübernahme erreicht hatten und wie sehr sich doch der Kampf auch in schwierigeren Zeiten gelohnt habe.[70]

Theodore Abel hatte als hauptsächlichen Fokus seiner Analyse den Antisemitismus und dessen Geschichte gewählt. Wenn für ihn die »basis of discontent« der frühen Nazis auch stets die Revolution von 1918 und Versailles waren, so kam dann ab 1929 noch die Wirtschaftskrise dazu. In nahezu 20 Prozent der Erlebnisberichte wird erklärt, dass diese das ohnehin seit der Inflation von 1923 gestörte Vertrauen in die Republik endgültig zerstört habe.[71] Die durchgehende Abneigung gegenüber den Juden wird meistens mit deren vorgeblich unsolidarischen Verhalten im Weltkrieg und der starken Beteiligung an der Revolution begründet. Abel schloss daraus, dass der Judenhass der

Nazis nichts sei als ein Wiederaufflammen des Krisenantisemitismus, der Deutschland seit 1000 Jahren beherrsche.[72]

Theodore Abel hat also in seiner Analyse der Berichte nicht wirklich ernst genommen, was dort über Weltkrieg und Revolution erzählt wurde. Auch in der Forschung ist gerade dieser Weltkriegsfokus bislang zu wenig beachtet geblieben, obwohl doch in den Berichten der alten Nazis Kriegserlebnis, Revolution, »Dolchstoß« und »Versailles« immer wieder als Motivation der eigenen Politisierung und Hinwendung zu Hitler angegeben werden.

Die folgende knappe Analyse wird sich deshalb ausschließlich mit dem Weltkriegsaspekt beschäftigen, zumal allein dieser für meine Darstellung Bedeutung hat.[73]

80 Prozent der ca. 300 männlichen Teilnehmer am Abel-Preisausschreiben, die vor 1901 geboren waren, berichten über ihre aktive Kriegserfahrung der Jahre 1914–1918.[74] Bei 101 Berichten ist das Fronterlebnis zentral, Kameradschaft bzw. Frontgemeinschaft gelten in 131 Berichten als Vorform der erstrebten Volksgemeinschaft. Niederlage und Revolution spielen in 175 Lebensbeschreibungen von Weltkriegssoldaten die entscheidende Rolle.[75]

In diesen Autobiografien ist immer wieder vom ungeheuren Augusterlebnis, dem Niedergang der patriotischen Stimmung während des Krieges und der Schande der »Friedensresolution« des Reichstags von 1917 die Rede. Bei dieser Generation, die den Krieg als Erwachsene bzw. sogar als Soldat erlebt hat, überwiegt diffuse Wut und Bitterkeit über die nie verstandene bzw. akzeptierte Niederlage. Besonders symptomatisch – in gewisser Weise aber auch einzigartig – ist der Bericht von Hermann Kleinfeld (Jahrgang 1896), der während des gesamten Krieges an der Westfront eingesetzt war:

»Unsere Division war bis zum Waffenstillstand in vorderster Linie. Sie war durchaus noch fähig, Widerstand zu leisten, besonders war das bei der Artillerie der Fall. Den Rückmarsch machten wir aus

der Gegend von Mons in Belgien als Fußmarsch und kamen Mitte Dezember in die Gegend von Kassel.«

Er kommt dann zu einer Wahlveranstaltung:

»Die Versammlung war ausschließlich von Soldaten besucht und hier hörten wir zum ersten Male, dass Deutschland den Krieg verloren hatte. Bis dahin waren wir der Meinung, dass wir nach der Wilsonischen Vermittlung das besetzte Gebiet freiwillig geräumt und die Waffen freiwillig abgegeben hatten.«

Der Verfasser erlebt dann u.a. den Kapp-Putsch und den Einmarsch der Franzosen an der Ruhr. Ein Freund berichtet ihm von Hitler und dann hört er den »Führer« 1926 im Essener Saalbau sprechen:

»Die klaren Beispiele, die Hitler in seiner Rede brachte, und seine Offenheit flößten mir Bewunderung ein, ebenso der Schwung, der in der gesamten Veranstaltung zum Ausdruck kam […]. Von dem Zeitpunkt an besuchte ich fast alle nationalsozialistischen Versammlungen und machte mir deren Gedankengut zu eigen.«[76]

1928 trat Hermann Kleinfeld dann in die Partei ein.

In vielem sehr ähnlich sind die Erinnerungen von Carl Koch (Jahrgang 1877), der ebenfalls von 1914 bis 1918 an verschiedenen Fronten im Einsatz war.

»Als ich bei Kriegsende von Macedonien her in die Heimat zurückkehrte und die Soldatenräte und deren Treiben sah, war ich ganz empört, dass einige Deserteure und Juden das Vaterland verraten hatten, sodass wie mir schien, die vielen großen Opfer und vor allen Dingen die vielen Toten für unser Vaterland umsonst gefallen waren. […] Ich habe sehr oft die Zähne zusammengebissen und

mir geschworen, dass wenn es eine Möglichkeit gäbe, um aus diesem Elend wieder empor zu kommen, ich mithelfen müsste und würde, soweit meine Kräfte dazu ausreichten.«

Auch Carl Koch hört dann Hitler im Essener Saalbau 1926.

»Seine Ausführungen machten auf mich einen derartigen tiefen Eindruck […], dass ich von diesem Augenblicke ab wieder neuen Glauben an die Auferstehung des Deutschen Volkes bekam.«

Koch hat dann »mit Frau und Kindern« alle NS-Veranstaltungen besucht und ist schließlich 1928 in die Partei eingetreten. Er berichtet ausführlich von allen Aktivitäten, auch Saalschlachten und Straßenkämpfen:

»Aus diesen vielen Opfern, die gefordert wurden, ist unser neues Deutschland entstanden. […] Dass diese Opfer nicht vergebens gewesen sind zeigt die ungeheuerliche Arbeit unserer heutigen nationalsozialistischen Regierung auf allen Gebieten.«[77]

Als eine Art Kulturschock stellen sich Niederlage und Revolution dar, für welche man die Marxisten aller Schattierungen und den schwachen Kaiser verantwortlich macht, aber auch insgesamt »die Zivilisten«, die es nicht geschafft hätten, den Burgfrieden von 1914 aufrechtzuerhalten. Hinzu kommt – typisch für die Generation der Kriegsteilnehmer – die zornige Klage, dass die Frontsoldaten und besonders die Kriegsversehrten in der Weimarer Republik nicht genügend Respekt erfahren hätten.[78]

Interessant ist die Schlussfolgerung Merkls zu diesen Berichten:

»The deep discouragement and demoralization of the defeat also expressed itself in an extraordinary amount of hatred and suspicion directed against everyone.«[79]

Es geschah hier also genau das, was Hannah Arendt in ihrer wegweisenden Studie über die Elemente und Ursprünge totaler Herrschaft aus dem Jahre 1955 über die Zeit nach 1918 geschrieben hat:

> *»In diesen Nachkriegsjahren wuchs er [der Hass] zu einem entscheidenden politischen Faktor in allen öffentlichen Angelegenheiten heran. Die Atmosphäre des öffentlichen Lebens der zwanziger Jahre schien geladen mit der schwülen und unheilvollen, diffusen Irritabilität einer Strindberg'schen Familientragödie. Der Hass konnte sich auf niemand und nichts wirklich konzentrieren. [...] So drang er in alle Poren des täglichen Lebens und konnte sich nach allen Richtungen verbreiten, konnte die phantastischsten, unvorhersehbarsten Formen annehmen; nichts blieb vor ihm geschützt, und es gab keine Sache in der Welt, bei der man sicher sein konnte, dass der Hass sich nicht plötzlich gerade auf sie konzentrieren würde.«*[80]

Wenn alle drei Generationen der Abel-Berichte zutiefst antikommunistisch eingestellt waren, so ist interessant, dass die Älteren, also die Jahrgänge 1890 bis 1901, die zumeist im Krieg gedient hatten und sich stolz als »Frontsoldaten« titulierten, offensichtlich sehr viel weniger antisemitischen Stereotypen folgten als ihre Nachfolger. Für sie war der verlorene Krieg absolut zentral für ihr Engagement in der NSDAP:

> *»Wir wussten, dass alles Blut, das im Kriege für die Verteidigung unseres Vaterlandes geflossen, vergebens war; wir wussten aber auch, dass wir noch einmal für unser Vaterland bluten müssten, wenn wir diese Schande und den Verrat von Seiten des marxistischen Regimes und die jüdische Korruption beseitigen wollten.«*[81]

Wenn dieser »Zeitzeuge« also besonders auf das Vermächtnis der Front eingeht, so steht bei anderen der erlebte Weltkrieg im Mittelpunkt der Erzählung (für das amerikanische Publikum!). Und da natürlich alle wussten, dass es Abel, also dem Preisverleiher, nicht auf den Weltkrieg selbst ankam, sondern auf die Motivation für die Hinwendung zu Hitler und der NSDAP, wurde immer wieder der Topos der Frontkameradschaft bemüht. Dort habe es eine Gemeinschaft von Kameraden gegeben, die füreinander kämpften und litten. Sie waren Soldaten, denen die Weimarer Republik nichts Gleichwertiges bieten konnte oder wollte, nämlich die so sehr ersehnte Volksgemeinschaft als Bestätigung und Verlängerung ihrer zentral wichtigen Kriegserfahrung. Und immer wieder wird dann übergeleitet zum Nachkrieg, als man nach Monaten oder Jahren der Frustration zur Partei fand und dort genau diese Gemeinschaft wieder erlebte. Jeder sei für jeden da gewesen, ohne Unterschiede in Rang oder Klasse. So war, wie Krassnitzer formuliert hat, »die Deutung von NSDAP und SA als Orte der Erfüllung der durch die eigenen Kriegserfahrung bedingten Sehnsucht nach Kameradschaft und Gemeinschaft […] ein häufiges Erinnerungsmuster in den Autobiografien«.[82] Hinzu kommt auch, dass man in vielen Fällen der Ansicht war, dass die Frontsoldaten eine ganz wichtige Erziehungsarbeit zu leisten hätten. Adolf Trappe (Jg. 1895), der während des gesamten Weltkriegs an der Westfront gedient hatte und verwundet worden war, wurde zunächst Mitglied im Stahlhelm, dem wichtigsten Verband der ehemaligen Frontsoldaten:

> *»1930 […] fand hier in Calbe der erste Aufmarsch [der SA] statt. Ich trat sofort der S.A. bei, weil ich fand, dass unter diesen jungen Leuten ein ganz anderer revolutionärer Geist herrschte als im Stahlhelm, und meldete mich bei der Ortsgruppe Calbe der NSDAP an. Da nur ungediente junge Leute in der SA waren, wurde ich nach kurzer Zeit […] als Scharführer eingesetzt. Ich betrachtete es als meine größte Aufgabe, zunächst einmal den alten Soldatengeist und die im Felde gezeigte Kameradschaft untereinander auf meine jungen SA-Kameraden zu übertragen.«*[83]

Wesentlich war auch die vor allem von der Generation der Weltkriegssoldaten vorgenommene Identifizierung Hitlers mit dem »unbekannten Soldaten«. In seinen Reden hatte Hitler sich ja, wie gezeigt, immer als einfachen Frontsoldaten bezeichnet, und verständlicherweise waren viele ehemalige Soldaten – nicht allein die Nazis unter ihnen – enttäuscht vom Umgang der Republik mit diesem überall in der Welt so mächtigen Symbol.[84] Aber was bei den allermeisten eine unbestimmte Sehnsucht war, hatten die Nationalsozialisten offensiv aufgenommen. Vor allem schmiedeten sie aus dem Vergeblichkeitstopos eine große Zukunftshoffnung insbesondere für die älteren Parteimitglieder, also für jene, die frustriert von der Front zurückgekommen waren: Wenn der »Führer« der prototypische unbekannte Soldat war, so öffnete sich für die vielen anderen und tatsächlich unbekannten ehemaligen Soldaten eine Welt voller Hoffnung und Zuversicht:

> *»Hitler, du bist unser Mann, du redest als Frontsoldat und Mensch [...]. Du hast im Schlamassel gelegen wie wir, nicht als hohes Tier – nein nur als unbekannter Soldat – du setzt dich mit deiner ganzen Persönlichkeit, mit deinem ganzen Herzen für den deutschen Menschen ein.«*[85]

So wurde denn auch konsequenterweise der Einsatz für die SA direkt mit der Erinnerung an den Krieg konnotiert:

> *»In breiter Front gesammelt zur letzten Offensive [stand die SA] in vernichtendem Ansturm gegen Marxisten aller Art.«*

Und was diese den wackeren Kämpfern für ein neues Deutschland antaten, waren regelrechte Dolchstöße »gleich jenem Schlag, der damals die feldgraue Front erledigte«.[86]

Bei aller Unterschiedlichkeit des Erlebten und als berichtenswert Dargestellten war also für die Generation der Weltkriegssoldaten das Entscheidende an Hitler und seiner Partei, dass diese willens waren, die betörende nationale Einheit vom August 1914 und dann die im Krieg erlebte Kameradschaft der Frontsoldaten auf die gesamte deutsche Gesellschaft zu übertragen. Auf diese Weise sollte ihr Kriegserlebnis im Kampf gegen alle möglichen Verräter und Feiglinge einen fortdauernden Sinn erhalten und sogar dazu verhelfen, dass Deutschland den Weltkrieg doch noch gewinnen und wieder zu neuer Größe und Stärke wachsen werde.

III. Zehn Jahre Kriegsende 1928/29

1. Die Kampagne gegen den Young-Plan und die Anschlussfähigkeit des Nationalsozialismus

a) 1929: Die Aktualisierung des Protestes gegen »Versailles«

Zwar war der »Schandfrieden« von 1919 immer präsent im Bewusstsein der Deutschen, aber in den Jahren nach der Stabilisierung der Republik 1924 und der internationalen Ausgleichspolitik, die mit den Locarno-Verträgen Ende 1925 besiegelt wurde, hatte »Versailles« etwas an Aktualität und polemischer Intensität verloren und war nur noch ein Tummelplatz rechtsradikalen Protestes. Mit dem zehnten Jahrestag des Versailler Vertrags änderte sich dies aber grundlegend, das Trauma wurde in gewisser Weise aktualisiert, und es ergab sich eine neue und scharfe öffentliche Diskussion, die bis 1933 anhalten sollte.

Anlässlich der zehnjährigen Wiederkehr der Unterzeichnung des Versailler Vertrags am 28. Juni 1919 veröffentlichten der Reichspräsident und die Reichsregierung einen schon zitierten (Kapitel I.2.) gemeinsamen Aufruf, was eine sehr ungewöhnliche Aktion war. Die äußerste Rechte kritisierte diesen Aufruf mit großer Erbitterung, denn die vorsichtige und vermittelnde Formulierung, dass Deutschland nicht allein am Kriegsausbruch 1914 schuldig sei, war in ihren Augen bereits wahrheitswidrig bzw. politischer Verrat. Für sie stand fest, dass Deutschland überhaupt keine Schuld am Ausbruch des Weltkriegs hatte, sondern der Einkreisung durch böswillige Mächte ausgesetzt gewesen war.[1]

Die Kritik an dieser Zurückhaltung der Staatsführung wurde noch dadurch vergrößert, dass Reichsregierung und preußische Regierung allen Beamten die Teilnahme an den für den 28. Juni 1929 z. B. an der Berliner Universität geplanten Anti-Versailles-Kundgebungen verboten. Die Berliner Hochschulen sagten deshalb eine gemeinsame Veranstaltung ab, wohingegen die »vaterländischen Verbände« im Berliner Stadion und im Reichstag »eindrucksvolle Kundgebungen« organisierten.[2] Der seit 1928 an der Berliner Universität enorm im Aufschwung befindliche NSDStB profitierte erheblich von dieser Auseinandersetzung, waren doch die ohnehin stark »völkisch« eingestellten Studenten auch sehr leicht gegen die »Kriegsschuldlüge« zu mobilisieren.[3] So hatte die »Deutsche Studentenschaft« bereits am 28. Juni 1927, dem Jahrestag der Unterzeichnung des Versailler Vertrages, im preußischen Herrenhaus in Berlin eine Kundgebung veranstaltet, an der sogar der ehemalige Großadmiral Graf Alfred von Tirpitz teilnahm. Die dort verabschiedete Resolution endete mit den Worten:

> *»Die Deutsche Studentenschaft erhebt heute, und darin mit dem ganzen Deutschen Volke, wiederum den Ruf gegen das erpresste Schuldbekenntnis. Die Deutsche Studentenschaft soll und wird nicht eher den Ruf verklingen lassen, bis die deutsche Ehre auch durch die Befreiung vom Versailler Diktat und seinem Artikel 231 wiederhergestellt ist.«*[4]

Das Verbot der Veranstaltungen von 1928 hatte selbstverständlich keine Beruhigung zur Folge, sondern die gegenteilige Wirkung. Ein Jahr später, inmitten der etwas weiter unten näher dargestellten Kampagne gegen den sogenannten Young-Plan zur Regelung der finanziellen Folgen des Versailler Vertrags, protestierten die Studenten wieder gegen »Versailles«:

> *»Die Behauptung von der deutschen Schuld am Kriege ist durch die wissenschaftliche Arbeit in- und ausländischer Forscher während des letzten Jahrzehnts als politische Zwecklüge entlarvt worden. Auch die Unterzeichnung des Artikels 231 des Diktates durch die deutsche Friedensdelegation kann diesen wissenschaftlichen Feststellungen gegenüber nichts besagen, da das uns unter Vernichtungsdrohungen abgepreßte Geständnis keinerlei Rechtskraft hat und haben kann. Mit der Aufdeckung der Schuldlüge bricht der Versailler Vertrag in sich zusammen. Das ist vor allem von führenden Staatsmännern der Entente ausgesprochen worden. Lloyd George erklärte am 3. März 1921 auf der Londoner Konferenz: ›Für die Alliierten ist die deutsche Schuld am Kriege grundlegend; sie bildet das Fundament, auf dem der Versailler Vertrag aufgebaut ist. Sollte dieses Schuldbekenntnis abgelehnt oder aufgegeben werden, so ist der Vertrag hinfällig.‹ […] Es ist erwiesen, daß Deutschland nicht die Verantwortung für den Ausbruch des Krieges trägt.«*[5]

Die Regierung reagierte sehr zurückhaltend auf diesen massiven Protest der »kommenden Generation«. Das Aktenstück trägt nur den Vermerk, dass man nicht antworten, sich aber die Namen der Beteiligten für die Zukunft merken wolle.[6]

Allerdings ging die Regierung öffentlich sehr entschieden gegen die Studenten vor: Auf Wunsch des Innenministeriums verbot Preußen alle Kundgebungen am 28. Juni 1929, was wiederum zu heftigen Protesten, Verletzung der Bannmeile und einigen Festnahmen führte.[7] Die Studenten marschierten daraufhin zum Amtssitz des Reichspräsidenten Hindenburg, den sie hochleben ließen und von dem sie sich wohl erhofften, dass er sich mit ihren Protesten solidarisieren könnte. Dies geschah allerdings nicht. Hindenburg ließ sich niemals öffentlich auf eine

Distanzierung zur Reichsregierung ein.[8] Die Proteste zogen sich noch bis zum Ende der ersten Juliwoche hin und wurden u. a. vom Stahlhelm unterstützt. Es gab auch weiterhin Zusammenstöße mit der Polizei, in die dann auch kommunistische Studenten eingriffen, die von der Polizei vor den Gewalttätigkeiten der Rechten geschützt werden mussten.

b) Der Young-Plan

Die Diskussion um den Young-Plan ist eine *cause célèbre* in allen Geschichten der Weimarer Republik. Das Engagement der NSDAP gemeinsam mit der Hugenberg'schen Rechten und dem Stahlhelm für das Volksbegehren gegen den Young-Plan gilt als ein entscheidender Moment für den Aufstieg des NS zur Massenpartei. In den Handbüchern und in den wenigen monografischen Arbeiten wird jedoch kaum einmal in Betracht gezogen, wie stark doch diese Auseinandersetzung um die Neuregelung der Reparationsverpflichtungen Deutschlands in direkter Verbindung mit einem Wiederaufleben der »Kriegsschuldfrage« stand und wie sehr dadurch die ganzen mit »Versailles« und dem »Schandfrieden« zusammenhängenden Probleme und unterschwelligen Emotionen wieder an die Oberfläche geschwemmt wurden.[9] Diese Fehlstelle soll nunmehr ein wenig ausgeglichen werden.

Zunächst knapp zur Entstehung des Young-Plans: Das wichtigste Ziel der deutschen Außenpolitik war und blieb die Erfüllung der im Versailler Vertrag von 1919 eingegangenen Verpflichtung, alle den Alliierten durch die deutsche »Aggression« entstandenen Schäden zu ersetzen. Die Reparationen waren erst 1921 auf 132 Milliarden RM festgelegt worden. Das war eine ungeheure Summe, wenn man bedenkt, dass der Staatshaushalt im Jahre 1925 bei knapp 6 Milliarden Reichsmark lag.[10] Die deutschen Regierungen versuchten in der Folgezeit, durch eine mehr oder weniger aufrichtige »Erfüllungspolitik« zu zeigen, dass Deutschland zahlungswillig sei, die Gesamtforderung aber unmöglich werde begleichen können. Schon die Ruhrkrise von 1923 war aus dieser Abwehrhaltung entstanden.

1924 war mit dem sogenannten Dawes-Plan eine Staffelung der Reparationszahlungen und die Einrichtung auswärtiger Kredite (besonders durch die USA) eingesetzt worden, wobei Deutschland allerdings die Souveränität über die Reichsbank und die Reichsbahn abgeben musste, die zu »produktiven Pfändern« wurden. Die weitergehenden Ausgleichsbemühungen insbesondere zwischen Frankreich und Deutschland – die sogenannte Locarno-Politik von Stresemann und Briand – führten mittelfristig dazu, dass auch vonseiten der Alliierten eine Befreiung Deutschlands von den Zwangsmöglichkeiten aller Art (insbesondere die Rheinlandbesetzung) angestrebt wurde. Ergebnis dieser Überlegungen war der Young-Plan, benannt nach Owen D. Young, einem amerikanischen Industriellen und Diplomaten, der die Grundlinien für diesen neuen Entschuldungsplan vorgelegt hatte. Der Young-Plan wurde zwischen Februar und Juni 1929 von einer internationalen Kommission in Paris ausformuliert und den Regierungen zur Entscheidungsbildung vorgelegt.[11] Die Gesamtschuld Deutschlands sollte auf 36 Milliarden RM reduziert und die Jahresraten auf mehr als 50 Jahre verteilt werden. Diese Herabsetzung und Staffelung erschien ökonomisch vernünftig und war insofern auch attraktiv, als sie mit der Befreiung der Reichsbank und Reichsbahn von der zuvor bestehenden alliierten Kontrolle sowie mit der Aufhebung der Rheinlandbesetzung und eventuellen Lösung des Saarstatuts einherging.

c) Anti-Young-Kampagne und Kriegsschuldfrage

Aber die Verantwortlichen hatten offensichtlich nicht damit gerechnet, welchen Sturm der Entrüstung diese wirtschaftspolitisch vernünftigen bzw. akzeptablen Maßnahmen auslösen konnten.[12] Hauptschlagwort der sofort einsetzenden Kampagne der Rechten war der Vorwurf, durch den Young-Plan sollten die Deutschen »bis in die 3. Generation« finanziell ausgeblutet werden – in der Tat waren die Annuitäten der Reparationszahlungen insgesamt bis 1988, also auf mehr als 50 Jahre, festgelegt worden.

Weitverbreitetes Werbeplakat für das Volksbegehren gegen den Young-Plan. Verschiedene Titulierungen, der Herausgeber ist unbekannt.

Die Kampagne gegen den Young-Plan wurde von Alfred Hugenberg, dem Medienzar der damaligen Zeit und seit Oktober 1928 Vorsitzender der rechtsradikalen DNVP, orchestriert. Hugenberg baute dabei auf einem vom Stahlhelm bereits im Herbst 1928 ersonnenen und gemeinsam mit anderen rechtsextremen Organisationen initiierten »Reichsausschuss für das deutsche Volksbegehren« auf, der sich im April 1929 konstituierte.

Ursprüngliche Absicht des Reichsausschusses war, als Reaktion auf die Wahlverluste der Rechten bei den Reichstagswahlen von 1928, das Parlament zu entmachten und durch ein Präsidialregime zu ersetzen. Dieser Plan lag aber noch »in der Schublade«, zumal sich Hindenburg weigerte, einen solchen Frontalangriff auf den frisch gewählten Reichstag zu unterstützen.[13] Im Juni 1929 ergriff Hugenberg die Gelegenheit der Bekanntgabe des Young-Planes durch die Pariser Kommission, um das ursprüngliche Volksbegehren umzuformulieren und zentral mit der Kriegsschuldfrage zu verbinden. Wahrscheinlich kam Hugenberg auf die Idee zu einer solchen Verknüpfung des Protests gegen die Reparationen mit der Kriegsschuldfrage, weil sich gerade im Juni 1929 die Unterschrift unter den Versailler Vertrag zum zehnten Mal jährte.

Wegen der Zuspitzung der Kampagne auf die Kriegsschuldfrage war eine Zusammenarbeit mit Hitler für Hugenberg die erste Wahl, hatte der »Führer« doch wie kein anderer Politiker der Rechten den Protest gegen den »Schandfrieden« in den Jahren seit Neugründung der Partei ins Zentrum seiner Agitation gesetzt. Und angesichts des kontinuierlichen Erstarkens der NSDAP auf kommunaler und Länderebene versprach diese Option einen großen Erfolg. Hugenberg riskierte damit auch bewusst eine Spaltung der »Front« der rechten Organisationen, die das Volksbegehren in seiner ursprünglichen Gestalt befürworteten, sich aber nicht auf eine polarisierende Diskussion über die Kriegsschuldfrage einlassen wollten.[14]

d) »Kriegschuldlüge« und Volksentscheid

In Hugenbergs Erweiterung der ursprünglichen Vorlage für den Volksentscheid sollte nunmehr neben der Ablehnung des Young-Planes auch ganz explizit ein Volksentscheid gegen die »Kriegsschuldlüge« stehen, was dann für erhebliche öffentliche Erregung und langwierige Debatten auch im Reichstag sorgte.

In Goebbels' Tagebuch findet sich am 5. Juli 1929 der folgende jubilierende Eintrag:

»Nächste Woche Chef-Hugenberg. Wir tuen beim deutsch-nationalen Volksbegehren gegen Versailles und Young mit. Aber wir werden uns an die Spitze drängen und der D.N.V.P. die Maske vom Gesicht reißen. Wir sind stark genug, bei jedem Bündnis zu gewinnen.«[15]

Was genau Hugenberg mit dieser Erweiterung plante, kam dann auch erst im September offiziell auf den Tisch (s. u.). Ahnungen davon scheint es jedoch schon gegeben zu haben, denn bereits wenige Tage später polemisierte der *Völkische Beobachter* erneut gegen den Beschluss der Regierung, dem Young-Plan zuzustimmen, und redete von einer »schmählichsten Unterwerfung« Deutschlands unter ein erneutes Diktat der Alliierten. Und der *Völkische Beobachter* kündigte an, dass die Nationalsozialisten nach der »Machtergreifung« alle Verantwortlichen einem Staatsgerichtshof übergeben und zudem ihr Vermögen einziehen würden – also ziemlich genau das, was dann in Hugenbergs Gesetzentwurf ausformuliert wurde.[16]

Hitler nahm in der ersten Sitzung des Reichsausschusses für das deutsche Volksbegehren am 9. Juli unmittelbar Stellung zu Hugenbergs Plan:

»Es sind jetzt 10 Jahre vergangen, seit Versailles unterzeichnet wurde, und wir haben vor wenigen Tagen erst eine Regierungserklärung

erhalten; schwach, halb, wie wir das seit zehn Jahren gewöhnt sind (Sehr richtig!), in der offiziell betont wurde, daß das deutsche Volk nicht allein schuld am Kriege ist. Dieses Bekunden der nicht alleinigen Schuld scheint nun gewissen Stellen ein Fortschritt zu sein. Für Millionen Deutsche ist es nicht allein ein Fortschritt, sondern doch wieder ein Schuldbekenntnis, das umso schwerer wiegt, als es uns erst recht die Mißachtung des Auslandes einbringen muß. Denn wenn ein deutscher Staatsmann wider besseres Wissen sich zu einer Mitschuld Deutschlands bekennt, dann weiß doch zum mindesten jeder Engländer und Franzose, daß es nicht so ist. Der französische und englische Staatsmann weiß, daß wir keine Schuld am Kriege haben. (Sehr richtig!) Und ich verstehe nicht, daß man sich nicht klar macht, daß eine solche deutsche Bekundung der ›Nichtalleinschuld‹ zu neuer Mißachtung und zu größerer Verachtung führen muß.«[17]

Interessanterweise nimmt von nun an in nahezu allen Hitlerreden der Begriff der »Kriegsschuldlüge« einen zentralen Platz ein, den er zuvor keineswegs gehabt hatte.[18] Und der *Völkische Beobachter*, der am 28. Juni 1929, zum Jahrestag des Versailler Vertrages, zum ersten Mal von »Kriegsschuldlüge« gesprochen hatte, zitierte am 25. Juli auf der Titelseite eine »Anordnung« Hitlers, der zufolge die NSDAP am Volksbegehren »gegen das Pariser Tributdiktat und die Kriegsschuldlüge« teilnehmen werde.[19] Dieser neue Fokus auf das Wort »Lüge« sollte wohl eine Art Alleinstellungsmerkmal der NSDAP sein, um die grundsätzliche Differenz zu den Aussagen der Rechten, der Mitte, aber auch der Linken klarzumachen, welche sich alle gegen die deutsche »Alleinschuld« wehrten, wie sie ja im Artikel 231 des Versailler Vertrages festgeschrieben worden war.[20]

Was es mit Hugenbergs Plan genau auf sich hatte, zeigte sich, als der Reichsausschuss für das Volksbegehren am 11. September 1929 den Text eines Gesetzentwurfes »gegen die Versklavung des deutschen Volkes« vorlegte und publizierte.[21] In den einleitenden Bemerkungen hieß es, dass man endlich eine definitive Regelung der Reparationsfrage erreichen wolle, wofür es einer »völligen Umstellung der deutschen Außenpolitik« bedürfe. Und die fuße darauf, dass endlich die »bereits von Deutschland durchgeführten Leistungen in Einklang mit der tatsächlichen deutschen Leistungsfähigkeit« gesetzt würden. Insgesamt sei die Vertrags- und Außenpolitik darauf zu gründen, »dass Deutschland nicht die Schuld am Kriege trägt. Die Anerkennung dieser Tatsache durch die Mächte, die das Diktat von Versailles unterzeichnet haben, kann und wird erreicht werden. Die Befreiung Deutschlands von dem Vorwurf der Kriegsschuld muss die Grundlage der deutschen Außenpolitik sein.«

Der Gesetzentwurf selbst bestand aus vier Paragrafen folgenden Wortlauts:

§ 1

Die Reichsregierung hat den auswärtigen Mächten unverzüglich in feierlicher Form Kenntnis davon zu geben, dass das erzwungene Kriegsschuldanerkenntnis des Versailler Vertrages der geschichtlichen Wahrheit widerspricht, auf falschen Voraussetzungen beruht und völkerrechtlich unverbindlich ist.

§ 2

Die Reichsregierung hat darauf hinzuwirken, dass das Kriegsschuldanerkenntnis des Artikels 231 sowie die Artikel 429 und 430 des Versailler Vertrages förmlich außer Kraft gesetzt werden.[22] Sie hat ferner darauf hinzuwirken, dass die besetzten Gebiete nunmehr unverzüglich und bedingungslos sowie unter Ausschluss jeder Kontrolle über deutsches Gebiet geräumt werden […].

§ 3

Auswärtigen Mächten gegenüber dürfen neue Lasten und Verpflichtungen nicht übernommen werden, die auf dem Kriegsschuldanerkenntnis beruhen […].

§ 4
Reichskanzler und Reichsminister sowie Bevollmächtigte des Deutschen Reiches, die entgegen der Vorschrift des § 3 Verträge mit auswärtigen Mächten zeichnen, unterliegen den im § 92, Nr. 3 STGB vorgesehenen Strafen.

Der in § 4 angesprochene Straftatbestand bezog sich auf »Landesverrat« und sah dafür hohe Zuchthausstrafen vor. Es war auch dieser extrem provozierende Paragraf, um den im »Reichsausschuss« am meisten diskutiert worden war und dessen Streichung etwa die Vertreter des Stahlhelm und des Reichs-Landbundes, ein mitgliederstarker bäuerlicher Interessenverband, forderten.[23] Auch die DNVP wurde durch diese Frage an den Rand des Zerreißens gebracht, verlangten doch die Gemäßigteren bzw. Traditionalisten im Umkreis des Grafen Westarp, zumindest § 4 und den Vorwurf des Landesverrats ersatzlos zu streichen. Eigentlich wäre Hugenberg auch dazu bereit gewesen, aber die Nationalsozialisten beharrten darauf, dass er erhalten blieb, und drohten bei Streichung mit Rückzug aus dem gesamten Volksbegehren. Selbst ein Besuch Hugenbergs bei Hitler in München änderte an diesem Standpunkt nichts. Denn Hitler wäre es gerade recht gewesen, wenn sich die Front der Konservativen auflöste, wollte er doch auf jeden Fall vermeiden, dass die Nationalsozialisten durch ein zu enges Zusammenwirken mit den anderen Verbänden ihre »Exzellenz« verlieren könnten. Das war ja ein durchgehender Zug seiner politischen Strategie, wie auch später sein Verhalten im Rahmen der sogenannten Harzburger Front, einem im Oktober 1931 in Bad Harzburg organisierten Auftritt der gesamten »nationalen Opposition« gegen die Republik, zeigen sollte. Und Hugenberg war eine solche Entwicklung auch nicht unrecht, ermöglichte sie es ihm doch, die DNVP von traditionalistischem Beiwerk zu befreien und zum Kern dieser »nationalen Opposition« gegen Weimar umzuformen.

Es gab selbstverständlich auch scharfe Kritik vonseiten der gemäßigten Parteien, auf die hier nicht näher einzugehen ist. Zitiert sei lediglich ein Passus aus einem entsprechenden Aufruf der nationalliberalen Deutschen Volkspartei (DVP), die es als eine »Infamie« bezeichnete, »Männer, die unter Einsatz ihrer ganzen Kraft und unter Aufopferung ihrer Gesundheit diesen Befreiungskampf führen, mit dem Vorwurf des Landesverrats zu bedrohen«.[24] Die Regierung unternahm große Anstrengungen, der Initiative der Rechten, die für die konkrete Außenpolitik schlimme Folgen haben musste, mittels Gegenpropaganda und sachlicher Aufklärung zu begegnen.[25] So initiierte sie auch eine Stellungnahme führender Ökonomen und Intellektueller (u. a. Robert Bosch, Albert Einstein, Max Planck, Thomas Mann), die den Young-Plan ausdrücklich unterstützten und zum Boykott des Volksbegehrens aufriefen.[26] Auch Hindenburg nahm mit bemerkenswerter Entschiedenheit Stellung, indem er ein Schreiben an die Regierung veröffentlichen ließ, in welchem er allen Versuchen widersprach, den Reichspräsidenten ins Anti-Young-Lager zu ziehen.[27]

e) Mobilisierung der Studenten

Gegen den Young-Plan traten nun u. a. auch die Deutsche Burschenschaft sowie andere im nationalistischen Deutschen Hochschulring föderierte studentische Organisationen auf. Die Studentenschaft verabschiedete auf dem 12. Deutschen Studententag in Hannover im Juli 1929 die folgende Resolution:

> *»Niemals wird unsere Generation als uns bindendes und verpflichtendes Recht anerkennen, was die jetzt Handelnden und Verantwortlichen den Forderungen unserer Feinde zugestehen werden. Forderungen, die ihre sog. Rechtsgrundlage allein in dem ungeheuerlichsten Betrug der Weltgeschichte, dem erpressten Schuldbekenntnis des Versailler Diktats haben! Mag die Unterschrift deutscher*

Männer unserem Volk neue Ketten auferlegen – die Welt soll es hören: Die deutsche Jugend bleibt frei!«[28]

Weiterhin wurde hier beschlossen, dass Studenten künftig allen Verfassungsfeiern fernbleiben und dafür als Begründung angeben sollten, dass ja die Regierung die studentischen Demonstrationen gegen Young und Versailles untersagt habe.[29]

Aber die Politisierung der Jugendlichen und jungen Männer durch die Anti-Young-Kampagne ging noch weiter. Auch die Bündische Jugend wurde in dieses Fahrwasser gezogen, indem sie sich »gegen Young« zum ersten Mal überhaupt an politischen Veranstaltungen beteiligte. Höhepunkt dieser Kampagne war der Protest gegen »Versailles« und die Young-Maßgaben, den die Deutsche Studentenschaft am 16. Oktober 1929 gemeinsam mit einer Vielzahl von Organisationen der Bündischen Jugend sowie der Hitlerjugend an den Reichskanzler sandte.[30] Dessen auf »Young« bezogenene Passagen seien hier zitiert:

»Es ist erwiesen, daß Deutschland nicht die Verantwortung für den Ausbruch des Krieges trägt. Damit entfällt das Recht der Feindesmächte, von uns weitere Lasten zu fordern.
Die Lasten, die uns in dem neuen Sachverständigenplan auferlegt sind, übersteigen aber die in den rechtswidrigen, uns nicht mehr bindenden Bestimmungen des Versailler Diktates festgelegten Verpflichtungen bei weitem.
Nach dem Versailler Diktat obliegt uns der Ersatz der Schäden, die den Zivilbevölkerungen der Feindstaaten durch den Krieg erwachsen sind, und der Ersatz der Pensionen und Renten der feindlichen Kriegsteilnehmer und ihrer Hinterbliebenen. Unsere Zahlungsverpflichtung endet nach dem Diktat am 30. April 1951. Der Young-Plan verpflichtet uns – über diese Vorschriften weit hinausgehend – auch zur Tilgung der Kriegsschulden der alliierten Mächte

> *bei ihren Gläubigern. Er will das deutsche Volk bis zum Jahr 1988 in das Joch der Fronarbeit zwingen.*
> *Die deutsche Jugend ist nicht gewillt, ihrerseits dieser Verknechtung von Generationen zuzustimmen. Keiner der heute verantwortlichen Männer wird das Ende der Knechtschaft erleben. Nur wer von uns Jüngeren noch das biblische Alter gewinnt, darf hoffen, den Tag der Freiheit zu schauen. Erst die noch Ungeborenen werden am Ende ihres Lebens nicht mehr Tribut zu zahlen haben.*
> *Die deutsche Jugend richtet an die verantwortlichen Stellen im Reich, den Reichspräsidenten, die Regierung und den Reichstag die Mahnung, bei den Entscheidungen der kommenden Zeit die Stimmen derer zu hören, denen die Durchführung der im Young-Plan vorgesehenen Verpflichtungen in erster Linie obliegen, die am schwersten an der Last der Reparationen zu tragen haben würden. Wir fordern von der Regierung die Wahrung unseres Rechtes, des heiligen Rechtes unserer ungeborenen Brüder und Schwestern, des Rechtes unserer Kinder! Sie und uns in die Tributknechtschaft zu verkaufen, steht der heute handelnden Generation nicht zu.«*[31]

Die ohnehin bereits feststellbare Radikalisierung der »jungen Generation« wurde durch die Anti-Young-Kampagne nochmals beschleunigt. Denn dieser Protest war ja nicht konkreten parteipolitischen und wirtschaftlichen Interessen zuzuschreiben, sondern der Tatsache, dass auch künftige Generationen noch unter der Kriegsschuld und daraus abgeleiteten Zahlungsverpflichtungen zu leiden haben würden.[32]

f) Regierung und Reichstagsdebatte

Im Zusammenhang mit dieser Kampagne gab es eine interessante Replik seitens des Reichspräsidenten. In einem Schreiben an den Reichskanzler vom 16. Oktober 1929 beklagte er sich, dass sein Name ganz ungebührlich in die öffentliche Diskussion über den Young-Plan einbezogen werde. Er werde sowohl als Befürworter als auch als Gegner des Gesetzentwurfes gehandelt. Deshalb läge ihm daran festzustellen, dass er sich vollkommen aller Äußerungen dazu enthalte und erst in Erscheinung treten werde, wenn es um die Unterzeichnung des Gesetzes gehe, so es denn im Reichstag verabschiedet werde.[33] Was hier recht neutral formuliert wurde, war jedoch in Wirklichkeit eine radikale Absage an die in jenen Tagen gehäuften Bitten bzw. Forderungen aller möglichen Persönlichkeiten und Organisationen der Rechten, dass sich der Reichspräsident eindeutig gegen das Young-Gesetz positionieren möge. So hatte sich am 11. Oktober 1929, nur vier Tage vor diesem Schreiben, eine Gruppe ehemaliger Generale und Admirale mit einer solchen Bitte an ihn gewandt.[34] Solches Verhalten gilt es auch zu bedenken, wenn Hindenburg als Steigbügelhalter Hitlers kritisiert wird.

Trotz oder vielleicht wegen dieser massiven Kampagne legte die Regierung die Eintragungsfrist für das Volksbegehren recht kurzfristig auf Ende Oktober 1929 fest. Die Auszählung ergab dann, dass es 4 137 164 Stimmen erhalten hatte, womit das für ein Volksbegehren erforderliche Quorum von zehn Prozent der Wähler und Wählerinnen mit 10,02 Prozent zwar nur äußerst knapp, aber tatsächlich überschritten worden war.

Nach der Weimarer Verfassung musste der Reichstag nun über das vorgelegte Volksbegehren entscheiden. Nur wenn er dieses ablehnte, konnte ein Volksentscheid durchgeführt werden. Die Reichstagsdebatte über Young-Plan und Volksbegehren fand Ende November 1929 statt. Sie soll hier nicht in allen Einzelheiten nachverfolgt werden, doch gab es dabei eine Zusammenballung von wirtschaftstechnischen, allgemeinpolitischen und tatsächlich auf das Young-Problem bezogenen Stellungnahmen aller im Reichstag vertretenen Parteien.[35] Um einige Beispiele zu nennen: Wenn die Nationalsozialisten durch ihren Redner Gottfried Feder die »Bankrotteurs«-Politik der Regierung anklagten und gegen die geplante »Versklavung« von zwei Generationen protestierten[36], ließ sich Graf Westarp für die DNVP über nahezu zehn doppelspaltige Seiten des Protokolls auf eine Kritik der finanziellen Einzelheiten des Young-Plans ein, bevor er dann am Ende seiner Ausführungen erklärte, dass die DNVP den Kampf gegen diesen Plan aufgenommen habe, weil er nichts weiter tue, als die mit Versailles begonnene moralische Verdammung Deutschlands fortzuführen. Ihre Ablehnung des Young-Projekts sei deshalb »in engster Verbindung mit dem Kampf gegen die Kriegsschuldlüge« zu sehen.[37]

Der außenpolitische Sprecher der SPD, Rudolf Breitscheid, erging sich ebenfalls in seitenlangen technischen Erörterungen zum Young-Plan.[38] Erst am Ende seiner Rede erklärte er, dass die Sozialdemokraten sich immer gegen die Behauptung der deutschen Alleinschuld am Weltkrieg gewehrt hätten. Eine Verbindung zwischen dem Young-Plan und der Kriegsschuldfrage zog er dabei allerdings nicht.[39]

Der Zentrumsabgeordnete Carl Ulitzka erinnerte zunächst daran, dass man in Versailles die Kriegsschuldartikel unterschrieben habe, weil man verantwortungsvoll für Deutschlands Zukunft handeln wollte und nicht – wie die Rechte – in eine »bequeme Opposition« verfallen mochte. Über einen Zusammenhang von Young-Plan und Kriegsschulddiskussion ließ er sich ebenfalls nicht aus. [40]

Auch Heinrich Schnee von der nationalliberalen DVP – seit 1928 in einem strudelnden Abstieg in der Wählergunst begriffen – beklagte, dass links und rechts leider nicht gemeinsam gegen »Versailles« protestieren könnten, erörterte dann allerdings nur ausführlich, wie man via Young-Plan zu einer besseren Lösung des Kolonialproblems gelangen könnte. Diese Fokussierung bot sich an, war ja Schnee vor und im Weltkrieg Gouverneur von Deutsch-Ostafrika gewesen.[41]

Für die Wirtschaftspartei/Reichspartei des deutschen Mittelstandes sprach anschließend der Marburger Abgeordnete Johann Viktor Bredt, eine hochgeschätzte Persönlichkeit des öffentlichen Lebens der Weimarer Republik, der auch eine führende Rolle im Untersuchungsausschuss der Nationalversammlung und des Reichstags über die Gründe des deutschen Zusammenbruchs im Weltkrieg gespielt hatte.[42] Bredt legte im Einzelnen die Vorteile des Young-Plans für die deutsche Wirtschaft dar und erörterte zudem die positiven Folgen für die Befreiung des Rheinlandes und die Rückführung der Saar in das Deutsche Reich. Dann warnte er vor der so oft geübten, aber ganz falschen Gleichsetzung von Kriegsschuldfrage und Reparationen. Nur Demagogen könnten behaupten, dass durch eine Abschaffung des »Kriegsschuld«-Paragrafen des Versailler Vertrages auch die Reparationen getilgt würden. Interessant ist auch seine Kritik an Hugenberg, der am Vortag der Reichstagsdiskussion ebensolche Behauptungen vor Studenten der Marburger Universität aufgestellt und diese regelrecht zu einem »Marsch auf Berlin« aufgehetzt habe.[43]

Der Abgeordnete der Bayerischen Volkspartei und ehemalige Reichsjustizminister Erich Emminger beschränkte sich ganz auf die Diskussion der technischen Details des Young-Plans und forderte abschließend, diese Debatte nicht noch mit der Kriegsschuldfrage zu belasten. Schließlich seien sich doch alle Deutschen einig, dass Deutschland nicht »die Alleinkriegsschuld« trage.[44]

Aber genau das war der springende Punkt für die Nationalsozialisten. Für sie sprach nun ausführlich Ernst Graf zu Reventlow, der vom Weltkriegshistoriker und Hitlerkritiker zum fanatischen Nazi geworden war und die Geschichtsschreibung des NS über den Weltkrieg weithin beherrschte.[45] Reventlow beendete seine langen Ausführungen über die durch Young geplante »Liquidierung der deutschen Wirtschaft, des deutschen Volkseigentums und die Diskontierung der deutschen Arbeit durch das internationale Kapital« mit einer ausführlichen Stellungnahme zum Schuldproblem, wobei er immer wieder durch Beifall der NS-Abgeordneten (»sehr wahr!«) unterstützt wurde:

> *»Wir Nationalsozialisten kennen keine Kriegsschuldfrage, wir kennen lediglich eine Kriegsschuldlüge. […] Der Kampf gegen die Kriegsschuldlüge kann nur von dem richtigen und geschicht-*

lich wahren Standpunkt ausgeführt werden: Deutschland ist nicht schuld gewesen am Kriege [...]. Es gibt nur einen Weg, die Schuldlüge wirklich politisch geltend zu machen [...], und dieser eine Weg ist, dass die ganze Politik, die seit Versailles in Deutschland getrieben wird und die auf dem Boden der Schuldlüge steht, aufhört. [...] Parteien, die glauben, sie könnten beides zusammen: gegen die Schuldlüge und für den Locarno-, Dawes- und Young-Kurs, sollen die Finger davon lassen. [...] Ich sage: die Nationalsozialistische Deutsche Arbeiterpartei wird, sobald sie in der Lage ist, sobald das von ihr gelenkte Reich da ist (Lachen links) alle diejenigen Minister und Abgeordneten, welche es jetzt wagen, für den Young-Plan zu stimmen, vor den gesetzmäßigen Staatsgerichtshof stellen und ihre Bestrafung mit dem Tode fordern (Bravo bei den Nationalsozialisten – Lachen links). Die Todesart können Sie sich selbst aussuchen (Sehr gut bei den Nationalsozialisten – Erneutes Lachen links). Sie lachen, vielleicht werden Sie in wenigen Jahren nicht mehr lachen. Wenn Sie die Fortschritte unserer Partei im Lande, z. B. jetzt in Mecklenburg und Koburg [= Coburg], wieder sehen, werden Sie sich nicht darüber im Zweifel sein, dass hier eine Macht in schnellem und stetigem und geschlossenem Wachsen ist. [...]. (Lachen links und in der Mitte, Beifall bei den Nationalsozialisten).«[46]

Nach Ablehnung des Volksbegehrens durch den Reichstag kam es dann zu dem verfassungsmäßig vorgeschriebenen Volksentscheid über das Projekt der Rechten. Wegen seines verfassungsändernden Charakters bedurfte der Gesetzentwurf der Zustimmung von mehr als der Hälfte der 42 Millionen Stimmberechtigten. Nur 5,8 Millionen stimmten allerdings am Wahltag, dem 22. Dezember 1929, dafür. Das waren magere 13,8 Prozent der Stimmberechtigten.[47]

Die Historiker sind sich mit den Zeitgenossen darin einig, dass dieses Resultat zwar eine enorme Schlappe für die Weimarer Rechte darstellte, nicht aber für die Nationalsozialisten.[48]

g) Aufstieg des NS durch die Anti-Young-Kampagne

Trotz des schließlichen Scheiterns des Volksbegehrens hatte die NSDAP gezeigt, wie stark ihre Organisation inzwischen deutschlandweit geworden war. Dazu hatte auch verholfen, dass die Kampagne durch die uniformierte und Geschlossenheit und »Schlagkraft« beweisende SA eingerahmt wurde. Die hochkonservative *Kreuzzeitung*, die erst mit der Anti-Young-Agitation begonnen hatte, sich überhaupt für Hitlers Bewegung zu interessieren, urteilte in ihrem Jahresrückblick für das Jahr 1929, dass sich hierdurch eine starke Verschiebung auf der Rechten zugunsten der Nationalsozialisten ergeben habe. Und man müsse befürchten, dass die konservativen Kräfte durch diese Bewegung mattgesetzt werden könnten, obwohl der NS doch »irgendwie ziellos« sei.[49] Die Landvolkpartei wiederum, die zu jener Zeit die wohl dynamischste Gruppierung der Protestszene war[50], verließ nach dem Scheitern des Volksentscheids das Hugenberg-Lager, da Hugenberg wegen seines spalterischen Verhaltens untragbar geworden sei. Man erklärte allerdings am 22. Dezember 1929, dass nunmehr der Kampf gegen Kriegsschuldlüge und Young-Plan auf breiterer Basis als bisher weitergeführt werde. Offensichtlich wollte die Landvolkpartei von der Schwächung der innerlich zerrissenen DNVP Hugenbergs profitieren, was dann bei den Wahlen von 1930 auch gelang, als sie zur stärksten Fraktion innerhalb des Rechtsbündnisses wurde.[51]

Die Nationalsozialisten blieben trotz der Abstimmungsniederlage ihrer bisherigen Taktik treu, alle Emphase in der politischen Diskussion auf die Widerlegung bzw. Bekämpfung der »Kriegsschuldlüge« zu setzen. Bereits zwei Monate später erklärte Reventlow am 11. Februar 1930 im Namen der Partei, dass man alle Young-Entwürfe weiterhin ablehne, weil dieser Plan auf der Kriegsschuldlüge gegründet sei:

> *»Die NSDAP erklärt als ihren unveränderlichen Standpunkt, dass sie jede Verhandlung über eine sogenannte Kriegsentschädigung ab-*

lehnt, welche direkt oder indirekt auf dem Boden der Kriegsschuldlüge geführt wird.«[52]

Doch nicht genug mit solchen allgemeinen Erklärungen. Auf der »Führertagung« vom 27. Juli 1930 wurden die Richtlinien für den Wahlkampf besprochen und festgelegt, dass dieser sich ganz besonders gegen den Young-Plan zu richten habe. In jeder Rede sollten die »Erfüllungspolitik« und deren schreckliche Konsequenzen für Deutschland thematisiert werden.[53] Die NS-Fraktion des Reichstags bohrte bei jeder sich bietenden Gelegenheit nach, beispielsweise mit dem Antrag (Nr. 1705/14) vom 6. März 1930:

»Die Vorschriften des Versailler Friedensvertrages und der damit zusammenhängenden Abmachungen, wonach Deutschlands Heeresstärke nur 100.000 Mann betragen, werden vom Deutschen Reich nach der etwaigen Annahme des Young-Plans nicht mehr anerkannt.«[54]

Und nicht einmal eine Woche später brachte die Fraktion einen Änderungsantrag (Nr. 1741/IV) zu dem in der Diskussion befindlichen »Gesetz zum Schutz der Republik und zur Befriedung des politischen Lebens« ein.[55]

Im Änderungsantrag hieß es im § 3:

»Wer öffentlich in Wort, Schrift, Druck, Bild oder in anderer Weise Deutschlands Alleinschuld oder Mitschuld am Weltkrieg behauptet, oder wer neue, auf der Kriegsschuldlüge beruhende Lasten oder Verpflichtungen übernimmt oder anerkennt […], wird wegen Volksverrats mit dem Tode bestraft.«[56]

Nicht genug mit solchen Aktivitäten im Rahmen der Reichstagsberatungen: Die Hitlerjugend unternahm große Anstrengungen, die

Young-Kampagne gemeinsam mit anderen Bünden und Jugendorganisationen weiterzuführen, um sich auf diese Weise zu profilieren. Am 18. Februar 1930 appellierte sie gemeinsam mit anderen Verbänden an den Reichspräsidenten, er möge »im Namen der Toten von Langemarck« das Gesetz nicht unterschreiben. Auch fanden am 16. März 1930, dem Volkstrauertag, in ganz Deutschland Protestveranstaltungen statt. In einigen Städten ging man sogar so weit, den Versailler Vertrag sowie die Dawes- und Young-»Tributverträge« symbolisch öffentlich zu verbrennen.[57]

Nach ihrem fulminanten Wahlsieg vom September 1930, als die NS-Fraktion im Reichstag von 17 auf 107 Mitglieder anwuchs und damit zweitstärkste Fraktion wurde, intensivierten die Nationalsozialisten die Anti-Young und Anti-Kriegsschuld-Polemik noch einmal, waren sie doch selbst der Auffassung, dass ihr immenser Erfolg nicht zuletzt dem Kampf gegen die »Kriegsschuldlüge« zuzuschreiben war.[58] So erklärte Gregor Strasser am 17. Oktober 1930 im Reichstag:

> *»Wir wenden uns mit aller Kraft des Geistes und des Herzens gegen den Makel der Kriegsschuld, der auf jedem einzelnen Deutschen lastet und ihm die Ehre raubt. […] Das Vertragswerk von Versailles ist in seiner heutigen Form als unsittlicher Vertrag vor dem Sittengericht der ganzen Kulturwelt ungültig und nichtig.«*[59]

Und Wilhelm Frick, als erster NS-Parlamentarier Mitglied einer Landesregierung (Thüringen), erklärte am 14. Oktober 1930 im Reichstag:

> *»Wir sehen die vordringlichste Aufgabe der deutschen Außenpolitik darin, durch ein gefördertes Bündnissystem mit den Völkern, die unter dem auf der Kriegsschuldlüge beruhenden sogenannten Versailler Friedensvertrag ebenfalls leiden, die unerlässliche Voraussetzung für die Wiederherstellung der Stellung des deutschen Volkes in der Welt zu schaffen.«*[60]

Gleichzeitig stellte die NS-Fraktion einen Antrag mit dem folgenden Wortlaut:

> *»Die Reichsregierung ist zu ersuchen, unverzüglich die nötigen Schritte zur Aufhebung des auf der Kriegschuldlüge beruhenden, uns widerrechtlich aufgezwungenen Versailler Vertrags und der darauf aufgebauten Tributverträge bei den früheren Feindbundmächten zu unternehmen.«*[61]

Ian Kershaw hat aus diesen Aktivitäten der NSDAP geschlossen, dass es der Partei schon 1929 gelungen sei, »ihr Image einer ›wahnsinnigen Randgruppe‹ abzuwerfen, politisch sowie sozial für das konservative Bürgertum salonfähig zu werden […] und das verstärkte Interesse der Medien auf sich zu ziehen.« Nach dem Wahlerfolg vom 14. September 1930 rückten die NSDAP und ihr »Führer« allerdings ins Zentrum der Aufmerksamkeit, wurden zu dem Medienthema.[62]

Und Friedrich Meinecke, der wohl prominenteste deutsche Historiker in der Weimarer Republik, nahm nach dem »Erdrutsch« der Reichstagswahlen vom September 1930 in einem grundsätzlichen Beitrag Stellung zum Verhältnis von »Nationalsozialismus und Bürgertum«: Der Erfolg des NS sei Echo eines »elementaren Aufschreis aus schwerster innerer und äußerer Not des Vaterlandes. Der Versailler Friede ist die letzte und stärkste Ursache des Nationalsozialismus.« Heute gehe »eine suggestive Wirkung der nationalsozialistischen Bewegung auf einen großen Teil der reduzierten Mittelparteien aus. ›Es muss doch etwas daran sein‹, sagt man und nähert sich wohlwollend den wilden Männern, die, so meint man, gar nicht so wild seien, wie sie sich im Augenblick gäben. Es seien doch wertvolle Ideen, Kräfte und Menschen in dieser Bewegung. […] Man schilt auch in den Kreisen der oberen Zehntausend gesittet über ihren Straßenradau – und doch, merkwürdig, geht in diesen selben Reihen das Geraune über die Nützlichkeit und dermal einstige Verwendbarkeit des Nationalsozialismus sachte weiter.« So sei, meint Meinecke abschließend, der Versailler Friede »zum gemeinsamen Schrittmacher für Bolschewismus und Nationalsozialismus in Deutschland« geworden.[63]

Meineckes abschließende Mahnung an die Regierung Brüning, sie möge doch versuchen, gemeinsam mit der einzig verbliebenen demokratischen Kraft, nämlich den Sozialdemokaten, Deutschland aus dem »Hexenkessel« des linken und rechten Extremismus zu retten, wurde nicht befolgt, hatten sich doch auch Heinrich Brüning und die bürgerliche Mitte längst von einer demokratischen und parlamentarischen Republik abgewandt. Ab diesem Zeitpunkt und mit der Erfahrung der Anti-Young-Kampagne verstärkte sich überall die Auffassung, dass die Nazis bei aller Straßenkampfbrutalität doch im Grunde wackere und politisch brauchbare nationalgesinnte Burschen seien. So in Braunschweig, wo die Führung der linksliberalen DDP sich Ende 1930 ausdrücklich von der Sozialdemokratie distanzierte und bekundete, dass man »ernstlich versuchen müsse, mit den Nationalsozialisten gemeinsam zu regieren, um dieser Partei die Möglichkeit zu geben, ihre Fähigkeiten auf rein agitatorischem Gebiet wie auch in der politischen Verantwortung zu zeigen [...]. Wir verkennen nicht, dass in der nationalsozialistischen Bewegung viel jugendlicher Idealismus steckt, und wir stehen innerlich dieser Bewegung näher als den rein materialistisch eingestellten Sozialdemokraten.«[64]

2. Der Nürnberger Parteitag von 1929 – Eine Inszenierung des Weltkriegs

1929 ist ein besonders wichtiges Jahr in der Entwicklung des Nationalsozialismus zu einer echten Massenbewegung. Die NSDAP stand in gewisser Weise – wie im letzten Kapitel (III.1.) gezeigt – als die Partei da, die mit äußerster Vehemenz für die Beseitigung des Versailler »Schandfriedens« und aller seiner ökonomischen und politischen

Konsequenzen eintrat. Hitler war entschlossen, die Gelegenheit der »zehn Jahre Versailles« zu nutzen, um das von vielen Seiten inzwischen angesprochene Trauma des verlorenen Krieges zu nutzen und sich definitiv als Erlöser des deutschen Volkes von der Schande des Versailler Friedens zu positionieren.

Der Parteitag von 1928 hatte noch wegen finanzieller Schwierigkeiten abgesagt werden müssen. Ähnliches drohte nun nicht mehr, so stark war die Akzeptanz in bürgerlichen Kreisen und der politischen Rechten durch die seit Mitte 1929 laufende Anti-Young-Kampagne und viele andere Aktivitäten gestiegen. Der Parteitag von 1929 sollte anlässlich des zehnjährigen Bestehens der Hitlerbewegung und auch wegen der »zehn Jahre Versailles« sowie der 15 Jahre »August 1914« zu einem besonders attraktiven und publikumswirksamen Ereignis ausgestaltet werden. Er werde – so Hitler – »die größte Demonstration des politisch-nationalen Deutschland überhaupt« sein.[65] Hitler entschied deshalb im Januar 1929, den Parteitag auf die ersten Augusttage zu legen.[66]

Die Kampagne für »Nürnberg« setzte am 1. März 1929 mit einem ausführlichen »Aufruf« ein.[67] Gleich zu Beginn erinnerte der Parteiführer die »sehr geehrten Parteigenossen« an die Ursprünge der NSDAP aus dem Weltkrieg. Die Partei

> *»soll dereinst erfüllen, wofür die deutschen Millionen-Heere auf den Schlachtfeldern Europas zu Lande, auf dem Wasser und in der Luft stritten und kämpften, 4 Millionen an Verwundeten und 2 Millionen an Toten verloren«.*

Nunmehr sei man zu einer »Millionen-Partei« angewachsen, was natürlich zu diesem Zeitpunkt noch eine starke Übertreibung war. Allerdings hatte die Partei bereits um die 100 000 Mitglieder und damit die KPD mit ihren ca. 80 000 Mitgliedern überholt.[68]

Der Parteitag, so weiter der von Hitler gezeichnete Aufruf, solle eine »Demonstration der nationalen Disziplin« sein:

»Die nationalsozialistische Bewegung ist einst aus dem Fronterlebnis herausgewachsen. Der Geist des heldenmütigsten Heeres aller Zeiten möge für immer ihr Geist sein.«

So wolle die Partei auch ausdrücklich an die »Einigkeit des deutschen Volkes« im August 1914 erinnern. Denn allein die NSDAP habe das Recht bzw. sogar die Pflicht, diese Aufgabe zu übernehmen, denn sie sei die einzige Partei, die nicht Klassen- oder Partikularinteressen vertrete, sondern »nur mehr deutsche Volksgenossen kennt«. Und deshalb müsse der Parteitag 1929 nachdrücklich zeigen, wie mächtig die Bewegung inzwischen geworden war.

Im Folgenden wurde das Tagungsprogramm dargestellt, wie es dann auch tatsächlich stattfand: Die »Parteigenossen und Anhänger der Bewegung« sollten möglichst mit Sonderzügen und in Form von »Massenversammlungen« nach Nürnberg kommen, SA und SS einen Tag später ebenfalls in Sonderzügen herangebracht werden. Die Tage des 2. bis 4. August waren durch Feiern aller Art sowie »Sondertagungen« angefüllt. Krönender Abschluss würde dann der Abend des 4. August sein:

»Abends Riesenfackelzug zu Ehren des ausmarschierenden Heeres von 1914. Als Abschluss ein Gigantenfeuerwerk: ›Die Westfront‹; Niederlegung von 3.000 Kränzen durch Abordnungen der Ortsgruppen und der SA am Kriegerdenkmal zu Nürnberg; Standartenweihe und Generalappell; Marsch des großen historischen ›Deutschen Festzuges‹ durch Nürnberg; als Abschluss Vorbeimarsch der gesamten SA und SS.«

Es folgte ein dringlicher Appell an alle Mitglieder »unseres nationalsozialistischen Arbeitervereines« (sic!), so viel wie möglich zu spenden, damit auch wirklich jeder SA-Mann nach Nürnberg kommen könne. Dann werde es möglich sein, den Festzug, »der unsere Helden von einst [also die Frontkämpfer 14/18] verherrlichen soll, zur überwältigenden Dankeskundgebung unseres Volkes auszugestalten«. Allerdings ging es in Wirklichkeit nicht allein um Spenden. Für alle Veranstaltungen auf dem Parteitag mussten Eintrittsgelder in unterschiedlicher Höhe bezahlt werden. Für das im Aufruf erwähnte und für den 4. August geplante »Gigantenfeuerwerk: Die Westfront« waren Eintrittspreise zwischen 0,50 und 5 Reichsmark fällig.[69]

Ganz eindeutig sollte also dieser Parteitag von 1929 der Erinnerung an den Großen Krieg und der Position des NS als Wahrer der Ehre und der Erinnerung an die Frontsoldaten dienen. Es versteht sich, dass dabei auch immer wieder die Rede von der SA war, die gleichsam das Erbe des Frontsoldaten angetreten habe, wie der letzte Satz von Hitlers Aufruf noch einmal hervorhob: Die von den Mitgliedern geforderte Spende sei gering, »verglichen mit jenen Opfern, die das junge Deutschland, das zu Nürnberg an Ihnen vorbeimarschieren wird, einst zu bringen hat, damit die Dawes-Schande des Tributstaates erlischt und ein neues Reich von nationaler Ehre und sozialem Glück entsteht«.

Das offizielle Parteitagsprogramm war ebenfalls ganz auf die Erinnerung an den Weltkrieg ausgerichtet[70]:

> *»Am 1. August, 6 Uhr abends, des Jahres 1914, wurde die Mobilmachung des deutschen Heeres befohlen. Während der Telegraph die Anordnung dieser schwersten Entscheidung seit 44 Jahren in die deutschen Gaue hinausträgt, knattern im Osten bereits die Maschinengewehre. […] Schlacht folgt auf Schlacht, Sieg auf Sieg. Die gewaltigsten Festungen der Welt erliegen den Stürmen der deutschen Helden. Ungeheure Gebietsstrecken werden besetzt. Schon wenige Wochen nach Kriegsbeginn kann die deutsche Heimat im Westen und wenige Monate später auch im Osten als vom Feinde gerettet angesehen werden. […] Langsam wird die ganze Welt in Brand gesetzt. Und endlich gibt es keinen Kontinent mehr, der nicht in dem Riesenkampf gegen Deutschland Stellung nimmt. Und viereinhalb*

Jahre lang wird nun das unerhörte Wunder vollbracht: Ein Volk kämpft für seine Freiheit gegen die ganze übrige Welt.
Als das Jahr 1918 sich seinem Ende zuneigt, hat der deutsche Soldat wohl nicht die Welt besiegt, aber diese auch ihn nicht bezwungen. Was 26 Staaten nicht gelang, brachte aber endlich die deutsche Zwietracht zuwege. Ein schlimmerer Feind war unserem Volke erstanden: Der internationale Jude hat in unserem eigenen Blut seinen Helfershelfer gefunden. Als die Stunde der Not am größten war, erhob sich der Verrat. Deutsche haben endlich den deutschen Widerstand gebrochen.«

Dann folgten noch zwei seitenlange Ausführungen über die Freikorpskämpfer, die sich der Republik zur Verfügung gestellt hatten, dann aber verjagt wurden oder in den Gefängnissen verkamen. Aber die Rettung war schon nahe:

»Dann standen einige Entschlossene auf, die wußten: Der Vergeudung unseres Blutes muß entgegengesetzt werden das Bekenntnis zur Rasse; den Orgien der demokratischen Parlamentarisierung und parlamentarischen Demokratie der Glaube an den ewigen Wert und die Bedeutung der Persönlichkeit; dem feigen pazifistischen Hoffen auf Wunder die Zuversicht auf die eigene Kraft und die Erkenntnis der Nothwendigkeit des Kampfes.«

Heute – 1929 – sei »aus der kleinen, einst nicht erkannten und später bespöttelten Sieben-Männer-Gruppe eine Millionen-Bewegung geworden«. Und auf dem Parteitag

»werden Hundertausende von deutschen Männern und Frauen, Knaben und Mädchen zurückblicken in dankbarem Stolz und tiefster Ehrfurcht auf die Zeit, da unser Volk das Kleid seiner friedlichen Arbeit ablegte, um in den feldgrauen Regimentern den Boden

und die Arbeit der Heimat in Schutz zu nehmen vor unseren Feinden. Dankbaren Herzens wollen wir all derer gedenken, denen einst das Leben des Vaterlandes teurer war als das eigene.«

Es folgt dann in diesem offiziellen Programm ein unsäglich zusammengereimtes »Verdun«-Gedicht von Hitlers Stellvertreter Rudolf Hess (»einstmals 1. Bayer. Inf.-Regt. ›König‹«), welches er laut einer Schlussanmerkung »vor genau 5 Jahren in der Festung Landsberg am Lech, als Adolf Hitler im Kreise seiner Mitgefangenen der 10-jährigen Wiederkehr des Kriegsbeginns gedachte«, verfasst habe.

Hitlers oben zitierter Aufruf galt nicht zuletzt auch der Spendensammlung für die Durchführung des Parteitages. Die Partei war traditionell unterfinanziert und eine Bitte an den Nürnberger Stadtrat um Unterstützung wurde von diesem abgelehnt. Hitler reiste sogar nach Nürnberg, um von der dortigen Polizeidirektion die Genehmigung für den großen Aufmarsch der SA zu erhalten. Seine Bitte war erfolgreich.[71] Allerdings ist nicht ersichtlich, wieweit die Finanzierung des Parteitages allein durch die Mitgliederspenden gesichert werden konnte. Wahrscheinlich haben auch einige hochstehende Konservative, Militärs und Industrielle dazu beigetragen, denn zur Eröffnungsfeier am 2. August zeigten sich viele Ehrengäste aus Militär, Politik und Industrie. So waren führende Mitglieder des Stahlhelm (Theodor Duesterberg, Hermann von Lenz und Prinz August Wilhelm von Preußen) anwesend sowie Generalleutnant Rüdiger von der Goltz, der als Weltkriegsoffizier, Freikorpsführer und Militärgouverneur von Libau (Lettland) ein großes Renommee hatte. Er nahm als Vorsitzender der Vaterländischen Verbände teil und war offensichtlich ein Hitlerfan, forderte er doch schon 1931 die Regierungsbeteiligung des Führers der NSDAP.[72] Hitler hatte auch Ernst Jünger eine Einladung zukommen lassen. Dieser entzog sich aber einer Teilnahme, denn ihm waren damals die Nazis nicht radikal genug. Wenig später publizierte er sogar seine Ablehnung des »Legalitätskurses« des NS.[73]

Nach den Berechnungen der Münchener Polizei nahmen ungefähr 30 000 bis 40 000 Männer und Frauen und dazu noch 26 300 SA-, SS- und HJ-Mitglieder am Parteitag teil. Ungefähr die Hälfte aller Parteimitglieder war also nach Nürnberg gepilgert.[74] Der NS-Dokumentationsfilm »Ein Film vom kommenden Deutschland« zeigt sehr deutlich, dass es sich tatsächlich um Massenaufmärsche von Zehntausenden zumeist jungen Männern handelte. Etwa mit der Kamerafahrt über die Hauptstraße (10:09:00). Oder der Streifen über das Entladen von Stroh für die Massen-Zeltquartiere aus einer langen Reihe von Eisenbahnwaggons. Das Aufbauen der riesigen Zeltstädte wird später ebenfalls genau gezeigt. Oder die Ankunft von Menschenmassen am Hauptbahnhof, wo sie von Hitler begrüßt werden. Und *last but not least* der gefühlt endlose Fackelzug (10:36:08ff.), an dem wohl insgesamt 50 000 Menschen teilnahmen.[75]

Der Parteitag begann mit einer Reihe von »Sondertagungen«, etwa der »für Beamtenfragen« unter Vorsitz von Wilhelm Frick, MdR. Dort wurde über den Abbau der »Revolutionsbeamten« und die Entfernung »aller Angehörigen der jüdischen Rasse und Fremdstämmigen aus öffentlichen Ämtern« diskutiert und votiert.

Auf der »Sondertagung für Schul- und Jugendfragen« wurden u. a. die in der Tat großen Erfolge des NS-Studentenbundes in den vergangenen Jahren gefeiert.[76]

Am Abend des 1. August trafen dann die SA-Männer aus den einzelnen Gauen in Nürnberg ein und formierten sich zu einem Marsch durch die Stadt. Die bei dem Umzug mitgetragenen Fackeln mussten die SA-Männer allerdings mit 50 Pfennig selbst bezahlen.[77]

Haupttag der Nürnberger Veranstaltung war dann der 2. August, der 15. Jahrestag des Kriegsbeginns. Es begann mit einem Delegiertenkongress, mit ca. 1200 Delegierten, davon 300 Frauen.[78] Alle Delegierten mussten 10 RM für eine Teilnehmerkarte ausgeben. Interessanterweise wurde dieser Kongress mit dem Abspielen des »Niederländischen Dankgebetes« begonnen – alle Inszenierungen des

NS hatten liturgischen Charakter, was in der Folgezeit noch systematisiert wurde.[79]

Ein erster Höhepunkt war dann das von Hitler verfasste und von Gauleiter Adolf Wagner verlesene »Manifest zum Reichsparteitag 1929«. Auch dieses begann mit einer emphatischen Schilderung der »Augusttage 1914, in denen das deutsche Volk in verbittertem Zorne plötzlich aufflammte, seine nationale Ehre höher einschätzend als die Feindschaft der halben Welt«. Diesen Geist habe man heute vergessen bzw. sei er von der Republik systematisch unterdrückt worden.

Es folgte dann eine merkwürdige Apotheose des Kaiserreichs mit der Schlussfolgerung, »dass Deutschland [1914] der beste Staat der Welt war. Die deutsche Regierungsform die vernünftigste, die Verwaltung die reichlichste, das Heer das beste von allen Ländern der Erde«. Weiter erzählte Hitler von den Hunderten von Schlachtenerfolgen, von der »Front«, die die Heimat erfolgreich geschützt habe und trotz aller Zerreißproben mehr als vier Jahre lang unerschütterlich geblieben sei.

Leider habe es aber eine »verschworene Meute elender Naturen« gegeben, welche die Nation »an einen Haufen marxistischer Volksbetrüger« ausliefern wollte. Das alles seien »Verbrecher, denen gegenüber jeder Zuhälter noch als ein Ehrenmann anzusprechen« sei. Und durch die von diesen Verbrechern angezettelte Revolution seien alle alten Werte verdreht worden. »Der Soldat, der redlich gekämpft hat, wird dafür beschimpft, der Deserteur übernimmt das Kommando, Fahnenflüchtige werden Führer. Landesverräter sind öffentlich Ankläger und urteilen nun über im Kampf zerschossene alte Offiziere.« Und weiter:

> *»Betäubt marschieren die Armeen in die Heimat, willenlos lassen sie sich entwaffnen, entwaffnen von einer Handvoll elender Lumpen. Armeen, die früher einer Welt getrotzt hatten! Und willenlos versetzen sie die Nation in den Zustand eines wirren Durcheinanders, den der Jude mit frechem Hohn als ›Freiheit, Schönheit und Würde‹ bezeichnet.«*

Die Sozialdemokratie habe das deutsche Volk bewusst belogen, als sie 1918 behauptete, dass die alliierten Mächte nur den Kaiser beseitigen und dem deutschen Volk nichts Böses antun wollten. Deshalb habe es sich »vertrauensvoll der Entente unterworfen«. Zusammen mit Frankreich hätten die »sozialdemokratischen Schwindler« bewusst die »Wehrlosmachung« des deutschen Volkes betrieben. Und sie hatten die Frechheit, den Deutschen zu erklären, dass man, wenn man erst die Waffen niedergelegt habe, »als gleichberechtigtes Glied in die Völkergemeinschaft aufgenommen« werde. Das einzige Bollwerk, das gegen diese schmutzige Flut errichtet wurde, war die NSDAP.

Es folgten noch längere Ausführungen über die Freikorps, die in jener Nachkriegszeit »einzige Träger der nationalen Ehre« gewesen seien. Aber die Republik habe diese Männer, die »einst tatsächlich das Schlimmste von Deutschland abgewendet hatten«, als Fememörder abgeurteilt und in die Zuchthäuser gesperrt.

Das Charakteristikum der Weimarer Republik sei die Allianz zwischen dem politischen Bürgertum und dem »Marxismus«. Man habe sich bewusst von dessen »jüdischen Bazillen« anstecken lassen und auch keinen Wert mehr auf die »Reinheit des eigenen Blutes« gelegt. »Das Ergebnis ist die Heranzüchtung eines feigen Geschlechts.«

Hinzu kamen noch einige ziemlich repetitive Seiten über Marxismus und Bürgertum und über den Inhalt einer »völkischen Weltanschauung«, besonders der Bedeutung von »Rasse«, die eine viel zu wenig beachtete, aber rein wissenschaftliche Kategorie sei. Im Übrigen habe die NSDAP ein ganz eigenes »Glaubensbekenntnis«, welches durch die »Ablehnung der Internationalen, der Demokratie, des Parlamentarismus und des Pazifismus gekennzeichnet sei. Und schon heute stehe »der roten Front [...] ein braunes Heer gegenüber, dem Internationalismus glühende Vaterlandsliebe und der Sinn zum eigenen Volkstum, der Demokratie blinder [sic!] Glaube an die Persönlichkeit, dem Pazifismus opferbereiter Kampfesmut«.

Und schließlich die Schlussapotheose dieses Manifests, in der wieder der große Bogen zum »August 14« gezogen wurde und sich der

»feldgraue« Soldat von damals in der brauen Uniform des SA-Mannes wiederfand.[80] Die Hunderttausend[81], die heute in Nürnberg versammelt seien,

> *»werden an dem Jubel von jetzt zurückfinden zu dem Jubel von einst und werden vielleicht vergessen, dass diese Kolonnen in braun gekleidet sind, und werden statt ihnen die feldgrauen Regimenter aufziehen sehen zum Schutze unserer deutschen Heimat, werden sich erinnern an die Blumen des August 1914, an den Stolz und die Begeisterung und die nicht minder tiefe Ergriffenheit. Sie werden dann vor ihren Augen vorbeiziehen lassen die Zeit der endlosen Siege, die Zeit der grenzenlosen Not, die Zeit der beginnenden Schande und der tiefen Trauer über den Fall des Reiches, und werden dann zurückfinden in die Zeit von jetzt, die schon wieder hinüberweist in ein neues Reich, dessen Fahnen schon heute das Symbol des Kampfes unserer Jugend geworden sind.«*

Weit mehr als die Hälfte diese »Manifests« diente also der Erinnerung an den Ersten Weltkrieg und dem Vermächtnis der »Front« für die deutsche Gesellschaft, deren nationale Würde die Republik im Dienste des marxistischen Juden verraten habe, wogegen allein der Nationalsozialismus einen Aufstand gewagt und endlich eine effiziente Waffe geschmiedet habe. Wenn man so will, versprach Hitler hier seinen Getreuen einen ewigen »August 1914«.

Auch der Bericht des *Völkischen Beobachters*[82] über dieses Manifest war mit seinen Zwischentiteln ganz auf die Erinnerung an den Weltkrieg ausgerichtet. Die Zwischentitel im ausführlichen Resümee dieses Manifestes lauteten: »Augusttage 1914«, »Lüttich ist gefallen«, »Die Front«, »Der Verrat an der Front und der Zusammenbruch des Reiches«.

Ein erster Höhepunkt des Parteitages war das am Freitagabend, dem 2. August, also exakt 15 Jahre nach Beginn des Weltkriegs, gestartete

»Groß- und Schlachten-Feuerwerk«. Laut Polizeiangaben nahmen ca. 35 000 bis 40 000 Menschen im neuen Nürnberger Stadion daran teil. Sogar die insgesamt sehr ablehnend-kritischen Polizeibeobachter notierten, dass die Feier »von starker vaterländischer Begeisterung« getragen sei und dass dieses Riesenfeuerwerk allgemein großen Zuspruch gefunden habe.[83] Hier wurde in der Tat »mit Pauken und Trompeten« das Schlachtengetöse des Weltkriegs inszeniert. Im Programm nimmt die detaillierte Beschreibung des Feuerwerks zwei ganze Seiten ein. Hier nur einige Punkte daraus:

»1. Beginn-Signal: 3 schwere Luftgranaten mit Blitz und Donnerschlag.
2. Feuerüberfall mit Gewehrfeuergeknatter, platzenden Schrapnells und Donnerschlägen.
3. Salut: von 50 a tempo hochgehenden Meteoren.
[…]
7. Raketenaufstieg von großen Raketen mit Perlen, Gold- und Silbersternen.
[…]
10. Raketen-Kreuzfeuer
[…]
13. Abschluss: zwei große Riesenschrapnells.«

Die ausführlichen Filmaufnahmen des Feuerwerks im genannten NS-Dokumentationsfilm sind zwar technisch nicht ausreichend, um das gesamte Feuerwerk in seiner Farbenpracht anschaulich zu machen. Sie bestätigen aber, dass es sich tatsächlich um ein pyrotechnisch ausgefeiltes Schauspiel handelte, insbesondere die aus den einzelnen Raketen zusammenfließenden Hakenkreuze am Himmel geben davon einen starken Eindruck.[84]

Der Samstag, 3. August, war wieder angefüllt mit »Sondertagungen«. Das Wichtigste aber war am Abend der Aufmarsch der SA-

Gruppen, die im Laufe des Tages in 160 Sonderzügen in der Stadt eingetroffen waren. Um 21 Uhr zogen etwa 16000 SA- und 500 SS-Männer in einem Fackelzug vom Hauptbahnhof in die Innenstadt, ein Aufmarsch, der bis kurz vor Mitternacht andauerte.

Dabei kam es zu erheblichen Krawallen, wie sie schon am Vortag begonnen hatten. SA-Männer machten Jagd auf Passanten, die sich durch Bemerkungen oder bayerische oder republikanische Fahnen als Gegner zu erkennen gaben, verfolgten echte oder vermeintliche Juden und stürmten einige Lokale, in denen sich Kommunisten versammelt bzw. verbarrikadiert hatten. Es kam dabei zu regelrechten Gewaltorgien.[85] Wichtig ist, dass die Parteiführung darüber sehr irritiert war und Hitler wieder einmal anordnete, dass jegliche Auseinandersetzung mit der Polizei zu vermeiden sei und dass jeder, der dieser Anordnung nicht gehorche, sofort aus der Partei ausgeschlossen werde.[86]

Wie Zelnhefer mit Blick auf die Nürnberger Polizeiakten feststellt, gingen die Provokationen zwar überwiegend von den Nazis aus, wurden aber von der Polizei meist den Kommunisten »in die Schuhe geschoben«.[87]

Am Sonntagvormittag, 4. August, folgte dann die Standarten- und Fahnenweihe sowie als Hauptpunkt des Programms die »Totenehrung«. Auch hier gab es eine starke Anspielung auf die Gefallenen des Ersten Weltkriegs, fand die Feier doch im Luitpoldhain statt. Hier hatte die Stadt Nürnberg gerade eine Gedenkhalle für die Weltkriegsgefallenen mit davorstehendem großen Sarkophag für den unbekannten Soldaten mit einem großen Kreuz errichten lassen, auf dessen Kopfende ein Stahlhelm ruhte.[88] Die Halle selbst war den Nationalsozialisten nicht zugänglich – es wurde bereits berichtet, dass die Stadtverwaltung sehr kritisch gegenüber diesem Parteitag der extremen Rechten war. Der NS-Dokumentationsfilm zeigt über viele Minuten hinweg (ab 10:34:10), wie die einzelnen Parteigruppierungen dort Kränze niederlegten, die zum Teil mit Hakenkreuzen versehen waren. Schließlich waren es so viele Kränze und Gebinde, dass sie den großen Sarkophag fast vollständig bedeckten. Die Inschriften auf den Kränzen sind zumeist kaum zu erkennen, es hat aber nicht den Anschein, dass hier in besonderer Weise der »Gefallenen der Bewegung« gedacht worden ist. Das hätte der NS-Film sicherlich auch hervorgehoben. Diese lang andauernde Kranzniederlegung am Mahnmal für den unbekannten Soldaten war offensichtlich in erster Linie den Gefallenen des Weltkriegs gewidmet, auch wenn sicherlich immer der »Opfer« des NS mitgedacht wurde.

Dieser Eindruck findet eine klare Bestätigung darin, dass zum Abschluss der Kranzniederlegungen General von Epp, Pour-le-Mérite-Träger des Ersten Weltkriegs, der 1928 in die NSDAP eingetreten und zum Mitglied des Reichstags gewählt worden war, eine Ansprache hielt. Im Film ist zu sehen, wie Epp zum Reden hervortritt. Hitler hört zu, barhäuptig, die Mütze in der Hand. Epp sprach vom Opfer der Weltkriegsarmee. Der Nationalsozialismus habe den Willen der Soldaten von 1914 übernommen, dem Versklavungsbestreben der Feinde zu widerstehen. Und er schloss mit den Worten:

> *»Wenn wir aber so unser tiefstes und innigstes Gefühl dem Gedenken dieser Toten zuwenden, und wenn wir ihnen dann ernste Minuten des Gedenkens, von Musik begleitet, widmen, wenn wir Front machen in die Zukunft zum Marsch, in die Gegenwart auf das Hochziel zu, so tun wir das, indem wir das hohe Beispiel dieser Helden im Herzen behalten, ohne Tränen, aber mit dem trotzigen Willen im Herzen: Wir brechen die Ketten, wir machen uns frei.«*[89]

Hitler hat im *Illustrierten Beobachter* ein »Nürnberger Tagebuch« veröffentlicht, in dem es zu dieser Feier u. a. hieß:

> *»8 Uhr früh beginnt der größte Aufmarsch, den bisher eine politische Bewegung in Deutschland vollzogen hat. […] Die Stadt, mit Fahnen geschmückt, macht einen wunderbar festlichen Eindruck. Links und rechts an den Straßenrändern stehen in tiefer Gliederung*

> *Hundert- und aber Hundertausende an Menschen. Beim Vorbeimarsch erreicht der Jubel endlich Höhepunkte, wie sie kaum das Jahr 1914 sah [sic!].«*[90]

Bei der Totenehrung hielt Hitler eine für seine Verhältnisse recht kurze Rede.[91] Ausführlich sprach er wieder über den August 1914 und die »zwei Millionen« Freiwillige, die zu den Fahnen geströmt seien.[92] Er berichtete von den fulminanten Siegen des Heeres und von der Unfähigkeit der Regierung: Wenn es den »Endsieg nicht gebracht hat, dann nicht infolge Versagens des Heeres, sondern nur infolge Versagens der Führung in der Heimat, die des Volkes in Waffen nicht würdig gewesen ist«. Dem Heer sei von der Heimat »der Sieg weggestohlen« worden. Dann sprach Hitler über die gute alte Fahnensymbolik, die die Republik so schrecklich in den Schmutz gezogen habe. Und er schloss, an die wohl 24 000 auf dem Luitpoldhain versammelten SA-Männer gewandt, mit den folgenden Worten:

> *»Die Fahne der werdenden Freiheit ist Ihnen zu treuen Händen übergeben. Bewahren Sie sie so, wie die alte Armee ihre Fahnen bewahrt hat! Kein Feind von außen hat die Fahnen der alten Armee uns rauben können, nur der Feind im Innern hat sie um diese Fahnen bestohlen. Wahren Sie die Fahnen so, wie sie die ruhmbekränzten Regimenter, Bataillone und Divisionen bewahrt haben in der Überzeugung, daß in ihnen das Symbol der deutschen Zukunft liegt. Und wenn Sie zum selben Heroismus, Opfersinn, zur selben Hingabe bereit sind wie einst ungezählte Tausende und Millionen von Helden vor 15 Jahren, dann werden diese Fahnen einst denselben Siegeszug nehmen, den wir an der alten Fahne kannten, dann wird sie am Ende dieses Siegeslaufes in Deutschland als das Symbol des dritten Reiches gelten, und keine Macht der Welt soll diese Fahne mehr zerbrechen.«*[93]

Plakat der NSDAP für die Reichstagswahlen von 1928.

Wieder einmal war die SA hier zu einem direkten Nachfolger bzw. Vollender des Feldgrauen des alten Heeres geweiht worden.

Nach Ende des Parteitages lobte Rüdiger von der Goltz die Veranstaltung mit den folgenden Worten:

> *»Das war ungemachte, aus dem Innersten der Herzen kommende Volksbewegung rassiger und kühner Menschen, das Glauben an ein Ideal, für das man bereit sein dürfte, sich auch zu opfern. Das waren neue Augusttage, 15 Jahre später für eine neue große Idee, die Idee der Befreiung, für die man 1914 vergeblich geblutet hatte.«*[94]

Der Nürnberger Parteitag von 1929 beflügelte den Aufstieg des NS zur Massenpartei. In Nürnberg selbst hatte sie bei den Gemeindewahlen vom Dezember 1929 erheblichen Zuwachs und nun acht anstelle von vorher fünf Vertretern im Stadtrat.[95] Das stimmte genau mit der allgemeinen Entwicklung überein, etwa bei den sächsischen Landtagswahlen, wo die NSDAP fünf Prozent der Stimmen erhielt; oder in Mecklenburg, wo sie mit vier Prozent abschnitt und damit ihren Stimmenanteil gegenüber den Reichstagswahlen von 1928 verdoppelte. Und Ende Juni 1929 wählte Coburg als erste deutsche Gemeinde einen Stadtrat mit NS-Mehrheit. Im Oktober schließlich erhielten die Nationalsozialisten im katholischen Baden nicht weniger als sieben Prozent der Stimmen. Wie Ian Kershaw es mit einem hübschen Lakonismus gesagt hat:

> *»All das geschah, bevor der ›Schwarze Freitag‹ an der Wall Street im Oktober 1929 die große Depression einläutete.«*[96]

So ging die Partei gestärkt in das Jahr 1930, in dem sie bei den Reichstagswahlen den entscheidenden Durchbruch erzielen sollte. Die Vorzeichen der großen Wirtschaftskrise dürften hierfür die wohl ausschlaggebende Rolle gespielt haben.[97] Nicht zu unterschätzen aber ist, dass sich die NSDAP nicht allein, aber vor allem in Nürnberg trotz ihres Extremismus und Rabaukentums als eine Partei präsentieren konnte, die das »Erbe des Weltkriegs« selbstbewusst und stark antrat und deshalb helfen konnte, das deutsche Trauma zu überwinden.

Nachtrag: Dass die NSDAP wirklich immer wieder und auf Dauer den Weltkrieg ins Zentrum ihrer Selbstdarstellung stellte, mag das folgende Beispiel aus dem Jahre 1931 verdeutlichen. Auf dem 7. Thüringer Gautag der NSDAP in Gera am 5. und 6. September 1931 wurde wieder ein »Schlachtenfeuerwerk« veranstaltet, diesmal unter dem Motto: »Die Hölle von Verdun.«

> *»Weiße Signalpatronen steigen auf, das Terrain ableuchtend, Gewehrfeuer und stoßweises Maschinengewehrfeuer. Aufsteigen von roten Signalleuchtkugeln. Schlagartiges Einsetzen des Maschinengewehr- und Geschützfeuers. Aufsteigen von grünen Leuchtkugeln, Steigerung des Gewehr- und Maschinengewehrfeuers. […] Von allen Seiten Raketenkreuzfeuer von 200 Strahl-Raketen. Schnellfeuer-Batterie von SO Abschüssen mit platzenden Granaten. Schrapnell-Batterie von SO Blitzpetarden. Rollsalve von SO Abschüssen von singenden und heulenden Geschossen und krachenden Einschlägen. Steigerung durch 3 weitere Batterien von platzenden Granaten, Flammenwerfern und heulenden Sirenen.«*[98]

IV. Die Nazis als Sachwalter der Ehre des Frontsoldaten

1. Die SA als Fortsetzung des Frontgeistes

a) Gewalt von rechts und links

Die Fragen und Probleme, um die es in diesem Kapitel gehen soll, sind Allgemeingut der Forschung zur Weimarer Republik. Immer wieder ist darüber diskutiert worden, woher eigentlich die ungeheure Brutalität der politischen Auseinandersetzungen kam. Waren die Massenschlägereien und bewaffneten Überfälle ein Erbe des Weltkriegs, indem sich die entgrenzte Gewalt gewissermaßen nach innen gekehrt hatte? Diese These hat der amerikanische Historiker Georges Mosse vor vielen Jahren aufgestellt und die Kontroverse darüber ist nach wie vor lebendig.[1] Aus dieser übergeordneten Problemstellung ergab sich dann die Frage: Waren eher die Nazis an diesem permanenten Aufruhr und Bürgerkriegs-Mimikry schuld oder ihre erbitterten Gegner, nämlich die Kommunisten? Und inwieweit waren auch republikanische Wehrorganisationen, besonders das Reichsbanner Schwarz-Rot-Gold, ebenfalls an dieser stetigen Gewalteskalation beteiligt? Auch hieran hat sich ein Minihistorikerstreit entzündet, der zeitweilig zur Erbsenzählerei geriet, wenn man unbedingt eruieren wollte, an wie vielen Zusammenstößen zwischen SA und »Rotfront« (dem kommunistischen Roten Frontkämpferbund) denn nun die Nazis oder die Kommunisten schuld waren.[2] Mich interessiert hier nur, dass Hitler und die Nazis – im klaren Unterschied zu den Kommunisten – sich immer nur in der Verteidigungsposition wähnten und dies lautstark bekundeten. Schon in den Aussagen der Abel-Collection kommt dies immer wieder zum Vorschein:

> *»Es war ein Jammer und eine Tragik, des Nachmittags bereits zu wissen, dass am Abend in dem und dem Sturm und in dem und dem Lokal einer der unsrigen sein Leben lassen müsse, und dann ohnmächtig zu sein, etwas dagegen zu tun. Es ist etwas unerhört Aufregendes gewesen, Stand zu halten und unter blutigen Opfern in eigenen Reihen der Weisung des Führers zu folgen, die da hieß: Abwarten. Dieses Abwarten und diese Opfer haben sich gelohnt.«*[3]

Auch der *Völkische Beobachter* mobilisierte im hier interessierenden Zeitraum (1928 bis 1932) permanent den Verteidigungsdiskurs. In den Jahren 1931 und 1932 veröffentlichte er täglich groß aufgemachte Klagen über die misshandelten und totgeschlagenen Parteigenossen. Das galt auch dann, wenn die SA ganz eindeutig eine Versammlung des Roten Frontkämpferbundes gestürmt hatte. Die Nazis haben sich nach eigenem Empfinden immer nur verteidigt. Denn selbst eindeutig provozierende Aktionen hatte man doch nur unternommen, um »Deutschland« gegen die jüdisch-bolschewistische Weltverschwörung zu verteidigen. Nicht von ungefähr hieß es im Handbuch »10 Gebote für jeden SA-Mann« aus dem Jahre 1927 u.a.:

> *»Deutschlands Feinde sind auch Deine Feinde; hasse sie aus ganzem Herzen. […] Wer Deutschland schmäht, schmäht Dich und Deine Toten; schlag mit der Faust darein.«*[4]

b) Hitlers Anweisungen zu Polizei und SA

Am 3. März 1931 kam es im Reichstag zu einer Interpellation seitens der NS-Fraktion. Man wollte wissen, so der kurzzeitige thüringische Innenminister Wilhelm Frick im Namen der Fraktion, warum immer nur die SA vom Polizeiterror betroffen sei und warum nicht die marxistischen »Mordbrenner«? Dies sei umso ungerechtfertigter, als die SA grundsätzlich keine Waffen trage.[5]

Tatsächlich gab es eine Reihe von parteiinternen Vorschriften, in denen der SA das Mitführen von Waffen untersagt wurde. So hieß es bereits in den »Grundsätzlichen Richtlinien für die Neuaufstellung der Nationalsozialistischen deutschen Arbeiterpartei« vom 26. Februar 1926:

> *»Bewaffnete Gruppen oder Verbände sind von der Aufnahme in die S.A. ausgeschlossen. Wer entgegen den Anordnungen der Leitung Waffen trägt oder in Depots aufzubewahren versucht, wird sofort aus der S.A. und der Partei ausgeschlossen.«*[6]

Ähnliche Verbote wurden am 29. September 1925 und 5. Februar 1927 ausgesprochen, und ganz nachdrücklich wurde dieser Grundsatz am 3. Januar 1928 erneuert.[7] Diese Serie von Anordnungen weist natürlich darauf hin, dass es in der Tat Handlungsbedarf vonseiten der Parteiführung gab. Denn die motorisierten Schlägertrupps der SA waren nicht von ungefähr berüchtigt und gefürchtet. Im Rahmen des zunehmend »legalistischen« Kurses der NSDAP bemühte sich die Parteiführung allerdings um eine gewisse Eingrenzung dieser öffentlichen Gewaltorgien. So wurde vor den Parteitagen von 1929 und 1930 ausdrücklich an diese Vorschriften erinnert und gemahnt, man solle doch wirklich dafür sorgen, dass die Veranstaltung »den Charakter einer großen, in Ruhe und Ordnung stattfindenden politischen Kundgebung erhalten« möge. Die Parteiführung habe immer wieder angeordnet, »den Polizeiorganen unter allen Umständen zu gehorchen und ihren Anweisungen Folge zu leisten«.[8] Durch diese Maßgaben unterschied sich die SA grundsätzlich von den Rotfront-Kämpfern, die oft sehr gezielt auch auf die Polizisten einprügelten. So erklärte der Kölner Regierungspräsident in einem Schreiben an das Innenministerium im Juli 1932:

> *»Die Kommunisten sind zweifellos diejenigen, die hinsichtlich von Überfällen auf Umzüge anderer, Landesfriedensbruch und Barrikaden, sowie Waffen-Angriffen auf die Polizei, körperliche Bedrohung Andersdenkender an der Spitze stehen.«*[9]

Schließlich gab es noch einen Aufruf Hitlers an alle Parteigenossen nach Hindenburgs Notverordnung zur Bekämpfung der politischen Ausschreitungen. Am 30. März 1931 ließ Hitler die folgende Anordnung im *Völkischen Beobachter* publizieren:

> *»Die Notverordnung ist von allen Pg. und Parteifunktionären, S.A.- und SS-Leuten auf das schärfste und genau einzuhalten.«*[10]

Diese Anordnungen dienten keineswegs allein der Selbstdarstellung nach außen, sondern wurden intern durchgesetzt. So ist nachweisbar, dass die Parteiführung immer wieder notorische Gewalttäter aus der Partei ausschloss bzw. der Polizei übergab.[11]

So war es nur konsequent, wenn sich Hitler in seiner Neujahrsrede vom 31. Dezember 1932 folgendermaßen ausließ:

> *»Hunderte und endlich Tausende von Nationalsozialisten wurden niedergeschlagen, niedergestochen und endlich niedergeschossen. Aus dem Hinterhalt überfiel das feige Mordgesindel unsere Parteigenossen, alleingehende SA- und SS-Männer. Selbst vor Jugend machten diese Verbrecher nicht halt. Die Behörden aber waren blind.*

Kaum einer von den Mordgesellen wird wirklich bestraft, ja nur ein Bruchteil überhaupt festgenommen. Statt dessen wurde die Selbsthilfe und die Notwehr unserer Parteigenossen vor den Gerichten um so unbarmherziger geahndet. Um unsere 350 toten Nationalsozialisten, um unsere 30.000 Verletzten krähte kein Hahn.«[12]

c) Der Auftritt der SA

Dieses Bemühen um Ordnung und Eingrenzung der SA-Gewalt diente natürlich auch dazu, nicht von vornherein den Anspruch des NS zu konterkarieren, dass die SA legitimer Nachfolger des deutschen Weltkriegssoldaten sei.[13] Denn zum Soldaten gehören in erster Linie Zucht und Ordnung, die sich im geschlossenen Auftreten einer Kompanie usw. äußern. Sehr typisch für die Auffassung, dass die SA direkter Erbe des Frontsoldaten sei, sind die Memoiren von Ernst Röhm, einem Weltkriegsveteranen und engen Vertrauten von Hitler (sie waren Duzfreunde, was Hitler extrem selten zuließ). Röhm legte in den Nachkriegsjahren in München Waffendepots aus Heeresbeständen für die von ihm mitgeleitete Einwohnerwehr an, aus denen sich aber auch Paramilitärs wie etwa das Freikorps Epp versorgen konnten. Röhm war dann nach längeren Auslandsaufenthalten von 1930 bis zu seiner Ermordung im »Röhm-Putsch« von 1934 Chef der SA. In diesen letzten Jahren schrieb er auch seine Memoiren, mit der sprechenden Widmung: »Dem deutschen Frontsoldaten gewidmet«.[14] Und auf dem Deckblatt heißt es zudem: »Die Volksausgabe bearbeitete ich neu für meine Kameraden der S.A., die den Frontsoldaten nacheifern sollen.« Im Text dieser Memoiren, zum Teil regelrechte Bekenntnisse, wird immer wieder auf die militärische Tradition der SA angespielt. So heißt es einmal, dass eine Erneuerung Deutschlands nur zu schaffen sei durch »die Tatmenschen aus allen Kreisen, hauptsächlich die Jungen, die Frontkämpfer, die zum Kampf bereit und von Vaterlandsliebe und Fanatismus erfüllt sind«.[15] Nach Gesprächen mit Hitler in dessen Landsberger Haftzeit erhielt Röhm von diesem die uneingeschränkte Vollmacht zum Aufbau der SA. Seine Absicht war es, die um ihn versammelten ehemaligen Frontkämpfer, den »Frontbann«, mit dieser neuen »Saalschutz«-Organisation der NSDAP zu verschmelzen. So hieß es in einer seiner Anweisungen:

> *»Die nationalsozialistische Wehrbewegung wird bei der augenblicklichen Zusammensetzung der Regierungen stets mit dem Widerstand und der Verfolgung der Behörden rechnen müssen. Es ist daher notwendig, unsere Arbeit so zu gestalten, dass sie den Behörden keine Angriffsfläche zum Eingreifen und zum Verbot bietet.«*[16]

d) Gewalt und Ordnung

Für die Ziele dieses Buches sind allerdings diese grundsätzlichen Fragen weniger interessant. Mir geht es vor allem darum, zu begründen und anschaulich zu machen, wieso es dazu kommen konnte, dass die SA schließlich trotz ihres so häufig extrem gewalttätigen Auftretens von den konservativen Honoratioren und Teilen der Bevölkerung als Faktor der öffentlichen Ordnung akzeptiert oder sogar geschätzt wurde.

Um es von vornherein ganz deutlich zu sagen: Mir geht es bei der folgenden Untersuchung überhaupt nicht um eine Verharmlosung der Brutalität und der dauernden Untaten der SA. Meine These, die auch nicht ganz neu ist, aber hier ausführlicher erläutert werden soll, lautet: Die SA war nicht allein Hitlers Privatarmee bzw. – wie der »Führer« häufiger sagte – der Grundstock des kommenden Volksheeres, sondern sie verstand sich als Erbe des Frontsoldaten des Weltkriegs und stellte dies durch ihr gesamtes Auftreten zur Schau. Ihre ganze Aufmachung, ihre Uniformen, der Fahnenkult, das Paradieren, all dies sollte zeigen, dass der Weltkriegssoldat im »braunen Heer« weiterlebte und in dieser Form den durch Feigheit und Verrat abgebrochenen Krieg bis zum siegreichen Ende werde fortsetzen können.[17] Bereits auf dem Nürnberger Parteitag von 1929 war dies ja massiv demonstriert worden, nicht zuletzt durch die Kranzniederlegungen am Mahnmal für den unbekannten Soldaten, die (in Nürnberg nicht immer gut gelungene) militärisch exakte Marschordnung bei verschiedenen Massenaufmärschen durch die Stadt und *last but not least*: durch die stundenlang zelebrierte Fahnenweihe. Diese kultische Handlung hatte es zuvor in Deutschland allein im Heer des wilhelminischen Reiches gegeben und war enorm öffentlichkeitswirksam, weil sich jedermann daran erinnerte.[18]

Es darf auch nicht unterschätzt werden, dass das Führungskorps der SA ganz überwiegend aus ehemaligen Weltkriegsoffizieren bestand und dass die Uniform der »Braunhemden« in vielen Details der »feldgrauen« Uniform nachgemacht worden war, etwa der Tornister und das Koppelschloss. Sicherlich trugen auch andere Verbände, besonders der Stahlhelm, Uniformen.[19] Das Besondere an der SA war allerdings, dass sie ja nicht ein aus dem Militär stammendes traditionales Gebilde, sondern eine zwar militäraffine, aber zunächst von sozial entwurzelten Männern getragene Truppe war, die sich in die Tradition des Weltkriegs stellte und dies besonders an die jüngere Generation, die Kriegskinder, vermittelte.

Zum Gesangsrepertoire gehörten auch bekannte und beliebte Soldatenlieder aus der wilhelminischen Epoche und dem Ersten Weltkrieg, welche für die SA adaptiert wurden. Hier eines von vielen Beispielen:

Auf, auf zum Kampf!
Zum Kampf sind wir geboren.
Auf, auf zum Kampf
zum Kampf fürs Vaterland.
Für's Feld, für's Vaterland sind wir geboren
für Deutschlands Ruhm allhier auf dieser Welt.

Dort steht ein Mann, so fest wie eine Eiche
er hat gewiß schon manchen Sturm erlebt.
Vielleicht ist er schon morgen eine Leiche
wie es so manchem seiner Brüder geht.

Die SA übernahm dieses Lied zum Teil wörtlich, zum Teil modifiziert:

Auf, auf zum Kampf!
Zum Kampf sind wir geboren!
Auf, auf zum Kampf, fürs deutsche Vaterland.
Dem Adolf Hitler haben wir's geschworen,
dem Adolf Hitler reichen wir die Hand.

Es steht ein Mann, ein Mann, so fest wie eine Eiche!
Er hat gewiss, gewiss, schon manchen Sturm erlebt!
Vielleicht ist er schon morgen eine Leiche,
wie es so vielen Hitlerleuten geht.

Drum auf zum Kampf, mit braunen Bataillonen!
Das Dritte Reich, ja Reich, ist unser hohes Ziel.
Des Weltkriegs Tote, diese zwei Millionen,
verpflichten uns, ja uns, zu Kampf und Sieg.[20]

Die durchgängige Rhetorik war und blieb dabei, dass die bei den Straßenkämpfen mit Rotfront und Reichsbanner umgekommenen SA-Männer so für das Vaterland gefallen seien wie die Soldaten an der Somme und vor Verdun. In der Beilage »Der SA-Mann« des *Völkischen Beobachters* finden sich viele Beispiele hierfür, und Hitler hat in seinen Reden auch immer wieder diesen Vergleich gezogen. Hier nur ein Beispiel:

»Jeder Tag erfordert aus unseren Reihen schwere Blutopfer, jeden Tag fallen so viele meiner jungen braunen Kameraden, tot oder ver-

wundet, verletzt oder Krüppel. Was gegenüber dem bringt heute an Opfern das andere deutsche Volk. Gar nichts. Auch fordere ich Sie auf, erinnern Sie sich wenigstens in dieser kommenden Entscheidungsstunde des Mutes und der Opfer derer, die heute die Bannerträger der deutschen Nation sind.«[21]

In ihrer ausgezeichneten Studie über das Hitlerbild konservativer Zeitungen hat Eva Pfeifer gezeigt, wie stark die konservative Presse ab 1929 begann, den NS als beachtenswerten und positiven Faktor der Politik aufzufassen. So etwa die *Deutsche Allgemeine Zeitung* (*DAZ*), die wohl angesehenste Wirtschaftszeitung mit einer Auflage von ca. 60 000 Exemplaren. Ende 1929 begann die *DAZ*, Hitler und die NSDAP ernst zu nehmen. Zwar bezeichnete man sie noch als »Grünschnäbel in der Politik«, wies aber bereits auf ihren massiven Zuspruch vor allem bei den Jüngeren hin. Und infolge der »Erdrutsch«-Wahlen vom September 1930, wo die NSDAP mit 18,3 Prozent der Stimmen zweitstärkste Partei wurde und ihre Reichstagssitze von 12 auf 107 erhöhen konnte, meinte man, dass es künftig extrem angebracht und auch möglich sein werde, diese »Volksbewegung in vernünftige Bahnen zu lenken«.[22] Dies blieb für die *DAZ* in den folgenden Jahren ein Hauptthema. Immer wieder wurde betont, dass man den Radikalismus der NSDAP durch Bindung der Bewegung an den Staat bändigen könne und dass Verbote und Verfolgung etwa der SA nutzlos seien. Niemand habe es wie die NSDAP geschafft, die Massen im Zeichen des nationalen Gedankens zu organisieren. Allein den Nationalsozialisten sei es gelungen – so der Chefredakteur Fritz Klein 1932 –, der »marxistischen Versuchung einen deutschen Sozialismus entgegenzusetzen, der eine überraschend magische Wirkung ausübt«.

Ganz ähnliche Gedanken finden sich in der hochkonservativen *Kreuzzeitung*, die eigentlich immer die Rückkehr zu einer gemäßigt konservativen Monarchie forderte. Infolge der Anti-Young-Kampagne begann die Zeitung, sich für den NS näher zu interessieren. Bei der

Schilderung von Zusammenstößen zwischen Nazis und Kommunisten war man schnell bereit, das Verhalten insbesondere der SA als Reaktion und Notwehr gegenüber den Kommunisten einzuschätzen. Und wenn die Zeitung nach den Wahlen vom September 1930 bekundete, dass Hitler offensichtlich keinen Umsturz anstrebe, sondern »die Revolution der deutschen Seele und die Eroberung des deutschen Menschen!«, so war es nur folgerichtig, wenn man immer wieder gegen die vorgebliche Einseitigkeit der polizeilichen Maßnahmen gegen die NSDAP protestierte. Zumal, wie man im März 1932 urteilte, das »Lebenswerk« Hitlers in der »Überführung breiter Volksmassen aus dem Marxismus zum nationalen Gedanken« bestehe.[23]

Es sei hier auch an die bereits etwas weiter oben[24] zitierten Überlegungen des Historikers Friedrich Meinecke vom Dezember 1930 über die »suggestive Wirkung der nationalsozialistischen Bewegung« erinnert, mit dem Ergebnis, dass die konservativen Kreise in dieser Bewegung einen hochwillkommenen »Sturmbock gegen die verhasste Sozialdemokratie« sähen.

Peter Longerich hat in seiner Gesamtdarstellung der Geschichte der SA gezeigt, dass es in gewisser Weise zwei Typen von Kämpfern gegeben hat. Zunächst einmal die Rabauken in den Großstädten, vor allem Berlin, die sich entfesselte Straßenkämpfe mit Rotfront und anderen politischen Wehrverbänden lieferten, Saalschlachten größten Ausmaßes organisierten und schlicht dem Goebbels'schen Prinzip folgten, überall gewalttätige Präsenz zu zeigen, Straßenzug um Straßenzug, Versammlungslokal um Versammlungslokal von den Kommunisten zu »erobern«.[25] Auf der anderen Seite aber, und dies ist ein für mich entscheidender Punkt, gab es die in den Kleinstädten und Dörfern agierende SA, die ganz anders auftrat und durch Geschlossenheit, Ordnungswillen, Hilfsbereitschaft sowie Präsenz bei allen örtlichen Veranstaltungen auffiel. Deren auch hier immer militärischer Gestus zumeist als »kraftvoll« und »jung« rezipiert wurde. Die SA nahm auch ohne Weiteres in »geschlossener Formation« an Gottesdiensten teil, erreichte es auch immer wieder, dass für das »braune Bataillon« eigene Gottesdienste abgehalten wurden.[26]

Es gab insbesondere in traditionell protestantisch geprägten Landesteilen eine zunehmend enge Verbindung zwischen der SA und den örtlichen Pfarrern. Besonders Wolfram Pyta hat dies intensiv erforscht.[27] Hier einige Beispiele aus dieser Arbeit, die genau zeigt, wie sich die Nazis vor Ort anschmiegen konnten:

Das Dorf Wolfstein im Bezirksamt Kusel, 1162 Einwohner, 90 Prozent evangelisch. Dort wird am 17. Mai 1931 ein »Deutscher Tag« des NS abgehalten. Man bittet den Pfarrer um einen Sondergottesdienst für die SA. Die SA-Kapelle begleitet die Choräle. Und der Pfarrer berichtet, wie froh er sei über diese Volksbewegung, mit der es sich die Kirche nicht verscherzen dürfe. Die Volksgemeinschaftsidee der Nazis schien geradezu maßgeschneidert für die spezifischen Anliegen des Dorfpfarrers zu sein. »Der Volksgedanke tritt mitten in den engen Heimatgedanken hinein, und damit ebendas, was wir bisher auf dem Lande schmerzlich vermissten und vergeblich zu predigen suchten.« So ein Pfarrerbericht von 1932.[28]

Pyta gibt weitere Beispiele: z. B. das Dorf Uengerhausen bei Würzburg, wo die lokale SA-Gruppe 1932 um Fahnenweihe nachsuchte, was auch gewährt wurde. Der Dorfpfarrer sagte bei seiner Ansprache:

> *»Euer Führer will kämpfen für eine große echte Volksgemeinschaft. Und Ihr sollt und wollt mit ihm und für ihn kämpfen um dieses Ziel. Das ist das höchste und schönste Ziel, das Menschen sich für diese Welt stellen können. Kein Klassenhass mehr, kein Vergöttern des einen und Verfluchen des andern Standes mehr, kein verächtliches Herabsehen mehr auf den Armen und Niedrigen und kein Fäustemachen mehr gegen den Größeren und Reicheren im deutschen Volk. Volksgemeinschaft: gibt es etwas Christlicheres?«*[29]

Die SA als eine Schar, keine Rabauken, die sich auch bei Erntearbeiten oder in Notfällen wie Überschwemmungen als stets hilfsbereite Kameraden anbot.[30] Eine Gruppe, die, wenn es mal zu einem Kneipen- oder Straßenradau mit Gegnern kam, die eintreffende Polizei gern auch mit Absingen des Deutschlandliedes begrüßte.[31] Das führte im Übrigen dazu, dass Ende der 1920er Jahre vor allem im ländlichen Bereich Polizei und Justiz eine immer stärker anwachsende Sympathie mit dem NS entwickelten.[32] Sicherlich zu Recht hat Longerich die immensen Wahlerfolge der Partei auf dem »flachen Land«, etwa in Dithmarschen oder Oldenburg, nicht zuletzt dieser hyperaktiven, aber sich aufs Beste in bestehende soziale Strukturen und Mentalitäten einfügenden Gewalt und Ordnung ausstrahlenden Gruppe zugeschrieben.[33] Gewalt und Ordnung: Es ist wichtig, diese beiden Aspekte des Auftretens der SA nicht voneinander zu trennen, sondern als eine gemeinsame Erscheinungsform zu sehen. Michael Wildt hat dieses Gesamtphänomen ebenso knapp wie anschaulich geschildert:

> *»Durch die Wahlerfolge in den ländlichen Gebieten ermuntert, ging die NSDAP verstärkt dazu über, in den kleinen und mittleren Orten Präsenz zu zeigen und Stärke zu demonstrieren. Dazu wurden regional SA-Einheiten zusammengezogen, die dann in geschlossener Formation durch die Dörfer marschierten. Sicherlich bedeutete ein solches Spektakel für die Dorfbevölkerung auch eine willkommene Abwechslung, […] Zugleich aber sorgte der stereotype Ablauf dafür, dass der jeweilige Ort für Stunden von der SA regelrecht beherrscht wurde […]. Gefallenenehrung vor dem örtlichen Kriegerdenkmal, Propagandamarsch durch die Kleinstadt, öffentliche Kundgebung, Standkonzert der SA-Kapelle, abendliche Saalveranstaltung und schließlich nächtlicher Fackelmarsch und Zapfenstreich. Das Begleitprogramm war nicht selten die gezielte Gewalttat.«*[34]

Es gelang der SA auf diese Weise ganz eindeutig, sich als »moderne«, insbesondere die männliche Jugend ansprechende Organisation in einer umfassenden Bewegung zu präsentieren, deren Aktivismus und konkrete Handlungen immer wieder den Anspruch äußerten, den durch Verrat verlorenen Weltkrieg endlich doch noch für Deutschland zu gewinnen.

2. Der NS als Anwalt der Kriegsbeschädigten

In seinen Reden und in »Mein Kampf« ist Hitler immer wieder darauf zurückgekommen, dass er im Weltkrieg nicht allein als einfacher Soldat an vorderster Front mitgekämpft habe, sondern zudem auch noch mehrfach verwundet worden sei. Nicht zuletzt geht es dort um die Fasterblindung und den Lazarettaufenthalt im Spätherbst 1918, wo er dann zu seinem Entsetzen von der Novemberrevolution erfuhr. Er weist auch immer wieder nicht nur auf die Gefallenen hin, sondern auch auf die Verwundungen, welche die Soldaten erlitten hatten. Wobei Hitler merkwürdigerweise das Wort »Verwundete« zumeist auf die bei den Straßenschlachten verletzten SA-Männer anwendet, mit dem Begriff »Krüppel« hingegen durchgehend die Verwundeten des Krieges bezeichnet.[35]

Hier nur einige von vielen Beispielen aus den Jahren 1925 bis 1930:

> *»Warum haben wir einst viereinhalb Jahre unseres Lebens geopfert, warum sind Millionen gefallen und zum Krüppel geschossen, warum so viele Waisen und Witwen? Warum das alles, wenn der Ausstieg [aus dem Krieg] durch Verträge garantiert werden kann? Wenn das möglich wäre, dann waren es Toren, die einst im Glauben an das Vaterland das Höchste, was der Mensch besitzt, das Leben, dahingaben.«*[36]

»Die Jugend von heute muß den Frontgeist erfassen, kein Opfer ist zu groß, um sich dessen würdig zu erweisen, wofür 1.000.000 Krüppel und 8 Millionen Frontsoldaten alles taten. Unsere Standarte predigt den Geist des Freiheitskampfes […] und die beispielloseste, innigste Liebe zu Volk und Vaterland.«[37]

»So sind wir vom tiefsten Glauben erfüllt, und von grenzenlosem Vertrauen, und wollen deshalb auch im einzelnen die Opfer nicht messen, die von uns verlangt werden. Wir sehen die zwei Millionen, die einst gestorben sind, die Opfer der Millionen Krüppel von einst, die keinen Dank erhielten, die Opfer unserer ganzen Vergangenheit.«[38]

Vielleicht ist Hitlers persönliche starke Betroffenheit das Hauptmotiv für die erstaunliche Tatsache, dass die Nationalsozialisten von Anfang an das Thema der Kriegsversehrten aufnahmen und für ihre Propaganda nutzten. Das ist insofern strukturell bedeutend, als das große Problem der Verwundeten, der »Beschädigten«, wie es offiziell hieß, in der Nachkriegszeit kaum öffentliches Interesse weder bei den politischen Parteien noch bei den soldatischen Verbänden fand. Ernst Friedrichs »Anti-Kriegsmuseum« in Berlin und seine heute noch erschütternde Bilddokumentation »Krieg dem Kriege« in polemischer Absicht aus dem Jahre 1924 waren nicht von ungefähr ein ungeheurer Skandal.[39] Und es waren insbesondere die Nationalsozialisten, die nicht allein gegen Friedrichs – leider ja tatsächliche – Verhöhnung der Gefallenen und Schwerstverwundeten lautstark protestierten, sondern immer wieder Krawalle vor dem Antikriegs-Museum an der Parochialstraße inszenierten, wobei es nicht beim Einwerfen von Scheiben blieb.

Ernst Friedrichs »Krieg dem Kriege« erfuhr scharfe Ablehnung, weil hier alle Formen der Verstümmelung fotografisch dokumentiert wurden, was im Nachkriegsdeutschland verdrängt wurde. Während des Krieges waren diese zwar keineswegs verschwiegen, aber systematisch heruntergespielt worden. Immer wieder wurde auch in Bilddokumentationen darauf hingewiesen, wie gut doch die moderne Prothetik entwickelt sei, sodass eine Reintegration von Menschen ohne Arme oder Beine kein großes Problem darstellen werde. Anstelle der Hand konnte man ja auch eine Greifprothese anlegen, die für verschiedene Arbeiten, wie etwa Hämmern oder Sensen, u. U. viel besser geeignet war als eine normale menschliche Hand.[40]

Diese durchgehend instrumentelle Darstellung und Beurteilung von Kriegsverwundungen, wie sie während des Krieges gepflegt worden war, wurde in der Nachkriegszeit schlicht weitergeführt bzw. oft noch verschärft. Die Politik der Weimarer Republik, die es insgesamt darauf anlegte, den verlorenen Krieg in den Hintergrund zu drängen, war auch nicht willens bzw. fähig, den Kriegsversehrten eine besondere Ehrung bzw. Gratifikation zukommen zu lassen. Man versuchte, sie so gut es ging in das Berufs- und Arbeitsleben zu reintegrieren, aber man stellte sie absolut den etwa bei der Arbeit Verunfallten gleich. Hinzu kam noch, wie Christine Beil gezeigt hat, vielfach öffentlicher Spott – worauf ja auch Ernst Tollers so provozierendes Theaterstück »Hinkemann« zurückgeht.[41] Der Protest gegen dieses Verhalten kommt vielleicht am besten in einem Ausruf von Franz Seldte, dem Gründer und Führer des Stahlhelm, Bund der Frontsoldaten, zum Ausdruck, der einmal in einer Protestversammlung ausrief: »Meint ihr, ick habe meinen linken Arm unter de Elektrische verloren?« Es war offensichtlich, dass Seldte seinen Arm wirklich nicht bei einem Straßenbahnunfall verloren hatte.[42]

Die Krux der Weimarer Republik war und blieb, dass ihre anfänglich führenden Politiker vom Krieg offenbar keine Ahnung hatten; von dem, was da »im Felde« den Menschen widerfahren war. Es war ja auch nur ein einziger Reichstagsabgeordneter der Jahre 1914 bis 1918 selbst Soldat gewesen, nämlich der Sozialdemokrat Ludwig Frank, der allerdings schon im August 1914 an der Front fiel. In den ersten Jahren der Republik und bei der Gestaltung des Kriegsgedenkens und der Versorgung der heimkehrenden Soldaten wussten die Verantwortlichen offensichtlich nicht hinreichend, dass die Materialschlachten mit ihrem Massentod die Soldaten innerlich zutiefst mitgenommen, in sehr vielen Fällen regelrecht traumatisiert hatten. Und dass insbesondere jene Soldaten, die im Kampf an der Front schwere und schwerste Verwundungen erlitten hatten, nicht einsehen wollten und konnten, dass die deutsche Gesellschaft und ihre politischen Vertreter nicht bereit waren, ihnen die Ehrung zukommen zu lassen, die sie durch ihren Einsatz und ihr Leid verdient hatten. So blieben sie eine große Protestgruppe, auch wenn sie wussten, dass sie sozial besser abgesichert waren als die Kriegsverwundeten in den meisten anderen Ländern, etwa England und Frankreich.[43]

Wenn man bedenkt, dass in Frankreich die Schwerstverwundeten, die »gueules cassées«, wie sie respektvoll genannt wurden, öffentlich sehr präsent waren, bei allen nationalen Feiern »in erster Reihe« geehrt wurden, dass eine Lotterie zu ihren Gunsten eingerichtet wurde (die sehr ertragreich war und noch heute besteht), so erkennt man den ganzen Unterschied zur Situation in Deutschland, wo es sich als unmöglich erwies, ein partei- und ideologieübergreifendes Gedenken an die Opfer des Weltkriegs zu organisieren.[44]

Die Nationalsozialisten haben also offensichtlich schon sehr früh erkannt, dass sich hier eine Leerstelle auftat, die man nutzen konnte, um als Partei der Frontsoldaten – so ja der immer wiederholte Anspruch – stärkeres politisches Profil und öffentlichen Zuspruch zu erlangen. Dies liegt sicherlich auch daran, dass die allermeisten der ab 1924 in den Reichstag gewählten Abgeordneten der NSDAP Kriegsteilnehmer gewesen und z. T. selbst schwer verwundet worden waren. So waren im Reichstag 1924 bis 1928 von den 14 Reichstagsabgeordneten der »Nationalsozialistischen Freiheitspartei« neun Abgeordnete zumeist während des ganzen Krieges mobilisiert gewesen, drei weitere aus Altersgründen nicht eingezogen worden. Und um 1930 waren ca. 75 Prozent der Mitglieder der NSDAP-Fraktion Soldat gewesen. Aber auch über die Fraktionen der SPD und der Kommunisten gelangten ab

Mitte der 1920er Jahre bis zu 50 Prozent ehemalige Kriegsteilnehmer ins Parlament. Es bleibt näher zu untersuchen, warum diese Menge von »Veteranen« aller Parteien bzw. Fraktionen nicht dafür sorgen konnte, dass die Ehrung der Gefallenen und Verwundeten des Krieges einen stärkeren Platz einnahm, als dies der Fall war und blieb. Zu vermuten ist, dass auch hier die tiefgreifende politische Polarisierung und die Auseinandersetzung um die Gründe für die Niederlage von 1918 definitive Blockierungen schuf.[45]

Die folgenden Ausführungen zu diesem Thema lehnen sich stark an die Forschung von Nils Löffelbein an, dessen Studie über den Nationalsozialismus und die Kriegsversehrten bislang die einzige quellensatte Darstellung des Themas ist.[46]

Bereits in der Frühphase der Partei finden sich Hinweise auf das besondere Augenmerk, welches man den noch lebenden Kriegsopfern widmete. So wurde auf den Plakaten der Partei stets darauf hingewiesen, dass Kriegsversehrte – als Einzige! – freien Eintritt zu den Veranstaltungen hätten oder einen erheblich reduzierten Einlass bezahlen durften.[47] Bei öffentlichen Hitlerreden wurde den Kriegsbeschädigten schon vor der Machtübernahme von 1933 die erste Reihe im Publikum zugewiesen, so wie es in Frankreich seit 1919 allgemeiner Brauch war.[48] Bei den Reichstagswahlen von 1924 gab es ein Flugblatt der »Nationalsozialistischen Sammlungsbewegung« (noch war die NSDAP ja seit dem Hitlerputsch verboten), dass die Republik versagt habe, weil sie sich nicht um die »staatspolitischen Rechte der Kriegsbeschädigten und Frontkrieger« gekümmert habe.[49]

Besonders in der Zeit, wo sich die NSDAP zur Massenpartei entwickelte, wurde auch der Kampf um und für die Kriegsopfer enorm verstärkt. Man wusste, dass diese von der Wirtschaftskrise und dann durch die Notverordnungen der Regierung Brüning besonders stark betroffene Gruppe ein großes Reservoir möglicher Wähler darstellte und dass natürlich Sympathiekundgebungen für diese bedauernswerten Menschen dem Prestige der Partei auch darüber hinaus sehr zuträglich sein konnten – wenn man sich konkret auf ihre Probleme auch jenseits der eingeforderten Ehrung einließ. So beließ es die NSDAP auch nicht mehr bei bloßer Agitation und Wahlkampfbekundungen, sondern schuf schon vor 1933 ein »Referat für Kriegsopferfragen«, wo man sich unter der Leitung des selbst stark kriegsversehrten Hanns Oberlindober nun auch im Namen der NSDAP verstärkt um die soziale Absicherung der Kriegsopfer kümmerte.[50] Die Partei schuf hier zwar nichts wirklich Neues, wurde auch von den für die Versorgung der Kriegsopfer zuständigen Behörden der Republik desavouiert bzw. geschnitten, konnte sich aber gleichwohl als die Partei darstellen, die sich sowohl in materieller als auch in ideeller Hinsicht am meisten für die Kriegsopfer einsetzte. Es ist sicherlich genau diese Kombination von Versorgung und Ehrung, die der NSDAP den Massenzuspruch der Kriegsopfer einbrachte und die mit dem weiteren Ausbau der institutionellen und ideellen Hilfe nach der Machtübernahme sicherlich ein wesentlicher Baustein für die große Popularität des NS-Regimes wurde.[51]

Zu dieser Popularisierung gehörte auch, dass Hitler selbst sich stets, besonders aber seit dem Wahlerfolg von 1930 und dem Aufstieg der Bewegung zur Massenpartei, als Kriegsbeschädigter inszenieren ließ und als solcher auf Plakaten auftauchte.

Ein Wahlaufruf der NSDAP für die Wahl zum Reichspräsidenten 1932.

Ein weiterer Wahlaufruf der NSDAP für die Wahl zum Reichspräsidenten 1932.

Auch nach 1933 blieb die Nähe zu den Frontsoldaten zentraler Bestandteil von Hitlers Inszenierung. Am »Heldengedenktag« am 8. März 1936 trifft Hitler in Berlin nach der Kranzniederlegung in der Neuen Wache begleitet von Reichskriegsminister Werner von Blomberg (links vorn) und dem legendären Heerführer des Ersten Weltkriegs, August von Mackensen (direkt hinter Hitler), auf schwerversehrte Veteranen des Ersten Weltkriegs.

Wohl hatte der Führerkult immer schon in erster Linie das Frontsoldatentum Hitlers und seine Auszeichnung mit dem EK I in den Mittelpunkt gerückt. Aber seine Darstellung als Kriegsversehrter, ausgestattet mit dem Verwundetenabzeichen in Schwarz, das er wegen seiner Gasvergiftung im Krieg erhalten hatte, kam erst zur Geltung, als sich die Partei nach 1929/30 so stark vergrößerte. Jetzt erst wurde, wie Nils Löffelbein detailliert nachgewiesen hat, der »Führer« als »kriegsbeschädigter Kamerad« die überragende Bezugsperson. Dies auch in der Kampagne um die Reichspräsidentenwahl von 1932, als Hitler gegen den größten Volkshelden der Weimarer Republik, Generalfeldmarschall Hindenburg, antrat. In der Wahlkampagne wurde nicht allein der Kampf des einfachen »Gefreiten« gegen den größten deutschen Feldherrn betont. Der »Führer« war auch der Mann, der wie Millionen andere sehr konkret für Deutschland gelitten und geblutet hatte. Auf diese Weise wurde Hitler nun eine Identifikationsfigur für die Kriegsversehrten, ihre Angehörigen und weit darüber hinaus. Das war ein bedeutendes Element für den Führerkult nach 1933, zumal ja auch die Ehrung der Kriegsbeschädigten nach der »Machtergreifung« nicht versandete, sondern gezielt und verstärkt fortgesetzt wurde – allerdings auch, was diejenigen, die Hitler feierten, nicht wussten –, zur Vorbereitung des nächsten und größeren Krieges.[52]

Nicht für alle Kriegsbeschädigten wurde allerdings diese Ehrung im »Dritten Reich« fortgesetzt und öffentlich wirksam inszeniert. Berichtet sei hier abschließend und *pars pro toto* der Fall des jüdischen Textilkaufmanns Erich Leyens in Wesel am Niederrhein.[53] Leyens war dort Mitinhaber eines renommierten Kaufhauses. Er hatte im Ersten Weltkrieg lange an der Front gedient, war schwer verwundet worden und Träger des EK I. Als am 1. April 1933 der erste große »Judenboykott« stattfand und SA-Männer mit ihren Schildern »Deutsche kauft nicht bei Juden« vor dem Eingang seines Kaufhauses Wache bezogen, hatte Leyens einen ganz besonderen Einfall, dagegen zu protestieren. Er zog sich seine Weltkriegsuniform mit Orden an, heftete daneben einen gelben Stern, stellte sich vor die Eingangstür und verteilte ein Flugblatt mit der Überschrift:

> *»Unser Herr Reichskanzler Hitler, die Herren Reichsminister Frick und Göring, haben mehrfach folgende Erklärungen abgegeben: ›Wer im 3. Reich einen Frontsoldaten beleidigt, wird mit Zuchthaus bestraft.‹«*

Diese so ungewöhnlich mutige Tat erregte natürlich ungeheures Aufsehen in der Stadt und die Zeitungen berichteten nicht ohne Sympathie für Leyens davon. Die SA-Männer aber nahmen keine Rücksicht, die »Führer«-Worte haben sie nicht beeindruckt, und schafften Leyens davon. Er ist dann bald ausgewandert und sein Geschäft wurde arisiert und von einer Kaufmannsfamilie aus Oberhausen und Hannover übernommen.

3. Der Remarque-Skandal

Im Oktober 1929 erschien der heute noch weltberühmte Roman von Erich-Maria Remarque »Im Westen nichts Neues«. Nie zuvor und nie wieder danach hat eine Erzählung des Kriegserlebnisses durch einen einfachen Soldaten einen so großen Widerhall gefunden – davon zeugt nicht zuletzt die neue und so stark kommentierte Verfilmung von 2023.[54]

Die vom Ullstein-Verlag mit ganz außergewöhnlicher Effizienz betriebene Werbung für das Buch ist sicherlich ein Grund, warum es in kürzester Frist zu Hundertausenden, schließlich zu Millionen Exemplaren verkauft wurde.[55] Diese Kriegserzählung erschien genau zum richtigen Zeitpunkt, nämlich zehn Jahre nach Kriegsende, wo nicht allein das Zehn-Jahres-Gedenken der Niederlage von 1918 und der so umstrittene Frieden von 1919 die Öffentlichkeit bewegten. Entscheidend war sicherlich, dass die Zeit reif geworden war, das kollektive Trauma der Niederlage und der Sinnlosigkeit des Opfers von zwei Millionen Gefallenen und mehr als vier Millionen Kriegsbeschädigten sprachlich gestalten zu können.

Auch wenn das alles unter Historikern und Literaturwissenschaftlern heute noch Diskussionsstoff birgt, so interessieren für unseren Zusammenhang weniger die Gründe für die Millionenlektüre als die sofort einsetzende und ganz besonders von den Nationalsozialisten orchestrierte Kampagne gegen das Buch und, stärker noch, gegen dessen Filmfassung von 1930. Der in der Anti-Young-Kampagne begonnene

Schulterschluss zwischen Nationalsozialisten, Hochkonservativen und bürgerlichen Nationalisten wurde durch die Anti-Remarque-Agitation substanziell verstärkt und verschaffte den Nazis ein größeres öffentliches Prestige. Ein Prestige, das auf ihrem offensichtlich unermüdlichen Kampf für die Ehre des deutschen Weltkriegssoldaten und überhaupt für eine neue Sinngebung des Großen Krieges aufbaute.

Remarque schilderte in diesem Buch das Leben und Sterben, auch das Verrecken, der einfachen Soldaten an der Front, irgendwo im Westen. Bei aller Realistik der Darstellung war die zugrunde liegende Perspektive die Absurdität des Lebens nach dem Krieg. So lautete das Motto:

> *»Dieses Buch soll weder eine Anklage noch ein Bekenntnis sein. Es soll nur den Versuch machen, über eine Generation zu berichten, die vom Kriege zerstört wurde – auch wenn sie seinen Granaten entkam.«*

Tatsächlich war dieses Buch das erste, welches versuchte, dieser am Krieg zerbrochenen Generation eine Stimme zu verleihen.[56] Remarque hatte bereits im Juni 1929 in einem Interview mit dem Journalisten Axel Eggebrecht seine Motivation zum Schreiben erläutert. Nahezu zehn Jahre lang sei der Krieg aus dem Bewusstsein verdrängt worden. Niemand wollte an das Kriegserlebnis erinnert werden:

> *»Mit dem persönlichen Erlebnis des Krieges aber war besonders der junge Mensch unserer Generation noch längst nicht fertig. Es wirkte in ihm dumpf fort, es blieb ein undeutlicher Albdruck, ein Zustand der Unruhe, der Skepsis, der Härte oder schwankenden Ziellosigkeit.«*

Auch er selbst habe stark unter diesen »Depressionen« gelitten und irgendwann angefangen, nach deren Ursachen zu forschen:

> *»Durch diese absichtliche Analyse kam ich auf mein Kriegserleben zurück. Ich konnte ganz Ähnliches bei vielen Bekannten und Freunden beobachten. Wir alle waren – und sind oft noch – unruhig ziellos, bald exaltiert, bald gleichgültig. Im tiefsten Grunde aber unfroh. Der Schatten des Krieges hing auch und gerade über uns, wenn wir gar nicht daran dachten.«*[57]

In einem Fernsehinterview mit Friedrich Luft hat Remarque 35 Jahre später – 1963 – diesen zentralen Gesichtspunkt noch einmal ausgeführt:

> *»Ich war außerordentlich überrascht über die politische Wirkung. Ich habe etwas Derartiges gar nicht erwartet. […]. Ich wurde immer wieder gefragt: ›Was wird aus uns werden? Wie werden wir nachher leben können, nachdem wir alles dieses mitgemacht haben, nachdem wir uns mit dem Tode haben auseinandersetzen müssen? […]‹ Und der Erfolg von ›Im Westen nichts Neues‹ war auch nach meiner Ansicht viel mehr der eines Nachkriegsbuches, eines Buches, in dem diese Frage eben gestellt wurde: ›Was ist aus diesen Menschen geworden?‹«*[58]

Die Protagonisten des Romans sind der Gefreite Paul Bäumer und dessen Gruppe, im Zentrum steht der Bericht Bäumers über das, was in den letzten beiden Kriegsjahren geschah und was sie alle erlitten. Aber auch die Kameradschaft wird als einigendes Erlebnis selbst in größter Not immer wieder betont. Bäumer ist ein »jedermann«, nichts hebt ihn und seine Gruppe besonders hervor, aber genau das ist die Allgemeingültigkeit seines und ihres Kriegserlebnisses. Der Roman sticht durch einen ungeheuren Realismus des einfach Erzählten hervor. Und dabei sind auch sehr verstörende Ereignisse, wie etwa ein Streit um die schönen Stiefel des tot aufgefundenen Kameraden oder Latrinenszenen, die so realistisch dargestellt werden, dass dem Leser ist, als ob er das auch alles riechen müsse. Und Unteroffizier Himmelstoß ist der sprichwörtliche Schinder, wie er wohl zum Kasernenleben gehört, mit dem Auftrag bzw. der Ambition, den Soldaten auch beim Ausruhen in der Etappe noch Zucht und Ordnung einzubläuen.

Die Sinnlosigkeit des Krieges, das Trauma der Niederlage, die innere Leere und Richtungslosigkeit der Existenz der Besiegten treten im Schlusskapitel des Buches über den »Sommer 1918« zutage:[59]

> *»Jeder hier [an der Front] weiß, dass wir den Krieg verlieren. Es wird nicht viel darüber gesprochen, wir gehen zurück, wir werden nicht wieder angreifen können nach dieser großen Offensive, wir haben keine Leute und Munition mehr.«*

Die Soldaten müssen »schweigend ertragen«, wie sich die Gerüchte um Waffenstillstand und Frieden ausbreiten, sie müssen gleichwohl noch zum Angriff vorgehen und fürchten, jetzt, da alles zu spät ist, doch noch sterben zu müssen. Und dann folgt ein Satz, der wie aus Eberts Begrüßungsrede oder aus Hindenburgs Abschiedsbotschaft an die Soldaten übernommen klingt:

> *»Wir sind nicht geschlagen, denn wir sind als Soldaten besser und erfahrener; wir sind einfach von der vielfachen Übermacht erdrückt und zurückgeschoben.«*

Diese Ein- oder Ansicht vermischt sich auf den folgenden Seiten mit dem verzweifelten Bemühen, einen verwundeten Kameraden zur Sanitätsstation zu bringen. Doch auf dem Weg dorthin stirbt er. Der Verlust dieses Kameraden lässt Paul Bäumer erst schwindelig, dann ohnmächtig werden: »Dann weiß ich nichts mehr.« Und das abschließende kurze Kapitel (S. 286ff.) lässt ihn, kurz bevor er im Oktober 1918 noch umkommt, über Waffenstillstand und Frieden sinnieren:

»Wären wir 1916 heimgekommen, wir hätten aus dem Schmerz und der Stärke unserer Erlebnisse einen Sturm entfesselt. Wenn wir jetzt zurückkehren, sind wir müde, zerfallen, ausgebrannt, wurzellos und ohne Hoffnung. Wir werden uns nicht mehr zurechtfinden können. Man wird uns nicht verstehen [...] Wir sind überflüssig für uns selbst, wir werden wachsen, einige werden sich anpassen, andere sich fügen, und viele werden ratlos sein [...].«

Remarques Buch wird im Allgemeinen als pazifistisch angesehen. Das ist auch irgendwie zutreffend, wenngleich Remarques Diskurs nicht eindeutig pazifistisch ist. Der Krieg wird nicht verherrlicht, aber er wird auch nicht verdammt.[60] Das Buch wurde auch deshalb von engagierten linken Intellektuellen stark kritisiert.[61]

Nicht allein die Erzählung des erlebten Krieges, sondern zumindest ebenso sehr die bereits im oben zitierten Motto des Buches überdeutliche Perspektivierung aus dem »heute« von 1928 macht die grundlegende Spannung des Romans aus. Darüber waren sich im Grund auch alle damaligen Kritiker einig und daran entzündete sich die politische Debatte um das Buch, welches auch eine immense Flut an weiteren Erlebnisschilderungen pazifistischer oder militaristischer Provenienz bzw. Machart hervorrief. Auf diese Weise wurde in kürzester Zeit das Kriegserlebnis zum beherrschenden Thema in Politik und Literatur. Remarques Roman war binnen Jahresfrist »von einem literarischen zu einem gesellschaftlichen Ereignis von allgemeiner Bedeutung geworden«.[62]

Sicherlich hat Kurt Sontheimer recht gehabt mit seiner Bemerkung, dass durch Remarques Buch und die Welle der Kriegserlebnisliteratur, die dadurch ausgelöst wurde, die nationalistische und nicht zuletzt nationalsozialistische Sinngebung des Krieges enorm gefördert wurde. Zutreffend bemerkt Sontheimer abschließend, was eigentlich sehr verwunderlich war und ist:

»Es ist bezeichnend genug, dass der Begriff des Kriegserlebnisses von den Nationalisten allein in Beschlag genommen werden konnte.«[63]

Die Einwände der Konservativen und Nationalisten gegen Remarques Buch lassen sich aus den Stellungnahmen von zwei prominenten Militärs genau ablesen. Zunächst Graf Alfred von Tirpitz, Initiator des deutschen Schlachtflottenbaus vor 1914, Chef des Reichsmarineamtes bis 1916 und 1917 Mitbegründer der extrem nationalistischen Vaterlandspartei. Tirpitz veröffentlichte im März 1929 im *Deutschen Adelsblatt* eine Besprechung, in der er dem Autor zunächst attestierte, »außerordentlich lebenswahr(e) und anschauliche« Bilder der Frontrealität geschaffen zu haben. Aber:

»In geschicktester und für den harmlosen Leser unauffälliger Weise ist nur das zusammengestellt, was abschreckend wirkt […]. Schöne und erhebende Erlebnisse fehlen gänzlich. Sollte es wirklich viele Frontsoldaten geben, in deren Gedächtnis nur das Grausige und Schreckliche des Krieges und nicht mindestens ebenso viele Erinnerungen an Heldentaten und schönes Erleben zurückgeblieben sind?«[64]

Freiherr Rüdiger von der Goltz, Ausbilder der finnischen Armee und in den 1920er Jahren ein rechtsorientierter politischer Aktivist, beklagte sich über den betrüblichen Zeitgeist, in dem eine »raffinierte pazifistische Propaganda« in wenigen Wochen einen Millionenabsatz gefunden habe. Die »packende Realistik« des Buches sei leider geeignet, der »heranwachsenden Jugend eine unüberwindliche Abscheu vor dem Kriege […] ins Herz zu senken«. Aber der ganze Roman sei ein »maßlos verlogener Schwindel«. Sicherlich habe es Soldaten wie Bäumer und seine Gruppe gegeben, die »bei jedem Kanonenschuss in Todesangst« gerieten:

»Die anderen aber, die in der großen Überzahl waren, für die der Kampf ums Vaterland noch eine heilige Sache war und die sich ihre

Menschenwürde trotz aller verrohenden Einflüsse des Krieges bis zum Schluss zu bewahren wussten, sie alle kommen in der Tendenzschrift Remarques [...] überhaupt nicht zu Worte!«[65]

Die erste gedruckte Reaktion der Nationalsozialisten auf »Im Westen nichts Neues« erschien bereits am 16. Februar 1929. Auch hier wurde dem Autor zunächst attestiert, etwas »unbedingt Bestechendes« zu haben. Denn die Schilderung des Krieges, »wie er auch war mit seiner Not, seiner Hässlichkeit und seinem Kleinkram«, sei durchaus realistisch. Aber Remarque habe genau wie andere Autoren der Linken »die Höhepunkte, die jeder wahre Frontsoldat erlebt [...], geschickt verschwiegen«. Nichts werde gesagt über den »unversiegbaren Kraftquell« des Krieges, man wolle nur pazifistische Gedanken erwecken, »weshalb Juda für diese Werke wirbt«. Auf jeden Fall sei Remarques Buch »für alle wahren Frontsoldaten, die die Erinnerung an den großen Krieg wie ein heiliges Vermächtnis in sich tragen, ein Faustschlag ins Gesicht. Denn sie fühlen sich durch den Krieg nicht zerstört – sondern geläutert.« Und etwas weiter:

»Augen auf, deutsche Frontsoldaten und Nationalisten, man sucht an euer Heiligstes zu tasten. [...] Denn euer Vater war der Krieg. Die Augen von Millionen toter Brüder sind auf euch gerichtet. In euren Händen liegt die Zukunft unseres Volkes.«[66]

Schon diese erste Stellungnahme von NS-Seite zeigt wieder, wie stark die Nationalsozialisten den Fokus ihrer Propaganda nicht allein auf das Kriegserlebnis und dessen positive Seiten richteten – das taten sie wie alle Konservativen und Nationalisten.[67] Doch auch hier lag wieder die Betonung auf dem »Vermächtnis der Front« und der Verantwortung gegenüber den »Millionen toter Brüder«. Auch diese Formulierung war sicher nicht einzigartig, aber in der Massivität, mit der diese Sicht auf den Krieg immer wieder vorgebracht wurde – wir sahen das bei Hitlers

Reden, dem Nürnberger Parteitag usw. –, sehr viel stärker als bei allen anderen Parteien und Gruppen der Rechten.[68] Nico Späth hat nach systematischer Durchforstung von 43 Zeitungen der Weimarer Republik festgestellt, dass sich kein deutsches Blatt so häufig zu »Im Westen nichts Neues« äußerte wie der *Völkische Beobachter*.[69] Fäkalinjurien wie »Abort-Brille« oder »Latrinenperspektive« kommen in nahezu jedem der NS-Kommentare zum Tragen.

Besonders prägnant dafür war die vehemente Kritik, die der spätere NS-Starautor Hans Zöberlein[70] immer wieder im *Völkischen Beobachter* an Remarque und seinem Roman übte. Denn für Zöberlein galt, das zeigen auch seine eigenen Romane ganz besonders, dass der Schützengraben die Urform der Volksgemeinschaft und »Keimzelle des künftigen nationalsozialistischen Staates« gewesen sei. Zöberlein, der sich immer stolz als »ehemaliger Frontsoldat« präsentierte, zog auch in Zweifel, ob Remarque jemals an der Front gewesen sei. Und: »Mit Ausnahme der Latrine, die er ausgezeichnet kennt«, seien Remarque nicht einmal die gewöhnlichsten Dinge der Front geläufig. So erfinde er Regimentszusammenschlüsse, die es in dieser Form nie gegeben habe. Selbst wenn Remarque kurzfristig gedient haben sollte, so sei er keinesfalls berechtigt, »im Namen aller Toten des Weltkriegs ein Buch zu schreiben und sich als Frontsoldat von echtem Schrot und Korn auszugeben«.[71]

»M. W.« schrieb in Goebbels' Zeitung *Der Angriff*, dass dank der Aktivitäten der Nationalsozialisten nicht die Geschichten von Dreck, Läusen und Verwesung im Bewusstsein der Deutschen weiterlebten, sondern »das Heldengedicht von jenen eisernen Männern, die an diesen Greueln und an diesem Grauen wuchsen, sich emporzubringen vermochten zu neuem Glauben, zu immer neuem kühnen Wagen, immer neuen Opfern«.[72]

Daher führten die Nationalsozialisten auch eine erbittere Klage darüber, dass »Im Westen nichts Neues« in Preußen und anderen Ländern als Schullektüre zugelassen bzw. sogar empfohlen worden sei. Tatsächlich hatte der Berliner Magistrat im Mai 1929 allen Schulen Berlins ein

Freiexemplar des Romans zukommen lassen.[73] Und als im Januar 1930 der NS-Jurist Wilhelm Frick in Thüringen zum Innenminister ernannt wurde und damit als erster NSDAP-Politiker überhaupt ein Ministeramt erhielt, ordnete er sofort die Entfernung des Romans aus allen Schulbibliotheken Thüringens an. Die Begründung lautete, dass ein Buch, »das den Krieg vom Latrinenstandpunkt aus behandelt«, nicht für die Erziehung und Bildung geeignet sei.[74]

Eine erhebliche Verschärfung erreichte der »Kampf um Remarque« ab Dezember 1930, als das inzwischen in den USA verfilmte Werk auch in Deutschland in die Filmtheater gelangte. Der Film von Lewis Milestone erregte gewaltiges Aufsehen, nicht zuletzt weil dies einer der ersten Tonfilme überhaupt war, die in Deutschland gezeigt wurden. Im Unterschied zur Romanvorlage waren – ohne jegliche Beteiligung des Autors – Szenen eingefügt worden, in denen das vorgeblich spezifisch Deutsche, also Kommisston, Militarismus, blinder Gehorsam usw., ausgiebig zur Schau gestellt wurde. Das und vieles mehr erregte in Deutschland scharfen Widerspruch und die Nazis schafften es, gewissermaßen zu Wortführern dieses Protestes zu werden, was insbesondere der unermüdlichen und einfallsreichen Agitation von Joseph Goebbels zuzuschreiben war. Diese Agitation fand überdies starken Zuspruch der Konservativen und Nationalisten bis weit in die bürgerliche Mitte hinein und war ein weiterer Schritt auf dem Weg der Integration des NS in die »rechte Front«.[75]

Erstaunlicherweise hatte Goebbels erst im Juli 1929, also mit mehr als einem halben Jahr Verspätung, überhaupt von dem Roman Notiz genommen:

> *»21. Juli 1929. Ich lese: ›Im Westen nichts Neues‹. Ein gemeines, zersetzendes Buch. Die Kriegserinnerungen eines Eingezogenen. Weiter nichts. Nach 2 Jahren spricht von diesem Buch kein Mensch mehr. Aber es hat seine Wirkung getan in Millionen Herzen. Das Buch ist gemacht. Deshalb gefährlich.«*[76]

Als der amerikanische Film ab Dezember 1930 in die deutschen Kinos kam und eine ungeheure Publikumsresonanz erfuhr, entschied sich Goebbels, spektakuläre Aktionen dagegenzusetzen, vor allem natürlich in Berlin, das ohnehin immer stärker von den Nazis und den SA-Schlägern dominiert wurde.[77] Es darf dabei auch nicht übersehen werden, dass die NSDAP zu diesem Zeitpunkt wegen ihres erdrutschartigen Erfolges bei den Reichstagswahlen vom September 1930 eine ganz neue Aufmerksamkeit bzw. sogar Aufwertung bei den Konservativen und Nationalisten fand. Und die Krawalle, die Goebbels gegen den Remarque-Film inszenierte, passten genau in das Bild eines sehr stark vermehrten – und immer stärker von der Polizei tolerierten – SA-Aktionismus in ebendiesen Monaten.[78]

Nachdem der Film am 21. November 1930 ohne Beanstandungen durch die für alle Filme obligatorische Prüfung seitens der Berliner Filmoberprüfstelle gelangt war, protestierten sowohl das Reichswehrministerium als auch das Reichsinnenministerium.[79] Der Protest richtete sich besonders dagegen, »dass die Leistungen des deutschen Soldaten im Weltkrieg in den Augen der Welt geschmäht werden«. Und man bemängelte auch sehr stark, dass die »reinigende und erlösende Sinngebung« des Soldatentodes ganz negiert werde. Außerdem – so der Innenminister – seien »leidenschaftliche Auseinandersetzungen« zu befürchten, weshalb eine Vorführung des Films in dieser Fassung die öffentliche Ordnung zu gefährden drohe.[80]

Bevor noch über diese Einwände entschieden war, fand am 4. Dezember die Uraufführung im Mozartsaal in Berlin statt. Die Filmkritiken vom folgenden Tag waren charakteristisch gespalten: Auf der einen Seite wurde dem Film tiefes Einfühlungsvermögen in die Lage und psychische Verfassung der armen »Frontschweine« zugebilligt, die das Publikum habe verstummen lassen. Auf der anderen Seite wurde nicht allein von Konservativen und Nationalisten, sondern auch in der Zentrumspresse beklagt, dass genau diese Szenerie das Opfer und die Opferbereitschaft des deutschen Frontsoldaten vollkommen entwerte.[81] Bei der ersten öffentlichen Vorführung am Tag darauf kam es zu erheblichen Zwischenfällen. Die Nationalsozialisten hatten sehr viele Eintrittskarten gekauft und veranstalteten ein wahres Höllenspektakel während der Aufführung. Goebbels, persönlich anwesend, wiegelte das Publikum weiter auf und schließlich wurde sogar eine Menge weißer Mäuse losgelassen, was zu einer Panik führte. Es kam selbstverständlich auch zu größeren Raufereien, und die Polizei führte Goebbels aus dem Saal. Ob das zu seinem Schutz war oder ob man ihn verhaftete, darüber gingen die Meinungen auseinander.[82] Interessant ist, das die *Neue Preußische Kreuz-Zeitung* den Krawall der Nazis herunterspielte und vermeinte, dass eben einige Besucher »ihrem Unwillen drastischen Ausdruck geben wollten«. Auf jeden Fall sei das eine »widerliche Darstellung menschlicher Feigheit« und dieser »volksvergiftende Film« müsse sofort aus dem Programm genommen werden.[83] Die Zentrums-Zeitung *Germania* verurteilte zwar die »organisierten« Krawalle, hoffte aber ebenfalls, dass bald Schluss sei mit vorgeblicher Kunst, die dem »Wesen« des deutschen Volkes so gar nicht angemessen sei.[84]

Am selben Tag organisierten die Nazis eine »Riesenkundgebung gegen die Deserteur-Moral«[85] am Berliner Nollendorfplatz. Nach eigenen Angaben kamen dort und an anderen Stellen etwa 60 000 Menschen zusammen und wurden von NS-Rednern aufgepeitscht. Es sei zu schweren Zusammenstößen mit der Polizei gekommen, die rücksichtslos in die Menge der Protestierenden gefahren sei.

Ebenfalls am 9. Dezember interpellierte die NS-Fraktion im Reichstag die Regierung:

> *»Bei diesem letzten amerikanisch-jüdischen Produkt handelt es sich um eine gemeine und niederträchtige Verunglimpfung deutscher Frontsoldaten, die in bizarrer und entstellter Form dem Publikum vorgeführt werden […]. Die deutsch-bewusste Bevölkerung von Berlin hat in spontaner Abwehr in großen Massendemonstrationen gegen diesen Film Stellung genommen. Die Antwort darauf seitens*

der preußischen Regierung waren blindwütige Polizeiattacken auf harmlos demonstrierende Frontsoldaten.«

Daher frage man die Regierung, was sie unternehmen wolle, um solche Filme, die »in der heutigen Zeit besonders zersetzend auf die Volkskraft einzuwirken geeignet sind, unmöglich zu machen«.[86]

Einen Tag später begründete Frick diese Interpellation: Der Film habe »unsere Frontsoldaten aufs gemeinste beschimpft«, aber die Polizei gehe mit Gummiknüppeln »gegen die deutschbewußte Bevölkerung [vor], die gegen einen derartigen Film Protest erhebt«.

Am 11. Dezember 1930 prüfte die Filmoberprüfstelle auf Antrag des Reichsinnenministeriums den Film erneut. Und bereits am Nachmittag stand die Entscheidung fest: Wegen »Gefährdung des deutschen Ansehens« wurden weitere Aufführungen des Films in Deutschland verboten.[87] Kein Wunder, dass Goebbels am Tage drauf im *Angriff* jubilierte und in Form eines Briefes an eine »Frontschwester«, Frau H., den eindeutigen Sieg der Nationalsozialisten feierte:

Man habe es »geschafft, die Massen zu mobilisieren«, die dank des NS einem »sittlichen Staatsgedanken« folgten. Aber man müsse weiterkämpfen, denn »Remarque ist beseitigt, aber es starrt noch von jüdischem Unrat in der deutschen Öffentlichkeit«. Man werde insgesamt siegen, denn »das gesamte nationalbewusste Berlin« habe die Aktionen der Nazis gegen Remarque unterstützt. Es gebe nunmehr eine »Armee von willensbewussten und radikalen jungen Deutschen«, die gegen die »Verhöhnung der deutschen Ehre« zu Felde ziehe. »Sie haben sich hinter unseren Parolen in Marsch gesetzt. Wir werden dafür sorgen, dass dieser Marsch nicht abbricht, sondern dass er ein Aufbruch wird ins neue Reich.«[88]

Drei Monate später, am 2. März 1931, kam es im Reichstag zu einer ausführlichen und höchst erregten Debatte über das Verbot von »Im Westen nichts Neues«.[89] Hier zeigte sich eine ganz klare Polarität: Die Sozialdemokraten erklärten, dass das »Verbot des Remarque-Films eine Verbeugung vor der Rohheit und dem Terror« gewesen sei. Es sei auch skandalös, dass diejenigen, die den Film ungekürzt sehen wollten, nach Straßburg oder Basel fahren müssten. »Nach Holland fahren jetzt Tag für Tag Sonderzüge.« Und überhaupt werde heutzutage viel zu viel vom »Frontgeist« geredet. Andere Redner beklagten vor allem, dass dieser Film das deutsche Ansehen in der Welt und die Wehrhaftigkeit des Landes infrage stelle. Außerdem, so Thusnelda Lang-Brumann von der Bayerischen Volkspartei, könne das deutsche Volk sich nicht gefallen lassen, dass »alles, was ihm heilig ist«, in Filmen und Theaterstücken herabgesetzt werde. Wenn man sich gegen Remarque wehre, dann sei das nicht etwa dem Einfluss der Nationalsozialisten zu danken, sondern das Volk selbst habe den zunehmenden Willen, sich zu verteidigen. Deshalb sei das Verbot gerechtfertigt. Andere Redner beklagten, so Adolf Freiherr von Hammerstein-Loxten (Deutsch-Hannoversche Partei), dass durch diesen Film »der männliche Erhaltungs- und Wehrwille, namentlich bei schwachen Gemütern, ertötet« werde. Weitere Abgeordnete der Rechten, etwa Dietz Freiherr von Thüngen (Deutsches Landvolk), verlangten die Aufrechterhaltung des Verbotes, damit nicht weiter »die Teile des Volkes, die dagegen sind, bis zur äußersten Erregung aufgewühlt und aufgehetzt« würden.

Die Nationalsozialisten meldeten sich in dieser Debatte nicht zu Wort. Ganz offensichtlich hatten sie erreicht, was sie wollten, nämlich durch ihre Aktionen und besonders durch die Straßenkrawalle den Eindruck zu erwecken, dass »das deutsche Volk« sich unter Führung des NS gegen den Remarque-Film und gegen die Zersetzung des deutschen »Wehrwillens« stelle. Weshalb schließlich sogar die Repräsentanten der »Asphaltdemokratie« (so eine von Goebbels' Standardinjurien) dem NS-Volkswillen hätten nachgeben müssen.

V. Nationale Kriegserzählung im Übergang zum NS

1. Ein neues Interesse am Weltkrieg

Zehn Jahre nach Kriegsende gab es eine Art plötzlicher Explosion des Interesses am Weltkrieg. Der eben geschilderte Skandal um Remarques »Im Westen nichts Neues« deutete dies bereits an. Diese neue Präsenz des Krieges lässt sich aber keineswegs allein auf die Anregung bzw. Provokation durch Remarque zurückführen, wie schon die Zeitgenossen erkannten und vielfach kommentierten. Hier seien nur zwei Stimmen kurz zitiert, die das Wesentliche der Problematik zu erfassen helfen:

Zunächst der angesehene Staatsrechtler Ernst Forsthoff, der 1931 in einem Aufsatz schrieb:

> *»Die [neue] Kriegsliteratur hat ein merkwürdiges Schicksal, das für ihre Ernsthaftigkeit und Echtheit spricht. Nicht unmittelbar nach dem Kriegsende, sondern zehn Jahre später meldet sich die Kriegsgeneration zu Wort, fand sie die ihrem Stoff gemäße Sprache. […] Nicht Schriftsteller von Rang und Namen, sondern gänzlich unbekannte Männer gestalteten das Bild des Krieges in Büchern von*

erschütternder Eindringlichkeit, jetzt fanden sie die Worte, das auszudrücken, was der Krieg als Erlebnis bedeutete.«[1]

Wenn Forsthoff hier die Generation derer betrachtete, die den Krieg an der Front erlebt und erlitten hatten, warf die Reichstagsabgeordnete der SPD und Schulreformatorin Anna Siemsen einen Blick auf die Bedeutung dieser neuen Kriegsliteratur für die Kriegskindergeneration:

»Es sind jetzt 10 Jahre nach dem Kriegsende vergangen. Herangewachsen ist eine neue Generation, die den Krieg nur als Kind erlebt hat. Für sie ist er etwas Fremdes, Unerhörtes und Interessantes. Gerade das wenige, was als Kindeserinnerung haftet: die Versorgungsschwierigkeiten, die Nöte der Mütter, die Kriegsfeiern, das Stocken allen täglichen Lebens, macht begierig nach dem, was abenteuerlich hinter all dem Täglichen, Allzualltäglichen stand. Für diese Generation hat das Kriegsbuch eine dreifache Bedeutung. Sie sucht darin Erklärung der nur halb bewusst erlebten Vergangenheit. Sie erwartet Fingerzeige für die eigene Einstellung zum möglichen kommenden Kriege; und endlich ist ihr das Kriegsbuch wie jedes abenteuerliche Buch Befreiung von dem lastend empfundenen Alltag, in dem sie lebt.«[2]

Beide Stimmen zeigen mit Blick auf zwei vom Krieg betroffene Generationen die ganze Spannbreite des neuen Interesses am Weltkrieg, von der Selbstvergewisserung bzw. Überwindung der Sinnlosigkeit der bisherigen Existenz bis hin zum spielerischen Umgang mit dem Krieg als möglicher neuer und positiver Zukunftsperspektive.

Die wohl weittragendste Betrachtung zu diesem Phänomen publizierte 1931 der Literaturwissenschaftler Ernst Jirgal unter dem Titel »Die Wiederkehr des Weltkrieges in der Literatur«.[3] Jirgal verstand diese neue Welle als Versuch einer Sinngebung für Krieg und Kriegserlebnis, was zuvor überwiegend zu betäubtem Schweigen geführt hatte. Das große Publikum wollte vom Weltkrieg nichts mehr wissen, überließ dessen Erzählen den alten Soldaten, welche »Unbesiegtbücher«[4] schrieben und sammelten.

So verschieden die Reaktionen, so war doch der Krieg nach Jirgal »nicht umsonst, so wie eine Seuche nicht umsonst sein muss. Die Medizin kann und soll lernen.«[5] Zunächst war es das Durchbrechen des großen Schweigens mit der Rezeption von »Im Westen nichts Neues«, welches wie eine Befreiung von einer unerträglichen Last wirkte. In all den neuen Werken, seien sie kriegskritisch wie Remarque, seien sie kriegsbejahend wie Josef Magnus Wehner oder Werner Beumelburg: Alle Darstellungen sprächen von einer »Schicksalseinheit im Krieg« und durch den Krieg.

Was Jirgal hier mit wenigen kunstvollen Worten zum Geist der Endzwanzigerjahre festhält, wird in einem anderen und gleichzeitig erschienenen Buch mit dem Titel »Zur Geistesgeschichte des Weltkriegs« von Herbert Cysarz systematisiert und weitergeführt. Das Buch wollte eine Synthese der bis dahin erschienenen Welle der Weltkriegserzählungen in der Folge von Remarque leisten.[6] Cysarz unterscheidet zwischen »sachlich-hinnehmendem Dulden und sachlich-abschreckendem Schildern« der Ereignisse, womit er gleichzeitig einen klaren Unterschied zwischen kriegskritischer und kriegsbejahender Literatur setzt. Beiden Richtungen gemeinsam aber und die »Schicksalsfrage aller neuen Kriegsbücher [ist]: Was ist der Weltkrieg seinen Teilnehmern geworden und was bleibt er den Folgenden und Kommenden?«[7] War er nur unsagbares Leid und Verwüstung der Seelen, oder konnte man aus den »Stahlgewittern« des erlebten Krieges auch dem Nationalismus einen neuen und tieferen Sinn geben? Etwa wie es der ehemalige Soldat und früh zum Schriftsteller avancierte Franz Schauwecker in seinem als Antwort auf Remarque 1930 publizierten »Aufbruch der Nation« versuchte? Nicht von ungefähr war der Vorspruch zu diesem Buch eines neuen soldatischen Nationalismus das ebenso feierliche wie verstörende Versprechen: »Wir mussten den Krieg verlieren, um die Nation zu gewinnen.«

Neben Cysarz und Jirgal gibt es ein drittes Werk, welches den Aufbruch in der Gefühlswelt, wie sie in der neuen Kriegsliteratur zum Ausdruck kommt, als soziales und kollektivpsychologisches Phänomen beschreibt. Es handelt sich um die Arbeit von E. Günther Gründel, »Die Sendung der jungen Generation«.[8]

Zentral in diesem klugen Buch ist die Analyse der neuen »Sachlichkeit« der »Jungen Generation«, worunter er die »junge Frontgeneration«, die »Kriegsjugendgeneration« und die »Nachkriegsgeneration« fasst.[9] Insbesondere die junge Frontgeneration trete heute – also 1932 – sowohl politisch als auch kulturell in den Vordergrund, nicht zuletzt auch in der Kriegsliteratur. Und diese sei geprägt von einer neuen »Sachlichkeit«, in die man sich gerettet habe. Nicht alle waren »vom Kriege zerbrochen«, wie Remarque schrieb, »aber irgendwie aus dem Gleis geworfen hat er sie alle«.[10]

Gründel schildert dann in der »Wir«-Form diese Grundbefindlichkeit:

> *»Für uns ist es taktlos, sein Inneres nach außen zu wenden und seine Gefühle zu zeigen […]. Wir wollen Gesichter, die unbeweglich sind, weil unbewegliche Gesichter keine Gefühle ausdrücken; […] äußere Kühle bei verborgener Leidenschaft; Sachlichkeit im Materiellen und gesteigerte Intensität des Gefühls im Seelischen. Unser Ernst, unsere wortkarge Verschlossenheit und Zurückhaltung, ja manchmal fast schroffe Kälte kommt wohl daher, daß wir in eine harte Welt gestellt sind […]. Wir wollen Distanz nur, um unbeeinflußt und klar sehen zu können; denn unsere Jugendjahre haben uns mißtrauisch gemacht.«*[11]

Bei allem Individualismus solcher Haltung – so fährt Gründel fort – strebe man aber auch nach Gemeinschaft und habe einen starken »Einordnungswillen«. Es gehe um eine Gemeinschaft, »die Opfer verlangt und über dem Eigenwert des einzelnen steht«.

Seit dem bahnbrechenden Buch von Helmut Lethen über die »Verhaltenslehren der Kälte«[12] können wir diesen von Cysarz und Gründel angedeuteten Geist – bzw. den Ungeist – der Endzwanzigerjahre neu ordnen und verstehen. Die Intellektuellen und Künstler jener Krisenjahre der Republik wandten sich vollkommen vom bisher dominierenden »expressionistischen« Stil der Schmerzerfahrung der Niederlage, des sinnlosen Todes von Millionen Soldaten ab und folgten immer stärker den neu aufkommenden Topoi von der grundlegenden Sinnhaftigkeit des Schicksals. Diesem Denken lag die Überzeugung zugrunde, dass es möglich sei, den Schmerz von gestern beiseitezuschieben und durch ein zielbewusstes, radikal dem Eigennutz eines neuen Deutschland verpflichteten und dabei »rein sachlichen« Denken und Handeln zu ersetzen. Lethen hat diese neue Grundhaltung schön als »Kältepanzer gegen den Schmerz« charakterisiert und angedeutet, dass diese Neuorientierung zu einem »Strombett der nationalsozialistischen Bewegung« geworden sei.[13]

Nicht alle Vertreter dieser neuen Sachlichkeit sind dann im Zeichen der emotionalen Kälte in diesem »Strombrett« mitgetrieben und überzeugte Nationalsozialisten geworden. Ein gutes Beispiel hierfür ist der Fall von Ernst Jünger, dessen Namen heute noch für erhebliche Polemik sorgt, kreidet man ihm doch immer wieder eine Nähe zum Nationalsozialismus an.[14] Jünger hatte schon sehr früh, in seinem 1921 zum ersten Mal erschienenen Tagebuchroman »In Stahlgewittern« diese Entpersönlichung des Schmerzes am eigenen Erleben fixiert und den »kalten Blick« eines aktiven Frontoffiziers auf das Kriegsgeschehen geworfen. »In Stahlgewittern« war sehr wenig verkauft worden – die erste und zweite Auflage sind heute nahezu unauffindbar –, kam aber ab 1928/29 mit der Remarque-Welle zu neuer Wirkung.

2. Eine neue soldatische Kriegserzählung

Im Jahre 1925 – also bereits recht früh – erschien das innovative Buch eines militärischen Fachmanns, George Soldan, über die Lehren, die aus dem Weltkrieg für die »Schlacht der Zukunft« zu ziehen seien.[15] Soldan formulierte das Desiderat einer künftigen Weltkriegserzählung folgendermaßen:

> *»Wir brauchen heute Darstellungen über den Weltkrieg, die freiherzig von allem sprechen, wie es wirklich da draußen gewesen ist, die die ganze Schwere des modernen Kampfes realistisch schildern. Solche Bücher sind bei aller Realistik nicht weniger ein Heldenlied, auch wenn sie vom Versagen und von Paniken erzählen, denn das zeitweise Unterliegen des Menschen in der modernen Schlacht wird zum natürlichen Vorgang für jeden, der den Krieg kennt. […] Das Frontkämpfererlebnis wird zur Grundlage aller Weltkriegslehren. […] Frontkämpfererleben aber ist dieses: Das Ringen zwischen Mensch und Material.«*[16]

Ungefähr fünf Jahre später fand sich diese Forderung reichlich erfüllt, denn nahezu alle Autoren der »soldatischen Literatur«, zumindest jene, die im »nationalen Lager« standen, schrieben, als ob sie genau den Wünschen Soldans folgen wollten. Allen gemeinsam war diese »Härte« und die Behauptung, dass es gelte, den aus der Erfahrung des Weltkriegs so gestählten Frontsoldaten zu perpetuieren, der nunmehr bewusst und selbstbewusst den Maschinenkrieg aufnahm und dessen individueller Körper beschädigt oder zerrissen werden konnte, nicht aber als Gesamtkörper einer stahlharten Frontgemeinschaft, zu der die gesamte Nation verschmelzen solle und könne.

Im Folgenden werden *pars pro toto* einige der wichtigsten Vertreter dieses neuen Stils im Strom der Zeit vorgestellt, wobei die für mich entscheidende Frage bleibt, ob und in welcher Weise diese Autoren für den Nationalsozialismus empfänglich waren und wie weit sie dann die soldatische Literatur der Zeit nach 1933 weiterhin prägten.

a) Werner Beumelburg

Erfolgreichster Antipode von Remarque aufseiten der nationalen Rechten war Werner Beumelburg.[17] Beumelburg, Jahrgang 1899, kam als 17-Jähriger zum Einsatz an der Westfront. Bereits mit Beginn der 1920er Jahre machte er sich einen Namen als Kriegserzähler, verfasste er doch mehrere Bände der Reihe »Schlachten des Weltkriegs«, die vom »Reichsarchiv« herausgegeben wurde.[18]

Beumelburg hat in seinen frühen Schlachtengeschichten (Douaumont, Ypern u. a.) die strategischen und taktischen Gesichtspunkte mit dem Kriegserlebnis der Soldaten verbunden, was anfangs ausgerechnet im »nationalen« Lager als störend empfunden wurde. So wurde ihm etwa vorgeworfen, sein »Naturalismus« der Darstellung des Leidens und Sterbens der Soldaten werde wohl Wasser auf die Mühlen der Pazifisten leiten.[19]

Beumelburgs »Sperrfeuer um Deutschland« – 1929 als Buch erschienen, 1928 aber bereits als Fortsetzungsroman in der Zeitschrift des Stahlhelm publiziert – wurde als die wohl definitive Darstellung des Ersten Weltkriegs aus der Perspektive des Frontsoldaten angesehen. Wie den allermeisten Deutschen erschien dem Erzähler der »Sperrfeuer« das friedfertige Deutschland bei Ausbruch des Weltkriegs »von böswilligen Mächten eingekreist«.[20] In den Krieg sei Deutschland mit großer patriotischer Einigkeit zur Verteidigung seiner Grenzen eingetreten. Diese Einheit aber wurde durch die englische Hungerblockade angegriffen. Aus dem Hunger und der Not sei Zwietracht entstanden, ein »Bruderkampf der öffentlichen Meinung«.[21]

All diese politischen Verwerfungen werden im Roman nicht weiter ausgeführt, und es werden keine Schuldigen benannt. Alle Deutschen scheinen auf eine gewisse Weise ein wenig Mitschuld am inneren Zerwürfnis während des Krieges zu tragen – alle mit Ausnahme der tapfer kämpfenden Soldaten.

Ohne Zweifel war diese Zurückhaltung Beumelburgs ein wesentlicher Grund für den überragenden Erfolg des Romans, war dieser doch insofern ein echtes »Volksbuch«, als er allen Deutschen ihren Anteil am gerechten Krieg zugestand und über die unterlaufenen Schwächen und Fehler durchaus unparteiisch urteilte. So attestierte ihm etwa das linksliberale *Berliner Tageblatt*, endlich »dem Unbekannten Soldaten« ein Denkmal gesetzt zu haben und bei aller Leidenschaft frei von jeder Tendenz zu sein. Keine Partei und keine politische Richtung werde dieses Buch für sich vereinnahmen können. Sogar die Zeitungen der antagonistischen Soldatenverbände waren sich in diesem Punkt einig: Beumelburg sei, so die Zeitschrift des Stahlhelm, »in dichterischem Schauen jener objektive Überblick, den der Mitkämpfer als Erinnerungsanhalt braucht, prächtig gelungen«.[22]

»Sperrfeuer um Deutschland« blieb bis 1945 die nach Remarque meistverbreitete Darstellung des Ersten Weltkriegs in Deutschland. Bereits in den ersten zwei Jahren nach Erscheinen waren 120 000 Exemplare verkauft worden, bis 1945 erhöhte sich die Zahl auf etwa 500 000, zählt man alle in der NS-Zeit erschienenen »Volks«-Ausgaben und andere gekürzte Fassungen hinzu.[23]

Als direkte Antwort auf Remarque verfasste Beumelburg 1930 den Roman »Die Gruppe Bosemüller«. Auch dieser Roman über eine kleine Einheit[24] in den Schützengräben vor Verdun fand ein großes Publikum. Man kann von ca. 250 000 verkauften Exemplaren bis 1942 ausgehen, das Werk wurde in der NS-Zeit auch als Schullektüre vertrieben.[25] Inhaltlich gibt es dort nichts entscheidend anderes. Es ist eine kleine Gruppe von Männern, die in dem unsäglichen Grauen vor Verdun monatelang zusammenleben und zusammenhalten müssen. Eine Grenzsituation, die sie nur bestehen können, weil sie trotz aller individuellen und sozialen Unterschiede echte, durch das Schicksal zusammengeworfene Männer sind, die unter der permanenten Todesdrohung zu unzertrennlichen Kameraden werden. Sie sind auch nicht besonders heroisch, sondern tun vor allem selbstverständlich ihre Pflicht, auch in extremen Situationen. Von diesen gibt es nicht wenige, welche in den schauerlichsten Farben geschildert sind. Unvergesslich wohl die Szene des schreiend herlaufenden Soldaten, dessen Gesicht verschmiert ist von der Hirnmasse eines durch ein Schrapnell getöteten Kameraden.

Typisch für den grundsätzlich konformistischen Stil des Autors ist, dass im Laufe der Zeit alle Mitglieder der Gruppe das Eiserne Kreuz erhalten und sich auch sonst des Wohlwollens ihrer Oberen erfreuen. Vom Kasernenhofton und den Schindereien, die bei Remarque tragend sind, ist hier nichts zu spüren. Auch die Heimat, so wie sie die Soldaten auf ihrem kurzen Urlaub erleben, steht sehr positiv zu ihnen, auch wenn es schier unmöglich ist, das Erlebte den Biertischstrategen zu Hause näherzubringen. Die Unfähigkeit, das Erlebte zu kommunizieren, nimmt den Bruch zwischen Front und Heimat quasi individuell voraus. Interessant ist, dass Goebbels genau dies an Beumelburg kritisierte, weil es bei ihm offensichtlich keinen direkten Weg von der Frontgemeinschaft zur Volksgemeinschaft gab.[26] Auch der NS-Literaturwissenschaftler Hermann Pongs kritisierte, dass es in diesem Roman zwar Kameradschaft, aber kein »Führertum« gebe, auch sei an dem Roman auszusetzen, dass vom Kriegserlebnis der Soldaten kein Weg zum »Volksschicksal« aufgezeigt werde.[27]

»Die Gruppe Bosemüller« war eindeutig eine direkte Antwort aus den Reihen des »soldatischen Nationalismus« auf die Provokation von Remarque, ja sogar ein polemisches Remake von »Im Westen nichts Neues«.

Während des Nationalsozialismus fanden Beumelburgs Kriegsbücher weiterhin eine sehr starke Verbreitung. Der Autor erhielt vielfache Ehrungen und Auszeichnungen, trat aber bei aller Verehrung für den »Führer« als exemplarischen Frontsoldaten nie in die NSDAP ein. Gleichwohl wurde er Geschäftsführer der »Dichterakademie« und führte seit 1942 als Luftwaffenoffizier im Rang eines Majors das Kriegstagebuch für Göring.[28]

Warum aber konnte Beumelburg während des »Dritten Reichs« Positionen erringen und Ehrungen erhalten, ohne dass er seine Deutung des Ersten Weltkriegs im Sinne der neuen Machthaber modifiziert hätte? Es scheint, dass die NS-Kulturpolitik den Zuspruch der Millionen Frontsoldaten nicht gefährden wollte, die darauf beharrten, dass ihre Kriegserfahrung und die entsprechende literarische Aufbereitung authentisch blieben und nicht NS-spezifisch umformuliert wurden. Insgesamt wurden zwischen 1933 und 1945 keine sonderlichen Anstrengungen unternommen, die Weltkriegsdeutung dezidiert nationalsozialistischer Schriftsteller wie etwa Hans Zöberlein dem deutschen Publikum zu oktroyieren, was ohne Weiteres möglich gewesen wäre, erst recht im Schulunterricht. Tatsächlich blieb die Wirkung von NS-Autoren wie Zöberlein, Hans Friedrich Blunck oder Hanns Johst bis zum Ende des Regimes ganz überwiegend auf die NS-Verbände beschränkt.[29]

Allerdings erschien 1939 eine ideologisch aufgeladene Fassung von »Sperrfeuer um Deutschland« im Zentralverlag der NSDAP, Franz Eher Nachf. Dabei handelte es sich um eine gekürzte Ausgabe, die im Auftrage des Reichsjugendführers Baldur von Schirach als »Weihnachtsbuch der deutschen Jugend 1939« verteilt werden sollte. Diese Ausgabe enthielt minimale, aber charakteristische Veränderungen: Aus »Streiks von 1916/17« wurden »marxistische Streiks von 1916/17«, bei der Darstellung der »Michael«-Offensive vom März 1918 wurde hinzugefügt, dass das Heer bereits vom Bolschewismus infiltriert gewesen sei. Insgesamt handelt es sich bei dieser Nazifizierung des Werkes allerdings um recht geringe Texteingriffe, und es ist zudem nicht bekannt, ob Beumelburg diese selbst vorgenommen hat oder das Lektorat des Eher-Verlags.

Wenn Beumelburg zu den Autoren mit den höchsten Auflagen zwischen 1931 und 1939 zählte, so gab es doch noch eine Reihe anderer Kriegserlebnis-Schriftsteller, deren in diesem Zeitraum erschienene Bücher sehr hohe Auflagenziffern erzielten. Es ist nicht möglich bzw. sinnvoll, diese Autoren hier noch genauer zu behandeln. Die Frage ist, ob und in welcher Weise sie NS-affin waren, ob sie, wie Beumelburg, ihre Kriegserzählung jeweils so gestalteten, dass sie auch noch unter dem NS mit Erfolg weitervertrieben werden konnte, ohne dass sie jedoch Spezifika der NS-Erzählung vom Krieg (Dolchstoß, Verrat der Heimat, Antibolschewismus und Antisemitismus, »Rasse und Blut«) signifikant in ihre Werke einbrachten. Es gilt also hier, genau die Differenz zu betonen, die in den meisten Darstellungen zur NS-Weltkriegsliteratur unter den Tisch fällt. So ist in dem sehr ertragreichen Werk von Jay W. Baird über Hitlers Kriegsdichter keinerlei Beachtung dieses eventuellen Unterschieds zu erkennen. Wer im »Dritten Reich« erfolgreich publizierte, war eben ein »War Poet« des Nationalsozialismus.[30]

Blicken wir also auf zwei besonders prominente Autoren, nämlich Coelestin Ettighoffer und Edwin Erich Dwinger.

b) Coelestin Ettighoffer

Ettighoffer, Jahrgang 1896, war seit Beginn des Krieges an der Westfront, wurde im Frühjahr 1915 in der Champagne schwer verwundet und im Mai 1916 an die Ostfront verlegt. 1917 kam er wieder an die Westfront und blieb dort, zunächst vor Verdun, dann an der Marne, bis zum Sommer 1918, als er in französische Kriegsgefangenschaft geriet. Er versuchte mehrfach vergeblich zu fliehen und wurde dann im Februar 1920 wieder nach Deutschland entlassen.[31] Danach schlug er sich als Verkäufer und Vertreter durch und war wohl auch an der Niederschlagung des Ruhraufstandes von 1920 beteiligt. Ende der 1920er Jahre arbeitete er als Reporter beim *Kölner Stadtanzeiger*. Genaueres ist nicht bekannt. Im Sog des neuen Interesses am Weltkrieg nach 1928 verfasste Ettighoffer dann seinen ersten Kriegsroman, »Gespenster am Toten Mann«, der 1931 erschien und sofort ein Verkaufserfolg wurde. Dies war ein echter »Erstling«, nie zuvor hatte Ettighoffer etwas publiziert, also wohl tatsächlich ein wie bei so vielen anderen Soldaten aus der Seele entsprungenes Werk zur Bewältigung des so lange beschwiegenen Kriegstraumas – ein Versuch, sich selbst und den gefallenen Kameraden ein Denkmal zu setzen.

Das Buch hat einen sachlich-emotionslosen Stil, der Tod wird zur täglichen Normalität, der Krieg ist Schicksal und die große Frage bleibt am Ende, ob all das schreckliche Erlebte »umsonst« gewesen war. Gegen Remarques Defätismus der Sinnlosigkeit sind die Frontsoldaten bei Ettighoffer am Ende nicht zerbrochen, sondern sie sind und bleiben Helden trotz der Niederlage. Ihr Opfer für die Heimat ist die Grundlage der kommenden Gemeinschaft der Deutschen. Diese Gemeinschaft ist aber keineswegs »exklusiv«, sondern versteht sich als völkerverbindend. So heißt es ganz am Ende des Buches, kurz bevor der Autor in Kriegsgefangenschaft gerät:

> *»Es ist vielleicht gut, dass wir fallen und sterben, denn wir würden uns doch nie im friedlichen Leben schicken können. Unsere Grabkreuze werden eine Mahnung sein für die andern, die Jungen. Das größte Verbrechen an der Menschheit ist der Krieg.«*[32]

Dieser an Remarque gemahnende Satz ist erstaunlicherweise auch in der Ausgabe von 1937 erhalten geblieben! Ettighoffer bedient in diesem seinem Hauptwerk in keiner Weise das Narrativ von der mangelnden Unterstützung der Front durch die Heimat, auch vom »Dolchstoß« ist hier keine Rede.

Genauso in seiner zweiten stark verbreiteten Erzählung, nämlich »Verdun« von 1936.[33] Dieses Buch hat die Besonderheit, dass es nach dem Zweiten Weltkrieg noch eine Vielzahl von Auflagen erhielt und sogar mit einem Vorwort von Maurice Genevoix, dem in Frankreich bekanntesten Verdun-Kämpfer und -Schriftsteller, bedacht wurde.

Nur in Ettighoffers »Sturm 1918«, das 1938 erschien[34] und die Endphase des Krieges behandelt, wird ganz am Schluss in einem Satz auf den »brutalen Riesen« der Revolution hingewiesen, in deren Schatten sich die »Schieber, die Verräter und die Fahnenflüchtigen« sammelten:

> *»Und der Riese hebt den Dolch, lässt ihn sekundenlang aufblitzen in der müden herbstlichen Abendsonne und stößt ihn dem tapferen Feldgrauen in den Rücken.«*[35]

Das war ein offensichtlicher Kotau vor den Machthabern, der aber im Grunde nur ein schon lange vor dem NS weitverbreitetes und bei den ehemaligen Frontsoldaten dominierendes Motiv aufgriff, ohne dies jedoch auf eine NS-übliche Weise auszuschmücken. Auch hier ist keine Rede von den bolschewistischen Juden usw., die den tückischen Dolch in den Rücken des unbesiegten Heeres stoßen.[36]

c) Edwin Erich Dwinger

Ganz ähnlich wie bei Ettighoffer verhält es sich mit Edwin Erich Dwinger, der damals ein Erfolgsautor war, heute aber nahezu vergessen ist.[37] Dwinger gerecht zu werden, ist schwierig, denn er war nach 1933 einerseits ein echter Nazi, andererseits kam er immer wieder mit den noch echteren Nazis in Konflikt. Dwinger, 1898 als Sohn eines deutschen Marineoffiziers und einer Russin geboren, trat 1915 mit gerade einmal 16 Jahren als Kavallerist in den Krieg ein. Er geriet schon im selben Jahr in russische Kriegsgefangenschaft, aus der er erst 1920 wieder freikam, um dann aber sofort in den Kampf zwischen »Weißen« und »Roten« verwickelt zu werden. 1929 verarbeitete er diese Erfahrungen in seinem Erstling »Die Armee hinter Stacheldraht«, einem der wenigen Romane von einem ehemaligen Kriegsgefangenen über dieses schreckliche Los. Sein Buch gehörte zu der Anti-Remarque-Welle, und Remarques »Pazifismus« qualifizierte er bereits 1929 als »bodenlos nihilistisch«.[38] »Die Armee hinter Stacheldraht« wurde mit mehr als 200 000 verkauften Exemplaren ein großer Erfolg – niemand hatte sich zuvor so authentisch mit dem Massenschicksal der Kriegsgefangenschaft beschäftigt.[39] Dwinger war zweifellos ein ansprechender, teilweise faszinierender Erzähler, dem es gelang, die trostlose Situation der Gefangenen mit großer Anschaulichkeit zu schildern.

Ein Jahr später kam sein zweiter Roman mit dem Titel »Zwischen Weiß und Rot« auf den Markt, in dem er den Untergang der antibolschewistischen »weißen« Armee im russischen Bürgerkrieg schilderte, den er ja selbst hautnah erlebt hatte, war er doch gegen seinen Willen gezwungen worden, aufseiten der »Weißen« mitzukämpfen. Niemand hat die unglaubliche Grausamkeit des russischen Bürgerkrieges 1918/19 sensibler beschrieben als Dwinger.

Dwingers dritter Roman, »Wir rufen Deutschland«, mit dem Untertitel »Heimkehr und Vermächtnis 1921–1924«, erschien dann bereits 1932.[40] Das Buch war verlegerisch nicht so erfolgreich, schilderte aber durchaus originell die Erfahrungen derjenigen, die aus der Kriegsgefangenschaft heimkehrten und noch viel weniger mit Ehrungen bedacht wurden als die Verwundeten oder die »Frontsoldaten«, die stolz ihre Orden und Auszeichnungen tragen konnten. Auch die Schlussfolgerung Dwingers, dass die Republik die revolutionären Ideen verraten habe und deshalb keine echte Gefolgschaft finde, war sicherlich nicht geeignet, sein Werk den Nationalisten schmackhaft zu machen. Und wenn er gar schrieb, dass nicht die Soldaten, sondern die Generalität den Krieg verloren habe und dass das Gerede vom »Dolchstoß« eine billige Ausrede sei, passte das sehr viel eher in den Diskurs der Linken.[41] Andererseits hat ihn sein sehr zeitgemäßes Bekenntnis, dass schließlich aus der Frontgemeinschaft die Volksgemeinschaft entstehen möge, doch als Autor des soldatischen Nationalismus klassifiziert.

Nach 1933 wurden Dwingers Bücher weiter in großer Zahl verkauft. Er selbst trat der Partei bei, wurde Unterführer in einer Reiterstaffel der SS, spielte – wie Baird hübsch formuliert – den Gourmet und feinen Landlord und schrieb in den 1930er Jahren noch einige sehr mittelmäßige und schlecht verkaufte Bücher, von denen »Der letzte Reiter« von 1935 ein reines Naziwerk ist, in dem er seinem Hass gegen die Bolschewisten freien Lauf lässt.

Dwinger war also Nazi geworden, aber die fanatischen Nazis verabscheuten ihn gleichwohl zutiefst. Denn er war kein Rassen-Antisemit und dazu noch Sohn einer Russin, der etwas tat, was Hitler, Himmler und andere unerträglich fanden: Er unterschied nämlich zwischen Bolschewisten und Russen und verfasste sogar Memoranden an den »Führer«, um ihm diese Unterscheidung nahezulegen. Deshalb wurde er auch zwischenzeitlich kaltgestellt, noch 1945 aber von Himmler wieder beauftragt, ihn in Russland betreffenden Fragen zu beraten.

Auch nach 1945 blieb Dwingers Russlandkenntnis und Antikommunismus bis in die 1960er Jahre gefragt, wo er für die Zeitschrift *Osteuropa* Expertenberichte verfasste.

Ein abschließendes Urteil über diesen so vielfältigen, sowohl ungebärdigen als auch überangepassten Menschen und Schriftsteller fällt schwer.[42] Was hier aber in erster Linie interessiert, sind seine Romane im Rahmen des »soldatischen Nationalismus«. Soweit ersichtlich, sind seine Kriegsgefangenen-Romane von vor 1933 während der NS-Zeit ganz unverändert neu aufgelegt und weiter publiziert worden.

So war auch Dwinger wie schon Beumelburg und Ettighoffer ein Autor, dessen Kriegserzählung im »Dritten Reich« weiter gefragt war, ohne nazifiziert zu sein, auch wenn er sich in späteren Werken als NS-Autor zu profilieren suchte.

d) Hans Zöberlein

Der sicherlich prominenteste und meistgelesene Autor unter den dezidiert nationalsozialistischen Schriftstellern des »soldatischen Nationalismus« war Hans Zöberlein.[43] Zöberlein, über den es bislang recht wenig Forschung gibt, war im Unterschied zu den meisten anderen Soldaten-Schriftstellern ein Mensch ohne bürgerlichen Hintergrund. Er war Arbeiterkind und Arbeiter, hatte im Ersten Weltkrieg mehrere Jahre an der Westfront gedient und war vor Verdun verwundet worden. Nach dem Krieg wurde er Mitglied im Freikorps Epp, nahm an der Zerschlagung der Münchener Räterepublik im Frühjahr 1919 aktiv teil, trat schon 1922 in die gerade erst entstandene NSDAP und die SA ein und beteiligte sich an den »Oktoberfest-Krawallen« 1923, weshalb er zwischenzeitlich in Haft geriet und wohl nur deshalb nicht am Hitlerputsch teilnehmen konnte.[44] Zöberlein war also ein Ur-Nazi und stets sehr stolz darauf. Nach 1933 wurde er mit Ehrungen überschüttet, sein erstes Werk »Der Glaube an Deutschland« wurde sogar unter dem Titel »Stoßtrupp 1917« mit seiner Beteiligung verfilmt. Gegen Ende des Zweiten Weltkriegs war er Mitglied einer »Werwolf«-Gruppe, die schreckliche Verbrechen beging, weshalb er 1948 zum Tode verurteilt, dann zu lebenslanger Haft begnadigt und 1961 aus der Haft entlassen wurde. Er hat dann nicht weiter geschriftstellert und starb 1964 ohne weiteres Aufsehen.[45]

Im August 1929 schrieb er im *Völkischen Beobachter* einen Verriss von Remarques »Im Westen nichts Neues«, aus welchem ich oben bereits ausführlich zitiert habe.[46] Zöberlein publizierte dann 1931 einen Anti-Remarque-Roman unter dem Titel »Der Glaube an Deutschland. Ein Kriegserleben von Verdun bis zum Umsturz«. Das Buch ist insofern bemerkenswert, als es mit knapp 900 Seiten unendlich ausführlich ist und indem Zöberlein nahezu auf jeder Seite demonstriert, dass er alle bekannten Stereotypen gegen Kommunisten, Juden, Sozialisten, Liberale beherrscht. Ungewöhnlich ist dabei allein, dass sein Hass nicht allein den Linken und den Juden gilt, sondern auch den Honoratioren zu Hause, etwa den Anhängern der annexionistischen »Vaterlandspartei«, die bestückt ist mit zum Frontdienst »unabkömmlichen« Bürgersöhnchen. Zöberlein kritisiert sogar die Oberste Heeresleitung, die fernab der Front agiert und nichts mehr kennt vom Leben und Sterben des Soldaten an der Front. Den Krieg bzw. das Schlachtengetümmel kann er nicht grausam genug erzählen, wobei auffällt, welch unendliche Lust er am Totschlag und sogar am Mord an gefangenen Feinden empfindet. Hier nur die Schilderung eines Angriffs als eines von Hunderten möglicher Zitate absoluter Scheußlichkeit:

> *»Wir sehen, wie vernichtend unser unerwarteter Stoß in die Flanke dieses überraschten Gewimmels trifft […] Und wir brüllen und schießen und werfen [Handgranaten] in dieses entsetzte, schreiende Getümmel, das vor uns her flieht […]. Flehende Hände strecken sich nach uns. ›Drauf – drauf!‹ brülle ich und schieße in die entsetzte Grimasse eines zähnefletschenden Negers, der auf das Hinterleder*[47] *sackt. Ein Tritt – darüber weg – und weg über das duckende, weiche Gewimmel am Boden.«*[48]

Michael Gollbach hat im Unterschied zu anderen Literaturhistorikern, die auf Zöberlein eingehen, wohl zu Recht diese perverse Lust am Töten und Morden als Zuspitzung der radikalen Feindschaft interpretiert. Was der Kämpfer dem feindlichen Soldaten antut, ist gleichzeitig auch eine Racheaktion am gegnerischen Volk, welches des Überfalls auf Deutschland schuldig ist und dafür büßen soll. So ist bei Zöberlein der deutsche Frontsoldat voller ungestümen Hasses nicht allein gegen das »Negervieh« und die »US-Geldsäue«, sondern gegen alle, die sich auf der anderen Seite des Schützengrabens bewegen. Und indem es ihm gelingt, diese reihenweise abzuknallen, zeigt er auch seine rassische Überlegenheit.[49]

So schäbig und scheußlich dieses echte Machwerk war, es fiel von vornherein unter den wohl mehr als 200 Anti-Remarque-Büchern ins Auge, weil Adolf Hitler ihm ein Vorwort mit folgendem Wortlaut unter dem Titel »Auf den Weg!« gewidmet hatte:

> *»Hier ist das Vermächtnis der Front niedergelegt! Ein einfacher Soldat, der nicht beabsichtigte, die Kriegsliteratur zu vermehren, hat sich in jahrelanger mühevoller Arbeit neben seinem Beruf eine Last von der Seele geschrieben. Kämpfe und Schlachten stehen in historischer Treue mit Tag und Stunde, Ort und Gelände wieder auf. Nicht so, wie man vielleicht die Ereignisse heute nach Jahren erst sieht. Gipfel und Abgründe stehen nebeneinander und immer die sturmfeste Treue der Kameradschaft dabei.*
> *Man hört das Herz der Front schlagen, den Quell jener Kraft, die unsere unvergänglichen Siege schuf. Und ungewollt greift die soziale Frage ins Geschehen ein, das Denken der ›vaterlandslosen Gesellen‹. Das Buch hat allen etwas zu sagen: Dem Soldaten, dem Politiker, den schaffenden Deutschen aller Stände. Der heranwachsenden Jugend ist es das Erbe der Front.«*

Offensichtlich wurde Zöberleins Buch dann nach 1933 im Rahmen der Partei und ihrer Unterorganisationen systematisch verbreitet. Mir liegt die 40. Auflage (621 000–650 000) von 1942 vor. Es gab auch viele öffentliche Lesungen. Im November 1933 erhielt er den Münchener Literaturpreis und wurde ehrenhalber Mitglied des Volksgerichtshofs.

Zöberleins Frontsoldat ist nahezu ein SS-Mann, dessen Leitspruch ja »meine Ehre heißt Treue« war. So treibt ihn nicht allein die militärische Pflicht an, sondern sein Ehrgefühl, und das sagt ihm, dass nichts über der Treue zu seinen Mitkämpfern und dem Vaterland steht. Umso unerträglicher ist für ihn der Verrat der Heimat an den für sie kämpfenden Soldaten, weshalb er schließlich nur noch Verachtung für den gesamten zivilen Bereich empfinden kann.

Im Jahre 1937 erschien dann Zöberleins zweiter Roman mit dem Titel »Der Befehl des Gewissens« im Umfang von nahezu 1000 Seiten.[50] Dieses Buch zeigt vor allem, dass es möglich war, den Erstling an Schäbigkeit noch zu übertreffen. Selbst im *Stürmer* gab es keine schlimmere antisemitische Hetze! Juden sind nur noch schädliche Insekten oder Raubtiere, die es zu vernichten gilt.[51] Vom Weltkrieg ist kaum noch die Rede, nur von seinen Folgen. Die Freikorps sind würdige Nachfolger des Frontsoldaten, zumal es ihnen gelingt, die ausführlich beschriebene Münchener Räterepublik durch schlichtes Abknallen aller »Roten« zu beseitigen.

Dem »SA-Mann« ist ebenfalls ein emphatisches Kapitel gewidmet, in dem es um die ersten Jahre nach Gründung der NSDAP geht und wo beschrieben wird, wie sich die SA anfänglich aus alten Frontkämpfern rekrutierte und wie sie – angefeindet und verspottet – durch die Münchener Straßen zog, vor allem die bekannten Soldatenlieder des Weltkriegs anstimmend:

> *»Ein Lied, ein altes Lied rauscht durch die Straßen im harten Takt soldatischer Marschschritte. Jener raue Klang aus Männerkehlen, der in gemeinsamer Wucht mit packender Gewalt die Gemüter erschüttern kann. Hallend bricht es fernher von den Wänden der Straßen: ›O Deutschland hoch in Ehren – du heil'ges Land der Treu.‹ […] Das hier, das ist das ewige, große Deutschland! Fahne, Lied und Soldaten!«*[52]

Viel mehr ist vom Ersten Weltkrieg in diesem monströsen NS-Produkt kaum zu finden, allerdings ist ein Motiv interessant, das auf den Schutzumschlag gezeichnet ist, nämlich ein vor dem Hintergrund der Münchener Feldherrnhalle »ruhender« Gefallener des Weltkriegs, dessen Gesicht ruhige Zuversicht ausstrahlt und der zwischen seinen gefalteten Händen immer noch sein Gewehr hält. Die so dominante NS-Symbolik im Bogen der Feldherrnhalle mit dem Gedenken an die »Gefallenen« des Hitlerputsches ist merkwürdigerweise vollständig beiseitegelassen. Aber der tiefere Sinn dieses Bildes ist eindeutig und sehr klar: Der deutsche Gefallene des Weltkriegs kann in Zuversicht ruhen, denn der Nationalsozialismus hat sein Erbe angetreten und seinem Tode Sinn verliehen.

Illustration auf dem Schutzumschlag von Zöberleins »Der Befehl des Gewissens« (1937).

e) »Die Mannschaft«

Wer aber ist zweifelsfrei ein Nazi-Kriegsschriftsteller gewesen? Bei wem gab es wie bei Zöberlein eine direkte Kontinuität von Weltkrieg – Umsturz – Freikorps – SA-Kampf gegen Weimar und schließlich der »Erfüllung« der deutschen Geschichte durch Hitler und den Nationalsozialismus? Überblickt man die Publikationen der Jahre ab 1933, fallen wenige Namen auf. Prominente NS-Schriftsteller wie Hanns Johst und Hans Friedrich Blunck haben sich nie als Chronisten des Ersten Weltkriegs betätigt.[53] In der langen Liste der NS-Erfolgsautoren ab 1933 finden sich außer den bereits genannten Werken keine Darstellungen des Weltkriegs aus der Zeit nach 1933.[54] Abgesehen von einigen Autoren, die keinen Eingang in die Literaturgeschichte jener Jahre gefunden haben[55], bleibt im Grund nur das literarische Experiment der »Mannschaft« übrig, der Nicolas Beaupré eine ausgezeichnete Studie gewidmet hat.[56]

»Die Mannschaft« war eine literarische Gruppierung, in der sich ab Mitte der 1930er Jahre ca. 150 Dichter und Schriftsteller vereinigten. Ihr Ziel war es, die Erfahrung des Weltkriegs für die NS-»Volksgemeinschaft« literarisch nutzbar zu machen. Diese zunächst lose Gruppe unter Vorsitz von Jürgen Hahn-Butry und Otto Paust, beide Weltkriegssoldaten und schon lange vor 1933 überzeugte Nationalsozialisten, wurde zu einer Art Unterabteilung der Nationalsozialistischen Kriegsopferversorgung (NSKOV) unter Leitung von Hanns Oberlindober, von dem schon weiter oben die Rede war.[57] Unter dessen Ägide bemühte man sich, das Fronterlebnis und die Frontkameradschaft als Grundlage der nun endlich realisierten NS-Volksgemeinschaft für ein größeres Publikum zu erzählen. Oberlindober achtete sorgsam darauf, dass dies alles in wenig aggressiver Sprache geschah, war er mit seinem Kriegsopferverband doch führend bei der Inszenierung des Nationalsozialismus als Wahrer des europäischen Friedens. Und die große Mehrzahl der in dieser »Kameradschaft« versammelten Kriegsdichter empfanden und dachten auch wie er. Hauptprodukt der »Mannschaft« waren vier Bände unter dem Titel »Frontsoldaten erzählen vom Front-Alltag«, welche vom NSKOV 1936 bis 1938 herausgegeben wurden.[58] Wie Nicolas Beaupré eruiert hat, war allerdings nur ca. ein Viertel dieser Kriegsdichter Mitglied der NSDAP.[59]

Die vier Bände des Werkes sind, von einigen Ausnahmen abgesehen, kaum als spezifisch nationalsozialistisch einzuschätzen, denn es fehlt weitestgehend der Bezug auf den »Verrat der Heimat«, auf jüdisch-bolschewistische Umtriebe, auf Revolution und »Schandfrieden«. Natürlich bezieht man sich gelegentlich auf den »Führer« und sein Werk, so wie Hanns Oberlindober im Vorwort zum ersten Band:

> *»Die wehrhafte deutsche Mannschaft hat den größten aller Kriege bestanden, die wehrhafte deutsche Mannschaft hat durch Adolf Hitler nach dem Zusammenbruch wieder die Kraft gefunden, erneut sich für die deutsche Nation einzusetzen.«*

Ziel dieser Gemeinschaft der Frontdichter – so Oberlindober weiter – sei es, das Gemeinschaftserlebnis des Krieges für alle Kriegskameraden, die künftige Weltkriegsforschung und für die nachwachsenden Generationen festzuhalten:

»Sie schenken der Jugend ihr eigenes Gemeinschaftsgefühl, sie räumen auf mit einem unwahren Heldenbegriff und sie stellen in den Mittelpunkt ihres Wirkens das ewige Ideal deutschen Wesens, die kämpfende deutsche Mannschaft.«[60]

In den allermeisten Beiträgen zu den Bänden ist allerdings von solch nationalem oder gar NS-Pathos nichts zu spüren. Josef Magnus Wehner, einer der erfolgreichsten soldatischen Schriftsteller seit Ende der 1920er Jahre, publizierte hier Auszüge aus seinem Fronttagebuch im Jahre 1915, in denen allein der Soldatenalltag so geschildert wurde, wie man es inzwischen gewöhnt war. Andere Beiträge aus demselben Band hatten Titel wie: »Kompanie geht in Ruhestellung« oder »Weihnachten im Argonnerwald«.[61]

Insgesamt erhält man den Eindruck, dass in diesem Werk alles unternommen wurde, um den Weltkrieg zu entdramatisieren, eine Art Stillleben der Front zu schaffen, und so heißt auch einer der Beiträge: »Frontkämpfer-Stilleben«. Sogar Franz Schauwecker, der bereits um 1920 dramatische Epen publiziert hatte, wo das frustrierte Heer in die Heimat zurückflutet und mit Revolution und Vernichtung droht[62], beschreibt in einem 30-seitigen Bericht »Erziehung zum Soldaten« nur den Alltag einer Kompanie, wo ein vom Unteroffizier geschundenes, kaum militärtaugliches Bürschlein plötzlich so viel Charakter zeigt, dass auch die anderen, die ihn zunächst ausführlich gemobbt hatten, ihn als vorbildlichen Kameraden in ihre Gemeinschaft aufnehmen. Auch Ernst von Salomon, einer der hauptsächlichen und brutalsten Freikorpsaktivisten und Verfasser von noch heute bekannten Büchern wie »Die Geächteten« und »Der Fragebogen«, ließ hier eine eher lustige Geschichte, »Der kleine Waldemar«, abdrucken. Eine Truppe, die beim »Feldzug gegen die verbündeten Esten und Letten« im Juni 1919 in ihr Quartier zurückkommt, dort von Insekten aller Art gequält und zerstochen wird und der sich ein kleiner Junge – Waldemar – anschließt, der als Findelkind liebevoll aufgenommen und gepflegt wird. Selbst der borstige Wachtmeister ist am Ende ganz grau im Gesicht vor Trauer, als Waldemar irgendwann »in den Wirren des Kappputsches« verschwindet.

Auch Hans Zöberlein, der wohl schlimmste NS-Soldatenschriftsteller, von dem oben ausführlich die Rede war, hielt sich hier relativ stark zurück und erzählte eine ganz ungewöhnliche Geschichte von Kameradschaft: Beim Sturm einer Kompanie gegen die Münchener Revolutionäre im fürchterlichen April/Mai 1919 trifft ein Freikorpssoldat beim Durchsuchen eines Hauses auf zwei »Rote«, in denen er ehemalige Kompaniekameraden erkennt. Das Schicksal hat sie auseinandergewirbelt, aber in dieser entscheidenden Minute hält die alte Kameradentreue. Er lässt zu, dass sich die beiden verstecken, und verhindert so, dass sie sofort an die Wand gestellt werden wie all die anderen »Roten«. Das ist aber schon alles, und die Episode bleibt unbekannt und hat keine Konsequenzen.

Dieser vierte und letzte Band, in dem Zöberleins Beitrag gedruckt ist, hat eine Besonderheit. Im Unterschied zu den ersten drei Bänden sollten hier vor allem junge Schriftsteller zu Wort kommen, die den Krieg noch nicht erlebt hatten, die aber durch ihr Engagement für die NS-Bewegung ebenfalls Frontsoldaten geworden waren, denn »in ihnen brannte der gleiche unerschütterliche Glaube an den Sieg ihres Einsatzes, der den Frontsoldaten des Weltkriegs beseelte«. Jeder Soldat des »Führers« war also, so heißt es in der Einleitung zu diesem Band weiter, »ein Frontsoldat«. Und abschließend: »So stehen wir mit allen unseren Lesern in der ewigen Reih-und-Glied-Gemeinschaft des Einsatzes für Führer und Vaterland!«[63]

Werner Mittenzwei hat in seiner Analyse der Schriftsteller der Zwischenkriegszeit gefolgert, dass »die nationalkonservativen Schriftsteller in eine allgemeine nationalsozialistische Literatur einbezogen« wurden.[64] Eine »Einbeziehung« hat zweifellos stattgefunden. Zu diskutieren bleibt aber, ob sich nicht vielmehr die Nationalsozialisten in die soldatische Tradition »einbeziehen« ließen. War für den Erfolg von Beumelburg, Ettighoffer und Dwinger zwischen 1933 und 1945 nicht letztlich entscheidend, dass die Nationalsozialisten mangels eigener literarischer Kompetenz quasi ihr Schiff auf die Welle der älteren nationalen Kriegserzählung setzten und an deren Erfolg partizipierten, indem sie sich, ungeachtet ihrer viel weitergehenden Ziele, als unbedingte Bewahrer der soldatischen Tradition inszenierten?

f) Versteckte Textänderungen nach 1933

Diese These ließe sich an einer großen Menge anderer Beispiele erhärten. Hier sei nur zum Schluss noch darauf hingewiesen, dass es hin und wieder gewisse unbemerkte oder kaum erkannte »Nazifizierungen« der Weltkriegsliteratur gegeben hat. Etwa wenn in den damals zu den verbreitetsten Werken zählenden »Kriegsbriefen gefallener Studenten« von Philipp Witkop, die während der gesamten NS-Zeit weiter publiziert wurden, einige wenige Briefe von jüdischen Soldaten durch andere ersetzt wurden.[65] Das vielleicht frappierendste Beispiel solch unmerklicher Änderung ist aber das großformatige Werk »Was wir vom Weltkrieg nicht wissen«, das vom Direktor der Stuttgarter Weltkriegsbücherei, Friedrich Felger, 1928 herausgegeben worden war.[66] 1936 erschien eine Neuauflage, mit einem Vorwort des Reichskriegsministers Werner von Blomberg, in absolut identischer Aufmachung, allerdings in einem anderen Verlag. Blomberg vermied dabei jeden direkten Bezug auf den »Führer« und begnügte sich mit der Aussage:

> *»Wenn das neue Deutschland, zu dem wir uns stolz bekennen, seinen Ursprung und seine Geisteshaltung dem unbekannten Soldaten des Weltkrieges verdankt, dann ist es auch unsere Pflicht, die Erinnerung an die unvergänglichen Leistungen der alten Wehrmacht wach zu halten.«*

Weiterhin versicherte Blomberg, dass gegenüber der Erstauflage »nur wenig geändert, hinzugefügt oder gestrichen werden musste«. Beim genauen Hinschauen ergeben sich sehr viele Änderungen, die hier im Einzelnen nicht ausgeführt werden können, die aber zumindest den begründeten Verdacht nähren, dass hier dem NS missliebige oder »rassisch« nicht genehme Autoren ausgeschlossen wurden. Ein Beispiel: Im ursprünglichen Band gab es den Beitrag von Georg Wilhelm Schiele, »Was wir vom Ernährungswesen der Kriegsjahre nicht wissen«. Schiele, der während des Weltkriegs als Arzt gedient hatte, war Mitglied der konservativen Vaterlandspartei und schließlich führend in der nationalistischen Deutschnationalen Volkspartei. Er hatte sich in dieser Eigenschaft aber mit der dem NS nahestehenden Landvolkbewegung zerstritten und war 1932 verstorben.[67] Sein Beitrag wurde gestrichen, aber unter demselben Titel (!) vom Stabsleiter im Reichsnährstand Friedrich Lorz neu geschrieben. Warum der Beitrag des bekannten Ökonomen Arthur Dix, »Aus den Geheimnissen der Kriegswirtschaft. Mängel und Katastrophen in Industrie und Handel« durch einen Beitrag von Heinrich Hunke »Wehr und Wirtschaft im Großen Kriege« ersetzt wurde, ist so leicht nicht zu erkennen: War Dix als Schmoller-Schüler und Bundesbruder des ehemaligen Reichsbankpräsidenten Wilhelm Schacht und Vertreter der Nationalliberalen Partei trotz einer 1934 verfassten Eloge auf den »Führer« nicht systemkonform genug? War sein Bericht über die Mängel und Katastrophen der Kriegswirtschaft zu »defätistisch« für ein Werk, das doch der Ehre des »alten Heeres dienen sollte«? Die Beispiele ließen sich vermehren. Aber auch diese merkwürdige Wiederauflage eines bekannten Buches vom Großen Krieg zeigt deutlich, wie sehr dem NS daran gelegen war, als Fortsetzung des soldatischen Geistes verstanden zu werden mit dem Auftrag, Deutschland wieder bereit zu machen für einen neuen und diesmal siegreichen Krieg.

VI. Kriegsgedenken vor und nach 1933

1. Kontroversen über das Totengedenken

Eines der interessantesten Bücher über die Probleme des Kriegsgedenkens in der Weimarer Republik trägt den sprechenden Titel: »Der Stellungskrieg der Denkmäler«. Hier wird dicht beschrieben, wie es in Berlin ab 1919 immer wieder zu Gewaltausbrüchen im Rahmen der Erstellung von Denkmälern kam.[1] Das galt allerdings nicht nur für die turbulente Hauptstadt, sondern geschah auch überall sonst in mehr oder weniger extremer Form.

Nichts könnte besser die Zerklüftung der Kriegserinnerung und die ungeheure Spannung zeigen, die dadurch entstanden war und sich permanent fortsetzte, dass die Rechte die Linke beschuldigte, an der Niederlage von 1918 und dem »Schandfrieden von Versailles« durch Revolution und Republikgründung schuld zu sein. Und die Linke warf wiederum der Rechten vor, durch riesige Annexionsforderungen und unerbittlichen Widerstand gegen jede Verhandlungslösung während des Krieges schuld daran zu sein, dass Deutschland nun am Boden lag und zwei Millionen Kriegstote und viereinhalb Millionen Verwundete zu beklagen hatte.

Die Krux der Weimarer Republik lag darin, dass sie keinen Weg fand, diese zerreißende innere Spannung auf irgendeine Weise zu lösen.

Eine kohärente Symbolpolitik hätte vielleicht zumindest ein wenig Ausgleich schaffen können. In Frankreich gab es ebenfalls eine sehr starke »links-rechts«-Polarisierung. Aber am Grab des unbekannten Soldaten unter dem Arc de Triomphe in Paris konnte einmal im Jahr – am 1921 eingerichteten Feiertag zum Ende des Großen Krieges am 11. November 1918 – in Erinnerung gerufen werden, dass alle Franzosen zusammen ihr Vaterland verteidigt hatten und auch unter politischen Feinden gemeinsame Trauer um die Toten möglich ist. Dasselbe galt und gilt noch heute für die lokalen Gedenkfeiern am *onze novembre*. Denn schon 1919 hatte die Nationalversammlung beschlossen, dass in allen 38 000 französischen Gemeinden ein Denkmal für die Gefallenen aufzustellen sei. Auch diese Denkmäler konnten mehr nationalistisch, mehr pazifistisch konnotiert sein.[2] Das hat aber nie verhindert, dass sich am 11. November die verfeindeten Parteien dort friedlich zum Gedenken an die gefallenen Söhne der Gemeinde versammeln.

Solches gemeinsame Gedenken hat es auch im Deutschland der 1920er Jahre »vor Ort« gegeben. Und sicherlich hat Benjamin Ziemann mit seiner Kritik an Reinhart Kosellecks These recht, dass die Weimarer Republik von vornherein das Totengedenken den Feinden der Republik überlassen habe.[3] Aber die Republik hat kaum Initiativen entwickelt, dieses Gedenken zu »republikanisieren«. Der Staat trat in diesen Fragen vorwiegend als begrenzende bzw. eindämmende Institution auf, indem etwa nur die ganz einfachen Gedenksteine (»Findlinge«), wie sie in vielen Orten aufgestellt wurden, von der Luxussteuer (!) befreit wurden.[4]

Auch der in Gefallenenangelegenheiten führende Volksbund Deutsche Kriegsgräberfürsorge, 1919 gegründet, formulierte dieses Anliegen der Schlichtheit:

> *»Die Art, wie wir unsere Krieger beigesetzt wissen möchten, kann gar nicht streng genug, schlicht und in gewissem Sinne kunstlos genug sein; von allen persönlich allzu auszeichnenden Formen der*

Heldenverehrung möchten wir angesichts der überwältigenden sozialen Tatsache des Volksheeres und des Massentodes absehen.«[5]

Der Weimarer Staat hatte von vornherein die Einstellung, den Krieg und seine schreckliche Hinterlassenschaft an Toten und Verwundeten so weit wie möglich in den Hintergrund zu stellen, wohl in der Hoffnung, auf diese Weise den Streit um Kriegsschuld, Schmachfrieden und Dolchstoß dauerhaft entschärfen zu können. Es ist weiter oben am Beispiel der Verwundeten gezeigt worden, wie weit diese Weigerung ging.

Als ein besonders signifikanter, von heute aus gesehen auch einigermaßen kurioser Fall sei hier das Beispiel des Freiburger Kriegerdenkmals erzählt.[6]

Freiburg im Breisgau war vom Krieg insofern stärker betroffen als andere deutsche Städte, als er sich hier »vor der Haustür« abspielte und man nicht nur den Kanonendonner aus dem Elsass hörte, sondern auch Fliegerangriffe erlitten hatte. Die Stadtverordneten überlegten seit 1919, wo und wie man ein Denkmal für die Gefallenen errichten sollte. Zunächst wollte man auf dem Schlossberg eine Gedenkhalle in einem extra eingerichteten Ehrenhain anlegen. Der Rat der Stadt lehnte dieses Projekt aber mit der folgenden Begründung ab:

»Die Einwohnerschaft würde durch eine der Ehrung unserer Krieger entsprechenden Ausgestaltung des Schlossberges bei allen Spaziergängen auf dem Schlossberg an den unglücklichen Ausgang des Weltkrieges erinnert werden.«[7]

Erst 1924 wurde dann eine Kommission für ein Kriegerdenkmal eingesetzt, und es wurde beschlossen, dieses auf dem Hauptfriedhof – ziemlich weit vom Stadtzentrum entfernt – zu errichten. 1927/28 kam es auch in Freiburg zu der inzwischen klassischen Diskussion: Sollte man lieber die Not leidenden Lebenden versorgen oder der Toten gedenken? Und außerdem wurde sehr darüber gestritten, ob das Denkmal die Inschrift »Nie wieder Krieg« erhalten sollte. Die Abgeordneten der KPD behaupteten trotzig, dass Denkmäler nichts als »Steinhaufen« seien, »an denen der Revanche-Gedanke gepredigt wird«. Man einigte sich schließlich darauf, dass das Denkmal überhaupt keine Inschrift erhielt.[8]

Das sehr ungewöhnliche Denkmal – eine Germania im Waffenrock, mit Stahlhelm, Schutzschild auf dem linken Arm und gesenkter Fahne in der rechten Hand – wurde schließlich 1929 eingeweiht – wie so viele andere Denkmale in Deutschland. Die jüdischen Kriegsgefallenen dieser erzkatholischen Stadt konnten allerdings auf dem christlichen Friedhof nicht geehrt werden, und Bemühungen, das Denkmal an einem religiös neutralen Ort aufzustellen, fanden keine Zustimmung. So wurden denn Gedenktafeln auf dem jüdischen Friedhof mit der Inschrift »Unseren im Weltkrieg gefallenen Söhnen in Dankbarkeit und Verehrung. Die Israel-Gemeinde« aufgestellt.

Die Weimarer Republik legte besonderen Wert auf eine gesellschaftliche Reintegration der aus dem Krieg zurückgekehrten Millionen Männer. Auch wenn diese ökonomisch besser gelang als in vielen anderen kriegsbeteiligten Nationen, lässt sich nicht abstreiten, dass es an Ehrung und öffentlichem Dank für jene fehlte, die zum Teil mehr als vier Jahre lang geglaubt hatten, das Vaterland durch ihren Einsatz unter den schrecklichsten Bedingungen schützen zu müssen. Und die wiederholte Versicherung, dass »Euch kein Feind besiegt« und das Vaterland eine große Dankesschuld habe, konnte die Enttäuschung sicherlich nicht ausräumen, weil in dieser Hinsicht wenig geschah. Wenn Kurt Sontheimer in seinem so initialen Buch über das antidemokratische Denken in der Weimarer Republik beklagt, dass es eine hysterisch anmutende, gegen die Republik gerichtete soldatische »Kameradschafts«- und »Kriegserlebnis«-Ideologie gegeben habe, so ist für mich unabweislich, dass es dieser Mangel an Ehrung und Dank war, der viel zu ebendieser fundamentalen Spaltung beigetragen hat, vielleicht sogar deren wichtigste Ursache war.[9]

Es ist auch charakteristisch, dass die Regierung erst 1924 – zum zehnten Jahrestag des Kriegsbeginns von 1914 – zum ersten (und einzigen) Mal ein offizielles Gedenken einzurichten suchte. Bei der zu diesem Zweck veranstalteten Feier vor dem Reichstag sprach u. a. Reichspräsident Friedrich Ebert:

> *»In tiefem Schmerz trauern wir um die Söhne Deutschlands, die den Soldatentod gestorben sind, damit Deutschland lebe; in warmem Mitgefühl gedenken wir der Wunden der Kriegsgeschädigten und des Schmerzes der Hinterbliebenen, in Ehrfurcht neigen wir uns vor den Heldentaten unseres Volkes in Waffen und vor der duldenden Standhaftigkeit der Heimat, vor dem beispiellosen Opfermut und dem fast übermenschlichen Dulden unserer Nation im Kriege.«*[10]

Das waren schöne und wohl auch klug-abwägende Worte, aber es ist symptomatisch, dass diese Zeremonie quasi unter Ausschluss der Öffentlichkeit stattfand. Die in den umliegenden Parks flanierenden Berliner wussten nichts damit anzufangen. Die vorgesehenen zwei Schweigeminuten wurden nicht beachtet und insgesamt ging das Ereignis nahezu vollkommen an der Öffentlichkeit vorbei.[11] Dennoch erregte es den Zorn von pazifistischen Intellektuellen. So beklagte etwa Kurt Tucholsky in der *Weltbühne*, dass die Regierung nichts Besseres zu tun habe, als weiterhin »Kriegsreklame« zu betreiben.

Sabine Behrenbeck, die diese Veranstaltung, ihre Planung durch den Reichskunstwart Edwin Redslob und die konkrete Ausführung ausführlich und recht positiv darstellt, hat gleichwohl zugestanden, dass die Zeremonie eine »Sinndeutung des Kriegstodes und der Opfer« nicht hinreichend vermitteln konnte und dass sie »sicher mehr an einer kulturellen und intellektuellen Elite orientiert [war] als an der breiten Masse des Volkes«. Das Hissen der ohnehin so stark umstrittenen neuen Nationalflagge konnte das Fehlen von symbolischen Gesten nicht kaschieren. Und bedenkenswert ist ihre Meinung: »Schließlich stieg hier eine Flagge am Mast empor, unter der die Weltkriegssoldaten nicht gefallen waren […].«[12] Dieses Problem wurde schon während der Veranstaltung manifest, als antirepublikanische Gruppen schwarz-weiß-rote Fahnen sowie Embleme der paramilitärischen Gruppen vor dem Reichstag aufzogen und die Feier mit nationalistischen Gesängen störten. Auch die über dem Portal des Reichstags angebrachte Inschrift »Dem lebendigen Geiste unserer Toten« war genauso wenig symbolgesättigt wie der gesamte Ablauf der Gedenkzeremonie.

Diese Zurückhaltung bzw. Abstinenz der Republik beim Gefallenengedenken ist wohl auch dadurch bedingt gewesen, dass die antidemokratische Rechte, besonders verkörpert in den Kriegervereinen und paramilitärischen Gruppen, schon sehr bald nach dem Krieg begann, Gedenk- und Trauerfeiern antirepublikanisch auszurichten. So war es üblich, bei der Gefallenenehrung demonstrativ die alten Reichsfarben zu flaggen und ganz auf »Schwarz-Rot-Gelb«, oder »Schwarz-Rot-Senf«, wie die Verballhornungen der Fahne der Republik hießen, zu verzichten. Immer wieder kam es auch zum Ausschluss republikanischer Verbände oder demokratischer Politiker von Ehrungen der Gefallenen. Und natürlich war in den Gedenkreden dann stereotyp die Rede vom »unbesiegten« Heer und dem »Dolchstoß« zu vernehmen.

Die Hilflosigkeit der Republik gegenüber solchen Demonstrationen der Feindschaft mag man daran ersehen, dass oft auch Reichswehreinheiten an solchen Gedenkfeiern teilnahmen, trotz des ausdrücklichen Verbotes durch die Behörden.[13] Wäre ein rigoroseres Einschreiten gegen solche republikfeindlichen Manifestationen möglich gewesen? Wohl eher nicht, denn die Institutionen der Republik waren zersetzt von Beamten und Richtern, die das »System« verachteten. Zudem hatte die Weimarer Republik keine Tradition und keinen Gestaltungswillen, auf dem ein wirklich republikanisches Kriegsgedenken hätte aufbauen können – trotz der Ansätze, die es dazu gegeben hat, etwa im Stil der demokratischen Frontkämpferorganisation des Reichsbanners Schwarz-Rot-Gold.[14] Wie Sabine Behrenbeck es stringent formuliert hat: »[…]

der demokratische Staat zeigte sich außerstande, die widersprüchlichen gesellschaftlichen Interessen zügig in ein gemeinsames und einigendes Sinnbild des nationalen Totengedenkens zusammenzufassen.«[15]

Dies zeigte sich besonders an den übergroßen Schwierigkeiten, die man hatte, den sogenannten Volkstrauertag einzurichten.[16] Der Volksbund Deutsche Kriegsgräberfürsorge begnügte sich nicht mit seiner ursprünglichen Aufgabe, die Soldatenfriedhöfe im Ausland zu unterhalten, sondern verlangte schon sehr bald die Einführung eines neuen gemeinsamen Gedenktages für die gefallenen Soldaten. Dieser sollte die traditionellen katholischen und protestantischen Gedenktage, nämlich »Allerseelen« bzw. »Totensonntag« im Spätherbst, durch einen Gedenktag im Frühling ersetzen. Denn, so wurde argumentiert, im Frühling erwache die Natur zu neuem Leben und deshalb könne in dieser Jahreszeit auch das Gedenken stärker mit der Sinnhaftigkeit des Sterbens für das Vaterland verbunden werden. Auch die Hoffnung auf das »Aufblühen« eines einigen Deutschlands mit neuer Kraft und Stärke spielte bei diesen Planungen eine starke Rolle. Es versteht sich, dass diese Vorschläge allein den Beifall der Konservativen und antirepublikanischen Nationalisten fanden. Die republikanischen Politiker und Parteien waren zu einem Großteil skeptisch oder ablehnend. Preußen und Bayern weigerten sich – aus unterschiedlichen Gründen – bis 1933, der Initiative des Volksbundes zu folgen.

Anfang der 1930er Jahre verschärfte sich die Kontroverse in dem Maße, wie der neue Nationalismus an Zuspruch gewann. Jetzt wurde die Forderung immer lauter, aus dem Trauern ein Heldengedenken zu machen. Das wurde natürlich ganz besonders von den Nationalsozialisten befürwortet, die nach 1933 überall begannen, die Trauer um die Gefallenen in eine Lobpreisung der gefallenen Helden umzusetzen, wie etwas weiter unten genauer gezeigt wird. Nach dem Tod des Reichspräsidenten und Kriegshelden Paul von Hindenburg am 2. August 1934 wurde der Volkstrauertag auf den zweiten Fastensonntag vor Ostern als allgemein verbindlicher Gedenktag festgelegt und bald darauf in »Heldengedenktag« umbenannt. Nunmehr wurden auf »Führerbefehl« die Flaggen an diesem Tag nicht mehr auf halbmast gesetzt, sondern voll aufgezogen.

So gab es auch während der gesamten Zeit der Weimarer Republik endlosen Streit darüber, ob und wo ein Nationaldenkmal für die Gefallenen des Krieges errichtet werden solle.[17] Die Regierung, insbesondere das Staatsoberhaupt Friedrich Ebert, wollte die Neue Wache in Berlin dafür vorsehen, was allerdings die rechtsgerichteten soldatischen Verbände ablehnten, denn die Regierungspläne sahen eine Installation ohne jeglichen Heldenkult in schlichtester Form vor. Man begnügte sich mit einem rechteckigen Gedenkstein aus schwarzer Basaltlava, geschmückt mit einem großen vergoldeten Kranz. Als einziger Sinnspruch war in eine in den Boden eingelassene Steintafel die Inschrift »1914/1918« eingraviert worden. Das war wahrlich ein karger Minimalkonsens aus Sprachlosigkeit und sicherlich nicht Ergebnis einer selbstbewusst vorgenommenen »ebenso lakonischen wie eleganten Raumgestaltung«.[18]

Foto von der Einweihung der Neuen Wache (Berlin) im Juni 1931 mit dem kranzgeschmückten Gedenkstein.

Die Neue Wache wurde am 2. Juni 1931 unter Anwesenheit des Reichspräsidenten Hindenburg eingeweiht, der in seiner Eröffnungsrede wieder einmal davon sprach, dass sich hier nationale Einigkeit vollziehen möge. Es war allerdings kein Vertreter des Stahlhelm anwesend, weil sowohl das Reichsbanner als auch der Reichsbund jüdischer Frontsoldaten eingeladen worden waren, weshalb von Einigkeit auch jetzt noch keine Rede sein konnte.[19]

Die Veteranen des Stahlhelms und das republikanische Reichsbanner, die dabei zum ersten und einzigen Mal eine gemeinsame Initiative entwickelten[20], wollten hingegen etwas auch landschaftlich Hervorstechendes, ein Mahnmal in »typisch deutscher« Natur, auf einer Anhöhe, zum Erwandern für einzelne Menschen und größere Gruppen. Es wurden insbesondere Bad Berka oder die Rheininseln bei Lorch ins Auge gefasst. Da aber trotz vielfacher Bemühungen keine Einigung erzielt werden konnte, war das Projekt bei der Machtübernahme der Nationalsozialisten 1933 immer noch nicht verabschiedet.[21] Inzwischen war 1927 nach langen Diskussionen und Streitereien das Tannenberg-Denkmal in Ostpreußen fertiggestellt worden. Ursprünglich war dieses als eine gemeinsame Initiative aller politischen Parteien geplant worden, wurde dann aber so sehr von den Nationalisten vereinnahmt, dass die republikanischen Verbände der Eröffnungsfeier fernblieben und die Regierung allein durch den Reichswehrminister vertreten wurde.[22] Neben der Ansprache eines protestantischen Predigers gab es auch eine katholische Predigt. Diese wurde aber vollständig übertönt durch eine gleichzeitige lautstark inszenierte Kranzniederlegung des Stahlhelm. Ein jüdischer Rabbiner war vorgeblich aus Zeitgründen erst gar nicht eingeladen worden.[23]

Das Tannenberg-Denkmal war ganz auf die Person des Reichspräsidenten Hindenburg fokussiert, der ja auch als »Sieger von Tannenberg« galt, der Schlacht in der Nähe des ostpreußischen Ortelsburg im August 1914, wo die russische Armee entscheidend geschlagen worden war.[24] Bereits zur Grundsteinlegung am 31. August 1924 war Hindenburg gemeinsam mit Ludendorff und dem Kriegsminister von Seeckt anwesend.

Bei der Einweihung am 18. September 1927, zu der nicht weniger als 80 000 Menschen an diesen doch recht abseits gelegenen Ort geströmt sein sollen,[25] hielt Hindenburg eine viel beachtete und im Ausland scharfe Reaktionen hervorrufende Rede zum Problem der deutschen Kriegsschuld:

> *»Das Tannenberg-Nationaldenkmal gilt in erster Linie dem Gedächtnis derer, die für die Befreiung der Heimat gefallen sind. Ihr Andenken, aber auch die Ehre meiner noch lebenden Kameraden verpflichtet mich dazu, an dieser Stätte feierlich zu erklären: Die Anklage, dass Deutschland schuld sei an diesem größten aller Kriege, weisen wir, weist das deutsche Volk in allen seinen Schichten einmütig zurück: Nicht Neid, Hass oder Eroberungssucht gaben uns die Waffen in die Hand. Der Krieg war uns vielmehr das äußerste, mit den schwersten Opfern des ganzen Volkes verbundene Mittel der Selbstbehauptung einer Welt von Feinden gegenüber. Reinen Herzens sind wir zur Verteidigung des Vaterlandes ausgezogen und mit reinen Händen hat das deutsche Heer das Schwert geführt. Deutschland ist jederzeit bereit, dies vor unparteiischen Richtern nachzuweisen. In den zahllosen Gräbern, welche Zeugen deutschen Heldentums sind, ruhen ohne Unterschied Männer aller Parteifärbungen. Sie waren einig in der Liebe und Treue zum gemeinsamen Vaterland. Darum möge an diesem Erinnerungsmale stets innerer Hader zerschellen; es sei eine Stätte, an der sich alle die Hand reichen, welche die Liebe zum Vaterland beseelt und denen die deutsche Ehre über alles geht. Mit diesem Wunsche öffne ich die Pforte zum Tannenberg-Nationaldenkmal.«*

So wichtig wurde diese Rede genommen, dass sie wenig später in Form einer Bronzetafel seitlich neben dem Eingang zum Denkmal angebracht wurde.[26]

Allerdings wurde »Tannenberg« nicht zu einem Ort gemeinsamen Gedenkens aller Deutschen, sondern zum zentralen Erinnerungsort der Nationalisten. 1934, nach dem Tod Hindenburgs, ließ Hitler die sterblichen Überreste des Nationalhelden sowie seiner Ehefrau dorthin verbringen. Das Monument wurde 1934/35 im Sinne des Regimes als Trutzburg mit riesigen Aufmarschplätzen umgestaltet und dann von Hitler zum offiziellen »Reichsehrenmal« bestimmt.

Blick auf das Tannenberg-Nationaldenkmal anlässlich der Beisetzung Hindenburgs am 2. August 1934.

2. Hitlers Projekt eines monumentalen Triumphbogens

Adolf Hitler hat in seinen Reden immer wieder beklagt, dass der zwei Millionen Gefallenen des Weltkriegs nicht gebührend gedacht werde, und daraus auch einen der Hauptvorwürfe gegen die Weimarer Republik abgeleitet.[27] Es ist kaum bekannt, dass Hitler diesen Appell keineswegs nur propagandistisch formulierte, sondern unbedingt überzeugt war, dass es hier noch viel nachzuholen und zu gestalten gelte. Anders lässt es sich kaum erklären, dass er bereits 1925 – als die NSDAP noch eine Splitterpartei war – ein gewaltiges Projekt für die kommende Reichshauptstadt Germania skizzierte, nämlich einen riesigen Torbogen, in welchem die Namen aller deutschen Kriegsgefallenen eingraviert werden sollten.

Zeichnung, die Hitler 1925 für einen Gedenk- und Triumphbogen für die zwei Millionen Gefallenen des Weltkriegs skizzierte.

Albert Speer, der Baumeister Hitlers, hat in seinen Memoiren berichtet, dass der »Führer« ihm 1936 zwei kleine Skizzen mit den Worten übergeben habe: »Die Zeichnungen machte ich vor zehn Jahren.« Und diese Zeichnungen waren der später sogenannte Triumphbogen und die Große Halle (Kuppelhalle). Der Triumphbogen hatte wahrlich gigantische Ausmaße und wäre ungefähr doppelt so hoch geworden wie der Arc de Triomphe in Paris, wies er doch 170 Meter Breite, 119 Meter Tiefe und 117 Meter Höhe auf.[28]

Nach Speers Erinnerungen sagte Hitler ihm damals:

> *»Das [der Triumphbogen] wird wenigstens ein würdiges Denkmal für unsere Toten des Weltkrieges. Der Name jedes unserer 1,8 Millionen Gefallenen wird in Granit eingemeißelt werden. Was ist*

dieses Berliner Ehrenmal der Republik doch für eine unwürdige Angelegenheit. Wie armselig und unwürdig für eine große Nation.«[29]

Es existieren ja Vorbilder für ein solches Monument, insbesondere das zwischen 1928 und 1932 erbaute britische Denkmal zu den Kämpfen an der Somme nahe der Ortschaft Thiepval. Dieser heute noch die ganze Landschaft bestimmende riesige Torbogen trägt die Namen der ca. 72 000 britischen Gefallenen der Somme-Schlacht von 1916, die nicht identifiziert werden konnten und deshalb kein eigenes Grab erhielten. Ob Hitler von dieser Planung bereits 1925 Kenntnis hatte und sein Projekt dementsprechend imaginierte und aufzeichnete, ist bislang nicht bekannt.

Es ist sicher zutreffend, dass es einen grundlegenden Unterschied zwischen diesem britischen Memorialbau an der Somme und vergleichbaren Realisationen einerseits und Hitlers Projekt andererseits gibt, nämlich die Umwandlung eines Gefallenengedenkens in einen Triumphzug, was ja auch genauestens der NS-Erzählung vom Großen Krieg, der noch gewonnen werden sollte, entsprach. Hitlers riesiges Denkmal sollte inmitten der großen Achse durch Germania stehen, die den Südbahnhof mit der ebenfalls von Hitler entworfenen »Großen Halle« verband, in der bis zu 180 000 Menschen Platz finden sollten und die damit das größte Gebäude der Welt geworden wäre.[30] Wie Dagmar Thorau und Gernot Schulinski zutreffend bemerkt haben: »Der Triumphbogen mit den eingemeißelten Namen aller deutschen Gefallenen wendete die Niederlage [...] in einen Sieg.« Die Kriegstoten wären nun »zu Wegbereitern der deutschen Hegemonie« geworden, die in den Schützengräben »jene schlagkräftige Gemeinschaft vorbereitet hätten, die sich in der Großen Halle zusammenfand«.[31]

All dies war keineswegs nur eine Traumtänzerei des jungen Hitler. Auch nach der Machtergreifung hing er offensichtlich diesen Plänen nach und wollte sie unbedingt realisieren. Davon zeugt nicht allein, dass bereits 1937 Probefundamente des Triumphbogens in den Berliner Sandboden eingelassen wurden, um die Standfestigkeit für ein so ungeheures Bauwerk zu prüfen.[32] Hinzu kommt noch die Planung einer ebenfalls riesigen Soldatenhalle als Verlängerung der Nord-Süd-Achse von Germania und in nächster Nähe der Großen Halle, wovon Hitler im Oktober 1936 eine Skizze an Speer übergab.[33] In dieser Soldatenhalle sollten Beutestücke aus künftigen Kriegen ausgestellt werden sowie die Sarkophage »der berühmtesten deutschen Feldmarschälle der Vergangenheit, Gegenwart und Zukunft«, wie Speer Hitlers Auftrag in seinen Memoiren beschrieben hat.[34]

Ausführung des Triumphbogens für die geplante Hauptstadt »Germania«, 1937.

Wir wissen selbstverständlich nicht, was genau aus diesen Projekten geworden wäre, hätten die Nazis den Zweiten Weltkrieg gewonnen. Es gilt aber bereits hier festzuhalten: Eine ganz spezifische NS-Symbolik wird schon in Hitlers Skizzen und dann in den genauen Planungen und Realisierungen von NS-Denkmälern zum Ersten Weltkrieg unbedingt vermieden. Mir liegt viel an dieser Feststellung, weil sie in der Fachliteratur bislang weitestgehend ignoriert wird.[35] Das hat im Übrigen die Konsequenz, dass immer wieder der NS-Kult um die »toten Helden« der Partei, die bei Straßenkämpfen und Saalschlachten »gefallen« waren, mit dem NS-Weltkriegsgedenken gleichgesetzt wird.[36] Gerade das Gegenteil ist aber der Fall, denn auf den allermeisten der nach 1933 umgestalteten oder neu errichteten Denkmäler wurden keinerlei NS-Insignien angebracht.[37] Deshalb wurden sie ja nach dem Zweiten Weltkrieg nicht entfernt, denn die Weisung des alliierten Kontrollrates vom 13. Mai 1946 betraf eben nur Denkmäler, die ein Hakenkreuz oder andere Naziembleme trugen.[38]

Ob es eine Anordnung der NS-Behörden gegeben hat, Denkmäler nicht mit Parteisymbolen auszustatten? Jedenfalls handelte es sich hier um ein Vorgehen, welches schon bei der Weltkriegsliteratur zu beobachten war: Die Nationalsozialisten vermieden es vielfach, die nationale bzw. nationalistische Tradition durch zusätzliche NS-Symbolik zu überformen. Auf diese Weise konnten erhebliche potenzielle Reibungsflächen mit Personen und Gruppen vermieden werden, die dem NS wohlgesonnen, aber keineswegs zugehörig waren und bei denen eine »Umgestaltung« ihres traditionellen Denkmals mit NS-Symbolik sicherlich Unwillen oder sogar Protest hervorgerufen hätte. Dies gilt im Übrigen schon für die etwas weiter oben genannte Neue Wache in Berlin: Die Nationalsozialisten übernahmen dieses Denkmal ohne irgendeine substanzielle Veränderung und hielten dort auch jährlich eine Gedenkzeremonie ab. Allerdings forderten sie bereits 1933 den Architekten auf, hinter dem Gedenkstein mit dem Ehrenkranz ein großes schwarzes Kreuz zu errichten, was auch sofort geschah. Kein

Hakenkreuz, sondern ein schlichtes Holzkreuz, wie es im Tannenberg-Denkmal genau wie auf dem Schlageter-Denkmal in Düsseldorf als einziges Ehrenzeichen errichtet worden war. Man wollte offensichtlich den Nationalsozialismus in diese christliche Tradition stellen, solange der »Endsieg« noch nicht geschafft war.[39]

3. Denkmalspolitik vor und nach 1933

Auch in der Denkmalspolitik waren die Endzwanzigerjahre eine Zeit des »nationalen« Umbruchs.[40] So wie in der Literatur im Umkreis des Remarque-Skandals ein neues Bedürfnis nach authentischer Kriegserzählung aufbrach, kam es im Bereich der Denkmäler zu neuen Ansprüchen und Erwartungen. Man erkennt dies zunächst daran, dass ab ca. 1928/29 viele schon länger bestehende Denkmäler entschieden infrage gestellt bzw. angegriffen und beschädigt wurden. Andererseits ist festzustellen, dass eine Reihe von alten Denkmalsprojekten, die aus ideologischen oder schlicht aus finanziellen Gründen nicht hatten realisiert werden können, nunmehr in Angriff genommen und, wenn nicht sofort, dann nach 1933 fertiggestellt wurden. Im Folgenden sollen einige besonders markante Beispiele näher beschrieben werden – ohne Anspruch auf Vollständigkeit.[41]

In Kassel war 1926 als »kurhessisches Ehrenmal« ein ganz besonderes Kriegerdenkmal erstellt und eingeweiht worden, nämlich eine ruhende verkrümmte Soldatenfigur, ohne Waffen und nur mit einem Leintuch bedeckt.[42] Es handelte sich hierbei um eine außergewöhnliche Realisierung des Typus »schlafender Gefallener«, die zwar ironische Kommentare (»Hospitalsleiche«) zur Folge hatte, aber nicht konkret angegriffen wurde. Sie sollte als »Sinnbild des Blutopfers, das die hessische Heimat für das deutsche Vaterland gebracht hat«, gelten.[43] Bei der Einweihung am 9. Mai 1926 kam es zu einem Eklat, weil der Initiator, der Kurhessische Kriegerbund, nur militärische Vereinigungen eingeladen hatte. Die von der SPD geführte Stadtverwaltung blieb deshalb der Einweihung fern. Und in der folgenden Zeit galt das Denkmal als rechtsorientiert, zu sehr dem »Soldatischen« verbunden. Nach der »Machtergreifung« hingegen wurde es von den Nationalsozialisten sofort scharf kritisiert. Der 1933 eingesetzte neue Direktor der Staatlichen Kunstgewerbeschule urteilte:

> *»Es entspricht nicht seinem Zweck, zur Andacht und Erbauung zu stimmen, es drückt nicht den heldischen Gedanken aus, und wie könnte es auch sein, wenn der Verfertiger Marxist oder Pazifist ist und zu einer Clique von Gott sei Dank jetzt endgültig beseitigten ›Führern‹ der vergangenen unerfreulichen und schmachvollen Epoche gehörte.«*[44]

Die Figur des Gefallenen wurde allerdings nicht zerstört, weil das gesamte Denkmal durchaus den NS-Ansichten von Ehre und Weihe entsprach. Man deckte nur den liegenden Leichnam mit Steinplatten ab. Als Ersatz sollte eine Gestalt des »ruhenden Kriegers« dienen, wie er exemplarisch vor dem Münchener Armeemuseum aufgebahrt war, und dies mit der folgenden Begründung:

> *»Ihr Gedanke ist, kurz gesagt, das offene – ewig offene Grab als Gleichnis für die ewig offene Wunde, die unserem Volke, ja der ganzen Schöpfung Gottes mit dem Kriege und dem Diktat von Versailles geschlagen ist.«*[45]

Tatsächlich gab es eine Reihe von Realisationen des »ruhenden« oder »schlafenden« Kriegers, insbesondere die Münchener Version, die nach 1929 großen Zuspruch erhielt und Modell für weitere Denkmäler dieses Typs war.[46]

Der »ruhende Krieger« im Münchener Kriegerdenkmal mit der Beschriftung »Sie werden auferstehen«.

Karl von Seeger, dessen Bildband »Das Denkmal des Weltkriegs« 1930 erschien und »dem deutschen Soldaten« gewidmet war, hat sich besonders diesem Motiv gewidmet. Die »schlafenden Krieger« sind die

> *»Verkörperung derer, die den gewaltigen Kampf durchkämpften und ihn überwunden haben, innerlich und äußerlich. Die jugendliche Unberührtheit, die religiös bewegte Verinnerlichung und die freudige Opferbereitschaft, die abwägende schwerblütige Ruhe und unbeirrbare Ausdauer und Beharrung, das tief beseelte, im Tode überwundene und verklärte Ringen fließen zusammen.«*[47]

Hierzu zählten u. a. die Figur in der Liebfrauenkirche in Bremen, das 1931 eingeweihte Würzburger Kriegerdenkmal, das Denkmal in Göttingen und das Denkmal auf dem Frankfurter Hauptfriedhof, um das auch zehn Jahre lang erbittert gestritten worden war.[48] Besonders bemerkenswert für diesen Typus des Gefallenendenkmals ist Matarés »Toter Krieger« in Kleve, das 1933 geplant und schon 1934 eingeweiht wurde. Wenn Matarés Gestalt eigentlich eine Mischung von Bewunderung für den Gefallenen und doch auch Klage über die Nutzlosigkeit des Todes sein sollte, so war für die Nationalsozialisten entscheidend, dass die Gestalt nicht verstümmelt war und in Uniform mit Degen dort »ruhte«. Allerdings wurde das Grabmal 1938 schließlich doch entfernt, weil Mataré inzwischen als »entartet« diffamiert wurde.[49]

Der Münchener schlafende Krieger wurde dann in der 1934 erschienenen Studie von Hubert Schrade »Das Deutsche Nationaldenkmal« als prototypisch für die unter dem NS weiterhin zu errichtenden Denkmäler folgendermaßen beschrieben:

> *»Ein junger Krieger in seiner Todesruhe. Auf einer geringen Erhöhung wie auf einer Bahre liegt er im langen Feldmantel, das Gewehr in den Händen, den Stahlhelm umgebunden, als Ruhekissen den Tornister. Nirgend [sic!] in den Zügen des jungen Soldaten haben die Schrecken, gegen die er gekämpft, eine Spur hinterlassen können. Die Lider, über die Augen gesenkt, verhüllen die Gesichte des Grauens. Das Haupt ist reiner Ausdruck jugendlich-männlicher Kraft, die sich der Ruhe anheimgegeben hat. Der Ruhe, nicht dem Tode, der Alles endet. Denn wer sähe nicht, dass in den Zügen, so verschlossen und entrückt sie sind, noch ein Leben lebendig ist, das sich mit dem Leben des in die Krypta einfallenden Lichts auf geheimnisvolle Weise alltäglich verbindet und das nur des Anrufs, dem solche Macht gegeben ist, zu bedürfen scheint, um aus seinem Geheimnis wieder ins Dasein zurückzukehren. ›Sie werden auferstehen‹, ist draußen auf dem Block geschrieben, der die Krypta überdacht.«*[50]

»Sie werden auferstehen« und weiterkämpfen, könnte eigentlich als Inschrift über jedem Denkmal zum Ersten Weltkrieg stehen, welches in der NS-Zeit errichtet wurde. Jedenfalls trifft dieses Motto exakt die

Botschaft der Nationalsozialisten im Hinblick auf die Denkmäler zum Großen Krieg: Er ist noch nicht verloren, denn wir werden den Sieg erringen. Auch hier hat der NS im Grunde konsequent fortgeführt, was schon den Umbruchsgeist der Endzwanzigerjahre kennzeichnete und wie es in der Gestalt des schlafenden, aber zu neuem Aufbruch bereiten Gefallenen des Großen Krieges angelegt war.

Von diesem Geist oder auch Ungeist zeugt besonders eindrucksvoll das Düsseldorfer Denkmal für das Ludendorff-Regiment der »39er«. Die Geschichte dieses Denkmals ist so charakteristisch und bezeichnend für den emotionellen und ideologischen Umschwung Ende der 1920er Jahre und dessen Vollendung im Nationalsozialismus, dass es in nahezu allen Untersuchungen der Kriegerdenkmäler genannt wird.[51] Deshalb sei auch hier auf dieses emblematische Denkmal und seine Geschichte eingegangen.[52]

Der Bildhauer Jupp Rübsam, der im Weltkrieg im Infanterie-Regiment 39, dem später sogenannten Ludendorff-Regiment, gedient hatte, war schon in den frühen 1920er Jahren als Denkmalsgestalter aufgefallen. 1927 erhielt er von seinen Regimentskameraden den Auftrag, ein Denkmal für das Düsseldorfer Regiment zu errichten. Sein Entwurf, unter dem Motto »Innere Festigung« eingereicht, erregte noch kaum Bedenken und er wurde mit der Ausführung beauftragt. Der Denkmalsentwurf war keineswegs pazifistisch orientiert, wie oft vermutet worden ist, Rübsam hatte nur die Themen Schützengraben – Verwundung – Kameradschaft darstellen wollen. Allerdings entzündete sich bald Streit, weil die Rechte und die Mitte der rheinischen Gesellschaft Anstoß an den Gesichtszügen der beiden Soldaten, die auf dem Denkmal abgebildet waren, nahm. Man empfand sie vielfach als »semitisch« oder als »ins sauerländische übersetzte ägyptische Sphinxe«. Der ehemalige Regimentschef Ludendorff, dessen Namen das Regiment seit dem Ende des Weltkriegs trug, blieb der Denkmalseinweihung 1928 aus Protest fern und publizierte seine Ablehnung in einem Brief an Oberbürgermeister Lehr:

»Das Denkmal stellt eine derartige Verhöhnung der Helden des Weltkrieges, der gefallenen Helden meines Regimentes dar, dass ich meinen guten deutschen Namen von weltgeschichtlichem Klang nicht mit diesem Denkmal dadurch in Zusammenhang gebracht sehen will, dass er auf das Stirnband des Unterbaus, auf dem die viehischen Rohlinge liegen, angebracht ist.«

Einweihung von Jupp Rübsams Kriegerdenkmal für das 39er Infanterieregiment Düsseldorf, 1928.

Bald darauf wurde das Denkmal verschmiert und mit antisemitischen Insignien verunziert und der Vorstand der »39er« forderte bereits 1929 dessen baldigen Abbruch. Allerdings widersprachen die Düsseldorfer Intellektuellen und Künstler der bekannten »rheinischen Sezession« entschieden und setzten sich für den Erhalt des Denkmals ein. Der Streit ging bis 1933 weiter, immer wieder kam es zu Verunstaltungen und sogar 1930 zu einem Sprengstoffanschlag. Unmittelbar nach der Machtübernahme des NS wurde das Denkmal noch im März 1933 abgebrochen, die Figuren wurden auf den Bauhof verbracht, wo sie bei einem Bombenangriff 1944 fast zur Gänze zerstört wurden. Nach dem Zweiten Weltkrieg wurden die Überreste am ursprünglichen Denkmalsort nahe der alten Rheinbrücke wieder aufgestellt.[53]

Nachdem im Jahre 1935 die Wehrmacht eingeführt worden war, wurde auch das 1919 aufgelöste 39er Regiment neu gegründet. Sehr bald begannen dann Planungen für ein neues Denkmal dieses Traditionsregiments. Der Vorsitzende des Denkmalsausschusses, Major von Gillhausen, formulierte die Absicht folgendermaßen: Der Zweck des neuen Denkmals bestehe darin, die Taten dieses tapferen Regiments

> *»dem jungen Deutschland sichtbar zu überliefern, das Andenken an die in ihren Reihen Gefallenen hochzuhalten. Der Frühlingssturm, der durch Deutschland braust, soll eine neue Zeit bringen, die aus dem Stolz auf die Vergangenheit Kraft zum Aufbau schöpft. Die alten 39er werden auch hier ihren Mann stehen.«*[54]

Eingeweiht wurde das Denkmal dann am 1. Juli 1939 in der Golzheimer Heide, inmitten einer neuen Siedlung für verdiente NS-Bonzen, von den Düsseldorfern seitdem als »Schlageterstadt« tituliert. Dieses gewaltige Denkmal, über dessen Umgestaltung auch heute noch diskutiert wird, gehört sicherlich zu den typischsten Kriegerdenkmälern des Nationalsozialismus: Aus einer mit einem Lorbeerkranz geschmückten Krypta steigen zu beiden Seiten die Soldaten des Ersten Weltkriegs in sehr detailliert ausgemeißelten Uniformen mit voller Ausrüstung in Reih und Glied wieder heraus. Auf der rechten Seite sind Namen der großen Schlachten, Marne, Verdun usw., eingraviert, auf der linken Seite wurden, wohl erst nach 1945, die Namen von Schlachten des Zweiten Weltkriegs von Hand eingeschlagen. Einfacher und symbolträchtiger lässt sich der Anspruch des NS, den verlorenen Krieg doch noch zu gewinnen, kaum fassen. Dieser Typ Denkmal, wie er insbesondere im Hamburger Denkmal für das 76er Regiment wiederkehrt, wurde in der NS-Zeit immer wieder gestaltet.[55]

Das 1939 eingeweihte NS-Denkmal für die »39er«.

Das 1936 eingeweihte Denkmal für das 76er Regiment am Hamburger Dammtor.

Auf das Hamburger Denkmal soll hier nicht näher eingegangen werden, erwähnt sei nur, dass es die Inschrift »Deutschland muss leben, und wenn wir sterben müssen« trägt. Hierüber wird auch heute noch viel diskutiert und gewöhnlich wird sie als Nazijargon kritisiert. Dies ist aber keineswegs der Fall. Dieser Reim ist die Schlusszeile aus dem im August 1914 entstandenen Gedicht von Heinrich Lersch mit dem Titel »Soldatenabschied«, dessen fünf Strophen jeweils auf diesen Vers enden. Gerade die Übernahme des seit 1914 ungemein populären Spruches von Lersch durch die Nationalsozialisten zeigt sehr deutlich, wie sehr man auch nach 1933 noch bemüht war, den »Geist von 1914« lebendig zu halten. Man wollte sich in die Tradition des »Aufbruchs« von 1914 stellen, was selbstverständlich stark zur Glaubwürdigkeit des NS-Expansionismus beitrug. Im Übrigen verzichtete man auch in Hamburg auf die Anbringung von irgendwelchen Hoheitszeichen des »Dritten Reiches« auf einem Denkmal, das – wie das Düsseldorfer Denkmal – keinerlei Trauer zeigt, sondern nur den neuen Aufbruch der Nation symbolisieren sollte.

Abschließend sei noch ein genauerer Blick auf das Marbacher Kriegerdenkmal geworfen, das bislang kaum einmal untersucht worden ist.[56] In der Schillerstadt Marbach am Neckar steht in einer Wölbung des alten Stadttores – also sichtbar für jeden, der in die Stadt eintritt – ein ganz ungewöhnliches, wohl einmaliges Denkmal. Es zeigt zwei Soldaten, einen schmalen und einen breiteren, dessen Uniformmantel den Schmaleren wie ein Schutz umhüllt. In Marbach war, wie in so vielen deutschen Städten, seit Beginn der 1920er Jahre um die Aufstellung eines Kriegerdenkmals gerungen worden. Die Stadtakten zeigen, dass hier wie nahezu überall kein Konsens gefunden werden konnte.[57] Die Diskussionen begannen bereits im Frühjahr 1920 mit dem Beschluss des Gemeinderats: »Den gefallenen Kriegsteilnehmern ist ein Ehrenzeichen zum dankbaren Gedächtnis in hiesiger Stadt zu errichten.« Ein halbes Jahr später wurde formell die Errichtung eines Denkmals beschlossen und die Einwohner wurden um Spenden gebeten. Im Frühjahr 1923 gingen die Debatten weiter, man war und blieb uneinig über den Standort. Auf der Schillerhöhe? Vor der Stadtkirche? Am Stadttor? Mitte August 1923 wurde dann ein erster konkreter Vorschlag eingebracht: Man könnte doch einen mit einem Drachen kämpfenden Ritter schaffen, als Symbol für »das deutsche Volk im Kampf mit dem vielköpfigen Feindbund«.

Eineinhalb Jahre später, am 17. November 1924, beschwerte sich der »Kriegerverein Marbach«, dass noch immer nichts geschehen sei. Das Gemeinderatsprotokoll vom 22. Januar 1925 zeigt, dass man sich immer noch nicht auf einen Ort zur Aufstellung des Denkmals hatte einigen können. Erschwert wurde die Entscheidung auch dadurch, dass sich die Marburger Abteilung des Reichsbunds der Kriegsbeschädigten und Kriegshinterbliebenen nach wie vor gegen ein Denkmal sträubte. Das Geld sei besser für die Versorgung der immer noch 48 000 Schwerstbeschädigten in den Lazaretten zu verwenden. Aber die Mehrheit des Stadtrates wollte doch ein Denkmal errichten lassen. Bis Mitte Juli 1925 waren einige Entwürfe vorgestellt worden, von denen wiederum keiner Zustimmung fand. Nun wurde am 8. September 1925 beschlossen, dass das kommende Denkmal auf jeden Fall »Heldentum und Hoffnung« symbolisieren solle. Ende Januar 1926 wurde ein Entwurf des Bildhauers Karl Calwer diskutiert, dessen Motiv »Vater und Sohn« sind. Der Vater zeigt dem Sohn den Weg zu strahlender Höhe. Aber die für die Realisierung erforderlichen 18.500 Mark waren dem Gemeinderat zu teuer: »Bei der heutigen wirtschaftlichen Lage kann jedoch an die augenblickliche Ausführung des Denkmals nicht gedacht werden.« So beschloss man auf Wiedervorlage im Herbst. Jedoch geschah erst einmal wieder nichts, obwohl es eine andauernde Korrespondenz zwischen den betroffenen Institutionen auf Stadt- und Landesebene gab.

Erst im November 1930 kam die Frage wieder vor den Gemeinderat. Offensichtlich angetrieben von dem seit einiger Zeit herrschenden neuen Geist in Sachen Denkmäler und Kriegsliteratur wurde beschlossen, einen Spendenaufruf für das Denkmal zu verfassen. Am 9. April 1931 wurde dann eine neue Denkmalskommission gewählt, über deren Tätigkeit oder Untätigkeit sich die Akten ausschweigen.

Die entscheidende Wende erhielt die Denkmalsplanung wenige Monate nach der »Machtergreifung«. Denn bereits am 8. Juni 1933 informierte die Landesleitung Württemberg des Kampfbundes für Deutsche Kultur den neuen Ortsgruppenleiter der Stadt Marbach, man werde nunmehr eine Ortsgruppe Marbach des Kampfbundes gründen, um endlich das Denkmal zu realisieren. Nun ging tatsächlich alles sehr schnell voran. Innerhalb eines Monats lagen Entwürfe vor, der Gemeinderat beschloss am 30. Juni 1933, dass das Denkmal am Obertorturm aufzustellen sei. Es wurden neue Entwürfe gesammelt und bereits im Dezember 1933 wurde der Entwurf des Stuttgarter Bildhauers Jakob Brüllmann mit dem Titel »Furchtlos und treu« angenommen.

Brüllmann war ein bekannter Bildhauer und hatte bereits die Denkmäler in Maulbronn und Ulm sowie das Ludwigsburger Kriegerdenkmal von 1924, den »Ehrenkreis«, mitgestaltet.[58] Leider ist in den städtischen Akten keine Projektbeschreibung zu finden, die Korrespondenz mit Brüllmann geht nur um technische Einzelheiten. Was Brüllmann sich unter diesem Denkmal vorgestellt hatte, wird allerdings im Zeitungsbericht über die Einweihungsfeier am 5. November 1934 angedeutet:

> *»Der Schöpfer des Gefallenendenkmals […] erklärte kurz, dass bei dem Entwurf ihm das Symbol ›Furchtlos und treu‹ vorgeschwebt habe, eine uneingeschränkte Hingabe für das Vaterland, wie es die Helden im Weltkrieg gezeigt haben, die durch das Lied vom guten Kameraden ihren Ausdruck findet.«*[59]

In der Tat lässt sich das Marbacher Denkmal so interpretieren: Zwei Soldaten stehen in feldmarschmäßiger Ausrüstung hintereinander, der vordere riesig und stark, der hintere schmal und kleiner, ein einziger

Mantel umhüllt beide, die hier als Kameraden vereint wie ein Bollwerk im Stadttor stehen.

Das im November 1934 eingeweihte Kriegerdenkmal am alten Marbacher Stadttor.

An einer seitlichen Tafel waren die Namen der 132 Marbacher Gefallenen eingemeißelt. Bei der Einweihung des Denkmals wurden diese feierlich verlesen, und ein Pfarrer hielt eine ausführliche Rede, in der er den Bogen schlug vom Weltkrieg zum »Dritten Reich«. Er sprach davon, dass das Erdenleben doch einen Sinn haben müsse, und dieser liege in der Liebe zur Familie, zum Volk und zur Heimat. Gott bediene sich des deutschen Volkes, »um seine Gedanken und Ziele auf dieser Erde zu verwirklichen«. Die Ernte des Todes, so weiter der Pfarrer, solle »Saat des Lebens« werden. In der Weimarer Republik sei der Opfertod verlacht, getreues Sterben um des Ganzen willen als törichte Hingabe verhöhnt worden. Aber nun habe das »Dritte Reich« unter Hitler, dem alten Feldsoldaten, erreicht, dass nunmehr wieder die Bereitschaft wachse, für die »Ehre und Treue« gegenüber dem Reiche zu sterben.[60] Auch der Bürgermeister betonte, dass die Weimarer Republik die Antwort auf die große Frage nach dem Sinn des Opfers »den feldgrauen Toten und denen, die um sie weinten«, schuldig geblieben sei. Das Sterben der Soldaten »wird sinnlos um ein Volk, das sich am Tage zankt und des Nachts im Parteienhader mordet.« Nun aber habe sich das grundlegend verändert:

> *»Die feldgrauen Toten sind heimgekehrt zu uns und wandeln mit ihrem Geist durch dieses Gedächtnismal mitten unter uns wie einst. […] Wir wollen den Ruf der Toten hören und nicht nur hören, nein, wir wollen ihn leben: den Geist der Kameradschaft und des Opfers und der Treue für unser Volk.«*

Auch der anschließend sprechende Stadtrat Otto Thumm, Fraktionsführer und Kreisleiter der NSDAP, sprach von Parteihader, dem scheußlichen Versailler Vertrag. Thumm schlug dann auch die Brücke von den Kriegsgefallenen zu den »Opfern« der Hitlerbewegung:

> *»Das neue Deutschland ist erstanden, über 2 Millionen Tote strecken die Arme empor und reichen sie den über 400 Toten, die für die Erneuerung des Deutschen Reiches gefallen sind. Graue und braune Kameraden starben und leben heute wieder. […] Das neue Deutschland wird dafür zu kämpfen wissen, dass die Blutopfer nicht umsonst gebracht wurden. Des sollen unsere toten Kameraden versichert sein.«*

Diese gesamte Feier war also demonstrativ nationalsozialistisch inszeniert. An der Rückseite des Stadttores war eine große Menge von Emblemen und Fahnen des Regimes angebracht, der Sängerchor bestand aus SA-Männern, und zum Abschluss der Einweihungsfeier wurden die erste Strophe des Deutschlandliedes sowie das Horst-Wessel-Lied gemeinsam gesungen. Das war eine außergewöhnlich intensive Nazifizierung der Gedenkfeier, die aber ohne sichtbare Folgen blieb. Denn auch im Marbacher Fall waren keinerlei dauerhafte NS-Embleme an oder im direkten Zusammenhang mit dem Denkmal angebracht worden, sodass auch dieses ungewöhnliche Denkmal der Kriegskameradschaft die Demontage infolge des alliierten Kontrollratsbeschlusses überstehen konnte. Heute steht es immer noch dort, als ein nicht leicht zu entschlüsselndes, aber sehr eindrucksvolles Denkmal des Großen Krieges.

4. Der Langemarck-Kult

In den 1920er und 1930er Jahren war »Langemarck« ein ganz besonderer Erinnerungsort für den Weltkrieg. Und am Beispiel des Kultes um diese Schlacht in Flandern im Spätherbst 1914 lässt sich besonders klar das Ineinandergreifen von bürgerlich-nationaler, nationalistischer Kriegserinnerung und deren Instrumentalisierung und Inszenierung durch den NS nachvollziehen.[61]

»Langemarck« beginnt mit einem der meistgebrauchten Zitate in der Geschichte des Ersten Weltkriegs, nämlich mit dem Heeresbericht vom 11. November 1914:

> *»Vorwärts im Westen.*
> *Großes Hauptquartier, 11. November vormittags. Am Yser-Abschnitt machten wir gestern gute Fortschritte. Dixmuiden wurde erstürmt, mehr als 500 Gefangene und 9 Maschinengewehre fielen in unsere Hände.*
> *Weiter südlich drangen unsere Truppen über den Kanal vor.*
> *Westlich Langemarck brachen junge Regimenter unter dem Gesange ›Deutschland, Deutschland, über alles‹ gegen die erste Linie*

der feindlichen Stellungen vor und nahmen sie. Etwa 2000 Mann französischer Linieninfanterie wurden gefangen und 6 Maschinengewehre erbeutet.«[62]

Die »jungen Regimenter« waren von Anfang an mythenbeladen, denn sie wurden sofort als »studentische Regimenter« kolportiert. Allerdings war nur eine kleine Minderheit der Soldaten in dieser letzten Feldschlacht vor Beginn des Stellungskrieges tatsächlich Studenten.[63] Aber der Mythos konnte sich ausformen, weil es damals überhaupt als Sensation empfunden wurde, dass Studenten, typischer Offiziersnachwuchs, als gemeine »Feldgraue« in vorderster Front mitkämpften, also eine bislang unbekannte Verbindung mit den gewöhnlichen Frontsoldaten des Wehrpflichten-Heeres eingingen.[64] Von daher ist es nicht erstaunlich, wenn bereits in den frühen 1920er Jahren immer wieder »Langemarck« evoziert wurde, wenn es um Kameradschaft und Treue im Krieg ging. Allerdings war »Langemarck« zunächst sowohl ein positiver Gedenkort als auch ein Moment der Kritik. Nämlich der Kritik am nutzlosen Opfer der angreifenden Soldaten, die sich aus falschem Elan dem unerbittlichen MG-Feuer der gut verschanzten Verteidigung ausgesetzt hatten.[65] Die Geschichte dieser Schlacht, die Werner Beumelburg 1924 mit dem Titel »Ypern« in der Reihe der halb offiziellen Schlachtengeschichten des Weltkrieges veröffentlichte, fasste genau diese beiden Sichtweisen zusammen: Lob für den Heldenmut der Anstürmenden und Kritik an der schließlichen Sinnlosigkeit ihres Opfers.

So war auch Hitlers Standpunkt gegenüber Langemarck zwiespältig. 1922 äußerte er auf einer NSDAP-Veranstaltung, dass sein eigenes Blut am »Schlamm von Flandern« klebe. Und in einer weiteren Rede erklärte er, dass die »jungen Regimenter« von Langemarck ihre Brust den tödlichen Kugeln der Engländer »für Deutschland« geboten hätten, und genauso »brauchen wir dieselbe Jugend für die Reinigung unseres Volkes im Innern«. Aber Langemarck war gleichzeitig für ihn ein Menetekel, Beweis für das Versagen des kaiserlichen Deutschland in diesem Krieg.[66] So rief er in seinem Strafprozess nach dem misslungenen Putsch vom November 1923 aus:

> *»Da stehen auf 350.000 junge, 17-, 18-, 19-jährige Knaben, die einst 1914 hinausgezogen sind und mit dem Deutschland-Lied auf den Lippen in Flandern in den Tod hineingingen. Die stehen auf als Ankläger: Ihr seid die Schuld [sic!], ihr habt uns einst nicht ausbilden lassen, da liegen wir nun in Reihen niedergemäht als Opfer eines Verbrechens.«*[67]

In »Mein Kampf« wiederum, wo Hitler sich zum ersten Mal selbst als Langemarck-Kämpfer präsentierte oder aufspielte, berichtet er von der »feuchten kalten Nacht in Flandern«, wo die Kugeln der Engländer so in die eigenen Reihen spritzten, dass man zum Kampf Mann gegen Mann weiter vorrennen musste:

> *»Aus der Ferne aber drangen die Klänge eines Liedes an unser Ohr und kamen immer näher und näher, sprangen über von Kompanie zu Kompanie, und da, als der Tod gerade geschäftig hineingriff in unsere Reihen, da erreichte das Lied auch uns, und wir gaben es nun wieder weiter: Deutschland, Deutschland über alles, über alles in der Welt!«*[68]

Weniger bekannt als diese immer wieder zitierten Zeilen ist, was Hitler 1926 zu Langemarck sagte, bevor er sich dann bis 1933 zu diesem Thema ausschwieg:[69]

> *»Sie müssen sich vorstellen: ein 4½ Jahre dauernder Kampf. Die Heimat kam darüber ganz leicht hinweg. Es hieß da im Heeresbericht: Gestern kam es zu einem Patrouillenvorstoß in der Gegend von Ypern, Langemarck usw. Den wenigsten Deutschen wurde klar,*

wie dieser Vorgang in der Praxis stattfand. 4½ Jahre lang war an der Front immer wieder der Ruf: Freiwillige vor! […] Das war immer wieder das Beste, was Deutschland an Menschen hatte, angefangen von jenen Augusttagen bis in die Herbsttage 1914, als in der vorderen Linie diese ersten Freiwilligen-Regimenter bös zusammengeschossen waren. Man freute sich zu Hause zu hören, wie diese Divisionen mit dem Ruf: ›Deutschland, Deutschland über alles‹ reihenweise das Schlachtfeld bedeckten, bedachte aber zu wenig, dass in diesen Reihen das beste Blut des deutschen Volkes lag.«[70]

Diese relative Zurückhaltung und das Bewusstsein von der Sinnlosigkeit des Opfers der Freiwilligen von Langemarck änderte sich nahezu schlagartig mit der Welle der neuen nationalen Begeisterung für Mut und Opfer, die in dem Remarque-Skandal von 1928/29 einen ersten Höhepunkt fand.[71] Die inzwischen äußerst nationalistisch gewordenen studentischen Verbindungen, welche bald von den NS-Studenten dominiert wurden, machten »Langemarck« zu ihrem stärksten einigenden Band. Erstes sichtbares Zeichen dafür war, dass die verfasste Studentenschaft im Herbst 1928 die Patenschaft des zuvor nur rudimentär gepflegten Soldatenfriedhofs bei Langemarck übernahm und dafür zu einer »Langemarck-Spende« aufrief, der noch eine lange und reiche Zukunft beschieden war. Für die Pflege war der Volksbund Deutsche Kriegsgräberfürsorge zuständig, der sich aber dieser Aufgabe in den ersten Jahren der Republik kaum widmete, denn es gab nur wenig Interesse an den gefallenen Soldaten.[72] Doch das änderte sich mit dem Aufschwung des neuen Nationalismus Ende der 1920er Jahre. Nun wurde die Pflege mithilfe der Studentenverbindungen intensiviert und der Volksbund initiierte auch eine Reihe von Ausstellungen, die der Bevölkerung die Soldatenfriedhöfe an der Westfront näherbringen sollten und die auch viel Zuspruch fanden. Es kam sogar zu einem erheblichen »Schlachtfeldtourismus«, der vom Volksbund, aber auch von den studentischen Verbindungen und anderen

Verbänden, etwa dem Stahlhelm-Studentenring, organisiert wurde, der ab 1929 offiziell in Stahlhelm-Studentenring »Langemarck« umbenannt wurde.[73]

»Langemarck« gehörte nunmehr zum Kernbestand der aufflammenden nationalistischen Weltkriegserinnerung. Am 19. November 1928 wurde an einer Reihe von Universitäten der »Langemarck-Tag der deutschen Studentenschaft« begangen. Die Proteste der Studentenverbindungen gegen die vorgebliche Schmach des Young-Planes von 1929[74] kulminierten in einer Massendemonstration in Berlin, an der mehr als 15 000 Studenten teilgenommen haben sollen. An der Greifswalder Universität, deren Vertretungen schon 1928 über 50 Prozent Nationalsozialisten hatten (das wuchs bis 1930 auf nahezu 80 Prozent an), wurde die Feier von 1929 mit einer Rede von Hans Schwarz eingeleitet, die dann unter dem Titel »Die Wiedergeburt des heroischen Menschen« gedruckt und an anderen Universitäten verbreitet wurde.[75] Der Langemarck-Tag steht für ihn für das »wahre Deutschland«, das nicht Republik sei und den westlichen Idealen und Erinnerungen, etwa dem Kult des unbekannten Soldaten, das lebendige Bild des »jungen Helden« entgegensetze. Gegen Technologie und Materialismus besinne sich dieses junge Deutschland auf die »Scholle« und die kollektive Begeisterung, die den Sturm gegen die englischen Schützengräben im November 1914 ermöglicht hatte.

Solchen romantisierenden Ideologemen, die sich im Umkreis des Langemarck-Mythos zuhauf finden,[76] steht allerdings auch eine Art wehrtechnischer Umdeutung entgegen, die dann später unter der NS-Herrschaft vielfach evoziert wurde. Ein frühes Beispiel hierfür sind die Langemarck-Feiern an der TH Hannover von 1930, die unter Beteiligung von Vertretern der staatlichen und kommunalen Behörden, der Reichswehr und der Lehrkörper beider Hochschulen Hannovers stattfanden, wodurch sie einen nahezu offiziellen Charakter erhielten.[77] In Hannover wurde im Rahmen der technisch-wissenschaftlichen Ausbildung nicht allein, wie sonst nahezu überall, die Opferfreudigkeit, die »männliche Begeisterung in vollendeter Form« gefeiert, sondern auch das technische Lernen aus der Katastrophe von 1914. Wie es in einem Bericht der *Hannoverschen Hochschulblätter* manifest wird: Nach den schrecklichen Erfahrungen des Sturms auf Langemarck habe die deutsche Artillerie endlich gelernt, sich des »Messerkundungs- und des Messchießverfahrens« zu bedienen, wie sie ein so unübersichtliches und ungewohntes Kampffeld erforderten:

> *»Hier schuf sich die gleiche Truppe [...] dann die artilleristischen Kampfmethoden, mit denen sie ihre geringen Kräfte, ihre wenigen Geschütze [...] mit höchstem Wirkungsgrad dem Feind entgegensetzen konnte, jeden materiellen Vorsprung des Feindes durch geistige Überlegenheit ausgleichend. Unsere deutschen Studenten von 1914 waren nicht nur unerschrockene Kämpfer und Stürmer, sondern ebenso kaltblütige Rechner und technische Führer im Gefecht: es war die sieghafte Jugend eines wehrhaft denkenden Volkes.«*[78]

Durch die Feiern, Aufmärsche und Fahnenweihen wurde der Tag von Langemarck allmählich in einen Sieg der deutschen »jungen Regimenter« und der Jugend insgesamt umgedeutet.[79] Das spiegelt sich besonders bei der groß angelegten Einweihung des neu gestalteten Soldatenfriedhofs von Langemarck am 10. Juli 1932. Die neue Mauer, die den Friedhof umrundete, war mit der Inschrift aus dem 1914 verfassten »Soldatenabschied« von Heinrich Lersch versehen worden: »Deutschland muss leben, und wenn wir sterben müssen«, der sich in der Folgezeit auch in viele Denkmäler eingraviert fand, die unter dem NS errichtet wurden.[80] Die schrecklich »wallende« einführende Rede hielt Josef Magnus Wehner, dessen 1930 erschienener Kriegsroman »Sieben vor Verdun« großen Erfolg gehabt hatte:

> *»In dieser Stunde übernehmt ihr, deutsche Studenten, die Totenwache an den namenlosen Särgen deutscher Jünglinge des großen*

Krieges. Euer Leben wallt opfernd zu den Toten hinab, und das verwandelte Leben der schönen Helden quillt leuchtend herauf und vermählt sich mit dem euren, Gestalt um Gestalt und Hand in Hand und Glaube um Glaube und Ehre um Ehre und Treue bis in den Tod.«[81]

bericht der obersten heeresleitung vom 11 november 1914

westlich langemarck brachen junge regimenter unter dem gesange deutschland deutschland über alles gegen die erste linie der feindlichen stellung vor und nahmen sie

DAS LANGEMARCKBUCH DER DEUTSCHEN STUDENTENSCHAFT

Herausgegeben von Karl August Walther

Verlag von K. F. Koehler in Leipzig

Frontispiz und Titelblatt des »Langemarck«-Buches.

Bei dieser Einweihungsfeier scheint es zu Disputen zwischen bündischen Teilnehmern sowie Studentenverbindungen einerseits und der HJ andererseits gekommen zu sein, weil die HJ ziemlich lautstark gedenken wollte und die Bündischen und Studenten auf stillem Gedenken beharrten.[82] Im Juli 1932 waren zwar all diese Verbindungen schon stark durchsetzt von NS-Elementen, aber noch nicht »gleichgeschaltet«. Und es war ja auch noch nicht entschieden, ob »Langemarck« die traditionell besonders auf die Studenten ausgerichtete Feier bleiben sollte oder, wie die Nationalsozialisten meinten, insgesamt ein Appell an die Jugend sei, es den Gefallenen von 1914 gleichzutun und voranzustürmen ins neue »Dritte Reich«.

Nach der Machtübernahme ergaben sich keine größeren Schwierigkeiten bei der Umpolung des Langemarck-Diskurses der Studenten auf die nationalsozialistische Denkart. Hitler griff in diese Diskussion nicht ein. Seine letzte öffentliche Äußerung zu Langemarck datiert, wie oben gezeigt, von 1930. Für die HJ und die NS-Studenten war durch die »Machtergreifung« des Langemarck-Soldaten Hitler der heldenhafte Kampf der »jungen Regimenter« von 1914 erfolgreich beendet worden. Ab 1934 übernahm die HJ ganz offiziell die Gestaltung aller Langemarck-Feiern, und Baldur von Schirach, der »Reichsjugendführer«, ließ in den Jahren bis 1938 immer wieder pompöse Langemarck-Gedenkfeiern veranstalten.[83] Die größte davon fand im November 1936 in Berlin statt, wo auf dem Reichssportfeld eine Langemarck-Gedenkhalle errichtet worden war. Auch am Ehrenmal der Neuen Wache wurde bei dieser Gelegenheit eine Zeremonie veranstaltet.[84] Es hat aber weiterhin einen Konflikt zwischen der HJ und der »Reichsstudentenführung« gegeben, ob Langemarck nicht doch ein besonderer Erinnerungsort gerade der Studenten sei. Dieser Streit war so heftig, dass es zu einer »Führerentscheidung« kam. Hitler ließ durch Hess mitteilen,

> *»dass der Führer […] nach wie vor der Ansicht ist, dass die Langemarckfeier eine ausgesprochene Angelegenheit der Studentenschaft ist. Selbstverständlich soll die Hitler-Jugend bei der Durchführung der Langemarckfeiern beteiligt werden.«*[85]

So wurde denn auch 1938 ein »Langemarck-Studium« für die Elite-Studenten der NSDAP eingerichtet.[86] Zweifellos hat der »Führer« so entschieden, weil an der Systemtreue der NS-Studentenschaft keinerlei Zweifel bestand. Diese neue Elite des »Dritten Reiches« war sicher nicht mehr so unbedarft, um wie die »jungen Regimenter« umstandslos gegen befestigte Stellungen anzurennen. Sie war schon auf dem Weg, den technischen Krieg der Zukunft zu planen und konkret vorzubereiten. Im Juni 1940 wurde dieser neue Krieg auch vorerst gewonnen. Und Hitler begab sich noch vor dem Waffenstillstand mit Frankreich ins bereits eroberte Belgien, um auf dem Friedhof von Langemarck derer zu gedenken, die er zu Siegern gemacht hatte.

VII. Hitlers Revision von Versailles unter dem Jubel der Deutschen

1. Erwartungen

Im Vorfeld der Reichstagswahlen vom 31. Juli 1932, bei denen die NSDAP zur zweitstärksten Partei wurde, erschien eine kleine, für die Wähler aber bedeutsame Orientierungsschrift mit dem Titel: »Was wir vom Nationalsozialismus erwarten.«[1] Die Antworten der 20 mehr oder weniger NS-affinen befragten Honoratioren kreisten nicht so sehr um wirtschaftliche oder parteipolitische Probleme. Weltwirtschaftskrise, Arbeitslosigkeit usw. spielten nur eine nebensächliche Rolle. Entscheidend war die Hoffnung bzw. die Erwartung, dass Hitler und die Nationalsozialisten den »Parteizwist« überwinden würden, Deutschland wieder zur außenpolitischen Freiheit verhelfen und die 1918/19 verlorene Ehre wiederherstellen sollten. Und dies im Rahmen einer »Volksgemeinschaft«, die immer wieder als erstes Anliegen genannt wurde. So erklärte Albert Mirgeler, ein aufstrebender katholischer Publizist und Leiter der Abteilung »Volksbildung« im Innenministerium, seinen Herzenswunsch, dass der NS die Begriffe »deutsch« und »christlich« wieder zur Deckung bringen werde. Und daran wolle man entschieden mitarbeiten.[2]

Der protestantische Theologe, Kirchenhistoriker und Pfarrer Heinrich Forsthoff forderte den NS auf, seine Weltanschauung nicht zur Religion ausufern zu lassen. Andererseits sei Hitler unbedingt wählbar, denn: »Der evangelische Christ bejaht den politischen Gehalt der nationalsozialistischen Bewegung, denn Volkstum und Volksgemeinschaft erkennt er als positive Werte an.«[3]

Ein anderer Autor verlangte vor allem, dass man endlich die Versailles-Frage offensiv ausfechten solle. Es dürfe keine deutschen »Vorleistungen« für einen friedlichen Ausgleich mit den ehemaligen Kriegsgegnern mehr geben. Und die Außenpolitik des NS

> *»wird Autorität, Vertrauen, innere Sicherheit genug haben, in zäher Geduld, oft mehr mit passiven als aktiven Mitteln, Stein um Stein in den Gefängnismauern von Versailles zu lockern und niemals wieder um der Prosperität, des augenblicklichen Friedens und Behagens willen einem notwendigen Kampf ausweichen.«*[4]

Wilhelm Stapel, Kunsthistoriker und Husserl-Schüler, der aber nach 1918 zum Radikalantisemiten geworden war, stellte u. a. »Forderungen zur Kulturpolitik«. Alle pazifistischen Lehrer sollten unter dem NS entlassen und Juden ohnehin »ausgesondert« werden. Vor allem aber schlug er Folgendes vor:

> *»An dem verfluchten Tag des verfluchten Friedensschlusses von Versailles findet in allen Schulen eine Gedenkfeier der verlorenen Freiheit statt. Die Artikel, welche die Souveränität des deutschen Staates verletzen, sind vorzutragen.«*[5]

Das war natürlich eine radikale Forderung, wie sie sich in den anderen Beiträgen nicht findet. Gleichwohl lässt diese Stellungnahme von intellektuellen und wissenschaftlichen Experten unschwer erkennen, als wie drückend der Friedensschluss von 1919 und seine Konsequenzen für

Deutschland nach wie vor empfunden wurden, obwohl doch »objektiv« zu diesem Zeitpunkt die finanziellen Verpflichtungen und Lasten von »Versailles« fast abgetragen waren.

Ein ganz ähnliches Bild ergeben die umfangreichen und immer wieder hochinteressanten Notizen, die der amerikanische Journalist Hubert Renfro Knickerbocker auf einer Deutschlandreise 1932 aufzeichnete und zunächst in den USA unter dem Titel »German Crises« veröffentlichte, woraus in der deutschen Übersetzung ein »Deutschland so oder so« wurde, mit aufgemaltem Hakenkreuz und Hammer mit Sichel auf dem Titelblatt.[6]

Schutzumschlag des Buches von H. R. Knickerbocker.

Knickerbocker war in ganz Deutschland herumgereist, um sich ein Bild von der Stimmung der Bevölkerung, der sozialen Situation und den politischen Auseinandersetzungen in dieser Krisenzeit zu machen. Er ging genauso in Obdachlosenasyle, wie er bei hohen Herren, etwa Bohlen und Halbach bei Krupp in Essen, oder bei dem rechtsradikalen Franz Ritter von Epp zu Gast war, und sogar in München ein langes Interview mit Hitler führen durfte.

Farbenkräftig schildert er die Konsequenzen der Arbeitslosigkeit in den Jahren seit 1930 und die daraus folgende Radikalisierung. Unvergesslich, wie er in einer Kreuzberger Kneipe sitzt und sich mit Menschen unterhält, die nicht einmal Geld für ein einziges Bier haben und auch im »Männerhaus« keinen Unterschlupf finden, weil dort eine Übernachtung 50 Pfennig kostet (S. 7). Ausführlich werden die permanenten Schlägereien zwischen Kommunisten und Nazis beschrieben, bei denen es inzwischen auch zu Körperverletzungen mit Todesfolge oder einfachen Morden komme. Jeder hasse den anderen so unerbittlich, wie die Deutschen früher England gehasst haben, schließt Knickerbocker lakonisch. Und:

> *»Für das Ausland ist es jedoch wichtig zu beachten, daß die 12 Millionen Nationalsozialisten und die 6 Millionen Kommunisten zwei Objekte des Hasses gemeinsam haben: die Sozialisten und den Versailler Vertrag. […] Sowohl Nationalsozialisten wie Kommunisten hassen, wie übrigens die gesamte Bevölkerung Deutschlands, den Versailler Vertrag.« (S. 29)*

Weiter schildert er einen sehr angespannten Diskussionsabend zwischen Kommunisten und Nazis:

> *»Über das Geräusch der Zwischenrufe erhob sich der Schlußsatz, den der [kommunistische] Redner mit vorbedachter Bosheit seinen nationalsozialistischen Zuhörern entgegenschleuderte: ›Wollt ihr*

wissen, wann der Versailler Vertrag zerrissen sein wird? Wenn von Wladiwostok bis zum Rhein die rote Flagge weht und an der französischen Grenze eine rote Armee steht.‹«

Der NS-Redner entgegnete wutentbrannt:

»Wir werden mit Frankreich erst verhandeln, wenn Deutschland unter dem Nationalsozialismus stark genug geworden ist, um sich alles zurückzuholen, was uns genommen worden ist, unsere nationale Selbstachtung, unsere nationalen Rechte. Wir werden den Versailler Vertrag auch ohne rote Armee zerreißen.«

Und der Redner schloss mit einem kräftigen: »Heil, Heil Hitler« (S. 31).

In einer Weimarer Suppenküche für Bedürftige erklärt ein arbeitsloser Lehrer dem Amerikaner ausführlich, was er von einer Hitlerregierung erwarte. In der langen Liste stehen folgende Punkte an erster Stelle:

»1. Hitler wird den Versailler Vertrag zerreißen; 2. Hitler wird den Franzosen sagen, sie sollen sich die Tributgelder in der Hölle holen gehen; 3. Hitler wird die allgemeine Militärdienstpflicht wieder einführen und das alte deutsche Heer mit mindestens 600.000 Mann wieder aufstellen; 4. Frankreich wird es nicht wagen, auch nur das geringste gegen uns zu unternehmen. Sollte es aber das Rheinland zu besetzen versuchen, so werden wir die Franzosen hinauswerfen.« (S. 81f.)

In Heidelberg besucht er die Universität, erlebt die Dominanz des NS im studentischen Milieu, denn »von den 4000 Heidelberger Studenten gehören 60–70 Prozent Organisationen an, die von den Nationalsozialisten beherrscht werden« (S. 182). All diese jungen Leute haben nichts mehr zu tun mit dem verlorenen Krieg und werden bald die politische Bühne beherrschen. Sie werden deshalb auch nicht mehr 55 Jahre lang unter den Folgen des Young-Plans leiden wollen und sehr bald eine Revolte dagegen starten: »Die Jugend Deutschlands hat in dem Ausspruch Hitlers eine Formel gefunden, die ihr zusagt: ›Wir lehnen nichts ab, was wir unterzeichnet haben; wir haben Versailles nicht unterschrieben.‹« (S. 184)

Im Übrigen – so schließt Renfro Knickerbockers Buch – seien »99 %« der Deutschen überzeugt, 1914 bis 1918 einen Verteidigungskrieg geführt zu haben. Und was die Reparationen angehe, so seien die Nazis zwar die Lautstärksten, doch:

> *»Die wahre Bedeutung der nationalsozialistischen Forderungen liegt aber darin, dass sie die Forderungen einer überwältigenden Mehrheit der Deutschen sind. […] Alle Parteien Deutschlands haben trotz der brudermörderischen Feindschaft, die zwischen ihnen herrscht, ein gemeinsames Ziel: die Befreiung vom Versailler Vertrag.« (S. 224)*

Natürlich sind »99 %« eine recht pauschale Zahl. Aber viel genauer wissen wir auch heute noch nicht, was die Deutschen über Hitler und den NS gedacht haben. Es gab noch keine systematische Meinungsforschung und nach 1933 wurde in den damaligen Medien nur publiziert, was der Partei gefiel. Auch die vielen Fotografien und Filmszenen mit enthusiastischen Menschen und Massen sind nicht überzeugend, zumal man nicht weiß, wie viel in den »begeisterten« Gesichtern Sublimation von Furcht und Anpassungszwang war.

2. Der »Führer« spricht vom Frieden

Es gibt jedoch einige wenige Quellen, die gezielt auf die Entwicklung der öffentlichen Meinung in Deutschland achteten. Dies sind vor allem die SOPADE-Berichte und die »Meldungen aus dem Reich«. SOPADE ist die Kurzform von Sozialdemokratische Partei Deutschlands, und es handelt sich um regelmäßige Berichte, welche die Führung der Exil-SPD zunächst in Prag, ab 1938 dann in Paris publizierte.[7] Die »Meldungen aus dem Reich«, nämlich die geheimen Lageberichte des Sicherheitsdienstes der SS, umfassen den Zeitraum 1938 bis 1944.[8] Auch sie sind problematisch, weil nicht entscheidbar ist, wo Wunschdenken der Verfasser oder Anordnungen höherer Stellen eine Rolle spielten und was authentische Beobachtung der Volksmeinung war. Hinzu kommen noch die sogenannten Gestapo-Berichte, die von 1933 bis 1936 für den preußischen Ministerpräsidenten und Innenminister Hermann Göring angefertigt wurden, sowie eine Reihe örtlicher Untersuchungen aufgrund von Polizei- und Verwaltungsakten.[9]

Es gab eine Reihe Gründe, warum die Deutschen nach 1933 Hitler zujubelten. Kershaw nennt als hauptsächliche Motive seinen Kampf gegen den »Marxismus« und die Eingrenzung der seit 1933 unkontrolliertes Chaos verbreitenden SA. Im Übrigen sei es »auch« um die Revision von Versailles gegangen.[10] Das ist eine nicht sachgerechte Verschiebung der Gewichtung. Denn es waren gerade die offensichtlich direkt mit »Versailles« zusammenhängenden Fragen der Saarabstimmung 1935 und der Einmarsch deutscher Truppen ins entmilitarisierte Rheinland im März 1936, die einen Jubelsturm auslösten, den die SOPADE-Berichte durchaus wehmütig kommentierten. Es erwies sich nämlich, dass die so häufige anfängliche Hoffnung aller Emigranten, dass der »Nazi-Spuk« bald ein Ende haben werde, trügerisch war.[11] Im Gegenteil, Hitler saß seit der Saarabstimmung und der »Befreiung« des Rheinlands sehr fest im Sattel, und die Deutschen, auch die Nichtnazis, jubelten ihm scharenweise zu.

Hitler habe es insgesamt »in genialer Weise« – so die SOPADE! – verstanden, das deutsche Versailles-Trauma anzusprechen und dessen Heilung versprochen. Dies umso mehr, als seine Außenpolitik vor der breiten Öffentlichkeit niemals mit deutschen Eroberungszielen, sondern immer nur mit der Wiederherstellung des durch den Versailler Vertrag verstümmelten Landes und der beschädigten deutschen Ehre begründet werde. So habe er es geschafft, ganz allgemein als glühender Patriot, aber auch als Mann des Friedens eingeschätzt zu werden.[12] Das schien bereits seine Rede vom 17. Mai 1933 vor dem Reichstag zu beweisen, wo es Hitler angeblich darum ging, »den Frieden in der Welt zu sichern«.[13] Die Rede begann direkt mit einer ausführlichen Kritik des Versailler Vertrages, der unbedingt revidiert werden müsse, weil es nicht gelungen sei, durch die territoriale Neuordnung eine Situation zu schaffen, wo »die Volksgrenzen sich mit den Staatsgrenzen deckten«. Nur eine so geartete Neuordnung Europas

> *»wäre geschichtlich jene Lösung gewesen, die mit dem Blick in die Zukunft vielleicht für Sieger und Besiegte die Blutopfer des großen Krieges als doch nicht ganz vergebliche hätte erscheinen lassen können, weil durch sie der Welt die Grundlagen für einen wirklichen Frieden gegeben worden wären.«*

Überdies habe der Völkerbund versagt, weil er nicht die militärisch Schwachen gegen die weiter aufrüstenden Siegermächte schütze. Die »Wehrlosmachung« der Besiegten müsse ein Ende finden. Dann aber warnte Hitler ausdrücklich vor neuen gewaltsamen Konflikten, die nur dazu führen könnten, dass Europa »im kommunistischen Chaos« versinke:

> *»Es ist der tiefernste Wunsch der nationalen Regierung des Deutschen Reiches, eine solche unfriedliche Entwicklung durch aufrichtige und tätige Mitarbeit zu verhindern. […] Indem wir in grenzenloser Liebe und Treue an unserem eigenen Volkstum hängen,*

respektieren wir die nationalen Rechte auch der anderen Völker aus dieser selben Gesinnung heraus und möchten aus tiefernstem Herzen mit ihnen in Frieden und Freundschaft leben.«[14]

Der Maler Lyonel Feininger kommentierte diese Rede in einem Brief an seine Frau Julia folgendermaßen:

»Und ganz hingerissen, vollbegeistert bin ich von Hitlers Rede vor dem Reichstage – vor der Welt! – Habe ich nicht tausendmal gefragt, warum steht denn keiner endlich auf und verkündet von höchster, öffentlicher Stelle, was Millionen wissen und was keiner bis jetzt ausgesprochen hat: woran die Schuld für die Verelendung der ganzen Welt liegt? […] Für alle Zeit muss diese Rede Hitler's als höchste Leistung dastehen, ein Monument der Gesinnung, wie sie so absolut und einmütig noch niemals von einem Volke verkündet wurde […]. Wer kann sich dieser Begeisterung heute noch entziehen, über eine derartige große Tat!«[15]

Am 14. Oktober 1933 hielt Hitler die erste Rundfunkrede seit der Machtergreifung, die über alle deutschen Sender übertragen wurde. Er gab hier die Absicht Deutschlands bekannt, aus dem Völkerbund auszutreten – was noch durch eine Volksabstimmung bestätigt werden sollte. Auch in dieser Rede ging es hauptsächlich um den Weltkrieg, den Versailler Vertrag und dessen Folgen. Das deutsche Volk sei 1914 nur in den Krieg eingetreten, weil es »heilig überzeugt« war, »zu Unrecht angegriffen und damit zu Recht im Kampfe zu sein«. Der Friedensvertrag von 1919 aber habe keinen wirklichen Frieden geschaffen, sondern »Hass und Feindschaft« zementiert. Es müsse aber heute darum gehen, »dass nicht durch eine unnatürliche Verewigung der Begriffe ›Sieger‹ und ›Besiegte‹ eine ewige Rechtsungleichheit entsteht«. Wenn das Ausland skeptisch gegenüber dem neuen Staat sei, so müsse es wissen, dass dieser nur einen einzigen Feind habe, nämlich den Kommunismus:

»Indem die nationalsozialistische Bewegung Deutschland vor dieser drohenden Katastrophe zurückgerissen hat, rettete sie nicht nur das deutsche Volk, sondern erwarb sich auch ein geschichtliches Verdienst um das übrige Europa.«

Und direkt an Frankreich gewendet – wo solche Tonart der Rettung Europas vor dem Bolschewismus durchaus schon eine ziemliche Anhängerschaft hatte[16] – fuhr Hitler fort, dass er dem Regierungschef Edouard Daladier für seine »Worte des Geistes eines versöhnlichen Verstehens« danke, für die ihm »unzählige Millionen Deutsche innerlich dankbar sind«. Auch habe das deutsche Volk großen Respekt vor den französischen Soldaten des Weltkriegs und:

»Es würde ein gewaltiges Ereignis für die ganze Menschheit sein, wenn die beiden Völker einmal für immer die Gewalt aus ihrem gemeinsamen Leben verbannen möchten.«

Leider aber, so Hitler zum Abschluss dieser Rede, seien die anderen Großmächte nicht bereit, eine Gleichberechtigung Deutschlands beim Völkerbund und in der Abrüstungskonferenz anzuerkennen, und man drohe sogar mit gewaltsamem Einschreiten gegen deutsche Rüstungsbestrebungen. Das aber sei Deutschlands unwürdig und er werde sich dies mit einer Volksabstimmung über den Austritt aus dem Völkerbund bestätigen lassen. Auf diese Weise wolle er der ganzen Welt zeigen, »dass die Friedensliebe der Regierung genauso wie ihre Ehrauffassung Friedenssehnsucht und Ehrbegriff des ganzen Volkes ist«.

Diese Rede war ein interessantes Gemisch aus Beteuerung der Friedfertigkeit und Drohung, was aber damals offensichtlich den Geist der Zeit in Deutschland traf. Frieden – ja! Aber nur ein Frieden der Ehre. Leider gibt es die SOPADE-Berichte erst ab dem Frühjahr 1934. Diese so wichtige Rede vom 14. Oktober 1933 hatte jedenfalls das Vertrauen in Hitler nicht nennenswert zerstört. Die ersten Exilberichte vom April/Mai 1934 zeigen dies in aller Deutlichkeit. Zwar war überall schon Unzufriedenheit mit der braunen Diktatur zu spüren, denn die Selbstherrlichkeiten der örtlichen NS-Bonzen erregten viel Widerwillen, aber schon vernehmbar war das dann später so prägende »Wenn das der Führer wüsste«. Hitlers Nimbus hatte noch keine nennenswerten Brüche erlitten:

> *»Im Allgemeinen kann man feststellen, dass Adolf Hitler von der Kritik ausgenommen wird, man gesteht ihm ehrliches Wollen zu.«*[17]

Und einen Monat später:

> *»Mit Ausnahme einiger Berichte wird übereinstimmend gemeldet, dass Hitler noch immer große Verehrung genießt.«*[18]

Hitler hat in den ersten Jahren seiner Herrschaft noch einige andere bemerkenswerte »Friedens«-Reden gehalten, auf die aber hier nicht weiter eingegangen werden soll.[19]

3. Hitlers außenpolitische Erfolge

Die Analyse der SOPADE-Berichte bestätigt und ergänzt vielfach die von Kershaw und Stöver eingebrachten Ergebnisse.[20] Hervorzuheben ist vor allem, dass laut den gesammelten Beobachtungen die Bevölkerung den Radau-Antisemitismus ablehnte und sehr froh über Hitlers gewaltsame Entmachtung der SA war. Der Parteivorstand in Prag beklagte sogar anlässlich der Aufrüstung der Reichswehr eine »unkritische Verhimmelung« Hitlers überall im Lande.[21] Der Anti-Versailles-Komplex sei eben im deutschen Volk zutiefst verwurzelt, und überall zeige man sich hocherfreut über die Geschicklichkeit, mit der Hitler die Schuldkomplexe der Alliierten im Hinblick auf den Friedensschluss von 1919 ausnütze. Hitlers außenpolitische Erfolge wurden von der Bevölkerung noch 1938 als ein Triumph Deutschlands und nicht als ein Erfolg des Nationalsozialismus gewertet.

Ein interessantes Beispiel hierfür sind die Erinnerungen des Historikers Reinhart Koselleck. Dessen Familie sei strikt gegen Hitler und den NS eingestellt gewesen. Aber er selbst habe als Jugendlicher »den ganzen Aufstieg der Hitler'schen Außenpolitik mit Begeisterung verfolgt«. Nur die Besetzung Tschechiens habe er als »Wortbruch« empfunden.[22]

Besondere Bedeutung hatte hier die Abstimmung im Saargebiet vom 13. Januar 1935 über die künftige Zugehörigkeit der Saar zu Frankreich oder Deutschland oder als weiter dem Völkerbund unterstehendes Gebiet, wie es im Versailler Vertrag vorgesehen war. Diese Abstimmung konnte als Pulsmessung des Willens der Bevölkerung angesehen werden, denn im Unterschied zum Deutschen Reich gab es im Saarland ja noch vollständige Meinungsfreiheit, niemand musste befürchten, für öffentliche Äußerungen gegen Hitler oder den NS eingesperrt zu werden. Allerdings gab es eine aufwendige Wahlkampfagitation der Deutschen Front, ein Bündnis von Nationalsozialisten und anderen rechten Gruppen, unter dem Slogan »Deutsch ist die Saar – immerdar!«. Mehr als 90 Prozent der Bevölkerung stimmten für einen Beitritt des Saargebiets zum Deutschen Reich, trotz der von Emigrantenseite und französischen Medien hervorgehobenen Judenverfolgung, der Konzentrationslager und anderen Scheußlichkeiten des NS-Regimes. Offensichtlich interessierte die Menschen allein, dass nunmehr der Versailler Vertrag an einer für ihr tägliches Leben so zentralen Stelle aufgehoben worden war. Die SOPADE-Berichte zu diesem Ereignis klingen ziemlich deprimiert. Als eine der ersten Reaktionen auf die Abstimmung, für die man auch den mangelnden politischen Sachverstand der Saarländer anführte, hieß es: »Die allgemeine Auffassung, dass der Saarsieg die Stellung Hitlers gefestigt hat, bewirkte eine gewisse Niedergeschlagenheit unserer Anhänger.«[23]

Der Einmarsch der Wehrmacht ins Rheinland am 7. März 1936 war wohl das risikoreichste Husarenstück der Hitler'schen Außenpolitik vor 1940, denn hier verbanden sich, wie nirgends sonst, Innen- und

Außenpolitik. Das Rheinland war im Versailler Vertrag auf Dauer entmilitarisiert worden. Um das französische Sicherheitsbedürfnis zu stillen, wurde hier eine Pufferzone zwischen Deutschland und Frankreich eingerichtet. 1925 war diese Regelung im Vertrag von Locarno ausdrücklich bestätigt worden. Wenn irgendwo mit einem militärischen Eingreifen Frankreichs gerechnet werden musste, dann im Fall des einseitigen Bruches dieser Abkommen. Und die französische Armee war zu diesem Zeitpunkt noch um ein Vielfaches stärker als die trotz aller geheimen Rüstungen seit 1933 erst im Aufbau befindliche Wehrmacht.

Die Nerven der NS-Verantwortlichen waren deshalb zum Zerreißen gespannt, aber Hitler ging dieses gewaltige Risiko ein, wohl wissend, dass bei einem Fehlschlag sein gesamtes Herrschaftssystem wahrscheinlich zerbrechen würde.

Allerdings waren die internationalen Rahmenbedingungen für Hitlers Coup sehr günstig, denn seit dem Herbst 1935 hatte der italienische »Duce« Mussolini begonnen, Abessinien, das spätere Äthiopien, zu erobern, ein Krieg, der Hunderttausende von Toten forderte, aber ohne Eingreifen der Westmächte blieb, obgleich Abessinien Mitglied des Völkerbundes war.[24] Von englischer Seite gab es einige inoffizielle Bekundungen, dass man aus der Rheinland-Frage keinen *casus belli* machen werde, zu tief war auch dort inzwischen die Meinung verankert, dass der Versailler Vertrag ungerecht gegenüber Deutschland gewesen sei.[25] Sicherlich ließ sich die Öffentlichkeit nicht für eine militärische Aktion gegenüber Deutschland gewinnen, solange Hitler nur sein eigenes Gebiet zurückholte.

Was Frankreich angeht, so gibt es den ausführlichen Memoirenbericht des Generalinspektors des Heeres, General Maurice Gamelin, über die innermilitärischen und politischen Beratungen nach Auslösung der Krise. Man habe sich schließlich zum Nichteingreifen entschieden, »weil sowohl die englische als auch die französische öffentliche Meinung sich als jeglichem Konflikt gegenüber abgeneigt zeigten«. Auch habe Frankreich von England die Zusage erhalten, dass man eingreifen werde, falls Deutschland sich nicht mit der Besetzung des Rheinlandes begnüge, sondern auch Frankreich angreife.[26]

Hitler hatte offensichtlich richtig erkannt, dass die Westmächte aus dieser Frage keinen Krieg machen würden, zumal inzwischen besonders in Frankreich ein vollständiger, aus unterschiedlichen Wurzeln gespeister Radikalpazifismus vorherrschte.[27] Zwar war die französische Armee hinsichtlich Ausrüstung mit Flugzeugen, Artillerie und Panzern dem deutschen Heer weit überlegen, aber seit dem Bau der Maginot-Linie 1929 war auch klar, dass sich Frankreich für den Kriegsfall auf eine ganz überwiegend defensive Strategie einrichtete, die Armee also kaum noch als Instrument der Diplomatie würde einsetzen können.

Nach dem geglückten Einmarsch ins Rheinland war Hitler geschickt genug, nicht etwa mit weiteren Kraftgebärden oder Drohungen vorzugehen, sondern erneut seinen radikalen Friedenswillen in den Vordergrund zu stellen:

> *»Das nationalsozialistische Deutschland will den Frieden aus tiefinnersten weltanschaulichen Überzeugungen. Es will ihn weiter aus der einfachen primitiven Erkenntnis, dass kein Krieg geeignet sein würde, das Wesen unserer allgemeinen europäischen Not zu beheben. […] Deutschland braucht den Frieden, es will den Frieden.«*[28]

Der Einmarsch ins Rheinland brachte dann auch den Höhepunkt nationaler Hochstimmung. Wie stark diese »Befreiung«, d. h. die Remilitarisierung und vollständige Rückgliederung in das Deutsche Reich, auf die Bevölkerung wirkte, zeigt der Bericht der SOPADE:

> *»Die Tatsache, dass der Rheinlandbesetzung keine energische Gegenaktion der Westmächte gefolgt ist, hat in den Reihen der Oppositionellen starke Depression hervorgerufen. Hitler gelingt einfach alles, sagt man, und manche noch nicht ganz begrabene Hoffnung auf den Sturz des Regimes von außen her, ist erneut tief enttäuscht worden.«*[29]

Ein weiterer gelungener Akt im Zuge der »Revision« von Versailles war der »Anschluss« Österreichs im März 1938, auf den hier nicht näher einzugehen ist. Die Begeisterung der Deutschen war allerdings lange nicht mehr so groß wie im Fall der Rheinland-»Befreiung«. Die in diesem Fall überaus ausführlichen SOPADE-Berichte geben einen guten Eindruck in das Hin und Her der öffentlichen Meinung zwischen Kriegsfurcht und Freude über diesen neuerlichen großen Erfolg:

> *»Zusammenfassend kann gesagt werden, dass die Stimmung der Bevölkerung von einer staken Depression beherrscht war. Es war kein Vergleich mit 1914. Wäre es in diesem Augenblick zum Kriege gekommen, so wäre die Stimmung alles andere als für das Regime günstig gewesen. Dabei muss man aber bedenken, dass das Regime selbst nichts unternahm, um die Leidenschaften anzustacheln.«*

Und deshalb sei nach Hitlers Einzug in Linz wieder Ruhe und große Zuversicht eingekehrt:

> *»Im Volke selbst ist der Stimmungsumschwung nicht so sehr durch den Anschluss Österreichs ausgelöst worden als durch die Tatsache, dass es nicht zum Krieg gekommen ist. Groß ist aber auch die Bewunderung, die man Hitler entgegenbringt: ›Er ist halt doch ein Kerl.‹«*[30]

Anschließend verdunkelte sich die Stimmung etwas, weil mit der »Sudetenkrise« die Angst vor einem Zusammenstoß mit den Westmächten anwuchs. Deshalb wurde dann das Münchener Abkommen von 1938 wiederum mit Erleichterung aufgenommen. Und der Einmarsch in Polen löste zwar keine Begeisterung mehr aus, aber die Deutschen blieben bei ihrer etablierten Überzeugung, dass Hitler das Menschenmögliche getan habe, den Krieg zu verhindern, und so weit wie möglich versucht habe, eine neue »Einkreisung« – ein uraltes deutsches Trauma – zu vermeiden.[31] Der Sieg über Frankreich im Juni 1940 brachte dann den Höhepunkt der Beliebtheit des »Führers«, wie weiter unten genauer gezeigt werden wird.

4. Reinszenierungen des Ersten Weltkriegs durch das NS-Regime

Hitlers außenpolitische Erfolge sind in der Geschichtsschreibung vielfach ausführlich dargestellt worden und müssen hier nicht im Einzelnen ausgeführt werden. Um zu verstehen, warum die Deutschen Hitler so sehr zujubelten, bedarf es aber auch einer Untersuchung der Inszenierungen bzw. Reinszenierungen des Krieges. Die Traumalösung gelang nicht nur durch die außenpolitischen Erfolge, die unbezweifelbar waren, aber prekär blieben, weil niemand wissen konnte, wie sich die europäischen Mächte, Sowjetrussland und die USA hierzu auf Dauer verhalten würden. Hitlers Politik, die insgesamt auf Massenunterstützung bzw. Konsens aufbaute und auch nur auf diese Weise so erfolgreich sein konnte, wurde begleitet von einer regelrechten Reinszenierung des Ersten Weltkriegs auf allen Ebenen. Und dies vor allem diente der tiefen Legitimation seiner Führung. Hitler musste der einfache Soldat des Weltkriegs bleiben, denn sein Charisma beruhte darauf, dass der »Führer« einer der Millionen einfachen Feldgrauen gewesen und geblieben war, was beweisen sollte, dass die NS-Bewegung wirklich ganz aus den Tiefen des Volkes stammte.

Auch die Schuldlosigkeit Deutschlands am Ausbruch des Ersten Weltkriegs war nach wie vor erklärungs- und bestätigungsbedürftig, denn eine vorrangige Aufgabe hatte der NS ja immer darin gesehen, die »Ehre Deutschlands« wiederherzustellen – und das musste auch den Jugendlichen und Kindern der 1930er Jahre, welche die Diskussion um Kriegsschuld und »Versailles« nicht erlebt hatten, vermittelt werden.[32] Alle diese Gesichtspunkte gilt es zu berücksichtigen, denn anders lässt sich nicht erklären, warum das NS-Regime auch nach der »Machtergreifung« einen so großen Wert auf die weitere »Aufarbeitung« des Weltkriegs legte, wie an einigen Beispielen gezeigt werden soll. Diese Struktur gilt es auch zu entschlüsseln, um die fortdauernde Begeisterung der Deutschen und den Respekt des Auslandes für die Taten Hitlers in ihrer Tiefendimension zu begreifen.

a) »Hitler in der Menge«[33]

Es wurde oben dargestellt, wie stark Hitler in seinen Reden das »Augusterlebnis« von 1914 thematisierte, und immer wieder versicherte, er könne und werde den Deutschen ein ewiges Augusterlebnis bescheren.

Wie ein Sinnbild dieses Verhältnisses erscheint eines der bekanntesten Bilder aus dem August 1914, nämlich ein Foto vom Odeonsplatz in München. In der offensichtlich enthusiastischen Menge kann man – glaubt man der beigefügten Ausschnittsvergrößerung – einen jungen Mann erkennen, der ebenfalls freudig erregt den Hut schwenkt. Dieses Foto soll Adolf Hitler zeigen, der damals in München lebte und nach eigener Aussage in der Menschenmenge auf dem Odeonsplatz zugegen war und offensichtlich in die allgemeine Begeisterung für die Mobilmachung miteinstimmte. So wurde das Bild in der NS-Propaganda auch publiziert und kommentiert: Der »Führer« war der Mann aus der Menge, der einfache Volksgenosse, dessen Charisma und Führungsanspruch genau dieser Identität entsprang.

Kein Wunder also, dass dieses Bild mit Hitler auf dem Odeonsplatz am 2. August 1914 als »emblematisches« Bild immer wieder reproduziert worden ist.[34] Es gibt kaum einen Bildband zu 1914, in dem es sich nicht finden ließe. Werner Maser hat dieses so unscharfe Bild begeistert verlebendigt: »Auf dem Foto […] ist zu erkennen, dass seine Augen leuchten und dem freudig erregten Gesicht geradezu einen merkwürdigen Glanz verleihen«.[35] Und Guido Knopp ist in seiner

Fernsehserie von 1999 über das 20. Jahrhundert so weit gegangen, das Foto zu digitalisieren und sogar »in Bewegung« zu setzen, sodass man glauben könnte, eine authentische Filmaufnahme von 1914 vor sich zu haben. Auch die historische Forschung hat sich immer wieder auf dieses Bild gestützt.[36] Ian Kershaw hat im ersten Band seiner Hitlerbiografie auf die besondere Bedeutung dieses Bildes für die Begründung des Führermythos hingewiesen, war aber auch von dessen Authentizität überzeugt.[37]

Allerdings hat niemand jemals das Original des Bildes sehen können. Die mir bekannten zeitgenössischen und in Zeitungen publizierten Fotos, die sich im Münchener Stadtarchiv befinden, haben jeweils andere Perspektiven auf die Menschenmenge vom Odeonsplatz. Im »Großen Bilderatlas des Weltkrieges« von 1915 wird zum ersten Mal ein Bild von der Menge am Odeonsplatz veröffentlicht. Da dieses von Heinrich Hoffmann aufgenommen wurde, der damals ein Münchener Pressefotograf war und einige Jahre später zu Hitlers »Leibfotografen« werden sollte, bestand die Hoffnung, das Original dieses Fotos im Hoffmann-Nachlass der Münchener Staatsbibliothek zu finden.[38] Aber auch dort befindet es sich nicht unter den insgesamt sechs archivierten Aufnahmen der Szenerie des Odeonsplatzes. Dadurch wird der Verdacht bestärkt, dass Hoffmann das Gesicht eines beliebigen jungen Mannes in der Menge ein wenig retuschiert hat, sodass die Person Hitler ähnlich sieht. Weiterhin ist verdächtig, dass in diesem Bestand der Staatsbibliothek auch vergrößerte und erkennbar retuschierte Abzüge des Bildes vorhanden sind. So ist ganz offensichtlich Hitlers Haarsträhne manipuliert worden, die auf manchen Hervorhebungen im Medaillon des Hitlergesichtes zu erkennen, auf anderen hingegen retuschiert ist.

Die bislang bekannte erste Veröffentlichung des Bildes erfolgte in der von Goebbels geleiten Parteizeitschrift, dem *Illustrierten Beobachter*, am 12. März 1932, also einen Tag vor der Wahl des Reichspräsidenten, wo Hitler gegen Hindenburg antrat! Wie Bernd Sösemann, dem wir den Hinweis auf diese Quelle verdanken, gezeigt hat, war es Goebbels seit der Young-Debatte im Spätherbst 1929 besonders daran gelegen, den NS in die soldatische Tradition einzugliedern, also dieses Feld der Kriegserinnerung nicht den soldatischen Verbänden, etwa dem Stahlhelm oder dem Reichsbanner, zu überlassen. Die Bildunterschrift feierte Hitler folgendermaßen:

> *»Adolf Hitler, der deutsche Patriot: Als am 1. August 1914 Zehntausende von Münchenern auf dem historischen Boden vor der Feldherrnhalle ergriffen den Klängen der letzten Standmusik lauschten, da brandete plötzlich das Deutschlandlied über den Platz. Mitten in der Menge stand mit leuchtenden Augen – Adolf Hitler. Wenige Tage später setzte er den Treueschwur vor der Feldherrnhalle in die Tat um und wurde deutscher Soldat.«*[39]

Erste Fassung des 1932 publizierten angeblichen Fotos von Hitler in der Menge des Münchener Odeonsplatzes, 2. August 1914.

In der Zeit nach 1933 wurde dieses »emblematische« Bild öfters veröffentlicht, zuerst im *Völkischen Beobachter* vom 31. Juli 1934.[40] Hier ist das Bild vom Odeonsplatz mit dem Vergrößerungsmedaillon reproduziert. Das Bild hat hier die Legende: »Tausende singen am 2. August 1914 vor der Feldherrnhalle in München ›Die Wacht am Rhein‹. Unter ihnen einer, den noch keiner kennt – der unbekannte Soldat des Weltkrieges.« Weitere Verbreitung fand es in dem 1935 publizierten Bildband »20 Jahre deutscher Geschichte in Bildern«.[41] Mit der 1936 erschienenen Sonderausgabe des *Illustrierten Beobachters* mit dem Titel »Adolf Hitler. Ein Mann und sein Volk« erhielt es dann die größte Verbreitung. In dieser Illustrierten berichtet Hoffmann, wie es zu diesem Bild gekommen war und wie es – angeblich – von Hitler wiederentdeckt wurde:

> *»Oben auf der Feldherrnhalle auf der Brücke der Löwen stand ich und fotographierte […]. 15 Jahre später. Auf meinem Schreibtisch liegt zufällig ein Bild von diesem Geschehen. Da kommt unerwartet Besuch – Adolf Hitler. Er sieht das Bild liegen. ›Was ist das für ein Bild‹? – ›Es ist der 1. August 1914*[42]*‹. – Der Führer betrachtet das Bild aufmerksam und sagt: ›Da müsste eigentlich auch ich zu sehen sein. Hier auf dem Teil des Platzes stand ich.‹ [Nach einigem Suchen findet Hoffmann die belichtete Glasplatte wieder]: aufgeregt gleitet die Lupe über den Abzug hin. Nur ganz kurz brauche ich zu suchen, da steht einer, ja, er ist es, sein Haar fällt in die Stirne. Begeistert singt er ›Die Wacht am Rhein‹. Sein Gesicht kann nicht täuschen, er ist es, und jeder, der das Bild sieht, sagt dasselbe. Ich rufe beim Führer an, und als er kommt und das Bild sieht, sagt er: ›Ja, Hoffmann, das bin ich. Wie freue ich mich, dass gerade Sie es waren, der mich damals schon fotographierte.‹«*[43]

Das ist eine hübsch erzählte und mythogene Geschichte, die Hoffmann aber wohl aus guten Gründen nicht mehr in seine Lebenserinnerungen aufgenommen hat.[44] Abgesehen von den nachgewiesenen späteren »Korrekturen« des Bildes gibt es noch einen weiteren deutlichen Hinweis, dass es sich hier schlicht um eine Fälschung handelt. Denn in derselben Ausgabe des *Illustrierten Beobachters* von 1936, in dem sich dieses August-14-Bild befindet, gibt es noch ein zweites Foto zum Thema »Hitler in der Menge«. Diesmal handelt es sich um eine Menschenmenge, die in München im Winter 1919/20 zum »Protest gegen Versailles« zusammengekommen war. Die Bildlegende sagt: »Ein Redner spricht vom Dach des Lenbach-Brunnens zur Menge. Unter ihr wiederum Adolf Hitler, der Mann, der berufen war, in jahrelangem, erbitterten Ringen das deutsche Volk von den Schmachbedingungen des Versailler Vertrages zu befreien.« Auch hier ist Hitler im Ausschnitt deutlich zu erkennen. Entweder war er also auch in dieser Menge oder die Fälschungskunst von Hoffmann und anderen wurde ein zweites Mal eingesetzt.

Diese beiden Bilder von »Hitler in der Menge« wurden ab 1936 auch in die Dauerausstellung des Berliner Zeughauses, welches weitgehend zu einem Weltkriegsmuseum umfunktioniert wurde, großformatig ausgestellt, was sicherlich ihrer absoluten Glaubwürdigkeit diente.[45]

So wollten die Nazis schon immer, und besonders seit der Machtergreifung, ihren »Führer« darstellen: Als den unbekannten Soldaten des Ersten Weltkriegs im eigentlichen Sinne. Ein einfacher Gefreiter, der dann aus der Empörung über Kapitulation, Revolution und »Schandfrieden« das Wort ergriff und das aussprach, was alle Deutschen zutiefst anrühren sollte und auf Dauer auch tat: Der Nationalsozialismus verstand sich als eine Wiederauferstehung der wahren Gemeinschaft des deutschen Volkes vom August 1914 und seine elysische Mission war es, die dort gefundene nationale Einmütigkeit und Begeisterung für die deutsche Sache zu einem Dauerzustand zu machen.[46] Jeffrey Verhey hat in seiner inspirierenden Geschichte des Augusterlebnisses gezeigt, wie die Machtübernahme ab dem Januar 1933 für die Öffentlichkeit immer wieder als schließliche Realisierung des August 1914 dargestellt wurde.

Auch der »Tag von Potsdam«, der Händedruck zwischen Hindenburg, dem Weltkriegshelden und Präsidenten der Republik, und dem zum Kanzler Deutschlands ernannten einfachen Soldaten des Weltkriegs und Führer des Nationalsozialismus wurde sogar in Predigten als weitere und endgültige Realisierung des »Geistes von 1914« gepriesen.[47] Nichts konnte die Deutschen mehr von der Legitimität des neuen »Dritten Reiches« überzeugen als diese Herleitung aus dem Geist des August 1914.

b) Die »Kriegsschuldlüge« wird zur Schulpflicht

Die Zurückweisung der Kriegsschuld bzw. der »Alleinschuld« am Ausbruch des Ersten Weltkriegs hatte Innen- und Außenpolitik der Weimarer Republik weitgehend bestimmt.[48] Und die Nationalsozialisten hatten von Anfang an gegen die vorgebliche Nachgiebigkeit der republikanischen Politiker protestiert, die bereit waren, eine Teilschuld Deutschlands am Entstehen des Krieges zuzugestehen. Hitler und andere Wortführer der »Bewegung« waren hierin ganz eindeutig: Deutschland habe 1914 einen reinen Verteidigungskrieg geführt und nicht die geringste Schuld für den Kriegsausbruch auf sich geladen.[49]

Wie sehr diese gesamte Frage die Menschen auch 1933 noch beschäftigte, mag die bekannte Szene der Sitzung des Reichstags am 23. März über das Ermächtigungsgesetz zeigen, wo Hitler wieder einmal so ausführlich auf die Kriegsschuld zu sprechen kam und Otto Wels im Namen der sozialdemokratischen Fraktion die so ungemein mutige Rede hielt, dass man dieser Ermächtigung nicht zustimmen werde, obwohl und wenngleich man voller Respekt sei für die Hitler'sche Außenpolitik in Sachen Revision des Vertrages, die man selbst ja auch schon seit 1919 immer wieder verlangt habe. Hitlers zornbebende Antwort »Spät kommt Ihr, aber Ihr kommt« und die folgenden Ausführungen, dass die Sozialdemokratie als Regierungspartei doch wirklich lange genug Zeit gehabt habe, diese Revision konkret zu betreiben, zeigt, wie ungemein starke Emotionen die Kriegsschuldfrage auch 1933 noch auf allen Seiten erregte. Natürlich darf das Geschrei der Straße und dürfen die omnipräsenten SA-Männer nicht vergessen werden, wenn man Handeln und Reden in jenen Monaten des Umbruchs beurteilt, aber das Einverständnis der SPD ging ja dann noch weiter: Auch in der letzten Reichstagssitzung vom 17. Mai 1933 stimmten die linken Abgeordneten Hitlers Ausführungen über die notwendige Revision von Versailles voll zu, obwohl sie wussten, dass sie bald vor der braunen Flut würden weichen müssen.[50]

Es hat den Anschein, dass es mit der Machtübernahme des NS 1933 auch einen neuen Impuls für die doch seit 1919 unermüdlich diskutierte Kriegsschuldfrage gab. Hier nur einige signifikante Beispiele:

Genannt sei ein besonders verwunderlicher Beitrag zur Kriegsschuldfrage. Es handelt sich um die akademische Antrittsvorlesung des 1935 an die Universität Berlin berufenen Historikers Werner Frauendienst, welcher er für die Publikation im Jahre 1936 den Titel »Versailles und die Kriegsschuld« gab. Frauendienst war ein schon damals bekannter und auch nach 1945 noch aktiver Historiker.[51] In dieser Antrittsvorlesung betonte er, dass zwar durch die »Wiederherstellung der deutschen Wehrhoheit« 1936 wesentliche Teile des Versailler Diktats erledigt seien, dass aber der Kriegsschuldartikel immer noch Geltung habe. Gerade Adolf Hitler und seine Partei hätten sich seit der ersten Versammlung der NSDAP am 24. Februar 1920 dem »Aufstand des deutschen Volkes gegen seine Vergewaltigung, Entrechtung und Wehrlosigkeit […] auf die Fahne geschrieben«. Und am Ende des Vortrags hieß es wieder:

»Der Führer und Reichskanzler kämpft mit seiner Friedenspolitik um die Überwindung von Versailles […]. Noch erheben sich im Auslande immer wieder die Stimmen der ewig Gestrigen, die vor Deutschland, dem ›Unruheherd‹ und ›angriffslustigen Friedensstörer‹ warnen und sich dabei der doppelten Kriegsschuld-These bedienen. Aber das neue Deutschland hat die Durchsetzung des Rechts im Völkerleben auf seine Fahne geschrieben, und sie wird voranschreiten. Das ist unser Glaube.«[52]

Wesentlicher aber als solche Äußerungen alter Kämpfer oder NS-Neophyten war, dass unmittelbar nach der Machtergreifung die Jugend, insbesondere die Hitlerjugend, gezielt mit der Kriegsschuldfrage konfrontiert wurde, denn vor 1933 war die Hitlerjugend für diese »alten« Fragen nicht zu interessieren. Wie Arndt Weinrich überzeugend gezeigt hat, gab es einen seit Mitte der 1920er Jahre anhaltenden Dissens zwischen der NS-Jugend und den »alten Kämpfern« über die Bedeutung des Weltkriegs für die Bewegung. Bis 1933 zeigte sich immer wieder, dass die Jugend nicht willens war, sich den Idealen der alten Parteimitglieder unterzuordnen. Die genaue Untersuchung der Publikationen und Presse der HJ zeigt insgesamt »die relative Zurückhaltung der NS-Parteijugend in der Frage des Weltkriegsgedenkens«.[53] Zwar war seit Anfang der 1930er Jahre auch hier das allgemein gestiegene Interesse am Weltkrieg spürbar, aber »die ganze ›Kampfzeit‹ hindurch, und auch darüber hinaus, stand das revolutionäre Sendungsbewusstsein der NS-Aktivisten tendenziell der heroisierenden Überhöhung der ›Frontkämpfer‹-Generation entgegen«.[54]

Da es aber der Parteileitung genau auf die Verbindung von Weltkriegsgedenken und NS-Aktion ankam, wurde mit einer Vielzahl von Aktivitäten versucht, doch wieder eine Gemeinsamkeit herzustellen, u. a. auch, damit der »Friedens«-Diskurs Hitlers nicht durch zu radikale Forderungen, wie sie vonseiten der HJ immer wieder vorgetragen wurden, gestört werde.

So wurde bereits im April 1933 das »Taschenbuch zur Kriegsschuldfrage« von Hans Draeger, 1928 erschienen, neu aufgelegt, diesmal mit einem Vorwort des »Reichsjugendführers« Baldur von Schirach.[55]

Draegers kurze Darstellung war keineswegs allein auf dem Markt. Ebenfalls 1933 erschien eine Schrift im Umfang von mehr als 100 Seiten über die Behandlung der Schuldfrage im Schulunterricht.[56] Auch Alfred von Wegerer, der unermüdliche Herausgeber der Zeitschrift *Die Kriegsschuldfrage*, publizierte 1933 einen neuen Beitrag zur »Kriegsschuldforschung«, dem er als Vorwort »Friedens-Worte Adolf Hitlers« beigab, wo einige charakteristische Äußerungen von Hitler zum Frieden gesammelt wurden, u. a.:

> *»Der Welt gegenüber aber wollen wir, die Opfer des Krieges von einst ermessend, aufrichtige Freunde sein eines Friedens, der endlich die Wunden heilen soll, unter denen alle leiden.«*[57]

Auch die Lehrpläne für den Geschichts- und Deutschunterricht wurden ab dem März 1933 dementsprechend korrigiert bzw. akzentuiert.[58] Schon im Frühjahr 1933 wurde in mehreren Ländern verfügt, unabhängig von den bestehenden Lehrplänen »in den ersten 4–6 Wochen das Stoffgebiet, das die Jahre 1918/1933 umfasst, zu behandeln«.[59]

Kurz nach der Machtergreifung erhielten die Schulen zudem einen ministeriellen Erlass, dass allen Schülern ein Auszug aus dem Versailler Vertrag auszuhändigen sei. Und am 4. September 1933 teilte das Bayerische Kultusministerium dem Innenminister mit, dass man einen Bedarf von 761 000 Exemplaren habe.[60] Schließlich erfolgte noch eine Verfügung des Reichsministers für Wissenschaft, Erziehung und Volksbildung, Bernhard Rust, vom 17. Juli 1935:

> *»Der Frontgeist des Weltkrieges und seine höchste Tat – der Tod für Volk und Vaterland – sind bleibende Grundlagen des Dritten Reiches. Jenen Geist in der Jugend zu wecken und zu pflegen, muss die*

gesamte Erziehung bestrebt sein. Ich ersuche Sie daher, an den Schulen ihres Amtsbereiches darauf zu halten, dass die Erinnerung an jenes Fronterleben und das Gedächtnis an unsere gefallenen Brüder in der Jugend wach erhalten bleibt und zu helfender Tat wird.«[61]

Dies war keine periphere Meinungsäußerung, sondern die Skizze eines Programms, welches in den folgenden Jahren immer stärker institutionalisiert wurde. Noch die 1938 veröffentlichten Lehrpläne der höheren Schulen hoben die Bedeutung des Weltkriegs programmatisch hervor: Auf allen Klassenstufen sollte u. a. »Das Volk als Schicksals- und Kampfgemeinschaft« behandelt werden. Für die erste Gymnasialklasse wurde verfügt: »Erzählungen aus dem Weltkrieg und dem nationalsozialistischen Kampf«; in der zweiten Klasse ging es um »Erzählungen aus der deutschen Geschichte, besonders aus dem Weltkrieg«; in der dritten Klasse schließlich war als Thema vorgeschrieben: »Weltkrieg und Kampfzeit. Draufgängertum und Manneszucht, Frauenschicksale daheim und draußen.«[62]

c) Kriegsausstellungen

Den Nationalsozialisten war es offensichtlich das stärkste Anliegen, die Erinnerung an den Weltkrieg hochzuhalten, dem Tod der Kriegsgefallenen einen neuen Sinn zu geben und schließlich einen Geist zu schaffen, der – um das obige Zitat des Bildungsministers Bernhard Rust aufzunehmen – »in der Jugend wach erhalten bleibt und zu helfender Tat wird«, der also zu neuer Kampf- und Kriegsgesinnung führen sollte.

Genau diesem Ziel dienten neben den neu errichteten oder modifizierten Weltkriegsdenkmälern, die ich wegen ihres »Übergangscharakters« bereits etwas weiter oben beschrieben habe, auch die vielen Kriegsausstellungen, die von den Nationalsozialisten ab 1933 veranstaltet wurden.

Kriegsausstellungen hatte es bereits vor 1933 gegeben, insbesondere in den Aufbruchsjahren nach 1929, aber diese waren nahezu ausschließlich von »privater« Seite veranstaltet worden und hatten insbesondere die Verdun-Schlacht von 1916 in Form von Dioramen und Schlachtfeldreliefs präsentiert. Führend dabei war der Stahlhelm, was ein Zeichen dafür ist, dass sich diese Ausstellungen vor allem an die Weltkriegssoldaten wendeten. Der Weimarer Staat hingegen vermied es weitgehend, selbst Weltkriegsausstellungen zu organisieren. Das ist ein weiteres starkes Indiz dafür, wie sehr den Verantwortlichen daran gelegen war, den ohnehin so viel Streit auslösenden Weltkrieg nicht noch weiter zu aktualisieren. Allerdings hatte es hier 1931 einen Einschnitt gegeben, weil mit dem Erwachen des allgemeinen Interesses am Weltkrieg im Berliner Zeughaus[63] eine »Weltkriegsabteilung« eröffnet wurde, was einen ungewohnten Besucherzustrom zur Folge hatte.[64]

Seit der Machtergreifung des NS wurden gerade diese Weltkriegsausstellungen im ganzen Land gefördert bzw. vom Regime selbst inszeniert. Zu den größenwahnsinnigen Projekten gehörte neben der »Soldatenhalle« und dem »Triumphbogen«[65] auch ein gigantisches »Deutsches Weltkriegsmuseum«, welches in Berlin errichtet werden sollte und dessen Grundsteinlegung für den August 1939 geplant war, was dann wegen des Kriegsausbruchs nicht realisiert werden konnte.[66] Ab 1934 wurden im ganzen Deutschen Reich neue Kriegsmuseen erbaut und schon bestehende, die aber im Dornröschenschlaf versunken schienen, wieder eingerichtet.[67] Großformatige Dioramen und Reliefs des Schlachtfeldes ermöglichten es den Besuchern, darunter ja auch sehr viele Weltkriegssoldaten, wohl zum ersten Mal die ganzen Dimensionen des Schlachtgeschehens zu sehen und somit ein wenig aus der »Grabenperspektive« herauszutreten und einen Blick auf den Krieg als Ganzes zu gewinnen.

Mit der Wiedereinführung der allgemeinen Wehrpflicht 1935 als zentralem Bestandteil der »Wehrhaftmachung« der deutschen Jugend wurde die Weltkriegsabteilung des Zeughauses so sehr vergrößert, dass sie mehr als ein Drittel der Gesamtfläche dieses riesigen Baus einnahm. Christine Beil hat für die Zeit von 1934 bis 1939 nicht weniger als zehn verschiedene Weltkriegsausstellungen im Zeughaus ausmachen können, die zum Teil sehr publikumswirksam gestaltet waren, wie etwa die Ausstellung »Schicksal einer Fronttruppe«, die im Juli/August 1936 gezeigt wurde. Bemerkenswert, neu und modern war auch, dass in den Ausstellungen ausdrücklich der Kontakt mit dem Publikum gesucht wurde. Es gab kaum Absperrungen, die Besucher und Besucherinnen konnten sich im Innenhof des Museums die dort ausgestellten modernen deutschen Geschütze aus der Nähe ansehen, sie sogar erklettern.[68]

Am 13. Mai 1933 wurde als Dépendance der Stuttgarter Weltkriegsbücherei ein Museum im nahe gelegenen Schloss Rosenstein mit einem Umfang von nicht weniger als 15 Sälen eröffnet. Dieses ebenfalls sehr gut besuchte Museum stellte in einer Broschüre seine Zielsetzung folgendermaßen vor:

> *»Dieses Kriegsmuseum war nur dann vollständig und umfassend, wenn auch der tragisch erschütternde Ausgang des Weltkrieges, der durch die unterirdische Propaganda, Verrat und Zermürbung bewirkte Novemberzusammenbruch 1918, der Diktatfrieden von Versailles mit seinen erbarmungslosen Paragraphen und unsinnigen Reparationsforderungen, die friedlosen Jahre der Nachkriegszeit […] in Wort und Bild lebendig gemacht wurden.«*

Und zum Schluss dieser Selbstdarstellung hieß es:

> *»Und doch erblickt der Besucher dieses Museums, nachdem er Bilder deutscher Not und Schmach wie eine Höllenzone durchschritten, am Ende von 15 Ausstellungssälen deutsches Morgenrot. Bilder vom neuen DRITTEN REICH weisen in eine schönere Zukunft, wo Deutschland wieder stark, frei und geachtet sein wird im Ring der Nationen.«*[69]

Neu und ganz der auf »Frieden« ausgerichteten Propaganda des NS in jenen Jahren entsprechend wurde gänzlich auf hasserfüllte Feindbilder verzichtet, die ja vielen Besuchern und Besucherinnen noch aus der Zeit des Krieges und den Nachkriegsjahren genauestens vertraut waren. Die französischen und britischen Soldaten hatten nun keine Fratzen mehr! Man kann nicht ausschließen, dass gerade durch diese Art von kollektiver Besänftigung gegenüber etablierten Feindbildern die Hasspropaganda in Ausstellungen wie »Der ewige Jude« sowie »Entartete Kunst« umso aufdringlicher war, aber auch als umso »wahrer« erscheinen konnte. Zudem wurde in diesen Kriegsausstellungen streng darauf geachtet, dass das Kriegserlebnis, so grausig auch die konkrete Schilderung sein mochte, immer in den Zusammenhang der Kraft und des Mutes des echten Frontsoldaten mit dem »stahlharten« Gesicht gestellt wurde. Und immer wieder wurde die Geburt der Volksgemeinschaft in der Frontgemeinschaft des Weltkriegs beschworen.

5. Inszenierung der Friedfertigkeit: die Frontkämpfertreffen 1936–1938

Schon seit Ende der 1920er Jahre hatten sich ehemalige deutsche und französische Frontsoldaten zu gemeinsamen Gedenkveranstaltungen getroffen. Ab 1934 begann auch der NS, Einfluss auf dieses Aufeinanderzugehen der ehemaligen Kriegsgegner zu nehmen. Das ging weniger von Hitler selbst aus, der anfänglich solche Begegnungen ablehnte, sondern von seinem Stellvertreter Rudolf Hess, dem an ebensolchen Verbindungen sehr gelegen war und der den »Führer« schließlich auch von der Opportunität solcher Begegnungen überzeugen konnte.[70] Initial für eine konkrete Planung war eine Rede von Rudolf Hess im Juli 1934:

> *»Wir Soldaten auf allen Seiten fühlen uns frei von der Verantwortung für den letzten Krieg. Wir wollen gemeinsam kämpfen, eine*

neue Katastrophe zu verhindern […], wir wollen gemeinsam bauen am Frieden.«[71]

Das 1935 unter Leitung von Otto Abetz, »Frankreich-Referent« des Reichsjugendführers Baldur von Schirach und späterer Botschafter in Paris, gegründete »deutsch-französische Komitee« sollte vor allem das grundsätzliche Misstrauen der französischen Militärs und Politiker gegenüber dem NS abbauen helfen. Durch seine engen Verbindungen nach Frankreich gelang es Abetz, die miteinander konkurrierenden linken und rechten Frontkämpferverbände Frankreichs zu einem gemeinsamen Kriegsgedenken mit den deutschen Verdun-Kämpfern zu bewegen.[72]

Dies mündete dann in den »Friedensschwur« von Verdun, als sich am 12. und 13. Juli 1936 die Delegationen der teilnehmenden Nationen zunächst in Verdun trafen, dann zum »Ossuaire«, dem Beinhaus von Douaumont, pilgerten, wo die Gebeine von mehr als 150 000 deutschen und französischen nicht identifizierten Soldaten verwahrt werden. Die wohl 300 Mann starke deutsche Delegation trat geschlossen unter der Hakenkreuzfahne an, was aber offensichtlich keinerlei Proteste hervorrief.[73] Alle zusammen bekräftigten ihren unbedingten Friedenswillen mit dem folgenden Schwur:

»Weil diejenigen, die hier und anderwärts liegen, in den Frieden der Toten eingetreten sind, nur um den Frieden der Lebenden zu begründen, und weil es uns unheilig wäre, künftighin zuzulassen, was die Toten verabscheut haben, deswegen schwören wir, den Frieden, den wir ihrem Opfer verdanken, zu bewahren und zu wollen.«[74]

Am 4. Juli 1937 kam es dann in Freiburg i. Br. zu einem weiteren Treffen. Es wurde meisterlich inszeniert und von der Bevölkerung der Stadt sowie den aus Frankreich und Deutschland herbeigeströmten Frontkämpfern mit großer Inbrunst gefeiert.[75] Freiburg ging unter in einem Meer von Girlanden, Hakenkreuzfahnen und NS-Emblemen, aber auch den Farben Frankreichs und der an den Feiern beteiligten militärischen Einheiten. Die französischen Veteranen wurden schon am Bahnhof von einer großen Menschenmenge begeistert begrüßt. »Reichskriegsopferführer« Hanns Oberlindober, selbst Schwerverwundeter des Krieges, rief den »Kameraden von der anderen Seite des Rheins« entgegen:

> *»Der deutsche und der französische Soldat sind die besten auf der Erde, und wenn die beiden zueinanderstehen, dann sind diese zwei stärker als alle anderen.«*

Vom Bahnhof aus zog man via Adolf-Hitler-Straße und Schlageter-Straße (heute Bertoldstraße und Leopoldring) zum Ehrenmal des 113er Regiments am Stadtgarten. Auf dem Wege hingen überall Fahnen und Transparente mit Aufschriften wie »Die alten Frontsoldaten zeigen der Jugend den Weg des Friedens«. Bei einem Empfang vor dem Hotel »Römischer Kaiser« hielt Oberlindober eine weitere Rede, in der er die deutsche Doktrin bekräftigte:

> *»Wir sind heute stark in Waffen und Gesinnung. Jetzt können wir ehrenvoll vom Frieden sprechen.«*

Die Franzosen sprachen in ihren Reden indessen niemals von Kraft und Waffen als Weg zum Frieden, sondern einfach von dem unbändigen Friedenswillen aller *anciens combattants*. Sie wussten noch nicht, dass die Deutschen unter »Frieden« etwas anderes verstanden als sie selbst.

Zusammen sandte man auch ein Telegramm an den »Führer und Reichskanzler Adolf Hitler«:

> *»Die Frontsoldaten sind sich einig ihrem Wollen und ihrer Arbeit für die Verständigung ihrer Völker und für den Frieden.«*

Postwendend ließ Hitler antworten:

> *»Den zum Frontsoldatentag in Freiburg versammelten deutschen und französischen Frontsoldaten danke ich für die Grüße, die ich in kameradschaftlicher Gesinnung herzlich erwidere.«*

Abends wurden die Franzosen dann wieder feierlich verabschiedet – man versprach, sich bald wieder zu treffen.

Und so geschah es auch. Am 24. Oktober 1937 reisten nicht weniger als 1500 Freiburger Weltkriegssoldaten nach Besançon, wo sie auf ca. 2000 französische *anciens combattants* trafen. Auch hier gab es wieder Bekenntnisse zum Frieden aus tiefstem Herzen. Man versammelte sich vor einer französischen Nationalflagge und der Hakenkreuzfahne sowie einer Leinwand, auf der nur PAX geschrieben stand. Auf einem weiteren Bild sieht man eine große Menschenmenge vor einem riesigen Plakat, auf welchem die Worte des Friedensschwurs von Verdun 1936 wörtlich wiederholt werden.[76]

Es kam dann noch zu einer weiteren Begegnung, nämlich im Olympiastadion von Berlin, wo am 1. August 1937 ca. 100 000 deutsche Frontkämpfer an einem Treffen des NS-Kriegsopferverbandes teilnahmen und zu dem auch ausländische Delegationen angereist waren. Der Leiter der französischen Delegation, Henri Pichot, hielt eine Grußansprache in deutscher Sprache für die »deutschen Kameraden«. Es wurde die Marseillaise gespielt, für welche sich die deutschen Frontsoldaten erhoben. Wie Holger Skor zutreffend folgert, muss eine solche Geste als aufrichtige Sympathiekundgebung gewertet werden. Das Einspielen der Marseillaise im Olympiastadion war ein sehr ungewöhnlicher Akt vor diesem Publikum und ein starkes Zeichen, dass der Nationalsozialismus die französische Nation ehrte und die Erinnerung an den Krieg zur Friedensstiftung nutzen wollte.[77]

Der Appell an die Friedenssehnsucht der Menschen, gemischt mit dem großen Stolz über »Deutschlands Aufstieg« und die wieder errungene politische und militärische Gleichwertigkeit – all das, so schien es, konnte dem europäischen Frieden dienen. Das große Missverständnis zwischen Deutschen und Franzosen wurde 1937 erst vage gespürt, aber noch nicht thematisiert. Es zeigte sich indessen bald, dass dem französischen unbedingten »A bas la guerre« aufseiten der meisten Deutschen kein ebenso eindeutiges »Krieg dem Kriege« folgte, sondern die Bereitschaft zum »bewaffneten Frieden« zwischen den Großmächten, mit der Option für Krieg, solange der »Schandfrieden« von 1919 noch nicht völlig getilgt war. Sehr viele der jubelnden Menschen wussten aber nichts von großgermanischen Expansionsabsichten. Sie waren zufrieden mit dem, was ihr »Führer« bislang für Deutschlands Wiederaufstieg geleistet hatte, und glaubten hoffnungsvoll, dass hier die Grundlage für einen Frieden in Ehre gelegt wurde.

Genau dies war aber keineswegs Hitlers Absicht. Er war ja auch beherrscht von der Vorstellung, dass die Deutschen ein »Volk ohne Raum« seien, dass die 65 Millionen Deutschen expandieren müssten, um angemessen leben zu können. Diese Forderung findet sich in »Mein Kampf« und in sehr vielen seiner Reden. Vor Militärs und NS-Vertrauenspersonen hatte er schon des Öfteren erklärt, dass die Aufrüstung einer radikalen Ostexpansion des Deutschen Reiches dienen müsse. So bereits am 3. Februar 1933 wenige Tage nach seiner Ernennung zum Kanzler:

> *»Wie soll politische Macht, wenn sie gewonnen ist, gebraucht werden? Jetzt noch nicht zu sagen. Vielleicht Erkämpfung neuer Export-Mögl., vielleicht – und wohl besser – Eroberung neuen Lebensraums im Osten u. dessen rücksichtslose Germanisierung.«*[78]

Angesichts solcher Überzeugungen und Vorplanungen ist es bemerkenswert, dass es Hitler bis 1938 gelang, diese Absichten vor der Öffentlichkeit geheim zu halten. Es wurde ja gezeigt, wie sehr seine Reden auf Friedfertigkeit bzw. Bewahrung des europäischen Friedens ausgerichtet waren und wie sehr er die Menschen davon zu überzeugen wusste.

In der großen Reichstagsrede vom 30. Januar 1937, in der er mehr als drei Stunden lang die Erfolge des Regimes seit 1933 deklamierte, betonte er die »Wiederherstellung der deutschen Gleichberechtigung«, womit er besonders die Wiederaufrüstung und die Rückkehr des Rheinlandes zu Deutschland benannte. Das mündete aber in eine regelrechte Kündigung des Kriegsschuldartikels des Versailler Vertrages:

> *»Ich ziehe damit aber vor allem die deutsche Unterschrift feierlichst zurück von jener damals einer schwachen Regierung wider deren besseres Wissen abgepressten Erklärung, dass Deutschland die Schuld am Kriege besitze!«*[79]

Es erfolgte keine Reaktion der Westmächte auf diese Herausforderung. Im Gegenteil: Der französische Botschafter in Berlin, André François-Poncet, ging in seinem ausführlichen Bericht vom 2. Februar 1937 zwar darauf ein, gab aber seiner Meinung Ausdruck, dass dieser Passus der Rede nur die ganz unbedingten Nazis erfreue. Denn der Artikel 231 des Vertrages sei doch durch die französische Regierung schon 1931 zurückgezogen worden:

> *»Die Tirade des Kanzlers hatte also nur symbolische Bedeutung, sie war lärmend, aber überflüssig, und man konnte daraus auf einen fortdauernden Geist von andauernder Feindschaft und Rachsucht schließen.«*

Das war offensichtlich eine Verniedlichung seitens des Botschafters, denn es gibt in den Archiven der Französischen Republik keine Spur einer solchen Konzession schon 1931, wie die Herausgeber des diplomatischen Aktenwerkes konstatieren.[80]

Der Bruchpunkt der Hitler'schen Friedensrhetorik kam dann 1938. Nachdem Hitler bereits am 5. November 1937 die Führung der Wehrmacht über seine Eroberungspläne unterrichtet hatte,[81] verkündete er nach der Besetzung des »Sudetenlandes« am 10. November 1938 die aggressive Dimension seiner Politik in einer Geheimrede vor den wichtigsten Vertretern der deutschen Presse:

> *»Die Umstände haben mich gezwungen, j a h r z e h n t e l a n g fast nur vom Frieden zu reden. Nur unter der fortgesetzten Betonung des deutschen Friedenswillens und der Friedensabsichten war es mir möglich, dem deutschen Volk Stück für Stück die Freiheit zu erringen und ihm die Rüstung zu geben, die immer wieder für den nächsten Schritt als Voraussetzung notwendig war. Es ist selbstverständlich, daß eine solche jahrzehntelang betriebene Friedenspropaganda auch ihre bedenklichen Seiten hat; denn es kann nur zu leicht dahin führen, daß sich in den Gehirnen vieler Menschen die Auffassung festsetzt, daß das heutige Regime an sich identisch sei mit dem Entschluß und dem Willen, den Frieden unter a l l e n Umständen zu bewahren. […] Der Zwang war die Ursache, warum ich jahrelang nur vom Frieden redete. Es war nunmehr notwendig, das deutsche Volk psychologisch allmählich umzustellen und ihm langsam klarzumachen, daß es Dinge gibt, die, wenn sie nicht mit friedlichen Mitteln durchgesetzt werden können, mit Mitteln der Gewalt durchgesetzt werden müssen.«*[82]

VIII. Epilog: Verdun 1940: »Und ihr habt doch gesiegt«

Die Begeisterung der Deutschen für ihren »Führer« wuchs im Laufe der 1930er Jahre in dem Maße, wie es ihm gelang, die verschiedenen territorialen Beschränkungen Deutschlands durch den Versailler Vertrag Stück um Stück zu beseitigen – ohne dafür Krieg führen zu müssen. In der Zeit nach dem »Anschluss« Österreichs 1938 hatte es allerdings einige Schwankungen in der Stimmung gegeben, denn man wusste ja, dass es nun nicht mehr um Restitutionen, sondern um Eroberungen ging. Die Furcht vor einem europäischen Krieg beherrschte die Deutschen seitdem mehr und mehr. Und als Hitler diesen Krieg mit dem Überfall auf Polen am 2. September 1939 tatsächlich auslöste, war in Deutschland keineswegs ein »Aufbruch« wie 1914, keinerlei »August-Stimmung« zu spüren.[1] Es folgte ein langes Dreivierteljahr der angespannten Stille, nachdem England und Frankreich als Garantiemächte Polens Deutschland den Krieg erklärt hatten, ohne ihn allerdings in die Realität umzusetzen. So herrschte einstweilen nur an der Ostfront Krieg, der von den ungeheuren Verbrechen an der polnischen Bevölkerung und insbesondere dem Beginn der systematischen Ermordung der Juden begleitet wurde.

Im Westen aber begann der Krieg erst konkret mit dem 10. Mai 1940 und der Besetzung Hollands und Belgiens ab dem 15. Mai. Dem folgten die Abschnürung des englischen Expeditionskorps bei Dunkerque

(»Dünkirchen«), der rapide Vorstoß durch Flandern mit der Operation »Sichelschnitt« und der unerwartet rasche Vormarsch auf Paris ab dem 26. Mai. Innerhalb weniger Tage wurden die zuvor als unbezwingbar angesehenen französischen Festungsanlagen – die sogenannte Maginot-Linie – von den deutschen Panzern und Flugzeugen umgangen. Paris konnte am 14. Juni kampflos besetzt werden und Hitler ließ es sich nicht nehmen, unter dem Eiffelturm zu posieren. Die vielfältigen Gründe für dieses Überranntwerden der Franzosen sollen hier nicht weiter erläutert werden, auch nicht die Frage, wie weit die »Décadence« (Jean-Baptiste Duroselle) der Französischen Republik für den Mangel an Kampfkraft des Heeres und die Paniken der Zivilbevölkerung mitverantwortlich waren. Jedenfalls zeigte sich, dass die rein defensive militärische Organisation auf allen Ebenen in keiner Weise geeignet war, den deutschen Vormarsch zu stoppen. So gelang in wenigen Tagen die Eroberung der restlichen Westfront. Bereits am 17. Juni war die »Panzergruppe Guderian« über Verdun hinaus bis zur Schweizer Grenze vorgestoßen, und am 22. Juni wurde schließlich in Compiègne der Waffenstillstand zwischen Deutschland und Frankreich unterzeichnet.

Verdun und Compiègne waren neben Versailles, Langemarck und wenigen anderen Orten die Namen, die 1940 noch am stärksten aus dem Ersten Weltkrieg nachhallten. Die Berichte des Sicherheitsdienstes der SS, die ab 1938 teilediert sind, zeigen sehr deutlich, wie groß die Erleichterung in Deutschland war und wie ungeheuer die Bewunderung für den »Führer« wurde, der es hier offensichtlich geschafft hatte, den Ersten Weltkrieg endlich doch noch zu gewinnen. Am 14. Mai 1940 wurde gemeldet, dass die Grundstimmung der Bevölkerung »fest und zuversichtlich« sei; am 16. Mai war von überall anzutreffendem »freudigen Stolz« über die rasche Überwindung der belgischen und französischen Festungsanlagen die Rede; am 20. Mai war die Zufriedenheit noch stärker gewachsen[2]:

»Es werden Vergleiche zum [Ersten] Weltkrieg gezogen, wobei von Seiten der älteren Generation geäußert wird, dass es damals auch

anders ausgegangen wäre, wenn sie eine solche Führung gehabt hätten.«[3]

In der letzten Maiwoche waren die SD-Berichte weniger optimistisch, weil sich der Krieg nach allgemeinem Empfinden »etwas in die Länge« zöge. Man höre immer wieder Weltkrieg-I-Soldaten sagen, dass die Franzosen halt keine Polen seien und eine rasche Kapitulation wohl kaum zu erwarten sei. Aber die Siege in Flandern schufen dann neue Hoffnung auf ein baldiges Ende des Krieges im Westen. Zuversichtlich wurde berichtet, dass die Bevölkerung die ständig eintreffenden Radiosondermeldungen mit Ungeduld erwarte. Auch die Wochenschauvorführungen würden überrannt, denn die Menschen erhielten dadurch ein genaues Bild von den Frontereignissen, da ja die Reporter und Filmteams quasi an vorderster Front arbeiteten.[4] Und nach der kampflosen Übergabe von Paris erfolgte der Sturm auf Verdun:

»Wie ein Wunder bestaunte man die erfolgreiche Erstürmung Verduns in so unglaublich kurzer Zeit, war doch noch in aller Erinnerung, dass diese Festung im Weltkrieg monatelange erfolglos umkämpft wurde und über 300.000 Soldaten das Leben kostete.«[5]

Generalleutnant Karl Weisenberger, Chef der 21. Division, welche Verdun in einem Blitzangriff mit nur 200 Mann Verluste erobert hatte, hielt oben auf Fort Douaumont stehend eine Ansprache:

»Aus der Blutskameradschaft im Schlamm und Dreck und in den Trichtern vor Verdun ist der nationalsozialistische Geist geboren worden, der heute unser ganzes Volk durchdringt. Damals war es noch nicht soweit und deshalb konnten wir damals die Festung nicht nehmen. Jetzt aber hat die Dynamik unseres nationalsozialistischen Reiches, ihr Angriffsschwung, der unsere Truppen vorwärts trieb, uns endlich hineingeführt in die Stadt und auf die Zitadelle

> *von Verdun. Damit ist die Brücke geschlagen zwischen den alten Verdun-Kämpfern von 1916 und den jungen Eroberern der Festung Verdun von heute.«*[6]

Nicht von ungefähr erfolgte der Waffenstillstand am 22. Juni 1940 im Wald von Compiègne, genau an dem Ort, wo am 11. November 1918 die deutsche Niederlage besiegelt worden war. Hitler hatte ausdrücklich angeordnet, dass in dem dort seit 1927 ausgestellten Eisenbahnwaggon, in dem Marschall Foch die deutsche Delegation unter Erzberger empfangen hatte, die Besiegelung der französischen Niederlage genau auf dieselbe Weise, aber mit umgekehrten Rollen, durchzuführen sei. Und der »Führer«, der damals wirklich als »Größter Feldherr aller Zeiten« gefeiert wurde[7], kam selbst dorthin, verfügte die Entfernung des neben dem Waggon befindlichen Gedenksteins. Er nahm zwar zunächst auf dem Stuhl Platz, auf dem 1918 Marschall Foch gesessen hatte, nahm aber nicht an der Unterzeichnung der französischen Kapitulation teil. Das überließ er dem für diesen militärischen Erfolg verantwortlichen Generaloberst Keitel.

Jetzt war der Erste Weltkrieg wirklich siegreich beendet worden und die Emotionen waren überwältigend. Nach Abschluss des Waffenstillstandes hieß es am 27. Juni 1940 in den »Meldungen aus dem Reich«:

> *»Die stürmische Begeisterung der letzten Wochen hat sich angesichts der [...] jetzt eingetretenen Waffenruhe in eine mit stiller, stolzer Freude und Dankbarkeit für Führer und Wehrmacht gezeichnete Stimmung gewandelt. [...] An den Waffenstillstandsbedingungen wird grundsätzlich keine Kritik geübt, da man sie zu sehr als Werk des Führers empfindet und achtet, dem man in grenzenlosem Vertrauen das fernere Geschick Deutschlands in die Hände legt.«*[8]

Der *Völkische Beobachter* publizierte zu diesem Ereignis eine halbseitige Zeichnung, auf der ein Soldat des Zweiten Weltkriegs den aus ihrem

Schützengraben heraustretenden Kameraden die wehende Reichskriegsfahne überreicht. Die Unterschrift lautete: »Und ihr habt doch gesiegt«. Das war insofern eine bedeutende Erneuerung, als dieser Spruch zuvor ausschließlich auf die »gefallenen Kämpfer« des NS in der Zeit der Weimarer Republik angewandt worden war.[9] Erst jetzt, wo Hitler den Ersten Weltkrieg mit dem Sieg über Frankreich gewonnen hatte, fühlte sich wohl die NS-Bewegung ganz mit Deutschland identisch.

Illustration aus dem Völkischen Beobachter *nach dem Sieg über Frankreich 1940.*

Fazit

Abschließend sei hier eine kaum bekannte Anekdote aus der Zeit nach dem Sieg über Frankreich im Juni 1940 geschildert, nämlich die Suche der NS-Führung nach dem Original des Versailler Vertrages von 1919. Allerdings war dieses schon 1938 aus dem Quai d'Orsay ausgelagert und nach Kriegsbeginn im Schloss Rochecotte in der Touraine verwahrt worden. Dort wurde der Vertrag Mitte August 1940 endlich gefunden und per Kurier nach Berlin gebracht, wo er Hitler persönlich überreicht wurde. Zu den Reaktionen Hitlers ist nichts bekannt. Vielleicht wollte er Frankreich in diesem Moment nicht weiter demütigen, wo er auf die Kollaboration der Franzosen auch gegen England setzte. Das Dokument soll zunächst in dem nach Berlin transportierten Eisenbahnwaggon von Compiègne ausgehängt, 1944 nach Schlesien verbracht und dort sowjetischen Soldaten in die Hände gefallen sein. Näheres wissen wir nicht.[1]

Diese Schlussepisode zeigt anschaulich, welch große Bedeutung der Kampf gegen den Versailler Friedensvertrag von 1919 für die Nationalsozialisten auch nach der »Machtergreifung« behielt. Adolf Hitler hatte 1920 mit einigen wenigen Anhängern, zumeist Weltkriegssoldaten wie er selbst, eine Protestpartei gegen Umsturz und Republik gegründet. Das schreiende »Nein« der NSDAP zum Friedensvertrag und den dafür vorgeblich verantwortlichen jüdisch-bolschewistischen Verrätern wurde auch von vielen geteilt, die ansonsten nicht viel mit »Blut und

Boden«, »Rasse« und anderen »völkischen« Ansichten und Forderungen zu schaffen hatten.

Die Beseitigung des »Schandfriedens« von 1919 war und blieb bis zur »Machtergreifung« von 1933 das *Ceterum censeo* des Nationalsozialismus. Und dieses Versprechen war auch ein wichtiger Grund dafür, dass Hitler immer mehr Anhänger fand und zudem für die politische Rechte und weite Teile der Mitte ein möglicher Partner wurde. Die Gewalt, die von ihm ausging und mit der die Nazis ihre Ziele verfolgten, wurde allzu schnell als Reaktion auf kommunistische Straßengewalt angesehen, behaupteten die Nazis doch, dass sie alles nur für »Deutschland« täten. Und zudem hatte ihnen Hitler ja immer wieder verboten, Polizisten anzugreifen, weshalb sie meistens folgsam waren, wenn die Polizei eintraf.

Entscheidend für den Erfolg der NSDAP war wohl, dass es der Partei gelang, trotz ihrer Herkunft aus den alten Kämpfern der Weltkriegssoldaten und anderen Entwurzelten, auf Dauer zu einer Partei der Jugend zu werden, zu einer immer wieder »jungen« Partei.

Wie konnte ihr das gelingen? Es war in erster Linie das Versprechen, die in Parteienstreit und Interessengruppen zerfallende Weimarer Republik durch eine überparteiliche »Volksgemeinschaft« der Deutschen zu ersetzen. »Volksgemeinschaft« war ja ein Wunschbild, das in nahezu allen politischen Programmen der Weimarer Parteien einen zentralen Platz einnahm. Und viele, allzu viele, erkannten bis 1933 nicht, dass sich die Nazis darunter etwas qualitativ anderes vorstellten als sie selbst.

In dem Maße, wie die Kriegskinder zu Erwachsenen wurden und ab Ende der 1920er Jahre mehr und mehr in alle gesellschaftlichen und politischen Belange eingriffen, kam auch ein neuer Geist zum Vorschein. Es war dies ein Sendungsbewusstsein und Kraftgefühl, das nicht zuletzt danach strebte, die »Fesseln« von Versailles zu lösen, Deutschlands »Ehre« wiederherzustellen und den Kampfgeist zu stärken, um endlich die Verliererseite der internationalen Politik verlassen zu können. Und dazu gehörte schließlich auch, den Krieg von 1914/18 doch noch zu gewinnen.[2]

Zehn Jahre nach Kriegsende löste sich allmählich das Trauma des verlorenen Weltkriegs, man stellte Fragen zum Kriegserlebnis, zum Sinn des Todes von zwei Millionen deutschen Gefallenen. Auch hier standen die Nazis in vorderster Front, hatten sie doch schon seit 1920 das gefordert, was in nahezu jeder Hitlerrede Thema war und blieb: Es durfte doch nicht sein, dass diese Soldaten umsonst gefallen waren. Jetzt brach sich eine gewaltige Erinnerungs- und Besinnungswelle Bahn. Erich Maria Remarques Frage nach dem Sinn des Krieges, die Trauer um eine ganze Generation, die vom Krieg zerstört worden war, auch wenn sie ihn überlebt hatte, wurde aus vielen Richtungen aufgenommen, weiter ausgeführt und auch stark kritisiert. Hieraus ergoss sich dann ein breiter Strom der nationalen und soldatischen Kriegsliteratur. Und diese wollte den Deutschen vermitteln, dass die im Kriege umgekommenen Soldaten doch nicht umsonst gefallen waren. Im Gegenteil: Sie sollten der Kern eines neuen und starken Deutschlands sein, welches seine Kraft aus ihrem Opfer für das Vaterland gewonnen habe. Eine Kraft so groß, dass auch künftige »Stahlgewitter« ihr nichts würden anhaben können, schließlich sei doch im Kriege nicht das Material, sondern der Wille entscheidend. Eine Entschiedenheit, die sich im Topos des »stahlharten« Soldatengesichtes, das schon lange vor 1933 sehr verbreitet war, verdichtete.

Im Kult der jugendlichen Kraft und in der Reheroisierung der Weltkriegskämpfer verbanden sich auf unheilvolle Weise der Elan der Jugend und das, was Hitler und seine Gefolgschaft immer schon gepredigt hatten. Deshalb blieb die NSDAP zumindest bis 1933 eine »junge« Partei, nämlich eine Partei, die fähig war, die Jugend an sich zu ziehen.

Warum aber wurde Hitler von den Deutschen nach 1933 immer stärker verehrt und geliebt? Zwei entscheidende Gründe waren recht einfach: Er beschaffte Arbeit und zeigte einen Weg, wie die Deutschen mit neuer Energie und Kraft den »Schandfrieden« von Versailles tilgen und damit den großen Schmerz der Nation endlich stillen konnten. Dieser Schmerz war ja nicht allein durch die oktroyierte Friedensregelung von 1919 und die Last der Reparationen verursacht, sondern vielleicht noch stärker durch die zwei Millionen »umsonst« Gefallenen, deren Ehrung die Nationalsozialisten auf ihre Weise zielstrebig vorantrieben. Dabei waren sie schlau genug, diese Aktivitäten der Totenehrung und des Gedenkens nicht als parteiliche Aktivität zu vollziehen, sondern dabei ganz im Unterschied zu ihren sonstigen Aufmärschen ohne NS-Embleme auszukommen.

Das zeigt, dass es in gewisser Weise zwei Facetten der NS-Kulturpolitik gegeben hat, wie man besonders am Denkmalskult und an der soldatischen Literatur zum Ersten Weltkrieg erkennen kann. Sie förderte nämlich eine Kultur für das ganze deutsche Volk und eine andere für nationalsozialistische Kader, Mitglieder und Anhänger. Beide Kulturen überlappten sich teilweise, und sicherlich war es Hitlers Absicht, auf längere Sicht die NS-Ideologie für alle Deutschen verbindlich zu machen. Aber es ist des Nachdenkens wert, dass sowohl in der Kriegsliteratur im weitesten Sinne als auch in den Denkmalsaktivitäten zum Ersten Weltkrieg offensichtlich viel Platz gelassen wurde für jene, die zwar national dachten und sowohl um die verlorene Größe Deutschlands als auch um im Krieg gefallene Angehörige trauerten, deswegen aber noch keine dezidierten Antisemiten und Rassisten im Sinne des NS waren. Bis 1940 blieb diese Gesamtsituation durchaus unentschieden und die überall aushängenden Hakenkreuzfahnen waren noch lange kein Beweis dafür, dass den Nazis die Gleichschaltung der Deutschen schon gelungen war.

Was geworden wäre, hätte Hitler 1940 mit dem Sieg über Frankreich nicht allein den Ersten Weltkrieg gewonnen, sondern auch seinen neuen Krieg beendet, entzieht sich unserer Kenntnis. Aber das ist insofern eine rein hypothetische Fragestellung, als Hitlers Machtansprüche den Krieg bis zum endgültigen Sieg des »großgermanischen« Reiches weiterführen mussten – doch das wussten viele der Millionen Deutschen nicht, die Hitler zujubelten, als er 1940 nach ihrem Empfinden den Ersten Weltkrieg endlich gewonnen und die 1918 verlorene Größe des Deutschen Reiches wiederhergestellt hatte.

Dank

Wie immer hat mir Renate Mut gemacht, den Rücken gestärkt, mitgedacht und korrigiert, sodass ich schließlich auch dieses Buch noch fertig bekommen habe.

Fürs Zuhören und wertvolle Anregungskritik danke ich Rainer Bendick, Ute Daniel, Ulrich Herbert, Gerhard Hirschfeld, Helmuth Kiesel, Wolfram Pyta, Bernd Springer und Larissa Wegner.

Ohne die andauernde Hilfe von Thomas Gerhards hätte ich lange nicht so viele Quellen und Literatur verarbeiten können.

Volkhard Cremer hat mir Einblick in seine Forschungen zu den Kriegerdenkmälern und die Quellen des Landesamts für Denkmalpflege Baden-Württemberg gegeben. Frank Hack danke ich herzlich für kritische Lektüre des Textes.

Mein herzlichster Dank gilt Patrick Oelze, meinem bewährten Lektor, für Verständnis, Geduld und nicht nachlassendes Vertrauen.

Für kritische und kooperative Manuskriptgestaltung und Druckvorbereitung danke ich herzlich Florentine Schaub. Die ungemein sorgfältigen Korrekturen von Insa Lang und David Schär haben unauffällig meine vielen letzten Fehler beseitigt.

Widmen möchte ich dieses Buch meinen Studierenden aller Ebenen und Jahrgänge, die mit mir zusammen dieses ziemlich unbeackerte Feld exploriert haben.

Für alle Fehler und Unzulänglichkeiten bin ich ganz allein verantwortlich.

Anhang

Anmerkungen

Prolog

1 Aus einem »Deutschland-Bericht« der Exil-SPD (SOPADE) in Prag, 1934.

Vorwort

1 Am weitesten noch: Nicolas Beaupré, Le traumatisme de la Grande guerre 1918–1933, Villeneuve d'Asq 2012.

2 Vgl. hierzu bes.: Silke Fehlemann, Hassen mit allen Sinnen. Sensorische Mobilisierung in der Weimarer Republik, in: Werkstatt Geschichte 83 (2021), S. 49–67.

3 Ich nenne hier, Pars pro Toto: Gudrun Brockhaus (Hg.), Attraktion der NS-Bewegung, Essen 2019; Alexander Meschnig, Der Wille zur Bewegung. Militärischer Traum und totalitäres Programm. Eine Mentalitätsgeschichte vom Ersten Weltkrieg zum Nationalsozialismus, Bielefeld 2008; Thomas Rohkrämer, Die fatale Attraktion des Nationalsozialismus, Paderborn 2013; Daniel Schmidt u. a. (Hg.), Wegbereiter des Nationalsozialismus, Essen 2015; Peter Fritzsche, Wie aus Deutschen Nazis wurden, Zürich 1999.

4 Vgl. zu dieser Problematik bes.: Thomas Weber, Hitlers Erster Krieg. Der Gefreite Hitler im Weltkrieg – Mythos und Wahrheit, Berlin 2011.

5 Vgl. hierzu: Arndt Weinrich, Le traumatisme de la défaite. Mémoires et politiques mémorielles en Allemagne – 1918–1939, in: Laurent Jalabert u. a. (Hg.), La longue mémoire de la Grande guerre. Regards croisés franco-allemands de 1918 à nos jours, Villeneuve d'Asq 2017, S. 109–122.

I. Das Trauma des verlorenen Krieges

1 Vgl. mit vielen Einzelheiten zu dieser Problematik: Gerd Krumeich, Revolution und Waffenstillstand 1918, in: Ute Daniel/Henning Steinführer (Hg.), Die Novemberrevolution im Kontext, Wendeburg 2020, S. 63–74.

2 Ernst Troeltsch, Der Ausbruch der Revolution (30.1.1919), in: Ernst Troeltsch, Spectator-Briefe, Tübingen 1924, S. 29.

3 Vgl. Michael Epkenhans, Die deutsche Armee. An der Heimatfront besiegt?, in: Rudolf Jaun u. a. (Hg.), An der Front und hinter der Front. Der Erste Weltkrieg und seine Gefechtsfelder, Baden (Schweiz) 2015, S. 141–155; präziser: Richard J. Evans, Das Dritte Reich und seine Verschwörungstheorien, Stuttgart 2021, S. 71–104; zum Forschungsstand: Gerd Krumeich, Niederlage und Dolchstoßlegenden, in: Guido von Büren u. a. (Hg.), Kriegsenden in europäischen Heimaten, Neustadt a. d. Aisch 2019, S. 81–90.

4 Hier zit. nach: Walther Rathenau, Nach der Flut, Berlin 1919, S. 49–51.

5 Aus einem Bericht des bayerischen Militärbevollmächtigten an den bayerischen Kriegsminister, über ein Gespräch mit Groener vom 1.11.1918, in: Wilhelm Deist (Hg.), Militär und Innenpolitik im Weltkrieg, 2 Bde., Düsseldorf 1970, hier: Bd. 2, Nr. 500.

6 Bärbel Dusik u. a. (Hg.), Hitler. Reden, Schriften, Anordnungen, Bd. 3, Teil 1 (Juli 1928–Februar 1929), München 1994, S. 222, im Folgenden: Hitler-RSA. Ich habe die PDF-Fassung dieser zwölfbändigen Ausgabe benutzt und zitiere mit dem Kürzel Hitler-RSA, Nr. des Dokuments, Datum und der PDF-Seite. In diesem Fall also: Hitler-RSA, Dok. 45, 9.11.1928, (PDF, S. 1874).

7 Vgl. hierzu die Dokumentation aus dem Archiv des französischen Kriegsministeriums mit vielen zeitgenössischen Quellen: Frédéric Guelton (Hg.), L'Etrange victoire. Archives du Ministère de la guerre et témoignages inédits, Paris 2008.

8 Vgl. Pierre Renouvin, L'Armistice de Rethondes. 11 novembre 1918, Paris 1968, S. 187.

9 Scott Stephenson, The Final Battle. Soldiers of the Western Front and the German Revolution of 1918, Cambridge 2009.

10 Renouvin, L'Armistice de Rethondes, S. 200f.; zum Problem des weiteren Kampfwillens der französischen Truppen: Bruno Cabanes, La victoire endeuillée. La sortie de guerre des soldats français 1918–1920, Paris 2004; eine Vorstudie hierzu: Bruno Cabanes, Die französischen Soldaten und der »Verlust des Sieges«, in: Gerd Krumeich (Hg.), Versailles 1919. Ziele – Wirkung – Wahrnehmung, Essen 2001, S. 269–279.

11 Jacques de Launay, Secrets diplomatiques 1914–18, Paris 1963, S. 83. Diese Publikation ist die einzige, in der sich Wortprotokolle und Resümees der Verhandlungen der Alliierten im Zusammenhang des Waffenstillstandes finden. Launays Hauptquelle sind die seitdem verloren gegangenen stenografischen Mitschriften von Paul Mantoux, dem wir auch die Protokolle der Sitzungen des »Viererrats« in Versailles verdanken: Paul Mantoux (Hg.), Les délibérations du Conseil des Quatre (24 mars–28 juin 1919), 2 Bde., Paris 1955.

12 Raymond Poincaré, Au service de la France, Bd. 10: Victoire et Armistice, Paris 1933, S. 402.

13 De Launay, Secrets, S. 86.

14 Ebd.; ich habe die Verhandlungen im Obersten Kriegsrat in allen Einzelschritten an anderer Stelle untersucht: vgl.: Gerd Krumeich, Die Unbewältigte Niederlage. Das Trauma des Ersten Weltkriegs und die Weimarer Republik, Freiburg 2018, S. 130ff.

15 Ausführlich dazu: Krumeich, Unbewältigte Niederlage, Kap. 1.

16 Nach: Maréchal Foch, Mémoires pour servir à l'Histoire de la guerre de 1914–1918, 2 Bde., Paris 1931, hier: Bd. 2, S. 294; in Matthias Erzberger, Erlebnisse im Weltkrieg, Stuttgart/Berlin 1920, findet sich kein Wort hierzu. Allerdings weist auch die bei Foch ebd. abgedruckte Intervention Winterfeldts genau in diese Richtung; Poincaré, Au service de la France, S. 409, notiert bereits am 7. November, man habe ein Telegramm des »deutschen Kommandanten« erhalten, in dem um sofortige Waffenruhe gebeten wurde. Fochs Kommentar dazu: »Jetzt liegen sie uns zu Füßen« (ebd.); vgl. auch ebd., S. 412: Telegramm Fochs mit ähnlichem Inhalt.

17 Dies nach: Rainer Sammet, »Dolchstoß«. Deutschland und die Auseinandersetzung mit der Niederlage im Ersten Weltkrieg, Berlin 2003, S. 122.

18 Wilsons dritte Note (Lansing-Note) vom 23. Oktober 1918 in: Amtliche Urkunden zur Vorgeschichte des Waffenstillstandes 1918, Berlin 1928 (4. Auflage), S. 190–192, Zitat ebd., S. 191f.

19 Jörn Leonhard, Die Büchse der Pandora. Geschichte des Ersten Weltkriegs, München 2014, S. 250.

20 Troeltsch, Spectator-Briefe, S. 69.

21 Die Regierung Eisner 1918/19. Ministerratsprotokolle und Dokumente, eingel. u. bearb. von Franz J. Bauer, Düsseldorf 1987, S. 409, Dok. 1.

22 Ebd., S. 409f.

23 Am 18.1.1871 war in Versailles das Deutsche Reich proklamiert worden.

24 Vgl. hierzu die neue umfassende Darstellung von Larissa Wegner, Occupatio bellica. Die deutsche Armee in Nordfrankreich 1914–1918, Göttingen 1923.

25 Raymond Poincaré, Messages, discours, allocutions (Bd. 2), Paris 1920, S. 132f., meine Übersetzung.

26 Zit. nach: Friedrich Purlitz (Hg.), Deutscher Geschichtskalender. Der Europäische Krieg in aktenmäßiger Darstellung, Ergänzungsband: Vom Waffenstillstand zum Frieden von Versailles, Leipzig 1919, S. 546.

27 Es gab keine Verhandlungen! Die detaillierteste und quellenreichste Darstellung von deutscher Seite ist nach wie vor: Walter Schwengler, Völkerrecht, Versailler Vertrag und Auslieferungsfrage, Stuttgart 1982, Kap. II, S. 71–124.

28 Der Vertrag von Versailles (…). Amtlicher Text (…) im Auftrage des Auswärtigen Amtes, Berlin 1924, S. 106; diese offizielle deutsche Ausgabe übersetzt »aggression«/»agression« aus den englischen und französischen offiziellen Texten (ebd.) mit »Angriff«, was zweifellos eine etwas besänftigende Formulierung ist. Auch damals gab es im Deutschen schon den Begriff der »Aggression«; »als Urheber« ist ebenfalls eine leicht abschwächende Übersetzung des Originals: »pour les avoir causés«/»for causing«.

29 Zit. nach: Klaus Schwabe (Hg.), Quellen zum Friedensschluss von Versailles, Darmstadt 1997, S. 243; vgl. zu Brockdorff, den Varianten seiner Rede und den Reaktionen die ausführliche Darstellung von Jörn Leonhard, Der überforderte Frieden. Versailles und die Welt 1918–1923, München 2018, S. 963ff.

30 Vgl. bes.: Eberhard Kolb, Der Frieden von Versailles, München 2005, S. 66.

31 Gerd Krumeich, Entstehung und Bedeutung des »Kriegsschuld-Paragraphen« im Versailler Vertrag, in: Gerd Althoff u. a. (Hg.), Frieden. Theorien, Bilder, Strategien. Von der Antike bis zur Gegenwart, Münster 2019, S. 314–329; vgl. auch die Kurzfassung meiner Argumentation in: Krumeich, Unbewältigte Niederlage.

32 Die Kriegsschuldfrage, Bd. 1/2 (1923/4), S. 337f.; vgl. auch: Herbert Michaelis und Ernst Schraepler (Hg.), Ursachen und Folgen. Vom deutschen Zusammenbruch 1918 und 1945 bis zur staatlichen Neuordnung Deutschlands in der Gegenwart, Berlin (1962), Bd. 6, S. 122.

33 Zit. nach: ebd., Bd. 9, S. 39.

34 Friedrich Meinecke, Nationalsozialismus und Bürgertum, Kölnische Zeitung, 21.12.1930, in: ders., Politische Schriften und Reden, hg. von Georg Kotowski (Bd. 2), Darmstadt 1958, S. 441–445.

35 Peter Krüger, Versailles: Deutsche Außenpolitik zwischen Revisionismus und Friedenssicherung, München 1986, S. 160. Man mag das diskutieren, aber es bleibt unbenommen, dass damals wohl die allermeisten Deutschen so dachten wie Meinecke und dass diese Auffassung auf jeden Fall absolut handlungsleitend gewesen ist.

36 Krüger, Versailles, S. 55: Die Dolchstoßvorstellung stehe in »engem geistigen Zusammenhang mit den rabiateren Formen der leidenschaftlichen Agitation gegen die deutsche Kriegsschuld«.

37 Zum Topos des »jüdischen Bolschewismus« vgl. Joachim Schröder, Der Erste Weltkrieg und der »jüdische Bolschewismus«, in: Gerd Krumeich (Hg.), Nationalsozialismus und Erster Weltkrieg, Essen 2010, S. 77–96; eine gute Zusammenfassung der neueren Forschung: Agnieszka Pufelska, Stabile Feindbilder gegen die instabile Zeit: Der »jüdische Bolschewismus« als Propagandainstrument in der Weimarer Republik, in: Jörg Ganzenmüller (Hg.), Verheißung und Bedrohung. Die Oktoberrevolution als globales Ereignis, Köln 2019, S. 127–146.

38 Die NS-Variante des Dolchstoßes und die Entwicklung des Topos in der Endphase der Weimarer Republik wird im Laufe dieses Buches mehrfach evoziert; zur heutigen Interpretation vgl. WWI encyclopedia, Michael Geheran: »the Dolchstoßlegende (stab-in-the-back myth), which held that a conspiracy of socialists and Jews on the home front had undermined the fighting power of the German army.«

39 Friedrich Hiller von Gaertringen, »Dolchstoß«-Diskussion und »Dolchstoß-Legende« im Wandel von vier Jahrzehnten, in: ders./Waldemar Besson (Hg.), Geschichte und Gegenwartsbewusstsein, Göttingen 1963, S. 122–160, hier: S. 126; viele Beispiele für die verschiedenen Varianten auch bei: Sammet, »Dolchstoß«; leider sehr wenig zu diesen Varianten in der weithin zitierten Arbeit von Boris Barth, Dolchstoßlegenden und politische Desintegration. Das Trauma der deutschen Niederlage im Ersten Weltkrieg 1914–1933, Düsseldorf 2003; vgl. auch den konzisen Überblick bei Meschnig, Der Wille zur Bewegung, S. 145–160.

40 Reichstagsprotokolle, 112. Sitzung, 19.10.1919; Der Zwischenfall wurde schon von Hiller von Gaertringen, S. 134, bemerkt, aber nicht näher ausgeführt; erwähnt auch in: Christian Daniel Kreuz, Das Konzept »Schuld« im Ersten Weltkrieg und in der Weimarer Republik. Linguistische Untersuchungen zu einem brisanten Thema, Bremen 2018, S. 165ff.; Die

folgenden Seiten nach den Reichstagsprotokollen (RT): https://www.reichstagsprotokolle.de/Blatt2_wv_bsb00000014_00663.html.

41 Vgl. die Dokumente bei Schwabe, Quellen, S. 392.

42 RT, S. 3553.

43 Wilhelm Mommsen (Hg.), Deutsche Parteiprogramme, München 1960, S. 415f.

44 Eine ausführliche Darstellung dieser Debatte im Untersuchungsausschuss mit Einzelnachweisen in: Krumeich, Unbewältigte Niederlage, S. 193–202.

45 Anne Roerkohl, Hungerblockade und Heimatfront, Stuttgart 1991.

46 Gerhard Hirschfeld/Gerd Krumeich, Deutschland im Ersten Weltkrieg, Frankfurt a. M. 2013, S. 132ff.

47 Ebd., S. 231–233.

48 Vgl. hierzu: Christian Koch, Giftpfeile über der Front. Flugschriftpropaganda in und nach dem Ersten Weltkrieg, Essen 2015.

49 Vgl. bes. die Quellensammlung von: Salomon Grumbach, Das annexionistische Deutschland, Lausanne 1917; die nach wie vor wichtigste Darstellung: Fritz Fischer, Griff nach der Weltmacht. Die deutsche Kriegszielpolitik 1914–1918, Düsseldorf [4]1971.

50 Vgl. insgesamt: Steffen Bruendel, Volksgemeinschaft oder Volksstaat: die »Ideen von 1914« und die Neuordnung Deutschlands im Ersten Weltkrieg, Berlin 2003, S. 191–204.

51 Zu nennen ist vor allem: Grumbach, Das annexionistische Deutschland, 1917 erschienen, aber erst nach dem Krieg in Deutschland frei zirkulierend.

52 Vorwärts, 25.11.1918, zit. nach: Kreuz, Das Konzept Schuld, S. 123.

53 Weltbühne, 13.2.1919; vgl. ebd., 9.1.1919; vgl. auch: Kreuz, Das Konzept Schuld, S. 121f.

54 Vgl. bes. die neuere detaillierte Gesamtdarstellung von: Jörn Retterath, Was ist das Volk? Volks- und Gemeinschaftskonzepte der politischen Mitte in Deutschland 1917–1924, Berlin/Boston 2016, bes.: S. 272–324.

55 Vgl. Kurt Sontheimer, Antidemokratisches Denken in der Weimarer Republik, München [2]1983, S. 97f., mit einer ersten Beschreibung des Weges der Volksgemeinschafts-Idee seit dem August 1914.

56 Zit. nach: Purlitz, Deutscher Geschichtskalender, Jg. 1914, Bd. 2, S. 536f.

57 Vgl. zum Gesamtzusammenhang bes.: Bruendel, Volksgemeinschaft, S. 92–143.

58 Das verkennt Hans-Ulrich Wehler, Deutsche Gesellschaftsgeschichte (Bd. 4), München 2003, S. 345, 347, wenn er von der »Chimäre« bzw. der »Gaukelei der Volksgemeinschaft« spricht. Vgl. hingegen die zutreffenden Einschätzungen bei: Jeffrey Verhey, The Spirit of 1914. Militarism, Myth and Mobilization in Germany, Cambridge 2000, S. 346f., mit der älteren Literatur; vgl. auch: Gunther Mai, »Verteidigungskrieg« und »Volksgemeinschaft«. Staatliche Selbstbehauptung, nationale Solidarität und soziale Befreiung in Deutschland in der Zeit des Ersten Weltkriegs (1900–1925), in: Wolfgang Michalka (Hg.): Der Erste Weltkrieg. Wirklichkeit, Wahrnehmung, Analyse, München-Zürich 1994, S. 583–602, hier: S. 593: die V. sei »zu einer Art Gründungskonsens der Weimarer Republik« geworden; Überlegungen zu den V-Konzepten der linken und der Mitte auch bei: Michael Wildt, Die Ungleichheit des Volks, in: Frank Bajohr/Michael Wildt (Hg.), Volksgemeinschaft: neue Forschungen zur Gesellschaft des Nationalsozialismus, Frankfurt a. M. 2009;

vgl. auch: Michael Wildt, Volksgemeinschaft als politischer Topos in der Weimarer Republik, in: Alfred Gottwaldt (Hg.), NS-Gewaltherrschaft, Berlin 2005, S. 23–39: Wildt lehnt kategorisch jede Entwicklung bzw. Überlappung der V-Idee der Mitte und des NS ab, wegen des »exklusiven« Charakters der V. bei Letzteren. Mir erscheint die Bestimmung der topologischen Nähe, also des »inkludierenden« Charakters der V., historisch sehr viel ergiebiger, etwa bei: Mai, Verteidigungskrieg, Retterath, Was ist das Volk? und Wolfram Pyta, Dorfgemeinschaft und Parteipolitik 1918–1933. Die Verschränkung von Milieu und Parteien in den protestantischen Landgebieten Deutschlands in der Weimarer Republik, Düsseldorf 1996; vgl. zur Diskussion auch: Frank-Lothar Kroll, Volksgemeinschaft. Zur Diskussion über einen umstrittenen Integrationsfaktor nationalsozialistischer Weltanschauung, in: Alexander Gallus u. a (Hg.), Deutsche Kontroversen, Baden-Baden 2013, S. 99–112.

59 Zit. nach: Mommsen, Parteiprogramme, S. 457.

60 Wildt, Die Ungleichheit des Volkes, S. 32; ausführlich dazu: Retterath, Was ist das Volk?, S. 295f.

61 Beide Zitate aus: Hans-Ulrich Thamer, Volksgemeinschaft: Mensch und Masse, in: Richard van Dülmen (Hg.), Die Erfindung des Menschen. Schöpfungsträume und Körperbilder 1500–2000, Wien/Köln/Weimar 1998, S. 367–386, hier: S. 376; ebd. noch weitere Beispiel für die V. von links.

62 Zit. nach: Ulrich Erdmann, Vom Naturalismus zum Nationalsozialismus? Zeitgeschichtlich-biographische Studien zu Max Halbe, Gerhart Hauptmann, Johannes Schlaf und Hermann Stehr, Frankfurt a. M. 1997, S. 153.

63 Mommsen, Parteiprogramme, S. 489.

64 Ebd., S. 509.

65 Retterath, Was ist das Volk, S. 290–294.

66 Nach: ebd., S. 275. Datum der Veröffentlichung der *Frankfurter Zeitung*: 30.12.1924.

67 Ebd., S. 520.

68 Ebd., S. 535.

69 Vgl. Rohkrämer, Fatale Attraktion, bes.: S. 67f.

70 Nach Retterath, Was ist das Volk, S. 321ff.; ebd. weitere Beispiele; vgl. auch unten, S. 86ff.

71 Ian Kershaw, »Führerstaat«: Charisma und Gewalt, in: Deutsches Historisches Museum (Hg.), Hitler und die Deutschen, Berlin 2011, S. 58–67.

72 Thamer, Volksgemeinschaft, S. 367, ähnlich: Wildt, Die Ungleichheit, S. 37.

73 Vgl. hierzu: Richard Bessel, Nazism and War, London 2004, S. 28ff.

74 Michaelis/Schraepler, Ursachen (Bd. 3), S. 504f.

75 Alfred Döblin, Heimkehr der Fronttruppen, S. 164f.; ausführlich dazu: Krumeich, Unbewältigte Niederlage, S. 234f.

76 Flugblatt von 1919, zit. nach: Anke Hoffstadt, Frontgemeinschaft? Der »Stahlhelm. Bund der Frontsoldaten« und der Nationalsozialismus, in: Gerd Krumeich (Hg.), Nationalsozialismus und Erster Weltkrieg, Essen 2010, S. 191–206, hier: S. 198.

77 Ebd.

78 Franz Schauwecker, Im Todesrachen. Die deutsche Seele im Weltkriege, Halle (Saale) 1919, S. 10.

79 Franz Schauwecker, Gedenke, in: Gustaf v. Dickhuth-Harrach (Hg.), Im Felde unbesiegt, Der Weltkrieg in 24 Einzeldarstellungen, 2 Bde., München 1921, hier: Bd. 2, S. 311–326, zit. ebd. S. 311f.; weitere Beispiele bei: Sontheimer, Antidemokratisches Denken, S. 96ff.

80 Das betont schon Volker R. Berghahn, Der Stahlhelm, Bund der Frontsoldaten 1918–1935, Düsseldorf 1966, S. 19: Die für sie unerträgliche Unterzeichnung des Versailler Diktats habe die Soldaten vielfach in erbitterte Opposition getrieben; ebenso: Karl Rohe, Das Reichsbanner Schwarz-Rot-Gold, Düsseldorf 1966, S. 24.

81 Ignaz Wrobel (Kurt Tucholsky) in: Weltbühne XXIII. Jg., Nr. 41 (11.10.1927), S. 555f.; vgl. auch: Carsten Kretschmann, Von der Frontgemeinschaft zur Volksgemeinschaft? in: Detlef Lehnert (Hg.), Demokratiekultur in Europa, Köln/Weimar/Wien 2011, S. 155–174, hier: S. 155.

82 Richard Bessel, Germany after the First World War, Oxford 1993, Kap. 9: Legacy of the First World War.

83 Vgl. dazu: Krumeich, Unbewältigte Niederlage, S. 232f.

84 Vgl. insgesamt: Ralph Winkle, Der Dank des Vaterlandes. Eine Symbolgeschichte des Eisernen Kreuzes, 1914–1936, Essen 2007, bes.: S. 260–286; vgl. für viele Einzelheiten und zeitgen. Abbildungen meine »Unbewältigte Niederlage«; vgl. auch unten, Kap. IV.2.

85 Tagebuch, 7. Juni 1919, zit. nach: Erdmann, Vom Naturalismus zum Nationalsozialismus?, S. 154.

86 Vgl. hierzu den deutsch-französischen Vergleich von: Elise Julien, Paris, Berlin, La mémoire de la guerre 1914–1933, Rennes 2009, bes.: S. 93ff.

87 Werner Jochmann, Die Ausbreitung des Antisemitismus, in: Werner E. Mosse (Hg.), Deutsches Judentum in Krieg und Revolution 1916–1923, Tübingen 1971, S. 409–511.

88 Die Denkschrift ist abgedruckt in: Otto Armin, Die Juden in den Kriegs-Gesellschaften und in der Kriegswirtschaft, München 1921, S. 15–19. Vgl. zur Quellenbasis dieses Buches und den damaligen Antworten: Gerd Krumeich, Zu den Anfängen des NS-Antisemitismus, in: Susanne Brandt/Uta Hinz/Thomas Gerhards (Hg.), Gerd Krumeich. Deutschland, Frankreich und der Krieg, Essen 2015, S. 289–301.

89 S. das Faksimile in: Frank Nägler (Hg.), Deutsche jüdische Soldaten von der Epoche der Emanzipation bis zum Zeitalter der Weltkriege. Eine Ausstellung des Militärgeschichtlichen Forschungsamtes in Zusammenarbeit mit dem Moses-Mendelssohn-Zentrum, Potsdam, und dem Centrum Judaicum, Berlin, Hamburg 1996, S. 52; ebenso in: Jacob Rosenthal, Die Ehre des jüdischen Soldaten. Die Judenzählung im Ersten Weltkrieg und ihre Folgen, Frankfurt a. M./New York 2007, Dokument 3. Das Buch von Rosenthal ist eine breite Studie mit vielen Dokumenten, vor allem für die Nachkriegszeit; die vollständigste Dokumentation bei: Werner T. Angress, Das deutsche Militär und die Juden im Ersten Weltkrieg, in: Militärgeschichtliche Mitteilungen, 19 (1976), S. 77–146.

90 Zit. nach: Rosenthal, Die Ehre, S. 63.

91 Armin, Die Juden in den Kriegs-Gesellschaften, S. 21.

92 Rosenthal, Die Ehre, S. 125.

93 Völkischer Beobachter (VB), 8.4.1920, S. 1.

94 Adolf Hitler, Mein Kampf, München 1940, S. 211.

95 Hitler, Mein Kampf, S. 225.

96 Vgl. Der Prozess gegen die Hauptkriegsverbrecher vor dem Internationalen Militärgerichtshof, Bd. 29, Nürnberg 1948, Dok. 1919–PS, S. 145f. Der auf den Ersten Weltkrieg Bezug nehmende Schlussteil wird bei den geläufigen Zitaten dieser Rede gemeinhin weggelassen.

97 Es gab allerdings Binnendifferenzierungen: War für die einen der Bolschewismus der Hauptfeind, so war für Hitler »der Jude« der Erfinder und Initiator sowohl des Bolschewismus als auch des Kapitalismus.

98 Vgl. bes.: Schröder, Der Erste Weltkrieg und der »jüdische Bolschewismus«.

99 Vgl. Wolfgang Benz, Die Protokolle der Weisen von Zion. Die Legende von der jüdischen Weltverschwörung, München 2007.

100 Dirk Walter, Antisemitische Kriminalität und Gewalt: Judenfeindschaft in der Weimarer Republik, Bonn 1999.

101 Vgl. Arnold Paucker, Der jüdische Abwehrkampf gegen Antisemitismus und Nationalsozialismus in den letzten Jahren der Weimarer Republik, Hamburg [2]1969, bes.: die Plakate S. 213f.

II. Wie die Nazis den Weltkrieg erzählen

1 Gerhard Hirschfeld, Der Führer spricht vom Krieg. Der Erste Weltkrieg in den Reden Adolf Hitlers, in: Gerd Krumeich (Hg.), Nationalsozialismus und Erster Weltkrieg, Essen 2010, S. 35–52; ders., Die Attraktion des Ersten Weltkriegs für die Nazi-Bewegung, in: Brockhaus, Attraktion der NS-Bewegung, S. 63–78.

2 So die Klassifizierung bei: Jürgen W. Falter, Hitlers Wähler. Die Anhänger der NSDAP, 1924–1933, Frankfurt a. M. 2020 (Neuauflage), Kap. 10.1.; vgl. auch: Thomas Mergel, Wahlen, Wahlkämpfe und Demokratie, in: Nadine Rossol/Benjamin Ziemann (Hg.), Aufbruch und Abgründe. Das Handbuch der Weimarer Republik, Darmstadt 2021, S. 198–225, hier: S. 217.

3 Sogar die tiefschürfende Untersuchung von: Wolfram Pyta, Hitler. Der Künstler als Politiker und Feldherr, München 2015, Kap. VII: »Der Redekünstler«, thematisiert Hitlers Reden zum 1. Weltkrieg nicht.

4 Siehe insbesondere die Beiträge in: Josef Kopperschmidt (Hg.), Hitler der Redner, München 2003.

5 Vgl. auch zum »performativen« Charakter der Topologie Hitlers: Martina Kessel, Gewalt und Gelächter. »Deutschsein« 1914–1945, Stuttgart 2019, S. 127ff.; Zur Selbstinszenierung: neben Pyta, Hitler, nach wie vor: Ludolf Herbst, Hitlers Charisma: Die Erfindung eines deutschen Messias, Frankfurt a. M. 2010.

6 Hitler-RSA, Dok. 106, FN 1, 6.3.1930 (PDF, S. 3090).

7 Reinhart Koselleck, Begriffsgeschichten. Studien zur Semantik und Pragmatik der politischen und sozialen Sprache, Frankfurt a. M. 2006, S. 283.

8 Zit. nach: Kopperschmidt, S. 9; in Thomas Manns Gesammelten Werken (XII, 846) erhielt der Essay den Titel: »Bruder Hitler«, vgl. Hinrich Siefken, Thomas Manns Essay »Bruder Hitler«, in: German Life and Letters 35 (1982), S. 165–181; Th. Koebner (Hg.),

»Bruder Hitler«. Autoren des Exils und des Widerstands sehen den Führer des »Dritten Reichs«, München 1989.

9 Theodor Heuß, Hitlers Weg (1932), Neuausgabe, Stuttgart 1968, S. 129f.; vgl. auch die zutreffenden Bemerkungen von Kessel, Gewalt und Gelächter, S. 127ff., über kommunikativen Sarkasmus und Spott als Choreografie der Hitlerreden.

10 Nach: Andreas Platthaus, Lyonel Feininger. Porträt eines Lebens, Berlin 2021, S. 339.

11 Die Rede wurde als Sonderdruck bei Eher publiziert, vgl. Hitler-RSA, Dok. 6, Anm. 1, 27.2.1925 (PDF, S. 40).

12 Aufruf vom 25.3.1925: Hitler-RSA, Dok. 32 (PDF, S. 64).

13 Vgl. zu Eisner und den Aktivitäten der bayerischen Revolutionsregierung zusammenfassend: Krumeich, Unbewältigte Niederlage, S. 133ff. und 236ff.

14 Hitler-RSA, Dok. 48, 11.6.1925 (PDF, S. 111). Zusammenfassung nach einem Polizeibericht.

15 Näher hierzu unten, Kap. IV.1.

16 Vgl. Thomas Kühne, Kameradschaft. Die Soldaten des nationalsozialistischen Krieges und das 20. Jahrhundert, Göttingen 2006, S. 44 mit FN 87.

17 Hitler-RSA, Dok. 20, 24.2.1930 (PDF, S. 281).

18 In der Stadt Jever. Hitler-RSA, Dok. 118, 12.5.1931 (PDF, S. 360).

19 Hitler-RSA, Dok. 41, 26.10.1926 (PDF, S. 612).

20 Ebd., Dok. 103, 11.4.1927 (PDF, S. 775).

21 Ebd.

22 Wilhelm Deist, Der militärische Zusammenbruch des Kaiserreichs. Zur Realität der »Dolchstoßlegende«, in: Ursula Büttner (Hg.), Das Unrechtsregime, Hamburg 1986 (Bd. 1), S. 101–129, vgl. zur Diskussion hierüber: Krumeich, Unbewältigte Niederlage, S. 91ff.

23 Karen Hagemann und Stefanie Schüler-Springorum (Hg.), Heimat-Front. Militär und Geschlechterverhältnisse im Zeitalter der Weltkriege, Frankfurt a. M. 2002; Gerd Krumeich, Kriegsfront – Heimatfront, in: Gerhard Hirschfeld u. a. (Hg.), Kriegserfahrungen. Studien zur Sozial- und Mentalitätsgeschichte des Ersten Weltkriegs, Essen 1997, S. 12–19.

24 Hitler-RSA, Dok. 104, 13.4.1927 (PDF, S. 777ff.).

25 Diese Behauptung stieß schon damals auf beißende Kritik, vgl. Weber, Hitlers Erster Krieg, S. 338ff.

26 Vgl. Joachim Riecker, Hitlers 9. November: Wie der Erste Weltkrieg zum Holocaust führte, Berlin 2009.

27 Hitler-RSA, Dok. 190, 9.11.1927 (PDF, S. 1065ff.).

28 Vgl. ebd., Anm. 9: Anspielung auf Kardinal Faulhabers Ansprache auf dem 62. Deutschen Katholikentag in München, 27. August 1922: »Die Revolution war Meineid und Hochverrat und bleibt in der Geschichte erblich belastet und mit dem Kainsmal gezeichnet.«

29 Hitler-RSA, Dok. 220, 15.1.1928, (PDF, S. 1147ff.). »1914 an der Marne« ist wohl ein Versprecher, er meint die 2. Marne-Schlacht vom Frühjahr 1918.

30 Ebd., S. 617f. (PDF, S. 1155); vgl. zum »Unbekannten Soldaten« die international vergleichende Studie von: Rainer Rother, Der unbekannte Soldat, in: Gerhard P. Groß (Hg.), Die vergessene Front. Der Osten 1914/15, Paderborn 2006, S. 353–371.

31 Hitler-RSA, Dok. 235, 24.2.1928, (PDF, S. 1207ff.).

32 Es handelt sich um den dreiteiligen Dokumentarfilm »Der Weltkrieg«, Regie Leo Lasko, vgl. hierzu: Siegfried Kracauer, von Caligari zu Hitler, Frankfurt a. M. 1984, S. 164f.

33 Hitler-RSA, Dok. 235, 24.2.1928 (PDF, S. 1207).

34 Ebd., Dok. 237, 29.2.1928 (PDF, S. 1218ff.).

35 Ebd. (PDF, S. 1221), vgl. auch Max Webers Stellungnahme vom März 1917, wo er zehn Jahre zuvor dieselbe Forderung gestellt hatte: Max Weber, Ein Wahlrechtsnotgesetz des Reichs. Das Recht der heimkehrenden Krieger, in: Max Weber, Zur Politik im Weltkrieg, Studienausgabe der Max-Weber-Gesamtausgabe (Bd. I/15), Tübingen 1988, S. 90–93. Hier heißt es abschließend, es sei eine »Pflicht des politischen Anstandes«, den heimkehrenden Soldaten das Wahlrecht dort, wo es noch Klassenwahlrecht gebe, in der Ersten Klasse zu gewähren: »Das Heer, das die Schlachten schlug, soll auch die entscheidende Stimme beim Neubau des Vaterlandes nach dem Kriege haben.«

36 Hitler-RSA, Dok. 45, 9.11.1928 (PDF, S. 1861ff.).

37 Vgl. Reichsarchiv (Hg.), Der Weltkrieg. Kriegsrüstung und Kriegswirtschaft (Bd.1), Berlin 1930, S. 220ff.; vgl. bes.: Hans Herzfeld, Die deutsche Rüstungspolitik vor dem Weltkrieg, Berlin 1923.

38 Hitler will sich als »Verdun-Kämpfer« profilieren. Er war aber bei dieser Schlacht nicht eingesetzt, vgl. Weber, Hitlers Erster Krieg.

39 Vgl. hierzu insgesamt: Koch, Giftpfeile.

40 Dies ist eine Anspielung auf Friedrich Ebert, dessen Rolle im Munitionsstreik 1918 in der Weimarer Republik zu heftigsten Auseinandersetzungen und dem sogenannten Ebert-Prozess führten, vgl. hierzu: Krumeich, Unbewältigte Niederlage, S. 204ff.

41 Dass »Republik« eine akzeptable Staatsform sein kann, findet sich bei Hitler häufig: Der NS sei nicht grundsätzlich antirepublikanisch, nur eben aus Prinzip antidemokratisch.

42 Hierzu Krumeich, Unbewältigte Niederlage, S. 154–158 mit der Spezialliteratur.

43 Hitler-RSA, Dok. 28, 13.11.1930 (PDF, S. 3316). Weitere Beispiele: PDF, S. 3276f., PDF, S. 3304.

44 Ebd., Dok. 25, 6.9.1931 (PDF, S. 3755).

45 Näheres hierzu in Kap. III.2.

46 S. dazu unten, Kap. V.1.

47 Vgl. z. B. Hitler-RSA, Dok. 75, 20.5.32 (PDF, S. 4476).

48 Ebd., Dok. 4, 4.10.1932 (PDF, S. 4749).

49 Ebd., Dok. 1, 1.3.1929 (PDF, S. 2130).

50 Ebd., Dok. 28, 13.11.1930 (PDF, S. 3329).

51 Ebd., Dok. 6, 15.3.1929 (PDF, S. 2173–2226).

52 Ebd., Dok. 30, 22.11.1930 (PDF, S. 3347).

53 Zur Diskussion um den Young-Plan vgl. unten, Kap. III.1.

54 Etwa: ebd., Dok. 73, 7.9.1929 (PDF, S. 2501); Dok. 92, 2.11.1929 (PDF, S. 2555), Dok. 3, 4.10.1930 (PDF, S. 3237), Dok. 12, 21.7.1931 (PDF, S. 3716).

55 Ebd., Dok. 11, 23.1.1932 (PDF, S. 4077); für diese Veranstaltung wurden bis zu sechs RM Eintritt verlangt und bezahlt, vgl. ebd., Anm. 1.

56 Ebd., Dok. 17, 3.4.1929 (PDF, S. 2284).

57 Ebd., Dok. 69, 2.7.1930 (PDF, S. 2963).

58 Ebd., Dok. 66, 9.8.1929 (PDF, S. 2482).

59 Ebd., Dok. 26, 8.11.1930 (PDF, S. 3303).

60 Ebd., Dok. 1, 1.3.1929 (PDF, S. 2129).

61 Ebd., Dok. 28, 13.11.1930 (PDF, S. 3315); ebd., Anm. 1: Im großen Saal des »Kolosseums«, von etwa 20.30 bis 22.30 Uhr. Versammlung am Vorabend der Asta-Wahlen, bei der laut Polizeibericht etwa 1500 Personen, darunter der Rektor, Professoren und zahlreiche Studenten, anwesend waren.

62 Ebd., Dok. 40, 11.12.1930 (PDF, S. 3386).

63 Am folgenden Tag organisierte der Stahlhelm, Bund der Frontsoldaten, in Berlin einen »Reichsfrontsoldatentag«, an dem 150 000 Teilnehmer »gegen Marxismus und Pazifismus« demonstrierten; am 12. September wurden der Reichstag aufgelöst und Neuwahlen vorbereitet.

64 Hitler-RSA, Dok. 180, 4.9.1932 (PDF, S. 4666).

65 Theodore Abel, Why Hitler came into Power. An Answer Based on the Original Life Stories of Sixhundred of his Followers, New York 1938 (Ndr. mit Vorwort des Autors und mit dem Titel Why Hitler came to Power, New York 1966; ein weiterer Neudruck der Fassung von 1938, mit einem Vorwort von Thomas Childers, Cambridge/Mass. und London 1986; eine Sammlung von etwa einem Fünftel der originalen deutschen Dokumente jetzt durch: Wieland Giebel, »Warum ich Nazi wurde«. Biogramme früher Nationalsozialisten – die einzigartige Sammlung des Theodore Abel, Berlin 2018; seit 2017 ist die gesamte Sammlung auch im Internet abrufbar: https://oac.cdlib.org/view?docId=tf3489n5vz;developer=local;style=oac4;doc.view=items.

66 Peter H. Merkl, Political Violence under the Swastika. 581 Early Nazis, Princeton 1975.

67 Darunter wurden alle Mitglieder und SA-Männer verstanden, die schon vor den sogenannten Erdrutschwahlen vom September 1930 zur Partei gestoßen und somit keine »Septemberlinge« waren.

68 Merkl, Political Violence, S. 151f.

69 Hier die m. E. wichtigsten Publikationen dazu: Jürgen W. Falter (Hg.), Wie ich den Weg zum Führer fand. Beitrittsmotive und Entlastungsstrategien von NSDAP-Mitgliedern, Frankfurt a. M. 2022; die erste komplette Auswertung von: Sven Felix Kellerhoff, Die NSDAP. Eine Partei und ihre Mitglieder, Stuttgart 2017; Katja Kosubek, »genauso konsequent sozialistisch wie national«: Alte Kämpferinnen der NSDAP vor 1933, Göttingen 2017; in dem Sammelband hg. von: Gudrun Brockhaus, Attraktion der NS-Bewegung, wird die Abel-Collection in einigen Beiträgen behandelt; Thomas Rohkrämer, Die fatale Attraktion des Nationalsozialismus, Paderborn 2013, S. 72ff.

70 Kellerhoff, Die NSDAP, S. 12f.; vgl. besonders die Überlegungen von: Patrick Krassnitzer, Autobiographische Erinnerung und kollektive Gedächtnisse. Die nationalsozialistische Erinnerung an das »Fronterlebnis« im Ersten Weltkrieg, in: Vittoria Borsò u. a. (Hg.),

Medialität und Gedächtnis, Stuttgart/Weimar 2001, S. 215–258, dem dieses Kapitel viel verdankt; vgl. zu diesem Problem auch die Überlegungen von Sabine Behrenbeck, Der Kult um die toten Helden, S. 158–163. Behrenbeck hat eine im Hauptarchiv der NSDAP verwahrte kleine Sammlung Erinnerungen alter Parteigenossen ausgewertet.

71 Abel, Why Hitler came to Power, S. 121ff.

72 Abel, Why Hitler came into Power (1938), S. 162.

73 Am engsten mit meiner Fragestellung verbunden: Krassnitzer, Die Geburt des Nationalsozialismus im Schützengraben; vgl. auch: Jan Rosensprung, »Gegen eine Welt von Feinden«. Der Einfluss des Ersten Weltkriegs auf die frühen Mitglieder der NSDAP, in: Falter, Weg zum Führer, S. 95–124.

74 Rosensprung, Welt von Feinden, S. 98.

75 Merkl, Political Violence, S. 140, Tabelle ebd., S. 76.

76 Zit. nach: Adalbert Gimbel (Hg.), So kämpften wir. Schilderungen aus der Kampfzeit der NSDAP im Gau Hessen-Nassau, Frankfurt a. M. 1941, S. 223ff.; Hitler hat häufig in Essen gesprochen, 1926 drei Mal. Im Essener Saalbau war er am 22. September 1926 und sprach vor ca. 6500 Menschen, vgl. Hitler-RSA, 22.11.1926, Dok. 52 (PDF, S. 624).

77 Zit. nach: Gimbel, So kämpften wir, S. 228f.

78 Vgl. hierzu insgesamt meine Unbewältigte Niederlage.

79 Merkl, Political Violence, S. 170.

80 Hannah Arendt, Elemente und Ursprünge totaler Herrschaft, Frankfurt a. M. 1955, S. 12.

81 Box I, Nr. 35, S. 1, hier nach: Patrick Krassnitzer, Die Geburt des Nationalsozialismus im Schützengraben, in: Dülffer/Krumeich, Der verlorene Friede, S. 119–148, hier: S. 135.

82 Ebd., S. 133.

83 Zit. nach: Giebel, S. 316.

84 Es sei hier daran erinnert, dass im Ossuaire von Douaumont die Gebeine von 150 000 deutschen und französischen Soldaten aufgeschichtet sind: Namen, die keiner mehr kennt.

85 Georg Zeitler, Jg. 1893, Box I, Nr. 88, hier nach: Krassnitzer, Die Geburt, S. 140; vgl. auch Rosensprung, Welt von Feinden, S. 104, der zeigt, wie sehr die ehemaligen Frontsoldaten sich in ihren Abel-Beiträgen auf Hitler als den unbekannten Soldaten beziehen.

86 Zit. nach: Richard Bessel, Militarismus im innenpolitischen Leben der Weimarer Republik: Von den Freikorps zur SA, in: Klaus-Jürgen Müller/Eckardt Opitz (Hg.), Militär und Militarismus in der Weimarer Republik, Düsseldorf 1978, S. 193–222, hier: S. 213; vgl. Krassnitzer, Die Geburt, S. 140.

III. Zehn Jahre Kriegsende 1928/29

1 Exemplarisch ausformuliert in: Graf Ernst Reventlow, Kriegsschuldlüge und Kriegsschuldlügner, München 1929.

2 So Schulthess, Europäischer Geschichtskalender 70 (1929), S. 140f.; vgl. die ausführlichen Berichte im *Völkischen Beobachter*, 26. Juni und 30. Juni mit Bildern von den auf die Studenten einprügelnden Polizisten.

3 Anselm Faust, Der Nationalsozialistische Deutsche Studentenbund (Bd. 1), Düsseldorf 1973, S. 894.

4 Zit nach: Hans Peter Bleuel/Ernst Klinnert, Deutsche Studenten auf dem Weg ins Dritte Reich, Gütersloh 1967, S. 109.

5 Hier zit. nach der Online-Version der Akten des Kabinetts Müller II. Der Protest wurde von einer großen Anzahl von Vereinen und Verbänden sowohl der bündischen Jugend als auch der Studentenschaften unterzeichnet. https://www.bundesarchiv.de/aktenreichskanzlei/1919-1933/0001/mu2/mu22p/kap1_1/kap2_64/para3_1.html.

6 Ebd.

7 Vgl. hierzu bes.: Christian Saehrendt, Der Stellungskrieg der Denkmäler. Kriegerdenkmäler im Berlin der Zwischenkriegszeit (1919–1939), Bonn 2004, S. 109f., mit vielen Einzelheiten aus den Akten.

8 Mehr hierzu etwas weiter unten.

9 Volker R. Berghahn, Das Volksbegehren gegen den Young-Plan und die Ursprünge des Präsidialregimes 1928–1930, in: D. Stegmann u. a. (Hrsg.): Industrielle Gesellschaft und politisches System. Beiträge zur politischen Sozialgeschichte (FS Fritz Fischer), Bonn 1978, S. 431–446; Doris Pfleiderer, Volksbegehren und Volksentscheid gegen den Youngplan, in: Archivnachrichten 35 (2007), S. 41–48; Otmar Jung, Plebiszitärer Durchbruch 1929? Zur Bedeutung von Volksbegehren und Volksentscheid gegen den Youngplan für die NSDAP, in: Geschichte und Gesellschaft 15 (1989), S. 489–510, mit der älteren Literatur.

10 So Meyers Lexikon, [7]1925, S. 630.

11 Der gesamte Verlauf der Kommissionsdebatten in: Schulthess, Europäischer Geschichtskalender, 70 (1929), S. 477–509.

12 Vgl. Thorsten Eitz/Isabelle Engelhardt (Hg.), Diskursgeschichte der Weimarer Republik, 2 Bde., Hildesheim 2015. In Bd. 1, S. 288–299: »Young-Tribut«. Hier werden alle Belege für pejorative Bezeichnungen des Young-Plans aufgeführt, etwa: »Young-Ketten«, »Young-Verbrecher« usw.

13 Berghahn, Das Volksbegehren, S. 435.

14 Hierzu ausführlich aus den Quellen: Berghahn, Das Volksbegehren, S. 436f.

15 https://archive.org/details/JosephGoebbelsTagebucher/page/n391/mode/2up?q=Verdun.

16 VB, 23./24.6.1929.

17 Zit. in Hitler-RSA, Dok. 50, 9.7.1929 (PDF, S. 2416).

18 Die Scan-Durchsicht der Hitler Reden in Hitler-RSA ergibt den Gebrauch dieses Wortes erst ab dem Juli 1929!

19 VB, 25.7.1929, S. 1; erklärend wird hinzugefügt, man bleibe ganz selbstständig und dieses Volksbegehren habe »nichts mit dem Volksbegehren des Stahlhelm zu tun«.

20 Vgl. Krumeich, Unbewältigte Niederlage, S. 160–182.

21 Abgedruckt in: Karl Wippermann (Hg.), Deutscher Geschichtskalender Jg. 1929; Leipzig 1930, S. 220f.; auch bei: Michaelis/Schraepler, Ursachen und Folgen (Bd. 7), S. 613f.

22 Die Artikel 429 und 430 des Versailler Vertrags betreffen den Zeitraum der Teilbesetzung Deutschlands durch alliierte Truppen und die Vorbedingungen für die Räumung.

23 Hierzu bes.: Larry Eugene Jones, The German Right 1918–1930. Political Parties, Organized Interests and Patriotic Associations in the Struggle against Weimar Democracy, Cambridge 2020, S. 477–484.

24 Michaelis/Schraepler, Ursachen und Folgen (Bd. 7), S. 614.

25 Vgl. hierzu vor allem: Pfleiderer, S. 43f., mit einigen Originalquellen und Plakaten.

26 Kabinett Müller II, Bd. 2, S. 1032–1034, Aufruf vom 10.10.1929, vgl. auch: Jones, The German Right, S. 490; vgl. besonders den Bericht der Reichszentrale für Heimatdienst, 14.10.1929, Kabinett Müller II, S. 1035–1039.

27 Michaelis/Schraepler, Ursachen und Folgen (Bd. 7), S. 615f.; vgl. Bleuel/Klinnert, Deutsche Studenten, S. 108, über den Appell der studentischen Verbindungen an Hindenburg.

28 Zit. nach Faust, Studentenbund, S. 97.

29 Anette Schröder, Vom Nationalismus zum Nationalsozialismus. Die Studenten der Technischen Hochschule Hannover von 1925 bis 1938, Hannover 2003, S. 54f.

30 Die Teilnahme der Hitlerjugend war ganz ungewöhnlich und bemerkenswert. Über deren starkes Engagement gegen die Reparationslasten, die vor allem die junge Generation zu tragen habe, vgl. Arndt Weinrich, Der Weltkrieg als Erzieher. Jugend zwischen Weimarer Republik und Nationalsozialismus, Essen 2013, S. 133ff.

31 Zit nach: https://www.bundesarchiv.de/aktenreichskanzlei/1919-1933/0001/mu2/mu22p/kap1_1/kap2_64/para3_1.html; der Reichskanzler notierte auf dem Schreiben »keine Antwort«; vgl. ausführlich hierzu: Rüdiger Arens, Bündische Jugend. Eine neue Geschichte 1918–1933, Göttingen 2015, S. 157ff.

32 Vgl. Barbara Stambolis, Mythos Jugend – Leitbild und Krisensymptom, Schwalbach 2003, S. 156ff.; Ulrich Herbert hat dieser Mobilisierung der Studenten und der aus ihr erwachsenen intellektuellen Führungsschicht des Nationalsozialismus eine bahnbrechende Studie gewidmet: Ulrich Herbert, »Generation der Sachlichkeit«. Die völkische Studentenbewegung der frühen zwanziger Jahre, in: ders., Arbeit, Volkstum, Weltanschauung. Über Fremde und Deutsche im 20. Jahrhundert, Frankfurt a. M. 1995, S. 31–58.

33 Hindenburgs Schreiben in: Michaelis/Schraepler, Ursachen und Folgen (Bd. 7), S. 615f.

34 Vgl. hierzu und zu der gesamten Agitation die Darstellung von: Wolfram Pyta, Hindenburg. Herrschaft zwischen Hohenzollern und Hitler, München 2007, S. 545ff.

35 Eine bündige Zusammenfassung der gesamten Debatte in: Wippermann, Deutscher Geschichtskalender, S. 255–267. Die folgende Darstellung nach den Protokollen der Reichstagsdebatten: https://www.reichstagsprotokolle.de/Blatt2_w4_bsb00000110_00000.html.

36 RT 2631.

37 RT 2809.

38 RT 2815–2822.

39 RT 2822.

40 RT 2822–2829.

41 RT 2836–2843.

42 Vgl. dazu meine Unbewältigte Niederlage, S. 193–202.

43 RT 2843–2848.

44 RT 2852–2857.

45 Noch 1929 veröffentlichte Reventlow ein Buch mit dem Titel »Kriegschuldlüge und Kriegsschuldlügner«, das allerdings wohl wenig Verbreitung fand, es ist heute antiquarisch kaum zu beschaffen.

46 RT 2862.

47 Pfleiderer, S. 46.

48 Jung, Plebiszitärer Durchbruch, S. 509f., streitet sicherlich zu Unrecht ab, dass die Young-Kampagne etwas mit dem Erfolg des NS 1929/30 zu tun hatte; vgl. bes.: Jones, The German Right, S. 492ff. über die weitgehende Spaltung der Rechten durch die Young-Kampagne.

49 Nach: Eva Pfeifer, Das Hitlerbild im Spiegel einiger konservativer Zeitungen in den Jahren 1929–1933, München 1968, S. 102f.

50 Vgl. Markus Müller, Die Christlich-Nationale Bauern- und Landvolkpartei 1928–1933, Düsseldorf 2001; nicht zu verwechseln mit der Landvolkbewegung (1928–1932) und dem Reichslandbund (1921–1933).

51 Ebd., S. 126–130.

52 Wilhelm Frick, Die Nationalsozialisten im Reichstag 1924–1931, München 1932, S. 44.

53 Vgl. Gerhard Paul, Aufstand der Bilder. Die NS-Propaganda vor 1933, Bonn [2]1992, S. 91f.

54 https://www.reichstagsprotokolle.de/Blatt2_w4_bsb00000124_00559.html.

55 Die Diskussion fand am 13. und 14. März 1930 statt. Sie ist ein ebenso schlimmes wie typisches Beispiel für die extreme Hitze der politischen Polemik jener Zeit. Es gab auch eine große Menge von Ordnungsrufen und Ausschlüssen aus der Sitzung: https://www.reichstagsprotokolle.de/Blatt2_w4_bsb00000111_00269.html.

56 https://www.reichstagsprotokolle.de/Blatt2_w4_bsb00000124_00603.html; ein weiterer Paragraf zielte auf den Schutz von Kriegerdenkmälern, Kriegsbeschädigten usw., ich komme darauf später zurück; das Reichstagsprotokoll verzeichnet nicht, wer für diesen Antrag gestimmt hat. Es stellt lediglich fest, dass es »eine Minderheit« war: https://www.reichstagsprotokolle.de/Blatt2_w4_bsb00000111_00332.html.

57 Dies nach: Weinrich, Der Weltkrieg als Erzieher, S. 135f.; vgl. zur Debatte um 1930 bes.: Julien, La mémoire de la guerre, Paris/Berlin, S. 129ff.

58 Der NS-Autor Adalbert Gimbel folgerte in seinem weitverbreiteten Buch mit dem Titel »So kämpften wir« von 1941: Das Volksbegehren sei zwar gescheitert, sei aber die Voraussetzung für »unseren glänzenden Wahlsieg vom 14.9.1930« gewesen (S. 88); diese Aussage wird durch die historische Forschung voll bestätigt, vgl. etwa: Gotthard Jasper, Die gescheiterte Zähmung. Wege zur Machtergreifung Hitlers 1930–1934, Frankfurt a. M. 1986, S. 477ff.; Eckard Conze, Die Große Illusion. Versailles 1919 und die Neuordnung der Welt, München 2018, S. 470ff., urteilt ebenfalls, dass der Durchbruch des NS im Jahre 1930 direkt mit dieser Kampagne zusammenhänge. Wichtig sind die von Conze ebd., zitierten zeitgenössischen Stimmen (Hoegner, Weizsäcker).

59 Zit. nach: Frick, Die Nationalsozialisten im Reichstag, S. 21f.

60 Ebd., S. 28.

61 Ebd., S. 35.

62 Ian Kershaw, Der Hitlermythos. Führerkult und Volksmeinung, Stuttgart 1999, S. 44.

63 Meinecke, Nationalsozialismus und Bürgertum, in: Kölnische Zeitung, Nr. 696, 21.12. 1930, abgedruckt in: Meinecke, Politische Schriften (Bd. 2), S. 441–445.

64 Presseerklärung der DDP o. D. im Braunschweiger Stadtarchiv, zit. nach: Ernst-August Roloff, Bürgertum und Nationalsozialismus 1930–1933. Braunschweigs Weg ins Dritte Reich, Hannover 1961, S. 44.

65 Nach Siegfried Zelnhefer, Die Reichsparteitage der NSDAP, Nürnberg 1991, S. 34f.; Hamilton T. Burden, Die programmierte Nation. Die Nürnberger Reichsparteitage, Gütersloh 1967, S. 71–82, ist wenig mehr als ein Exzerpt aus Berichten des *Völkischen Beobachters*; vgl. auch die präzise und komplette Untersuchung von: Albrecht Tyrell, IV. Reichsparteitag der NSDAP, Göttingen 1978 (= Publikationen zu wissenschaftlichen Filmen hg. vom Institut für den wissenschaftlichen Film), S. 3–70; vgl. auch: Mark A. Fraschka, Franz Pfeffer von Salomon. Hitlers vergessener Oberster SA-Führer, Göttingen 2016, S. 379ff.; Hans-Ulrich Thamer, Faszination und Manipulation. Die Nürnberger Reichsparteitage der NSDAP, in: Uwe Schultz (Hg.), Das Fest. Eine Kulturgeschichte von der Antike bis zur Gegenwart, München 1988, S. 352–368, befasst sich nahezu ausschließlich mit den Parteitagen nach 1933; eine zentral wichtige Quelle ist der im Bundesarchiv Berlin vorhandene Propaganda- und Dokumentationsfilm des NS zum Nürnberger Parteitag 1929: »Ein Film vom kommenden Deutschland. Den Toten der Bewegung in Treue gewidmet. Aufnahmeleitung Baldur von Schirach. Technische Ausführung: Arnold und Richter GmbH, München«. Film mit Texterläuterungen anzusehen u. a. unter: https://archiv-akh.de/filme/1291#1; die oben genannte Arbeit von Tyrell bietet eine Analyse aller Szenen dieses Films; für die Untersuchung der Pressereaktionen danke ich Thomas Gerhards, Düsseldorf.

66 So der VB, 23.1.1929, Tyrell, IV. Reichsparteitag, S. 6.

67 Hitler-RSA, Dok. 1, 1.3.1929 (PDF, S. 2129ff.); es ist nicht unwahrscheinlich, aber bislang nicht belegt, dass die Idee, den Parteitag ganz der Erinnerung an den Ersten Weltkrieg zu widmen, damit zusammenhing, dass ab Februar 1929 in Paris die Verhandlungen über den Young-Plan, die Neuregelung der Reparationen, begonnen hatten, vgl. oben, Kap. III.1.

68 Für die Mitgliederzahlen der NSDAP liegen keine genauen Zahlen vor. Die von Zelnhefer, Die Reichsparteitage, S. 37, genannte Zahl von 170 000 Mitgliedern 1929 stammen aus einer NS-Quelle; Kershaw, Hitler (Bd. 1), S. 396, geht von 130 000 im Sommer 1929 aus; so auch Tyrell, IV. Reichsparteitag, S. 6; dahingegen nimmt Michael Wildt, Geschichte des Nationalsozialismus, Göttingen 2008, S. 64, ca. 97 000 Mitglieder für Ende 1928 und 130 000 im September 1930 an; Gerhard Schulz, Der Aufstieg des Nationalsozialismus, Frankfurt a. M. 1975, S. 452, nennt ähnliche Zahlen und verweist darauf, dass bereits 1928 die Mitgliederzahl der NSDAP die der KP überstieg.

69 Alfred Rosenberg (Hg.), Führer zum Reichsparteitag der NSDAP, München 1929.

70 Rosenberg, Führer zum Reichsparteitag, S. 2.

71 Tyrell, IV. Reichsparteitag, S. 7, mit Bezug auf die Polizeiakten der Stadt Nürnberg; Zelnhefer, Reichsparteitage, S. 37.

72 So der Wikipedia-Artikel über von der Goltz.

73 Vgl. Sven Olaf Berggötz (Hg.), Ernst Jünger, Politische Publizistik 1919 bis 1933, Stuttgart 2001, S. 508ff.; und Helmuth Kiesel, Ernst Jünger. Die Biographie, München 2007, S. 295f.

74 Die Teilnehmerzahlen nach dem in: Hitler-RSA, Anm. 38 zu Dok. 61, 2.8.1929 (PDF, S. 2461), zitierten Lagebericht der Münchener Polizei.

75 »Ein Film vom kommenden Deutschland«, https://archiv-akh.de/filme/1291#1.

76 Zelnhefer, Reichsparteitage, S. 40, spricht von einer »Tagung des NS-Studentenbundes«, die taucht aber im offiziellen Parteiprogramm nicht auf; auch Tyrell, IV. Reichsparteitag, S. 10–12, geht kurz auf die Sondertagungen ein, allerdings nicht auf die für Schul- und Jugendfragen.

77 Tyrell, IV. Reichsparteitag, S. 16.

78 Die Teilnehmerzahlen divergieren etwas, vgl. Zelnhefer, Reichsparteitage, S. 41, der von 1500 Teilnehmern, davon 300 Frauen, spricht; vgl. aber Hitler-RSA, Anm. 1 zu Dok. 61, 2.8.1929 (PDF, S. 2461), mit Zahlenangaben zwischen 800 und 1200.

79 Hierzu: Hansjakob Becker, Liturgie im Dienst der Macht. Nationalsozialistischer Totenkult als säkularisierte christliche Paschafeier, in: Hans Maier/Michael Schäfer (Hg.), Totalitarismus und Politische Religionen, Paderborn u. a. 1997, S. 37–65; zur Entstehung des nationalsozialistischen Feierstils: Klaus Vondung, Magie und Manipulation. Ideologischer Kult und politische Religion des Nationalsozialismus, Göttingen 1971, S. 33–38; vgl. zum Niederländischen Dankgebet: Insa Eschebach, Öffentliches Gedenken. Deutsche Erinnerungskulturen seit der Weimarer Republik, Frankfurt a. M./New York 2005, S. 83ff.: Das Gebet sei in der Weimarer Republik fester Bestandteil zahlreicher Gedenkfeiern gewesen, aber nach ihrer Meinung nicht bei den Nationalsozialisten.

80 Weiter hierzu unten, Kap. IV.1.

81 Vgl. Hitler-RSA, Anm. 1 zu Dok. 61, 2.8.1929 (PDF, S. 2444): Die NS-Presse sprach von bis zu 200 000 Teilnehmern, was die Münchener Polizei für »weit übertrieben« hielt.

82 VB, 3.8.1929, S. 1.

83 Zelnhefer, Die Reichsparteitage, S. 43.

84 Vgl. auch die Analyse von Tyrell, IV. Reichsparteitag, S. 15.

85 Sehr ausführlich bei Zelnhefer, Die Reichsparteitage, S. 45–51; hier auch die entsprechenden Polizeiberichte und die Stellungnahmen von überregionalen Zeitungen und Parteigremien; vgl. auch Tyrell, IV. Reichsparteitag, S. 14f., mit weiteren Einzelheiten.

86 Zit. nach: Zelnhefer, Die Reichsparteitage, S. 46.

87 Ebd., S. 47.

88 Zelnhefer, Die Reichsparteitage, S. 43f., meint, dass der Sarkophag von den Nazis erst errichtet worden sei; ebenso Tyrell, IV. Reichsparteitag, S. 16, leider ohne Quellenangaben. Dies ist zu bezweifeln, denn das hätte die Stadt sicherlich nicht zugelassen; den heutigen Anblick der Gedenkhalle zeigt: https://bauzeugen.wordpress.com/category/gedenkstatten-denkmaler/kriegerdenkkmaler-1-und-2-weltkrieg/; der Sarkophag ist nicht mehr vorhanden.

89 Epps Rede zit. nach: Tyrell, IV. Reichsparteitag, S. 19.

90 Zit. nach: Ernst Deuerlein (Hg.), Der Aufstieg der NSDAP in Augenzeugenberichten, München 1968, S. 302.

91 Hitler-RSA, Dok. 63, 4.8.1929 (PDF, S. 2469–2471).

92 Es waren in Wirklichkeit ca. eine Million Freiwillige …

93 Hitler-RSA, Dok. 64, 4.8.1929 (PDF, S. 2471).

94 Artikel aus der deutschnationalen Deutschen Zeitung, Berlin, hier zit. nach: Tyrell, IV. Reichsparteitag, S. 25.

95 Vgl. zum regionalen Erfolg der NSDAP 1928/9: Falter, Hitlers Wähler, S. 83–85; vgl. auch: Schulz, Aufstieg, S. 476.

96 Genaue Stimmenaufschlüsselung bei: Jürgen W. Falter u. a. (Hg.), Wahlen und Abstimmungen in der Weimarer Republik, München 1986, S. 89–118; die regionalen Wahlergebnisse des NS und ihre Bedeutung sehr gut erklärt mit Diskussion der Forschungsmeinungen bei: Jasper, Die gescheiterte Zähmung, S. 47ff.; zit. nach: Kershaw, Hitler (Bd. 1), S. 395.

97 Vgl. Kershaw, Hitler (Bd. 1), S. 390f., über die erste Welle der Massenarbeitslosigkeit mit schon mehr als drei Millionen Arbeitslosen im Januar 1929.

98 Zit. nach: Hitler-RSA, Anm. 17 zu Dok. 25, 6.9.1931 (PDF, S. 375). Weiter ebd.: »die Schilderung in: Der Nationalsozialist vom 8.9.1931, ›Die Kundgebung der Hunderttausend! Riesenfeuerwerk‹: ›Es gibt kein besseres Wort, dieses Tongemälde zu bezeichnen als das, was einer der alten Frontsoldaten zwar etwas kräftig, aber treffend prägte. Er sagte: ›Sämtliche Frontschweine sind wieder einmal in ihrem Element.‹«

IV. Die Nazis als Sachwalter der Ehre des Frontsoldaten

1 Georges Mosse, Gefallen für das Vaterland. Nationales Heldentum und namenloses Sterben, Stuttgart 1993, Kap. 8: »Die Brutalisierung der deutschen Politik«; zur Diskussion: Bernd Weisbrod, Gewalt in der Politik. Zur politischen Kultur in Deutschland zwischen den beiden Weltkriegen, in: GWU 43 (1992), 391–404; Andreas Wirsching, Vom Weltkrieg zum Bürgerkrieg. Politischer Extremismus in Deutschland und Frankreich 1918–1933/39. Berlin und Paris im Vergleich, München 1999; Dirk Schumann, Politische Gewalt in der Weimarer Republik. Kampf um die Straße und Furcht vor dem Bürgerkrieg. Essen 2001; vgl. bes. die neuere Gesamtübersicht: Christoph Nübel, Neuvermessungen der Gewaltgeschichte. Über den »langen Ersten Weltkrieg« (1900–1930), in: Mittelweg 36 (2015), S. 225–248.

2 Initial waren die Arbeiten von Eve Rosenhaft, vgl. bes.: dies., Links gleich rechts? Militante Straßengewalt um 1930, in: Thomas Lindenberger/Alf Lüdtke (Hg.), Physische Gewalt. Studien zur Geschichte der Neuzeit, Frankfurt a. M. [2]2016, S. 238–275; Christian Striefler, Kampf um die Macht. Kommunisten und Nationalsozialisten am Ende der Weimarer Republik, Berlin 1993. Zur Kritik s. u. a.: Zeitschrift für Politik 42 (1995), S. 101–103; Die ZEIT Nr. 49/1993 (H.A. Winkler); Wolfram Meyer zu Uptrup, Kampf gegen die »jüdische Weltverschwörung«. Propaganda und Antisemitismus der Nationalsozialisten, Berlin 2003, S. 30ff.; vgl. auch die überzeugende Untersuchung von: Pamela Swett, Neighbors and Enemies. The Culture of Radicalism in Berlin 1929–1933, Cambridge 2004, S. 237ff.; eine weiterführende vergleichende Studie: Sven Reichardt, Totalitäre Gewaltpolitik? Überlegungen zum Verhältnis von nationalsozialistischer und kommunistischer Gewalt in der Weimarer Republik, in: Wolfgang Hardtwig (Hg.), Ordnungen in der Krise, München 2007, S. 377–402.

3 Alfred Kotz, Jg.1886, Faksimile seines Beitrags zur Abel-Collection abgedr. in: Wieland Giebel (Hg.), »Warum ich Nazi wurde«. Biogramme früher Nationalsozialisten – die einzigartige Sammlung des Theodore Abel, Berlin 2018, S. 385ff., zit. ebd., S. 407.

4 Zit. nach: Bernd Kessinger, Die Nationalsozialisten in Berlin-Neukölln 1925–1933, Berlin 2013, S. 104.

5 Hier nach: Frick, Die Nationalsozialisten im Reichstag. Es gab eine weitere ganz ähnliche Interpellation am 14. Oktober 1931 (ebd.).

6 Hitler-RSA, Dok. 4, 26.2.1925 (PDF, S. 33).

7 Ebd., Dok. 60, 1.8.1929 (PDF, S. 2439).

8 Ebd., Dok. 24, 11.3.1930 (PDF, S. 2832).

9 Zit. nach: Carsten Dams, Staatsschutz in der Weimarer Republik. Die Überwachung und Bekämpfung der NSDAP durch die preußische politische Polizei, 1928–1932, Marburg 2003, S. 87.

10 Nach: Paul Bruppacher, Adolf Hitler und die Geschichte der NSDAP (Bd. 1), Norderstedt 2018, S. 54f.

11 Siehe dazu: Sabine Behrenbeck, Der Kult um die toten Helden. Nationalsozialistische Mythen, Riten und Symbole, Köln [2]2011, S. 162f., mit Beispielen der Zusammenarbeit der NS-Führung mit der Polizei zur Dinghaftmachung von NS-Tätern.

12 Zit. nach: Hitler-RSA, Dok. 107, 31.12.1932 (PDF, S. 5044); in einer Reihe von FN versuchen die Herausgeber, die wirkliche Anzahl der Toten und Verletzten auf beiden Seiten zu eruieren, und zeigen vor allem die Quellen für das Übergewicht der NS-Gewalttaten.

13 Vgl. zu diesem Anspruch: Rohkrämer, Fatale Attraktion, S. 64ff.

14 Ernst Röhm, Die Geschichte eines Hochverräters, München [4]1933.

15 Röhm, Hochverräter, S. 305; vgl. auch: Peter Longerich, Die braunen Bataillone. Geschichte der SA, München 1989, S. 25f.

16 Zit. nach: Röhm, Hochverräter, S. 330. Weisung vom 16. September 1924; vgl. zur Person und Politik von Ernst Röhm auch: Longerich, Bataillone, S. 15–22.

17 Vgl. hierzu die überaus anregende Studie von: Richard Bessel, Nazism and War, London 2004, bes.: S. 21ff.; vgl. auch: Sven Reichardt, »Märtyrer« der Nation. Überlegungen zum Nationalismus in der Weimarer Republik, in: Jörg Echternkamp/Oliver Müller (Hg.), Die Politik der Nation. Deutscher Nationalismus in Krieg und Krisen 1760–1960, München 2002, S. 173–202, bes.: S. 185–194; Peter Longerich, Zur Attraktivität der NSDAP als Kern eines rechtsextremen Milieus in der Weimarer Republik, in: Brockhaus, Attraktion der NS-Bewegung, S. 115–132, bes.: S. 119; vgl. auch: Longerich, Bataillone, S. 72ff.

18 Grundlegend: Gerhard Paul, Aufstand der Bilder. Die NS-Propaganda vor 1933, Bonn [2]1992, S. 133ff. sowie der Bildteil; ausführlich hierzu auch: Sven Reichardt, Faschistische Kampfbünde. Gewalt und Gemeinschaft im italienischen Squadrismus und in der deutschen SA, Köln/Weimar/Wien 2002, S. 568ff.

19 Vgl. bes.: Daniel Siemens, Sturmabteilung. Die Geschichte der SA, München 2019, S. 85f.

20 Reichardt, Kampfbünde, S. 579, allerdings recht summarisch und z.T. nicht korrekt; vgl. https://www.volksliederarchiv.de/auf-auf-zum-kampf-1914/; https://www.aclorien.it/archiviocantipatriottici/song.php?id=5628.

21 Hitler-RSA, Dok. 129, 21.7.1932 (PDF, S. 4587); vgl. auch: ebd., Dok. 140, 3.6.1927 (PDF, S. 866), ebd., Dok. 175, 23.8.1932 (PDF 4654). Viele weitere Belege unter dem

PDF-Suchwort »Verwundete«; ganz knapp zu dieser Identifizierung: Behrenbeck, Der Kult um die toten Helden, S. 282.

22 Pfeifer, Hitlerbild, S. 9–15.

23 Ebd., S. 100–142, Zitat ebd., S. 128f.

24 Siehe oben S. 120.

25 Longerich, Bataillone, S. 60 ff; vgl. bes.: Kessinger, Die Nationalsozialisten in Berlin-Neukölln, passim; insgesamt: Dirk Blasius, Weimars Ende. Bürgerkrieg und Politik 1930–1933, Göttingen 2005, bes.: S. 89ff.

26 Ein Bild dazu bei Longerich, Bataillone, S. 98.

27 Pyta, Dorfgemeinschaft.

28 Ebd., S. 392–394.

29 Ebd., S. 399.

30 Longerich, Bataillone, S. 74f.

31 Pfeifer, Hitlerbild, weist auf solche Vorfälle hin.

32 Vgl. die Beispiele bei Siemens, Sturmabteilung, S. 89f.

33 Ganz ähnlich auch Siemens, Sturmabteilung, S. 108ff., über die Situation in Schleswig-Holstein; vgl. hierzu auch: Frank Bösch, Militante Geselligkeit. Formierungsformen der bürgerlichen Vereinswelt zwischen Revolution und Nationalsozialismus, in: Wolfgang Hardtwig (Hg.), Politische Kulturgeschichte der Zwischenkriegszeit, Göttingen 2005, S. 151–182, hier: S. 170ff.

34 Michael Wildt, Zerborstene Zeit. Deutsche Geschichte 1918–1945, München 2022, S. 251f.; vgl. auch: Johann Chapoutot, Le meurtre de Weimar, Paris 2010, bes.: S. 32ff.: »Les SA face à la menace communiste«.

35 Die Auswertung des PDF der Hitler-Reden 1925–1932 (Hitler-RSA) ergab mehr als 50 Treffer für »Krüppel« im Zusammenhang des Weltkriegs, aber nur zwei Mal für »Verwundete«.

36 Hitler-RSA, Dok. 82, 4.11.1925 (PDF, S. 237). Vgl. auch ebd., Dok. 6, 4.7.1926 (PDF, S. 548).

37 Hitler-RSA, Dok. 6, 4.7.1926 (PDF, S. 548).

38 Ebd., Dok. 236, 26.2.1928 (PDF, S. 1214).

39 Vgl. dazu die Neuausgabe mit meiner Einführung: Ernst Friedrich, Krieg dem Kriege. Neu hrsg. vom Anti-Kriegs-Museum Berlin, Berlin 2015.

40 Vgl. Bernd Ulrich, »… als wenn nichts geschehen wäre«. Anmerkung zur Behandlung der Kriegsopfer während des Ersten Weltkriegs, in: Gerhard Hirschfeld u. a. (Hg.), »Keiner fühlt sich hier mehr als Mensch …«. Erlebnis und Wirkung des Ersten Weltkriegs, Essen 1993, S. 115–130; Christine Beil, Der ausgestellte Krieg. Präsentationen des Ersten Weltkriegs 1914–1939, Tübingen 2004.

41 Christine Beil, Zwischen Hoffnung und Verbitterung. Selbstbild und Erfahrungen von Kriegsbeschädigten in den ersten Jahren der Weimarer Republik, in: ZFG 46 (1998), S. 139–157.

42 Berghahn, Der Stahlhelm, S. 15.

43 Zur Kriegsopferversorgung vgl. die Studie von: Michael Geyer, Ein Vorbote des Wohlfahrtsstaates. Die Kriegsopferversorgung in Frankreich, Deutschland und Großbritannien nach dem Ersten Weltkrieg, in: Geschichte und Gesellschaft 9 (1982), S. 230–277; vgl. auch: Paul Lerner, Hysterical men. War, Psychiatry and the politics of trauma in Germany, 1890–1930, S. 229–234 über den «Pensions War«.

44 Vgl. dazu weiter unten, Kap. VI.3.

45 Vgl. das Reichstagshandbuch der 3. Wahlperiode (1924–1928): https://www.digitale-sammlungen.de/de/view/bsb00000003?q=%28Reichstags-Handbuch,+III.+Wahlperiode+1924%29&page=330; vgl. zur Kriegsteilnahme von Abgeordneten des Reichstags der Weimarer Republik: Nicolas Patin, La catastrophe allemande 1914–1945, Paris 2014, S. 153ff.

46 Nils Löffelbein, Ehrenbürger der Nation. Die Kriegsbeschädigten des Ersten Weltkriegs in Politik und Propaganda des Nationalsozialismus, Essen 2013; die zur Geschichte der Kriegsbeschädigten wichtigen Arbeiten von Sabine Kienitz, Beschädigte Helden, Kriegsinvalidität und Körperbilder 1914–1923, Paderborn u. a. 2008, und Jason Crouthamel, Psychological Trauma and the Legacies of the First World War, Cham 2016, gehen kaum auf das Verhältnis des NS zu dieser Gruppe ein.

47 Löffelbein, Ehrenbürger, S. 119f. mit FN 255 für die gesamten Plakate.

48 Ebd., S. 120; vgl. Antoine Prost, Les anciens combattants et la société française (Bd. 3), Paris 1977.

49 Löffelbein, Ehrenbürger, S. 117.

50 Vgl. zu den institutionellen Problemen dieses Referats in und außerhalb der Partei: Löffelbein, Ehrenbürger, S. 150ff.

51 Ausführlich zu diesem Punkt, der hier nicht weiter behandelt werden soll: Löffelbein, Ehrenbürger, Teil 2.

52 Vgl. die genaue Darstellung von: Winkle, Der Dank des Vaterlandes, S. 309ff., sowie: Ralph Winkle, Kriegserfahrung und Anerkennungserwartungen – zur Bedeutung symbolischer Gratifikation im Nationalsozialismus, in: Rheinisch-westfälische Zeitschrift für Volkskunde 54 (2009), S. 131–149.

53 Vgl. bes.: Wolfgang Benz, Deutsche Juden im 20. Jahrhundert. Eine Geschichte in Porträts, München 2011, Kap. 2; vgl. auch: Erich Leyens und Lotte Andor, Die fremden Jahre. Erinnerungen an Deutschland, Frankfurt a. M. 1991, S. 16–18. Ein Faksimile des Flugblatts, Bild des Kaufhauses und der drei Brüder Leyens in Weltkriegsuniform in: Tim Grady, Krieg in der Erinnerung – Krieg um die Erinnerung. Das Gedenken an die jüdischen Gefallen nach 1918, in: Ulrike Heikaus/Julia B. Köhne (Hg.), Krieg! 1914–1918. Juden zwischen den Fronten, Jüdisches Museum München 2014, S. 265–284, S. 274–276.

54 Ich habe mich für diesen Abschnitt besonders auf folgende Werke gestützt: Hubert Rüter, Remarque. Im Westen nichts Neues, Paderborn 1980; Tilman Westphalen (Hg.), Im Westen nichts Neues. Mit Materialien, Köln [7]2002; Bärbel Schrader, Der Fall Remarque. Im Westen nichts Neues. Eine Dokumentation, Leipzig 1992; die neueste Zusammenstellung der sehr umfangreichen Remarque-Forschung bei: Claudia Glunz/Thomas F. Schneider (Hg.), Remarque-Forschung 1930–2010. Ein bibliographischer Bericht, Osnabrück 2010 (= Erich Maria Remarque-Jahrbuch 20/2010).

55 Auflagenziffern bei: Thomas F. Schneider, Die Meute hinter Remarque. Zur Rezeption von Im Westen nichts Neues 1928–1930, in: Jahrbuch zur Literatur der Weimarer Republik 1 (1995), S. 143–170; ab März 1930 wurden monatlich weit über 100 000 Exemplare verkauft; vgl. auch: Rüter, Remarque, S. 51f.

56 Sehr viel zu diesem Problem auch bei: Modris Eksteins, Tanz über Gräben. Die Geburt der Moderne und der Erste Weltkrieg, Reinbek 1990, S. 416ff. Eksteins merkt zutreffend an, dass dieses Buch weniger ein Versuch sei, die Realität des Grabenkrieges zu zeigen, als vielmehr »ein Kommentar zur geistigen Verfassung der Nachkriegszeit« (ebd., S. 40); vgl. auch den Pionier-Artikel von: Modris Eksteins, All Quiet on the Western Front and the Fate of a War, in Journal of Contemporary History XV (1980), S. 345–366.

57 Gespräch publiziert in: Die literarische Welt, 14.6.1929: Faksimile unter: https://www.remarque.uni-osnabrueck.de/emr-interviews/faksimiles/eggebrecht%201929.pdf; auch abgedruckt in: Westphalen, Im Westen, S. 229–236.

58 Zit. nach: Thomas F. Schneider, »Krieg ist Krieg schließlich«. Erich Maria Remarque: Im Westen nichts Neues, in: ders. und Hans Wagener (Hg.), Von Richthofen bis Remarque. Deutschsprachige Prosa zum I. Weltkrieg, Amsterdam/New York 2003, S. 217–232, hier: S. 223.

59 Die folgenden Zitate finden sich: S. 278ff. der Ausgabe von 1929.

60 Vgl. für das Folgende die Enzyklopädie der Literatur der Weimarer Republik: Helmuth Kiesel, Geschichte der deutschsprachigen Literatur 1918–1933, München 2018, S. 784ff.

61 Ein Beispiel: Hugo Sclutius, Pazifistische Kriegspropaganda, in: Die Weltbühne 1929, Nr. 14 (2.4.1929), S. 517–522.

62 So Hans-Harald Müller, Der Krieg und die Schriftsteller. Der Kriegsroman der Weimarer Republik, Stuttgart 1986, S. 65.

63 Sontheimer, Antidemokratisches Denken, Zit. S. 96. vgl. auch: ebd., S. 162; mehr zu diesem Strom der Kriegserlebnis-Literatur im nächsten Kapitel.

64 Deutsches Adelsblatt Nr. 12, 16.3.1929, hier zit. nach: Schrader, Der Fall Remarque, S. 34f., Zit. ebd., S. 34.

65 Zit. ebd., S. 84f.

66 Hanns Limpach in: VB, 16.2.1929, in der Beilage »Der deutsche Frontsoldat«, zit. auch bei: Schrader, Der Fall Remarque, S. 36–38.

67 Dies gegen Eksteins, Tanz über Gräben, S. 426, der meint, dass für den NS das »Kriegserlebnis« wichtiger gewesen sei als die Frage nach Sinn und Zweck des Krieges; vgl. insgesamt: Nico Späth, Das Thema hatte es in sich: Die Reaktion der deutschen und amerikanischen Presse auf Erich Maria Remarques Im Westen nichts Neues, Göttingen 2020, bes.: S. 252ff.

68 So auch: Eksteins, Tanz über Gräben, S. 426.

69 Späth, Das Thema, S. 293.

70 Auf Zöberlein und seine Kriegsromane komme ich im folgenden Kapitel zurück.

71 VB, 14.8.1929; vgl. auch: Späth, Das Thema, S. 300.

72 M.W., Unsere Kriegsliteratur, in: Der Angriff Nr. 35, 2.9.1929, zit. nach: Späth, Das Thema, S. 307.

73 Vgl. Peter Dörp, Goebbels' Kampf gegen Remarque, in: Erich Maria Remarque Jahrbuch 1 (1991), S. 48–64, hier: S. 54.

74 Späth, Das Thema, S. 303; Müller, Der Krieg und die Schriftsteller, S. 326; Rainer Bendick: »Im Westen nichts Neues« und die pädagogisch-didaktischen Diskussionen in Deutschland und Frankreich, in: Thomas F. Schneider (Hg.), Erich Maria Remarque. Leben, Werk und weltweite Wirkung, Osnabrück 1998, S. 151–185.

75 So auch mit vielen Einzelbelegen: Thomas Friedrich, Die missbrauchte Hauptstadt. Hitler und Berlin, Berlin 2007, S. 274f.

76 Zit. nach: Dörp, Goebbels' Kampf, S. 50; »gemacht« ist abgeleitet von »Mache«, einem *keyword* des NS, vor allem »jüdische Mache«, »Pressemache« usw.

77 Friedrich, Missbrauchte Hauptstadt, S. 239ff.; Kessinger, Die Nationalsozialisten in Berlin-Neukölln.

78 Hierzu: HSI-Huey Liang, Die Berliner Polizei in der Weimarer Republik, Berlin/New York 1977, S. 123–125.

79 Zur Entwicklung der Filmzensur in der Weimarer Republik: Jan-Pieter Barbian, Politik und Film in der Weimarer Republik, in: Archiv für Kulturgeschichte 80 (1998), S. 213–245.

80 Die Gutachten abgedruckt bei: Schrader, Der Fall Remarque, S. 156–160.

81 Die Pressestimmen gesammelt bei: Schrader, Der Fall Remarque, S. 116ff.

82 Vgl. die dramatische und anklagende Darstellung im *Völkischen Beobachter*, 7./8.12.1930, zit. auch bei: Schrader, Fall Remarque, S. 134f.

83 Schrader, Fall Remarque, S. 136.

84 Ebd., S. 138.

85 So der *Völkische Beobachter*, 11.12.1930, zit. auch bei: Schrader, Der Fall Remarque, S. 145f.

86 Interpellation Nr. 502/V vom 9.12.1930, zit. nach: Frick, Die Nationalsozialisten im Reichstag, S. 91f.

87 Gutachten, Diskussion und Entscheidung nach den Presseberichten bei: Schrader, Der Fall Remarque, S. 152ff.

88 Der Angriff, 12.12.1930, zit. nach: Schrader, Der Fall Remarque, S. 161–165.

89 Reichstag, 34. Sitzung, S. 1284ff.

V. Nationale Kriegserzählung im Übergang zum NS

1 Ernst Forsthoff, Staatsrechtswissenschaft und Weltkrieg, in: Blätter für Deutsche Philosophie (1931), hier zit. nach: Ulrich/Ziemann, Krieg im Frieden, S. 102.

2 Zit. nach: ebd.

3 Wien/Leipzig/Prag 1931; eines der bedeutenderen Werke der neueren Literaturgeschichte trägt denselben Titel: Michael Gollbach, Die Wiederkehr des Weltkrieges in der Literatur. Zu den Frontromanen der späten Zwanziger Jahre, Kronberg/Ts. 1978.

4 Jirgal, Die Wiederkehr des Weltkrieges, S. 211.

5 Ebd.

6 Ich habe die 2. Auflage des Werkes genutzt, die 1973 mit leicht ergänztem Titel und Inhalt erschienen ist: Herbert Cysarz, Zur Geistesgeschichte der Weltkriege, Bern und Frankfurt a. M. 1973.

7 Ebd., S. 172.

8 E. Günther Gründel, Die Sendung der jungen Generation. Versuch einer umfassenden revolutionären Sinndeutung der Krise, München 1932.

9 Vgl. das Schaubild bei Gründel, Die Sendung, S. 61: Die junge Frontgeneration sind die Jahrgänge 1890–1899, die Kriegsjugendgeneration sind die Jahrgänge 1900–1909, die Nachkriegsgeneration sind die nach 1919 Geborenen.

10 Gründel, Die Sendung, S. 25.

11 Dieses und die folgenden Zitate und Zusammenfassungen aus: Gründel, Die Sendung, S. 81–86, alle Hervorhebungen i. O.

12 Helmut Lethen, Verhaltenslehren der Kälte. Lebensversuche zwischen den Kriegen, Berlin 1994, unveränderte Neuauflage, Berlin 2022.

13 Ebd., S. 115, 134.

14 Vgl. hierzu bes. die Sammlung von Interviews in: Rainer Barbey und Thomas Petraschka (Hg.), Ernst Jünger. Gespräche im Weltstaat. Interviews und Dialoge 1929–1997, Stuttgart 2019, bes.: S. 110, 129f., 172f.; ich danke Helmuth Kiesel für viele wertvolle Hinweise und die Überlassung eines MS zu dieser Problematik.

15 George Soldan, Der Mensch und die Schlacht der Zukunft, Oldenburg 1925; vgl. zu diesem Autor: Markus Pöhlmann, Kriegsgeschichte und Geschichtspolitik. Der Erste Weltkrieg: die amtliche deutsche Militärgeschichtsschreibung 1914–1956, Paderborn 2002; Ulrich/Ziemann, Krieg im Frieden, S. 181–184.

16 Soldan, Der Mensch, S. 19f.

17 Vgl. zu Beumelburg: Gerd Krumeich, Werner Beumelburg, in: Wolfram Pyta/Carsten Kretschmann (Hg.), Burgfrieden und Union Sacrée. Literarische Deutungen und politische Ordnungsvorstellungen in Deutschland und Frankreich 1914–1933, München 2011, S. 295–312. Dieser Abschnitt übernimmt einiges aus diesem Beitrag.

18 Markus Pöhlmann, »Das große Erleben da draußen«. Die Reihe »Schlachten des Weltkrieges« (1920–1930), in: Thomas F. Schneider/Hans Wagener (Hg.), Von Richthofen bis Remarque. Deutschsprachige Prosa zum I. Weltkrieg, Amsterdam 2003, S. 113–131; vgl. auch: Manuel Köppen, Werner Beumelburg und die Schlachten des Weltkriegs, in: Christian Meierhofer/Jens Wörner (Hg.), Materialschlachten. Der Erste Weltkrieg und seine Darstellungsressourcen in Literatur, Publizistik und populären Medien, 1899–1929, Osnabrück 2014, S. 267–290.

19 Werner Beumelburg, Sperrfeuer um Deutschland, Oldenburg 1929.

20 Ebd., S. 14.

21 Ebd., S. 284.

22 Zit. nach einem dem Buch beiliegenden Werbefaltblatt.

23 Dies und Folgendes nach: Stefan Busch, »und gestern, da hörte uns Deutschland«. NS-Autoren in der Bundesrepublik, Würzburg 1998, S. 94 mit Anm. 124, der seine Berechnungen u. a. auf den Nachlass Beumelburgs stützt. Der Verlag Stalling hat folgende Angaben in

die einzelnen Auflagen gedruckt: 1.– 30. Tsd. (1929), 261.–270. Tsd. [1938], 271.–290. Tsd. [1939], »Ausgabe für die Jugend« 62.–81. Tsd. [1943]).

24 »Gruppe« ist auch ein militärischer Fachbegriff: Er bezeichnet eine kleine Kampfeinheit von 3 bis 15 Soldaten.

25 Dies nach: Gollbach, Die Wiederkehr des Weltkrieges, S. 167f.

26 Vgl. Köppen, Werner Beumelburg, S. 286; Heidrun Ehrke-Rotermund, »Durch die Erkenntnis des Schrecklichen zu seiner Überwindung«? Werner Beumelburg: Gruppe Bosemüller (1930), in: Schneider/Wagener, Von Richthofen bis Remarque, S. 299–318, hier: S. 318.

27 Ehrke-Rotermund, Durch die Erkenntnis, S. 318; vgl. auch: Johannes Waßmer, Die neuen Zeiten im Westen und das ästhetische Niemandsland. Phänomenologie der Beschleunigung und Metaphysik der Geschichte in den Westfront-Romanen des Ersten Weltkriegs, Freiburg i. Br. 2018, S. 357.

28 Hans Sarkowicz/Alf Mentzer, Literatur in Nazi-Deutschland, Hamburg/Wien 2000, S. 97.

29 So Werner Mittenzwei, Der Untergang einer Akademie oder die Mentalität des ewigen Deutschen. Der Einfluss der nationalkonservativen Dichter an der Preußischen Akademie der Künste 1918 bis 1947, Berlin 1992, S. 215; vgl. auch: Rolf Düsterberg, Hanns Johst – der Literaturfunktionär und Saga-Dichter, in: Rolf Düsterberg (Hg.), Dichter für das »Dritte Reich«. Biografische Studien zum Verhältnis von Literatur und Ideologie, Bielefeld 2009, S. 99–132.

30 Jay W. Baird, Hitler's War Poets. Literature and Politics in the Third Reich, Cambridge 2008; ganz ähnlich auch: Sarkowics/Mentzer, Literatur in Nazi-Deutschland; ebenso: Karl Prümm, Die Literatur des soldatischen Nationalismus der zwanziger Jahre, Kronberg/Ts. 1974.

31 Ettighoffer ist ein großer Vergessener der Kriegsliteratur, weder bei Prümm noch bei Gollbach,Vollmer oder Schönig findet sich etwas über ihn. Neben dem Kurzporträt bei Baird liegt aber die detaillierte Darstellung von Bernd F. W. Springer vor, der ich hier weitgehend folge: Bernd F. W. Springer, Paul Coelestin Ettighoffers Kriegsroman Gespenster am Toten Mann. Ein Anti-Remarque-Buch?, in: Claudia Junk/Thomas F. Schneider (Hg.), Wenn Soldaten wie Gespenster sind. Literarische Verarbeitung der Kriege des 20. Jahrhunderts, Göttingen 2021, S. 97–132; vgl. auch: ders., Demütigung, Ehre, Heldengedenken. Der Schriftsteller Paul Coelestin Ettighoffer zwischen soldatischem Nationalismus und Nationalsozialismus, in: Annuari de filologia. Literatures centemporànies 10/2020, S. 1–27.

32 P. C. Ettighoffer, Gespenster am Toten Mann, Gütersloh 1937 (261.–290. Tsd.), S. 262; in der Ausgabe von 1967 (S. 319) ist das ein wenig umformuliert worden: Anstelle »im friedlichen Leben« steht: »ins friedliche Leben«, und der letzte Satz heißt nunmehr: »Das größte Verbrechen an Deutschland, ja, an der ganzen Menschheit, ist dieser Krieg.«

33 P. C. Ettighoffer, Verdun, Gütersloh 1936. Das Buch hat laut Schneider, Die Autoren und Bücher, eine Auflage von 260 000 erzielt.

34 Ebd., Auflage nur 100 000. Ab 1938/39 erlosch das Interesse am Ersten Weltkrieg.

35 P. C. Ettighoffer, Sturm 1918: sieben Tage deutsches Schicksal, Gütersloh 1941, S. 321.

36 Springer, Ettighoffers Kriegsroman, S. 112.

37 Nur bei Baird, Hitler's War Poets, S. 117–163, wird er ausführlich und sehr differenziert behandelt; einige wenige sehr abschätzige Sätze bei Sarkowicz/Mentzer, Literatur in Nazideutschland, S. 144f.

38 Baird, Hitler's War Poets, S. 117.

39 Thomas F. Schneider, Die Autoren und Bücher der deutschsprachigen Literatur 1914–1939: ein bio-bibliographisches Handbuch, Göttingen 2008, S. 11.

40 Edwin Erich Dwinger, Wir rufen Deutschland. Heimkehr und Vermächtnis 1921–1924, Jena 1932 (»sechzehntes bis zwanzigstes Tausend«).

41 Überzogen ist die Meinung von Sarkowicz/Mentzer, Literatur in Nazi-Deutschland, S. 137, dieser Roman sei ein »indirektes Bekenntnis zum nationalsozialistischen Staat«.

42 Das zeigt auch die genau diesen Fragen nachgehende Studie von: Hans Wagener, Als Zeuge im Verhör, zum Ideologieverdacht in Sachen Dwinger, in: Jörg Thunecke (Hg.), Leid der Worte. Panorama des literarischen Nationalsozialismus, Bonn 1987, S. 278–299. Wagener hat alle Publikationen von Dwinger auf »NS-Ideengehalt« untersucht. Er sagt leider nur nicht, was das genau ist.

43 Zöberleins Hauptwerke: Der Glaube an Deutschland. Ein Kriegserleben von Verdun bis zum Umsturz, München 1930 (»40. Aufl. 621.–650. Tsd. 1942«) und: Der Befehl des Gewissens. Ein Roman von den Wirren der Nachkriegszeit und der ersten Erhebung, München 1937 (»10. Aufl. 191.–210. Tsd.« 1939).

44 Am ausführlichsten und quellennah über Zöberlein: Baird, Hitler's War Poets, S. 96ff.

45 Ebd., S. 115.

46 Siehe oben, S. 168.

47 Mit Leder verstärkter Hosenboden.

48 Zöberlein, Glaube, S. 774, einige ausführliche Zitate daraus auch bei Matthias Schöning, Versprengte Gemeinschaft. Kriegsroman und intellektuelle Mobilmachung in Deutschland, 1914–1939, Göttingen 2009, S. 158ff., vgl. auch: Gollbach, Wiederkehr, S. 215–218.

49 Ebd.

50 Mir liegt die 10. Auflage (191.–210. Tsd.) von 1939 vor.

51 Vgl. bes.: das Kapitel »Die Judenfrage«, ebd., S. 295–317, und »Juden raus!«, ebd., S. 360–365.

52 Zöberlein, Der Befehl des Gewissens, S. 667.

53 Vgl. Kiesel, Literatur, S. 906ff. (Johst) und S. 1213ff. (Blunck).

54 Vgl. Schneider, Die Autoren und Bücher.

55 Vgl. Ann P. Linder, Princes of the Trenches. Narrating the German Experience of the First World War, Camden House 1996, S. 174–178, über Alfred Hein, Das kleine Buch vom großen Krieg.

56 Nicolas Beaupré, Die »Mannschaft« und die Neuerfindung des »Frontdichters« des Ersten Weltkriegs, in: Krumeich, Nationalsozialismus und Erster Weltkrieg, S. 111–126; Daniel Klünemann, Jürgen Hahn-Butry – der Frontdichter, in: Rolf Düsterberg (Hg.), Dichter für das Dritte Reich (Bd. 2), Bielefeld 2011, S. 79–106.

57 Vgl. Kap. IV.2.

58 Jürgen Hahn-Butry (Hg.), Die Mannschaft. Frontsoldaten erzählen vom Front-Alltag, 4 Bde. in 2 Teilbänden, Berlin 1936 und 1938, »Ausgabe der Nationalsozialistischen Kriegsopferversorgung«.

59 Beaupré, Die Mannschaft, S. 118.

60 Hahn-Butry, Die Mannschaft (Bd. 1), S. 7.

61 Ebd., S. 302–345.

62 Vgl. zu Schauwecker: Krumeich, Unbewältigte Niederlage, S. 230f., 258.

63 Hahn-Butry, Die Mannschaft (Bd. 4), S. 8.

64 Mittenzweig, Untergang, S. 216.

65 Vgl. hierzu: Gerd Krumeich, Publishing Ego Documents as War Propaganda, in: Richard Bessel/Dorothee Wierling (Hg.), Inside World War One? The First World War and its Witnesses, Oxford 2018, S. 231–248, 285; Manfred Hettling/Michael Jeismann, Der Weltkrieg als Epos. Philipp Witkops »Kriegsbriefe gefallener Studenten«, in: Gerhard Hirschfeld u. a. (Hg.). »Keiner fühlt sich hier mehr als Mensch …«. Erlebnis und Wirkung des Ersten Weltkriegs, Essen 1993, S. 175–198.

66 Vgl. hierzu auch Kap. VII.4. c): Kriegsausstellungen.

67 Vgl. https://de.wikipedia.org/wiki/Georg_Schiele.

VI. Kriegsgedenken vor und nach 1933

1 Saehrendt, Der Stellungskrieg der Denkmäler.

2 Wie stark die meisten Denkmäler zwischen diesen beiden Polen schwankten bzw. beides sein konnten, zeigt: Emmanuel Delandre, De mémoire et de paix. Le pacifisme dans les monuments aux morts de 14–18, Toulouse 2017; vgl. bes.: Antoine Prost, Les Monuments aux Morts. Culte républicain? Culte civique? Culte patriotique? in: Pierre Nora (Hg.), Les lieux de Mémoire, Bd. 1: La République, Paris 1984, S. 195–225; vgl. auch: Reinhart Koselleck, Zur politischen Ikonologie des gewaltsamen Todes. Ein deutsch-französischer Vergleich, Basel 1998; Annette Becker, Der Kult der Erinnerung nach dem Großen Krieg. Kriegerdenkmäler in Frankreich, in: Reinhart Koselleck/Michael Jeismann (Hg.), Der politische Totenkult. Kriegerdenkmäler in der Moderne, München 1994, S. 315–324.

3 Benjamin Ziemann, Veteranen der Republik. Kriegserinnerung und demokratische Politik 1918–1933, Bonn 2014, S. 118; ähnlich: Michaela Stoffels, Kriegerdenkmale als Kulturobjekte. Trauer- und Nationskonzepte in Monumenten der Weimarer Republik, Köln/Weimar/Wien 2011, S. 15.

4 Vgl. Sabine Behrenbeck, Zwischen Trauer und Heroisierung. Vom Umgang mit Kriegstod und Niederlage nach 1918, in: Jörg Duppler/Gerhard P. Groß (Hg.), Kriegsende 1918. Ereignis, Wirkung, Nachwirkung, München 1999, S. 315–339, hier: S. 322f.

5 Zit. nach: Jörg Koch, Von Helden und Opfern. Kulturgeschichte des deutschen Kriegsgedenkens, Darmstadt 2013, S. 113; zu den Aktivitäten des »Volksbundes« vgl. Bernd Ulrich u. a. (Hg.), Volksbund Deutsche Kriegsgräberfürsorge. Entwicklungslinien und Probleme, Berlin 2019, bes.: Kap. 2; weitere Beispiele für die Planung und Realisierung »einfacher« Denkmäler bei: Bernd Ulrich/Benjamin Ziemann (Hg.), Krieg im Frieden. Die umkämpfte Erinnerung an den Ersten Weltkrieg, Frankfurt a. M. 1997, S. 123–125.

6 Ich folge der Darstellung von: Ute Scherb, Wir bekommen die Denkmäler, die wir verdienen. Freiburger Monumente im 19. und 20. Jahrhundert, Freiburg 2005, S. 111ff.

7 Zit. nach: ebd., S. 123.

8 Bild des Denkmals anlässlich der Einweihungsfeier: ebd., S. 127.

9 Sontheimer, Antidemokratisches Denken, S. 97f., 106; vgl. hierzu auch die detaillierten Schilderungen in meinem Buch »Die unbewältigte Niederlage«.

10 Ich folge der Darstellung von: Claudia Siebrecht, Die Präsenz des Ersten Weltkrieges in der Kultur der Weimarer Republik, in: Nadine Rossol/Benjamin Ziemann (Hg.), Aufbruch und Abgründe. Das Handbuch der Weimarer Republik, Darmstadt 2021, S. 848–875.

11 Ebd., S. 857.

12 Sabine Behrenbeck, Gefallenengedenken in der Weimarer Republik und im »Dritten Reich«, in: Sabine R. Arnold u. a. (Hg.), Politische Inszenierung im 20. Jahrhundert, Köln/Weimar/Wien 1998, S. 35–55, Zit. S. 44f.

13 Einige solche Beispiele gesammelt bei Ulrich/Ziemann, Krieg im Frieden, S. 125ff.

14 Hierzu ausführlich: Ziemann, Veteranen der Republik.

15 Sabine Behrenbeck, Denkmale einer Niederlage. Architekturdenkmale zwischen 1926 und 1936 und ihre Symbolsprache, in: Historische Denkmäler. Vergangenheit im Dienste der Gegenwart, Bergisch-Gladbach 1994, S. 69–102, hier: S. 76.

16 Vgl. für den folgenden Abschnitt bes.: Alexandra Kaiser, Von Helden und Opfern. Eine Geschichte des Volkstrauertags, Frankfurt a. M. 2010; vgl. auch die detaillierte, besonders die Aktivitäten der Kriegervereine und des Volksbundes schildernde Arbeit von: Karin Hausen, Der Volkstrauertag. Ein Tag des nationalen Gedenkens an die getöteten deutschen Soldaten, in: dies., Geschlechtergeschichte als Gesellschaftsgeschichte, Göttingen 2012, S. 303–329; darüber hinausgehende Informationen zum Volksbund in: Ulrich u. a., Volksbund Deutsche Kriegsgräberfürsorge, S. 87–97.

17 Vgl. hierzu bes.: Benjamin Ziemann, Die deutsche Nation und ihr zentraler Erinnerungsort. Das »Nationaldenkmal für die Gefallenen im Weltkriege« und die Idee des »Unbekannten Soldaten« 1914–1935, in: Helmut Berding u. a. (Hg.), Krieg und Erinnerung. Fallstudien zum 19. und 20. Jahrhundert, Göttingen 2000, S. 67–91.

18 Ebd., S. 81.

19 Anja Frey, Ein Blümlein aufs Millionengrab, in: Daniela Büchten/Anja Frey (Hg.), Im Irrgarten deutscher Geschichte. Die Neue Wache 1918–1933, Berlin 1993, S. 20–30, hier: S. 28; vgl. auch: Saehrendt, Stellungskrieg, S. 131f.

20 Vgl. Ziemann, Veteranen der Republik, S. 192–208.

21 Vgl. Saehrendt, Stellungskrieg, S. 127ff.: Als Erster hat Friedrich Ebert bei seiner o. e. Rede vom 3. August 1924 ein Reichsehrenmal vorgeschlagen. Es gab insgesamt mehr als 80 Vorschläge: vgl. bes.: Peter Bucher, Die Errichtung des Reichsehrenmals nach dem Ersten Weltkrieg, in: Jahrbuch für westdeutsche Landesgeschichte 7 (1981), S. 359–386; vgl. auch: Bernd Buchner, Um nationale und republikanische Identität. Die deutsche Sozialdemokratie und der Kampf um die politischen Symbole in der Weimarer Republik, Bonn 2001, S. 220ff., 231.

22 Zur Geschichte dieses Denkmals vgl. bes.: Jürgen Tietz, Das Tannenberg-Nationaldenkmal. Architektur, Geschichte, Kontext, Berlin 1999, S. 47ff.; zu den Finanzierungs- und Vorbereitungs-Problemen: Heike Fischer, Tannenberg-Denkmal und Hindenburgkult.

Hintergründe eines Mythos, in: Michael Hütt u. a. (Hg.), Unglücklich das Land, das Helden nötig hat. Leiden und Sterben in den Kriegsdenkmälern des Ersten und Zweiten Weltkrieges, Marburg 1990, S. 28–49; vgl. auch zu den Tannenberg-Feiern: Pyta, Hindenburg, S. 530ff.

23 Vgl. hierzu: Eschebach, Öffentliches Gedenken, S. 80.

24 Darauf soll hier nicht näher eingegangen werden.

25 So Fischer, Tannenberg-Denkmal, S. 32.

26 Zit. nach: Jürgen Tietz, Das Tannenberg-Nationaldenkmal. Architektur, Geschichte, Kontext, Berlin 1999, S. 47ff. Abbildung der Bronzetafel ebd., S. 65.

27 Vgl. oben, Kap. II.1.

28 Dies nach: Jost Dülffer/Jochen Thies/Josef Henke, Hitlers Städte. Baupolitik im Dritten Reich. Eine Dokumentation, Köln/Wien 1978, S. 85ff. Ein Foto der Hitler'schen Skizzen: ebd., S. 143f.

29 Albert Speer, Erinnerungen, Berlin 1969, S. 88.

30 Vgl. dazu die zutreffenden Bemerkungen von: Dagmar Thorau/Gernot Schulinski (Hg.), Mythos Germania. Vision und Verbrechen, Berlin 2014, S. 119; ein Foto des Modells der Nord-Süd-Achse mit dem Triumphbogen in der Mitte auch bei: Hans J. Reichardt/Wolfgang Schäche, Von Berlin nach Germania, Berlin 1998, S. 42; eine genaue Beschreibung: ebd., S. 109–117.

31 Thorau/Schulinski, Mythos Germania, S. 119.

32 Diese sind heute noch sichtbar, vgl. Kirsten Otto, Berlins verschwundene Denkmäler, Berlin 2020.

33 Ob Hitler sich von dem 1934 erschienenen Buch von Hubert Schrade, Das Deutsche Nationaldenkmal. Idee, Geschichte, Aufgabe, München 1934, hat inspirieren lassen? In seinem abschließenden Kapitel plädiert Schrade für den Bau von Hallen, welche die Volksgemeinschaft im Gedenken an die Gefallenen vereinigen, die es leider noch nirgends gäbe: »Die Stunde ihrer Entstehung möge nicht fern sein.« (S. 115).

34 Speer, Erinnerungen, S. 150; vgl. insgesamt: Michael Fröhlich, Die Apotheose des deutschen Soldaten. Die Soldatenhalle in Hitlers Neugestaltungsplänen der Reichshauptstadt, in: Portal Militärgeschichte, 24.9.2018, URL: http://portal-militaergeschichte.de/froehlich_soldatenhalle.

35 Eine Ausnahme ist Eschebach, Öffentliches Gedenken, S. 81, die ausdrücklich darauf hinweist, dass bei Hindenburgs Beerdigung im Tannenberg-Nationaldenkmal 1934 keinerlei NS-Abzeichen oder Fahnen präsent waren, was sie als Zugeständnis an die Konservativen interpretiert; grundsätzlich bemerkt auch von: Meinhold Lurz, Kriegerdenkmäler in Deutschland (Bd. 5: Nationalsozialismus), Heidelberg 1986, S. 202; Loretana de Libero, Rache und Triumph. Krieg, Gefühle und Gedenken in der Moderne, München 2014, S. 84, A. 302: Der NS habe sich »naturgemäß« enthalten; vgl. auch: Karl Arndt, Die NSDAP und ihre Denkmäler, in: Ekkehard Mai/Gisela Schmirber (Hg.), Denkmal – Zeichen – Monument. Skulptur und öffentlicher Raum heute, München 1989, S. 69–80, bes.: S. 76.

36 Leider findet sich diese Vermischung auch in dem so bedeutenden Werk von Behrenbeck, Der Kult um die toten Helden, immer wieder; ebenso bei: Hans-Ulrich Thamer, Nationalsozialismus und Denkmalskult, in: Historische Denkmäler. Vergangenheit im Dienste der

Gegenwart, Bergisch-Gladbach 1994, S. 9–36, bes.: S. 19f.; auch das Standardwerk von Lurz, Kriegerdenkmäler (Bd. 5), vermischt häufig beide Typen, etwa S. 28: »Die Toten des 1. Weltkriegs wurden zu Märtyrern des ›neuen Glaubens‹ […] uminterpretiert.«

37 Ein Gegenbeispiel bei Lurz, Kriegerdenkmäler (Bd. 5), S. 54: Am Denkmal von Meisenheim a. d. Glan wurden nach 1933 zwei Hakenkreuze angebracht; de Libero, Rache, S. 38: Im Laboe-Ehrenmal steigt die Hakenkreuz-Sonne empor.

38 De Libero, Rache, S. 47.

39 Vgl. Jochen Meister, Die Neue Wache als »Ehrenmal deutschen heldischen Sterbens«, in: Daniela Büchten/Anja Frey (Hg.), Im Irrgarten deutscher Geschichte, Die Neue Wache 1918–1933, Berlin 1993, S. 31–36.

40 Saehrendt, Stellungskrieg, S. 57f.; ich danke besonders Dr. Volkhard Cremer vom Landesamt für Denkmalpflege BW für vielfache Hinweise und Anregungen.

41 Vgl. für weitere Realisierungen bes. in den Kriegerdenkmälern von München und Berlin: Stoffels, Kriegerdenkmale; vgl. auch: Gerhard Schneider, »… nicht umsonst gefallen«? Kriegerdenkmäler und Kriegstotenkult in Hannover, Hannover 1991, S. 209ff.

42 Vgl. für das Folgende: Siebrecht, Die Präsenz des Ersten Weltkrieges, S. 859f.

43 So Lurz, Kriegerdenkmäler (Bd. 5), S. 56.

44 Ebd., S. 57.

45 Ebd.; vgl. auch: ebd., S. 56ff., die ausführliche Schilderung der Kritiken bis Dezember 1933 in der Tagespresse.

46 Vgl. hierzu: Stoffels, Kriegerdenkmale, S. 65ff.; vgl. auch: de Libero, Rache, S. 45 (Berlin), S. 58f. (Kassel) und S. 119, Anm. 481 (München).

47 Karl von Seeger, Das Denkmal des Weltkriegs. 220 Abbildungen, Stuttgart 1930, S. 34. Abbildungen des Münchener Denkmals: ebd., S. 161–163.

48 Ausführlich hierzu: Florian Matzner, Der »schlafende« Krieger. Ikonographische Aspekte zum ideologischen Stellenwert von Leben und Tod, in: Michael Hütt u. a. (Hg.), Unglücklich das Land, das Helden nötig hat. Leiden und Sterben in den Kriegsdenkmälern des Ersten und Zweiten Weltkrieges, Marburg 1990, S. 57–74; zu Frankfurt: Lurz, Kriegerdenkmäler (Bd. 4), S. 181ff.

49 Stefan Goebel, Re-membered and re-mobilized. The »Sleeping Dead« in Interwar Germany and Britain, in: Journal of Contemporary History 39 (2004), S. 487–501.

50 Schrade, Das Deutsche Nationaldenkmal, S. 109.

51 Etwa Lurz, Kriegerdenkmäler (Bd. 5), S. 56ff., 149f., de Libero, Rache, S. 118.

52 Die beste Quelle für die Entstehung und die Auseinandersetzung um das Denkmal ist: Jutta Pitzen, Jupp Rübsam1896–1976, Krefeld 1991; wichtig auch: Susanne Brandt, Trauer und fortgesetzter Krieg. Totengedenken zwischen Trauer und Kriegsverherrlichung in Düsseldorf nach dem Ersten Weltkrieg, in: Jost Dülffer/Gerd Krumeich (Hg.), Der verlorene Frieden. Politik und Kriegskultur nach 1918, Essen 2002, S. 243–260; vgl. auch: Hubert Delvos, Geschichte der Düsseldorfer Denkmäler, Gedenktafeln und Brunnen, Düsseldorf 1938; die wichtigsten Quellen in Faksimile in: Kulturamt der Stadt Düsseldorf (Hg.), Das 39er Denkmal. Eine Dokumentation, Düsseldorf 1985.

53 Zur Diskussion darüber und den Weg zur Wiederaufstellung vgl.: Gerd Krumeich, Denkmäler zwischen Mahnmal und Schandmal, in: Jörg Engelbrecht/Clemens von Looz-Corswarem (Hg.), Krieg und Frieden in Düsseldorf, Düsseldorf 2004, S. 219–230.

54 Zit. nach: Lurz, Kriegerdenkmäler (Bd. 5), S. 149.

55 Ebd., S. 150ff.

56 Vgl. die knappe, aber quellennahe Darstellung von: Lurz, Kriegerdenkmäler (Bd. 5), S. 145–147. Vgl. auch die Broschüre: Stefan Beck u. a., »Furchtlos und treu«. Die Geschichte des Marbacher Kriegerdenkmals, Marbach 1985.

57 Stadtarchiv Marbach, Unsortiertes Aktenbündel »A 1210«.

58 Vgl. Seeger, Das Denkmal, S. 109, 198, 221. Eine Abbildung des Ludwigsburger Denkmals unter: https://www.wikiwand.com/de/Kriegerehrenmal_1914/18_(Ludwigsburg).

59 Dies und das Folgende nach dem Bericht der Marbacher Zeitung, 5.11.1934, in: Stadtarchiv Marbach, Unsortiertes Aktenbündel »A 1210«.

60 Eine ausführliche Zusammenfassung der Ansprache auch bei: Lurz, Kriegerdenkmäler (Bd. 5), S. 145f.

61 An Literatur hierzu mangelt es nicht: hier nur einige weiterführende Untersuchungen: Karl Unruh, Langemarck. Legende und Wirklichkeit, Koblenz 1986; Bernd Hüppauf, Schlachtenmythen und die Konstruktion des »Neuen Menschen«, in: Gerhard Hirschfeld u. a. (Hg.), »Keiner fühlt sich hier mehr als Mensch …«. Erlebnis und Wirkung des Ersten Weltkriegs, Essen 1993, S. 43–85; Susanne Brandt, Vom Kriegsschauplatz zum Gedächtnisraum: Die Westfront 1914–1940, Baden-Baden 2000, bes.: S. 190–208; Weinrich, Der Weltkrieg als Erzieher; Gerd Krumeich, Langemarck, in: Etienne François/Hagen Schulze (Hg.), Deutsche Erinnerungsorte (Bd. 3), München 2001, S. 292–309.

62 Amtliche Kriegsdepeschen, nach Berichten des Wolff'schen Telegr.-Bureaus, Bd. 1 (1915), S. 217.

63 Vgl. bes. die Untersuchung von: Unruh, Langemarck.

64 Vgl. Krumeich, Langemarck.

65 Vgl. zu diesen beiden Seiten des Langemarck-Diskurses: Weinrich, Der Weltkrieg als Erzieher, bes.: S. 250ff.

66 So auch: Hüppauf, Schlachtenmythen, S. 55.

67 Zitate bei: Eberhard Jäckel/Axel Kuhn (Hg.), Hitler. Sämtliche Aufzeichnungen, Stuttgart 1980, S. 625, 769, 1065, 1205.

68 Adolf Hitler, Mein Kampf, 197.–201. Auflage, München 1936, S. 180f.

69 Es gibt von ihm noch eine Nebenbemerkung aus dem Jahr 1930, dass wegen der mangelnden deutschen Aufrüstung vor 1914 die »Millionen von Deutschen als unausgebildetes Kanonenfutter kämpfen mussten« und dabei zu Helden wurden, vgl. Hitler-RSA, Dok. 30, 29.3.1930 (PDF, S. 849).

70 Hitler-RSA, 28.2.1926 (PDF, S. 325).

71 Siehe oben, Kap. IV.3.

72 Vgl. hierzu und zu Folgendem: Bernd Ulrich u. a., Volksbund Deutsche Kriegsgräberfürsorge. Entwicklungslinien und Probleme, Berlin-Brandenburg 2019, bes.: S. 58–73.

73 Ebd., S. 115ff.; vgl. hierzu besonders die Arbeit von: Susanne Brandt, Vom Kriegsschauplatz, die diesem Thema hauptsächlich gewidmet ist und deren Quellenforschung für dieses Kapitel tragend ist. Dort auch eine Reihe von Abbildungen zur Fortentwicklung der Friedhofsgestaltung; zum Stahlhelm-Studentenring: Bleuel/Klinnert, Deutsche Studenten auf dem Weg ins Dritte Reich, S. 194–196.

74 Vgl. oben. Kap. III.1.

75 Vgl. hierzu bes.: Hüppauf, Schlachtenmythen, S. 49f.

76 Hierzu vor allem: Uwe-K. Ketelsen, Die Jugend von Langemarck, ein poetisch-politisches Motiv der Zwischenkriegszeit, in: Thomas Koebner u. a. (Hg.), »Mit uns zieht die neue Zeit.« Der Mythos Jugend, Frankfurt a. M. 1985, S. 68–88.

77 Das Folgende nach: Schröder, Vom Nationalismus zum Nationalsozialismus, S. 116ff.

78 Zit. nach ebd., S. 117.

79 Schön bemerkt bei: Brandt, Vom Kriegsschauplatz, S. 196.

80 Es bliebe noch zu eruieren, wie die Belgier auf diese permanenten Aufmärsche der Deutschen auf diesem Friedhof auf belgischem Gebiet sowie auf diese Inschrift reagiert haben.

81 Aus: Langemarck. Ein Vermächtnis. Worte von Josef Magnus Wehner, am 10. Juli 1932, zur Stunde der Übernahme des Gefallenenfriedhofs in Langemarck durch die Deutsche Studentenschaft, gesprochen an allen deutschen Hochschulen, verbunden mit Briefen Gefallener, München 1932, S. 3; zu Wehners Aufstieg und Absturz im NS vgl.: Baird, Hitler's War Poets, S. 66–95. Wehner versucht vergeblich, christlich gefärbten Mystizismus mit der NS-Ideologie, so wie er sie verstand, zu verbinden.

82 So Hüppauf, Schlachtenmythen, S. 51f.

83 Hierzu: Hüppauf, Schlachtenmythen.

84 Hierzu ausführlich mit einigen Abbildungen: Weinrich, Der Weltkrieg als Erzieher, S. 279–281.

85 Zit. nach: ebd., S. 281, FN 132, nach den Unterlagen des Bundesarchivs Berlin.

86 Dies nach: Hüppauf, S. 51ff., der die entsprechenden Bestände des Bundesarchivs Berlin eingesehen hat.

VII. Hitlers Revision von Versailles unter dem Jubel der Deutschen

1 Albrecht Erich Günther (Hg.), Was wir vom Nationalsozialismus erwarten. Zwanzig Antworten, Heilbronn 1932.

2 Mirgeler wurde nach dem Zweiten Weltkrieg stärker bekannt. 1933 verließ er seine Stellung im Innenministerium, weil er nicht in die NSDAP eintreten wollte, und zog nach Italien.

3 Günther, Was wir erwarten, S. 37; Forsthoff arbeitete vor 1933 im Umkreis von Karl Barth. Er wurde ab 1934 Repräsentant der NS-hörigen »Deutschen Christen«.

4 So Karl Megerle, ebd., S. 61 und Zit. ebd., S. 69. Megerle war schwerst kriegsbeschädigt, promovierte bei Adalbert Wahl und arbeitete in den 1920er Jahren in der Schulaufsicht und als Journalist. Im Mai 1933 trat er in die NSDAP ein, wo er Karriere machte, war er doch u. a. Görings Schwager.

5 Ebd., S. 156.

6 H. R. Knickerbocker, Deutschland so oder so?, Berlin 1932 (»17.–21. Tausend«).

7 Klaus Behnken (Hg.), Deutschland-Berichte der Sozialdemokratischen Partei Deutschlands (SOPADE) (Bd. 1–7), Frankfurt a. M. 1980; vgl. bes.: Bernd Stöver, Volksgemeinschaft im Dritten Reich. Die Konsensbereitschaft der Deutschen aus der Sicht sozialistischer Exilberichte, Düsseldorf 1993; zur Entstehung und Bedeutung auch: Rudolf Stöber, Die erfolgverführte Nation. Deutschlands öffentliche Stimmungen 1866 bis 1945, Stuttgart 1998, S. 52–55.

8 Heinz Boberach (Hg.), Meldungen aus dem Reich (Bd. 1–7), Herrsching 1984.

9 Vgl. z. B.: Thomas Klein (Hg.), Der Regierungsbezirk Kassel 1933–1936. Die Berichte der Regierungspräsidenten und der Landräte, 2 Tle., Darmstadt/Marburg 1985; Die Lageberichte der Geheimen Staatspolizei über die Provinz Brandenburg und die Reichshauptstadt Berlin 1933–1936, 2 Bde., Köln/Weimar/Wien 1998; vgl. zu diesen Quellen insgesamt: Stöber, erfolgsverführte Nation, S. 56–72.

10 Kershaw, Hitler-Mythos, S. 64, 71, 85; zur SA-Eindämmung: ebd., S. 112.

11 Diese Hoffnung bzw. Erwartung sehr gut herausgearbeitet bei: Julia Franke, Paris – eine neue Heimat? Jüdische Emigranten aus Deutschland 1933–1939, Berlin 2000.

12 Kershaw, Hitler-Mythos, S. 153f.

13 Die »Friedensrede« abgedruckt bei: Max Domarus, Hitler. Reden und Proklamationen 1932–1945. Kommentiert von einem deutschen Zeitgenossen, 2 Bde. in 4 Halbbänden, Wiesbaden 1973, hier: Bd. 1/1, S. 270–279; vgl. zu den Reden nach 1933 bes.: Hirschfeld, Der Führer spricht vom Krieg.

14 Zit. nach: Domarus, Hitler-Reden, (Bd. 1), S. 270ff., die Zitate auf S. 271 und 273.

15 Brief vom 19.5.1933, zit. nach: Andreas Platthaus, Lyonel Feininger. Porträt eines Lebens, Berlin 2021, S. 264f.

16 Vgl. hierzu insgesamt: Robert W. Mühle, Frankeich und Hitler 1933–1935, Paderborn/München/Wien/Zürich 1995, bes.: S. 124ff.

17 SOPADE-Bericht, April/Mai 1934, S. 10.

18 Ebd., S. 101.

19 Die Unterredung mit dem Korrespondenten der Rothermere-Presse, Ward Price, am 18. Oktober 1933; die Rede vor Arbeitern von Siemens & Halske in Berlin, 10. November 1933, die Reichstagsrede vom 30. Januar 1934, die Rede zum Nationalfeiertag der deutschen Arbeit am 1. Mai 1934, die Rede vor dem Reichstag am 21. Mai 1935 und eine Unterredung mit der Vertreterin des *Paris Soir* am 25. Januar 1936.

20 Leider ist in die ausdrücklich als überarbeitet gekennzeichnete Ausgabe von Kershaws Hitler-Mythos aus dem Jahre 1999 die Arbeit von Stöver (1993) nicht aufgenommen worden.

21 Stöver, Volksgemeinschaft, S. 168.

22 Reinhart Koselleck und Karsten Dutt, Erfahrene Geschichte. Zwei Gespräche, Heidelberg 2013, S. 19.

23 SOPADE-Bericht Januar 1935, S. 13.

24 Nach Ulrich Herbert, Geschichte Deutschlands im 20. Jahrhundert, München 2014, S. 352f.

25 Vgl. den zusammenfassenden Bericht des deutschen Militärattachés in London, Leo Freiherr Geyr von Schweppenburg, in dessen Memoiren, abgedr. in: Ursachen und Folgen (Bd. 10), S. 439–444.

26 Général Gamelin, Servir (Bd. 1), Paris 1946, S. 200ff.; eine deutsche Übersetzung in: Ursachen und Folgen (Bd. 10), S. 432–427.

27 Vgl. hierzu: Jean-Baptiste Duroselle, La décadence, 1933–1939, Paris [3]1983; vgl. auch: Nicolas Beaupré, De Rethondes à Rethondes: la mémoire de la Grande guerre et la question franco-allemande au cœur de l'Europe (1918–1940), in: Nicolas Beaupré/Caroline Moine (Hg.), L'Europe de Versailles à Maastricht, Paris 2007, S. 24–35.

28 Rede vom 21.5.1935, Domarus, Hitler (Bd. 2), S. 506.

29 SOPADE-Bericht April 1936, S. 460; vgl. auch: den Polizeibericht aus Hannover vom 29.3.1936, in: Ursachen und Folgen (Bd. 10), S. 454.

30 SOPADE-Bericht März 1938, S. 253–270, Zitate ebd., S. 259f.

31 Kershaw, Hitler-Mythos, S. 177f.

32 Vgl. Reichardt, Faschistische Kampfbünde, S. 374ff., über das Weltkriegserlebnis der Kriegskinder, die zu Nazis werden.

33 Dieser Abschnitt ist eine modifizierte Fassung meines Beitrags zu: Deutsches Historisches Museum (Hg.), Katalog: Hitler und die Deutschen, Berlin 2011.

34 Vgl. u.a. FAZ vom 3.8.2004, Feuilleton, S. 29. Der Verfasser, Eberhard Rathgeb, schreibt im Untertitel: »Der Tag, an dem Adolf Hitler beschloss, in die Geschichte einzutreten.«

35 Werner Maser, Frühgeschichte der NSDAP, Frankfurt a. M./Bonn 1965, S. 123f.

36 Vgl. z.B. Claudia Schmölders, Hitlers Gesicht. Eine physiognomische Biographie, München 2000, S. 12: »Hitler steht in der begeisterten Menge auf dem Münchner Odeonsplatz. Nur diese Begeisterung lässt sich am Gesicht ablesen, nichts sonst.«; vgl. auch: Anton Joachimsthaler, Hitlers Weg begann in München 1913–1923, München 2000, S. 100.

37 Kershaw, Hitler (Bd. 1), München 1996, S. 128; vgl. aber: Weber, Hitlers Erster Krieg, S. 23–43, mit genauer Schilderung der Situation am Odeonsplatz. Auch für Weber erscheint Hitlers Präsenz als fraglich.

38 Staatsbibliothek München, Fotoarchiv Hoffmann, B1 Katalog Nr. 1126–1129 und 3223–3225. Da der gesamte Hoffmann-Nachlass nach 1945 in die National Archives, Washington, D. C. verbracht wurde, wurde auch dort nachgefragt. Aber unter den dort verwahrten Glasplatten findet sich das Bild vom Odeonsplatz nicht.

39 Zit. nach: Bernd Sösemann, Der Erste Weltkrieg im propagandistischen Kalkül von Joseph Goebbels, in: Gerd Krumeich (Hg.), Nationalsozialismus und Erster Weltkrieg, Essen 2010, S. 75, Zit. S. 62, Abb. S. 61.

40 Wochenbeilage »Wehrpolitik und Landesverteidigung«, Nr. 29, Juli 1934.

41 Alfons Dirksen (Hg.), 20 Jahre deutscher Geschichte, Berlin 1935, S. 3.

42 In Wirklichkeit der 2. August.

43 Illustrierter Beobachter, Sonderausgabe 1936: Adolf Hitler. Ein Mann und sein Volk.

44 Heinrich Hoffmann, Hitler wie ich ihn sah. Aufzeichnungen seines Leibfotografen, München und Berlin, 1974.

45 Vgl. Beil, Der ausgestellte Krieg, S. 361; zu den Ausstellungen im Zeughaus vgl. etwas weiter unten.

46 So schon Timothy Mason, Sozialpolitik im Dritten Reich. Arbeiterklasse und Volksgemeinschaft, Opladen 1978, S. 26.

47 Verhey, The Spirit of 1914, S. 223–227.

48 Vgl. Kap. I und Krumeich, Die unbewältigte Niederlage.

49 Vgl. oben, Kap. III.1.

50 Vgl. dazu: Sebastian Haffner, Geschichte eines Deutschen. Die Erinnerungen 1914–1933, Stuttgart/München [9]2001, S. 127 und S. 131 über den Jubel aus Angst. Die SPD habe in der Sitzung sogar das Horst-Wessel-Lied mitgesungen.

51 Frauendienst trat 1933 in die NSDAP ein und wurde zum Leiter des politischen Archivs des Auswärtigen Amts. Er war dann führend bei der Ausbeutung der Archive in den besetzten Ländern. Nach dem Krieg zu langer Zuchthausstrafe verurteilt, wurde er 1952 begnadigt und war dann u. a. für das Institut für Europäische Geschichte in Mainz tätig.

52 Werner Frauendienst, Versailles und die Kriegsschuld, Berlin 1936, S. 24. Und zur Vervollständigung dieses Plädoyers wurden der Broschüre noch die markantesten Aussprüche Hitlers aus seinen Reden seit dem 21. März 1933 beigefügt, nämlich die Reichstagsrede vom 17. Mai 1933, die Rundfunkrede zur Begründung des deutschen Austritts aus dem Völkerbund vom 14. Oktober 1933, die Rede vor Arbeitern von Siemens & Halske in Berlin, 10. November 1933, die Reichstagsrede vom 30. Januar 1934, die Rede zum Nationalfeiertag der deutschen Arbeit am 1. Mai 1934, die Unterredung mit dem Korrespondenten der Rothermere-Presse Ward Price am 18. März 1935, die Rede vor dem Reichstag am 21. Mai 1935 und eine Unterredung mit der Vertreterin des *Paris Soir* am 25. Januar 1936.

53 Weinrich, Der Weltkrieg als Erzieher, S. 136.

54 Ebd., S. 140.

55 Hans Draeger (Hg.), Anklage und Widerlegung. Taschenbuch zur Kriegsschuldfrage, Berlin 1933, S. 1f. Die Auflagenhöhe wird vom Verlag mit »150.000« angegeben.

56 Georg Hanke, Die Kriegsschuldfrage in der deutschen Schule. Ein Führer durch die Vorgeschichte des Weltkrieges, Langensalza/Berlin/Leipzig 1933.

57 Alfred von Wegerer, Die entscheidenden Ergebnisse der Kriegsschuldforschung, Berlin 1933. Der zitierte Hitler-Ausspruch ist dort ohne Quellenangabe gedruckt.

58 Vgl. bes. die Studie von: Rainer Bendick, Kriegserwartung und Kriegserfahrung. Der Erste Weltkrieg in deutschen und französischen Schulgeschichtsbüchern (1900–1933/45), Pfaffenweiler 1999, S. 353ff.

59 Zit. nach: Bendick, Kriegserwartung, S. 354.

60 Nach: Thomas Lorenz, »Die Weltgeschichte ist das Weltgericht!« Der Versailler Vertrag in Diskurs und Zeitgeist der Weimarer Republik, Frankfurt a. M./New York 2008, S. 339.

61 Zit. nach: Weinrich, Der Weltkrieg als Erzieher, S. 141f.

62 Dies nach: Bendick, Kriegserwartung, S. 362f.

63 Dem heutigen Deutschen Historischen Museum.

64 Vgl. hierzu und zu Folgendem bes. die Arbeiten von: Beil, Der ausgestellte Krieg, S. 327ff.; Brandt, Vom Kriegsschauplatz zum Gedächtnisraum; Eva Zwach, Deutsche und englische Militärmuseen im 20. Jahrhundert, Münster 1997.

65 Dazu oben, Kap. VI.2.

66 Hierzu mit Abbildungen: Beil, Der ausgestellte Krieg, S. 319ff.

67 Vgl. im Einzelnen: Zwach, Militärmuseen, S. 119f.

68 Beil, Der ausgestellte Krieg, S. 334ff.

69 Berichte der Weltkriegsbücherei 13 (1933), zit. bei: Gerhard Hirschfeld, Die Stuttgarter »Weltkriegsbücherei« 1915–1944, in: Barbara Korte/Sylvia Paletschek/Wolfgang Hochbruck (Hg.): Der Erste Weltkrieg in der populären Erinnerungskultur, Essen 2008, S. 47–57, Zit. ebd., S. 55; Christian Westerhoff, »Eine Sammel- und Pflegestätte nationaler Geschichtsforschung«. Die Weltkriegsbücherei in Stuttgart in der Weimarer Republik und im »Dritten Reich«, in: Zeitschrift für Württembergische Landesgeschichte 76 (2017), S. 331–359; vgl. auch: Zwach, Militärmuseen, S. 118f.; Susanne Brandt, The Memory Makers: Museums and Exhibitions of the First World War, in: History & Memory 6 (1994), S. 95–122, bes.: S. 113f.; Irina Renz, Erziehungsstätte für die heranwachsenden Geschlechter im Geist des neuen Deutschland. Das Kriegsmuseum der Weltkriegsbücherei, in: Christian Westerhoff (Hg.), 100 Jahre Bibliothek für Zeitgeschichte, 1915–2015, Stuttgart 2015, S. 48–71. Dort auch eine Reihe von Bildern der Ausstellungssäle.

70 Hierzu: Holger Skor, Brücken über den Rhein. Frankreich in der Wahrnehmung und Propaganda des Dritten Reiches, 1933–1939, Essen 2011, S. 235.

71 Zit. nach: ebd., S. 239.

72 Die maßgebliche Darstellung für die französische Seite ist nach wie vor: Prost, Les anciens combattants (Bd. 1); eine quellensatte Darstellung der deutschen Seite bei: Skor, Brücken über den Rhein, S. 261ff.

73 Die Zahlen variieren zwischen 300 und 1000; eine dichte Beschreibung der gesamten Szene nach den zeitgenössischen Quellen bei: Brandt, Kriegsschauplatz, S. 221–223.

74 Zit. nach: Brandt, Kriegsschauplatz, S. 222. Der französische Text bei: Skor, Brücken über den Rhein, S. 261.

75 Vgl. hierzu außer der Arbeit von Skor besonders den ausführlichen, quellenstarken und reich bebilderten Beitrag von: Heiko Haumann, Eine inszenierte Friedensaktion. Freiburg i. Br. und Besançon als Schauplätze deutsch-französischer Frontkämpfertreffen 1937–1938, in: Zeitschrift des Breisgau-Geschichtsvereins »Schau-ins-Land« 108 (1989), S. 289–316.

76 Vgl. die Bilddokumente bei Haumann, Friedensaktion, S. 303–307.

77 Nach: Skor, Brücken über den Rhein, S. 273f.

78 Zit. nach: Thilo Vogelsang, Neue Dokumente zur Geschichte der Reichswehr 1930–1933, in: Vierteljahreshefte für Zeitgeschichte 2 (1954), S. 397–456, hier: S. 455; vgl. auch Klaus Hildebrand, Das vergangene Reich. Deutsche Außenpolitik von Bismarck bis Hitler, Stuttgart 1996, S. 579.

79 Nach Domarus, Hitler, I.2, S. 667.

80 Bericht von François-Poncet und Fußnote der Bearbeiter in: Documents diplomatiques français, 2e série (1936–1939), Bd. 4, Nr. 386, S. 671f. mit Fußnote. Meine Übersetzung des Zitats.

81 Vgl. hierzu: das sog. Hoßbach-Protokoll und die historiografische Auseinandersetzung um seine Echtheit: Bradley F. Smith, Die Überlieferung der Hossbach-Niederschrift im Lichte neuer Quellen, in: Vierteljahreshefte für Zeitgeschichte 38 (1980), S. 329–336.

82 Die Rede veröffentlicht von: Wilhelm Treue, Rede Hitlers vor der deutschen Presse (10. November 1938), in: Vierteljahreshefte für Zeitgeschichte 6 (1958), S. 175–191, Zit. ebd., S. 182; Auszüge auch bei: Domarus, Hitler, I.2, S. 974ff.

VIII. Epilog: Verdun 1940: »Und ihr habt doch gesiegt«

1 Dies zeigen die SOPADE-Berichte sehr genau und differenziert, vgl. Behnken, Deutschland-Berichte, Jg. 7 (1940), S. 105, 112, 119, 221. Die Berichte der SOPADE hören mit dem April 1940 auf, da im Mai Paris besetzt wurde und die Redakteure flüchteten oder verhaftet wurden.

2 Boberach, Meldungen aus dem Reich (Bd. 4), S. 1127, 1139.

3 Ebd., S. 1151.

4 Ebd., S. 1218–1220.

5 Ebd., S. 1262; Die Anzahl der Toten wird hier wie so häufig stark übertrieben bzw. mit den »Verlusten« identifiziert. Tatsächlich kamen »vor Verdun« ca. 150 000 deutsche Soldaten ums Leben. Vgl. Antoine Prost/Gerd Krumeich, Verdun 1916. Une histoire franco-allemande de la bataille, Paris 2015, S. 99ff. In der deutschen Ausgabe dieses Buches (Essen 2016) wurden leider die entsprechenden Seiten beim Druck ausgelassen.

6 Zit. nach: Karl Weisenberger, Verdun 1916–1940, Bonn 1941, S. 23f.

7 So Keitel nach der Mitteilung der Kapitulation, vgl. Joachim C. Fest, Hitler. Eine Biographie, Frankfurt a. M./Berlin/Wien, 1973, S. 862; ebd., S. 863, Bilder des offensichtlich hocherfreuten Hitler.

8 Boberach, Meldungen aus dem Reich, S. 1306f.

9 Vgl. Brandt, Vom Kriegsschauplatz, S. 245, Anm. 593 mit einer großen Menge von Belegen für »und Ihr habt doch gesiegt«, die sich allerdings alle nur auf Alte Kämpfer des NS und nicht auf Weltkrieg-I-Soldaten beziehen. Ich habe bei Google-Bilder keine weitere Anwendung dieses Spruches auf Soldaten und Militär Deutschlands finden können.

Fazit

1 Diese Angelegenheit resümiert nach: Daniel Schranz, Der Friedensvertrag als Beutestück. Zum Schicksal der Originalurkunde des Versailler Vertrages im Zweiten Weltkrieg, in: Gerd Krumeich (Hg.), Versailles 1919. Ziele – Wirkung – Wahrnehmung, Essen 2001, S. 342–350.

2 Vgl. hierzu bes.: Barbara Stambolis, Aufgewachsen in »eiserner Zeit«. Kriegskinder zwischen Erstem Weltkrieg und Weltwirtschaftskrise, Gießen 2014, S. 86ff.

Quellen

Abel, Theodore, Why Hitler came into Power. An Answer Based on the Original Life Stories of Sixhundred of his Followers, New York 1938.

Amtliche Kriegsdepeschen, nach Berichten des Wolff'schen Telegr.-Bureaus, Bd. 1 (1915).

Amtliche Urkunden zur Vorgeschichte des Waffenstillstandes 1918, Berlin [4]1928.

Armin, Otto, Die Juden in den Kriegs-Gesellschaften und in der Kriegswirtschaft, München 1921.

Behnken, Klaus (Hg.), Deutschland-Berichte der Sozialdemokratischen Partei Deutschlands (SOPADE) (Bd. 1–7), Frankfurt a. M. 1980.

Beumelburg, Werner, Gruppe Bosemüller, Oldenburg 1930.

Beumelburg, Werner, Sperrfeuer um Deutschland, Oldenburg 1929.

Boberach, Heinz (Hg.), Meldungen aus dem Reich (Bd. 1–17), Herrsching 1984.

Deist, Wilhelm (Hg.), Militär und Innenpolitik im Weltkrieg, 2 Bde., Düsseldorf 1970.

Der Vertrag von Versailles. Amtlicher Text im Auftrage des Auswärtigen Amtes, Berlin [2]1924.

Deuerlein, Ernst (Hg.), Der Aufstieg der NSDAP in Augenzeugenberichten, München 1968.

Die Lageberichte der Geheimen Staatspolizei über die Provinz Brandenburg und die Reichshauptstadt Berlin 1933–1936, 2 Bde., Köln/Weimar/Wien 1998.

Die Regierung Eisner 1918/19. Ministerratsprotokolle und Dokumente, eingel. u. bearb. von Franz J. Bauer, Düsseldorf 1987.

Dirksen, Alfons (Hg.), 20 Jahre deutscher Geschichte in Bildern, Berlin 1935.

Documents diplomatiques français, 2e série (1936–1939) (Bd. 4), Paris 1963.

Domarus, Max, Hitler. Reden und Proklamationen 1932–1945. Kommentiert von einem deutschen Zeitgenossen, 2 Bde. in 4 Halbbänden, Wiesbaden 1973.

Draeger, Hans (Hg.), Anklage und Widerlegung. Taschenbuch zur Kriegsschuldfrage, Berlin 1933.

Dusik, Bärbel u. a. (Hg.), Hitler. Reden, Schriften, Anordnungen Februar 1925 bis Januar 1933, München/London/Paris 1992–1995.

Dwinger, Edwin Erich, Wir rufen Deutschland. Heimkehr und Vermächtnis 1921–1924, Jena 1932.

Erzberger, Matthias, Erlebnisse im Weltkrieg, Stuttgart/Berlin 1920.

Ettighoffer, Paul C., Gespenster am Toten Mann, Gütersloh 1937.

Ettighoffer, Paul C., Sturm 1918: sieben Tage deutsches Schicksal, Gütersloh 1941.

Ettighoffer, Paul C., Verdun, Gütersloh 1936.

Foch, Maréchal, Mémoires pour servir à l'Histoire de la guerre de 1914–1918, 2 Bde., Paris 1931.

Frick, Wilhelm, Die Nationalsozialisten im Reichstag 1924–1931, München 1932.

Friedrich, Ernst, Krieg dem Kriege. Neu hrsg. vom Anti-Kriegs-Museum Berlin, Berlin 2015.

Gamelin (Général) Servir, Paris 1947.

Giebel, Wieland (Hg.), »Warum ich Nazi wurde«. Biogramme früher Nationalsozialisten – die einzigartige Sammlung des Theodore Abel, Berlin 2018.

Gimbel, Adalbert, So kämpften wir. Schilderungen aus der Kampfzeit der NSDAP im Gau Hessen-Nassau, Frankfurt a. M. 1941.

Goebbels, Joseph, Tagebücher – https://archive.org/details/JosephGoebbelsTagebucher.

Grumbach, Salomon, Das annexionistische Deutschland, Lausanne 1917.

Gründel, Günther E., Die Sendung der jungen Generation. Versuch einer umfassenden revolutionären Sinndeutung der Krise, München 1932.

Hahn-Butry, Jürgen (Hg.), Die Mannschaft. Frontsoldaten erzählen vom Front-Alltag, 4 Bde. in 2 Teilbänden, Berlin 1936 und 1938.

Hanke, Georg, Die Kriegsschuldfrage in der deutschen Schule. Ein Führer durch die Vorgeschichte des Weltkrieges, Langensalza/Berlin/Leipzig 1933.

Heuß, Theodor, Hitlers Weg (1932), Neuausgabe Stuttgart 1968.

Hitler, Adolf, Mein Kampf, 197.–201. Auflage, München 1936.

Jäckel, Eberhard/Axel Kuhn (Hg.), Hitler. Sämtliche Aufzeichnungen 1905–1924, Stuttgart 1980.

Jirgal, Ernst, Die Wiederkehr des Weltkrieges in der Literatur, Wien/Leipzig/Prag 1931.

Jünger, Ernst, Über den Schmerz, in: Ernst Jünger, Sämtliche Werke (Bd. 7), Stuttgart 1980, S. 143–191.

Jünger, Ernst, »Nationalismus« und Nationalismus, in: Sven Olaf Berggötz (Hg.), Ernst Jünger, Politische Publizistik 1919–1933, Stuttgart 2001, S. 501–509.

Klein, Thomas (Hg.), Der Regierungsbezirk Kassel 1933–1936. Die Berichte der Regierungspräsidenten und der Landräte, 2 Teile, Darmstadt/Marburg 1985.

Mantoux, Paul (Hg.), Les délibérations du Conseil des Quatre (24 mars–28 juin 1919), 2 Bde., Paris 1955.

Marbach, Stadtarchiv, Unsortiertes Aktenbündel Kriegerdenkmal »A 1210«.

Meinecke, Friedrich, Nationalsozialismus und Bürgertum, Kölnische Zeitung, 21.12.1930, in: ders., Politische Schriften und Reden, hg. von Georg Kotowski (Bd. 2), Darmstadt 1958, S. 441–445.

Michaelis, Herbert/Ernst Schraepler (Hg.), Ursachen und Folgen. Vom deutschen Zusammenbruch 1918 und 1945 bis zur staatlichen Neuordnung Deutschlands in der Gegenwart (Bd. 7–14), Berlin 1962–1967.

Mommsen, Wilhelm (Hg.), Deutsche Parteiprogramme, München 1960.

Poincaré, Raymond, Au service de la France (Bd. 10: Victoire et Armistice), Paris 1933.

Poincaré, Raymond, Messages, discours, allocutions (Bd. 2), Paris 1920.

Purlitz, Friedrich (Hg.), Deutscher Geschichtskalender. Der Europäische Krieg in aktenmäßiger Darstellung, Ergänzungsband: Vom Waffenstillstand zum Frieden von Versailles, Leipzig 1919.

Rathenau, Walther, Nach der Flut, Berlin 1919.

Reventlow, Graf Ernst, Kriegsschuldlüge und Kriegsschuldlügner, München 1929.

Röhm, Ernst, Die Geschichte eines Hochverräters, München [4]1933.

Rosenberg, Alfred (Hg.), Führer zum Reichsparteitag der NSDAP, München 1929.

Schauwecker, Franz, Im Todesrachen. Die deutsche Seele im Weltkriege, Halle (Saale) 1919.

Schulthess, Europäischer Geschichtskalender 70 (1929).

Seeger, Karl von, Das Denkmal des Weltkriegs. 220 Abbildungen, Stuttgart 1930.

Soldan, George, Der Mensch und die Schlacht der Zukunft, Oldenburg 1925.

Speer, Albrecht, Erinnerungen, Berlin 1969.

Troeltsch, Ernst, Spectator-Briefe, Tübingen 1924.

Völkischer Beobachter, Berliner Ausgabe, Jahrgänge 1925–1933.

Weber, Max, Ein Wahlrechtsnotgesetz des Reichs. Das Recht der heimkehrenden Krieger, in: Max Weber, Zur Politik im Weltkrieg, Studienausgabe der Max-Weber-Gesamtausgabe (Bd. I/15), Tübingen 1988, S. 90–93.

Wegerer, Alfred von, Die entscheidenden Ergebnisse der Kriegsschuldforschung, Berlin 1933.

Weisenberger, Karl, Verdun 1914–1940, Bonn 1941.

Wippermann, Karl (Hg.), Deutscher Geschichtskalender Jg. 1929, Leipzig 1930.

Zöberlein, Hans, Der Glaube an Deutschland. Ein Kriegserleben von Verdun bis zum Umsturz, München 1930, (»40. Auflage 621.–650. Tausend«) 1942.

Zöberlein, Hans, Der Befehl des Gewissens. Ein Roman von den Wirren der Nachkriegszeit und der ersten Erhebung, München 1937, (»10. Auflage, 191.–210. Tausend«) 1939.

Literatur

Angress, Werner T., Das deutsche Militär und die Juden im Ersten Weltkrieg, in: Militärgeschichtliche Mitteilungen, 19 (1976), S. 77–146.

Arendt, Hannah, Elemente und Ursprünge totaler Herrschaft, Frankfurt a. M. 1955.

Arens, Rüdiger, Bündische Jugend. Eine neue Geschichte 1918–1933, Göttingen 2015.

Arndt, Karl, Die NSDAP und ihre Denkmäler, in: Ekkehard Mai/Gisela Schmirber (Hg.), Denkmal – Zeichen – Monument. Skulptur und öffentlicher Raum heute, München 1989, S. 69–80.

Baird, Jay W., Hitler's War Poets. Literature and Politics in the Third Reich, Cambridge 2008.

Bajohr, Frank/Michael Wildt (Hg.), Volksgemeinschaft: neue Forschungen zur Gesellschaft des Nationalsozialismus, Frankfurt a. M. 2009.

Barbey, Rainer/Thomas Petraschka (Hg.), Ernst Jünger. Gespräche im Weltstaat. Interviews und Dialoge 1929–1997, Stuttgart 2019.

Barbian, Jan-Pieter, Politik und Film in der Weimarer Republik, in: Archiv für Kulturgeschichte 80 (1998), S. 213–245.

Barth, Boris, Dolchstoßlegenden und politische Desintegration. Das Trauma der deutschen Niederlage im Ersten Weltkrieg 1914–1933, Düsseldorf 2003.

Beaupré, Nicolas, De Rethondes à Rethondes: la mémoire de la Grande guerre et la question franco-allemande au cœur de l'Europe (1918–1940), in: Nicolas Beaupré/Caroline Moine (Hg.), L'Europe de Versailles à Maastricht, Paris 2007, S. 24–35.

Beaupré, Nicolas, Die »Mannschaft« und die Neuerfindung des »Frontdichters« des Ersten Weltkriegs, in: Gerd Krumeich (Hg.), Nationalsozialismus und Erster Weltkrieg, Essen 2010, S. 111–126.

Beaupré, Nicolas, Le traumatisme de la Grande guerre 1918–1933, Villeneuve d'Asq 2012.

Becker, Annette, Der Kult der Erinnerung nach dem Großen Krieg. Kriegerdenkmäler in Frankreich, in: Reinhart Koselleck/Michael Jeismann (Hg.), Der politische Totenkult. Kriegerdenkmäler in der Moderne, München 1994, S. 315–324.

Becker, Hansjakob, Liturgie im Dienst der Macht. Nationalsozialistischer Totenkult als säkularisierte christliche Paschafeier, in: Hans Maier/Michael Schäfer (Hg.), Totalitarismus und politische Religionen, Paderborn u. a. 1997, S. 37–65.

Behrenbeck, Sabine, Denkmale einer Niederlage. Architekturdenkmale zwischen 1926 und 1936 und ihre Symbolsprache, in: Historische Denkmäler. Vergangenheit im Dienste der Gegenwart, Bergisch-Gladbach 1994, S. 69–102.

Behrenbeck, Sabine, Gefallenengedenken in der Weimarer Republik und im »Dritten Reich«, in: Sabine R. Arnold u. a. (Hg.), Politische Inszenierung im 20. Jahrhundert, Wien/Köln/Weimar 1998, S. 35–55.

Behrenbeck, Sabine, Zwischen Trauer und Heroisierung. Vom Umgang mit Kriegstod und Niederlage nach 1918, in: Jörg Duppler/Gerhard P. Groß (Hg.), Kriegsende 1918. Ereignis, Wirkung, Nachwirkung, München 1999, S. 315–339.

Behrenbeck, Sabine, Der Kult um die toten Helden. Nationalsozialistische Mythen, Riten und Symbole, Köln [2]2011.

Beil, Christine, Zwischen Hoffnung und Verbitterung. Selbstbild und Erfahrungen von Kriegsbeschädigten in den ersten Jahren der Weimarer Republik, in: ZFG 46 (1998), S. 139–157.

Beil, Christine, Der ausgestellte Krieg. Präsentationen des Ersten Weltkriegs 1914–1939, Tübingen 2004.

Bendick, Rainer, »Im Westen nichts Neues« und die pädagogisch-didaktischen Diskussionen in Deutschland und Frankreich, in: Thomas F. Schneider (Hg.), Erich Maria Remarque. Leben, Werk und weltweite Wirkung, Osnabrück 1998, S. 151–185.

Bendick, Rainer, Kriegserwartung und Kriegserfahrung. Der Erste Weltkrieg in deutschen und französischen Schulgeschichtsbüchern (1900–1933/45), Pfaffenweiler 1999.

Benz, Wolfgang, Die Protokolle der Weisen von Zion. Die Legende von der jüdischen Weltverschwörung, München 2007.

Berggötz, Sven Olaf (Hg.), Ernst Jünger, Politische Publizistik 1919 bis 1933, Stuttgart 2001.

Berghahn, Volker, Der Stahlhelm, Bund der Frontsoldaten 1918–1935, Düsseldorf 1966.

Berghahn, Volker R., Das Volksbegehren gegen den Young-Plan und die Ursprünge des Präsidialregimes 1928–1930, in: D. Stegmann u. a. (Hg.), Industrielle Gesellschaft und politisches System. Beiträge zur politischen Sozialgeschichte (FS Fritz Fischer), Bonn 1978, S. 431–446.

Bessel, Richard, Militarismus im innenpolitischen Leben der Weimarer Republik: Von den Freikorps zur SA, in: Klaus-Jürgen Müller/Eckardt Opitz (Hg.), Militär und Militarismus in der Weimarer Republik, Düsseldorf 1978, S. 193–222.

Bessel, Richard, Die Heimkehr der Soldaten: Das Bild der Frontsoldaten in der Öffentlichkeit der Weimarer Republik, in: Gerhard Hirschfeld u. a. (Hg.), »Keiner fühlt sich hier mehr als Mensch …«. Erlebnis und Wirkung des Ersten Weltkriegs, Essen 1993, S. 221–240.

Bessel, Richard, Germany after the First World War, Oxford 1993.

Bessel, Richard, Nazism and War, London 2004.

Blasius, Dirk, Weimars Ende. Bürgerkrieg und Politik 1930–1933, Göttingen 2005.

Bleuel, Hans Peter/Ernst Klinnert, Deutsche Studenten auf dem Weg ins Dritte Reich, Gütersloh 1967.

Bösch, Frank, Militante Geselligkeit. Formierungsformen der bürgerlichen Vereinswelt zwischen Revolution und Nationalsozialismus, in: Wolfgang Hardtwig (Hg.), Politische Kulturgeschichte der Zwischenkriegszeit, Göttingen 2005, S. 151–182.

Bracher, Karl-Dietrich, Die Auflösung der Weimarer Republik. Eine Studie zum Problem des Machtverfalls in der Demokratie, Stuttgart und Düsseldorf 1955.

Brandt, Susanne, »The Memory Makers. Museums and Exhibitions of the First World War«, in: History & Memory 6 (1994), S. 95–122.

Brandt, Susanne, Vom Kriegsschauplatz zum Gedächtnisraum: Die Westfront 1914–1940, Baden-Baden 2000.

Brandt, Susanne, Trauer und fortgesetzter Krieg. Totengedenken zwischen Trauer und Kriegsverherrlichung in Düsseldorf nach dem Ersten Weltkrieg, in: Jost Dülffer/Gerd Krumeich (Hg.), Der verlorene Frieden. Politik und Kriegskultur nach 1918, Essen 2002, S. 243–260.

Brandt, Susanne/Uta Hinz/Thomas Gerhards (Hg.), Gerd Krumeich. Deutschland, Frankreich und der Krieg, Essen 2015.

Brockhaus, Gudrun (Hg.), Attraktion der NS-Bewegung, Essen 2014.

Brockhaus, Gudrun, Der Krieg heilt alle Wunden – Zur Sozialpsychologie der nationalsozialistischen Weltkriegsmythen, in: Axel Weipert u. a. (Hg.), »Maschine zur Brutalisierung der Welt«. Der Erste Weltkrieg – Deutungen und Haltungen 1914 bis heute, Münster 2017, S. 113–128.

Gudrun Brockhaus, Schauder und Idylle, Faschismus als Erlebnisangebot, München 1997.

Bruendel, Steffen, Volksgemeinschaft oder Volksstaat: die »Ideen von 1914« und die Neuordnung Deutschlands im Ersten Weltkrieg, Berlin 2003.

Bruppacher, Paul, Adolf Hitler und die Geschichte der NSDAP (Bd. 1), Norderstedt 2018.

Bucher, Peter, »Die Errichtung des Reichsehrenmals nach dem Ersten Weltkrieg«, in: Jahrbuch für westdeutsche Landesgeschichte 7 (1981), S. 359–386.

Buchner, Bernd, Um nationale und republikanische Identität. Die deutsche Sozialdemokratie und der Kampf um die politischen Symbole in der Weimarer Republik, Bonn 2001.

Burden, Hamilton T., Die programmierte Nation. Die Nürnberger Reichsparteitage, Gütersloh 1967.

Busch, Stefan, »und gestern, da hörte uns Deutschland«. NS-Autoren in der Bundesrepublik, Würzburg 1998.

Cabanes, Bruno, Die französischen Soldaten und der »Verlust des Sieges«, in: Gerd Krumeich (Hg.), Versailles 1919, Ziele – Wirkung – Wahrnehmung, Essen 2001, S. 269–279.

Cabanes, Bruno, La victoire endeuillée. La sortie de guerre des soldats français,1918–1920, Paris 2004.

Chapoutot, Johann, Le meurtre de Weimar, Paris 2010.

Conze, Eckard, Die Große Illusion. Versailles 1919 und die Neuordnung der Welt, München 2018.

Crouthamel, Jason, Psychological Trauma and the Legacies of the First World War, Cham 2016.

Cysarz, Herbert, Zur Geistesgeschichte der Weltkriege, Bern und Frankfurt a. M. 1973.

Dams, Carsten, Staatsschutz in der Weimarer Republik. Die Überwachung und Bekämpfung der NSDAP durch die preußische politische Polizei, 1928–1932, Marburg 2003.

Deist, Wilhelm, Der militärische Zusammenbruch des Kaiserreichs. Zur Realität der »Dolchstoßlegende«, in: Ursula Büttner (Hg.), Das Unrechtsregime, Hamburg 1986 (Bd. 1), S. 101–129.

Delandre, Emmanuel, De mémoire et de paix. Le pacifisme dans les monuments aux morts de 14–18, Toulouse 2017.

Delvos, Hubert, Geschichte der Düsseldorfer Denkmäler, Gedenktafeln und Brunnen, Düsseldorf 1938.

Deutsches Historisches Museum (Hg.), Katalog: Hitler und die Deutschen, Berlin 2011.

Dörp, Peter, Goebbels' Kampf gegen Remarque, in: Erich Maria Remarque Jahrbuch 1 (1991), S. 48–64.

Dülffer, Jost/Jochen Thies/Josef Henke, Hitlers Städte. Baupolitik im Dritten Reich. Eine Dokumentation, Köln/Wien 1978.

Duroselle, Jean-Baptiste, La décadence, 1933–1939, Paris [3]1983.

Düsterberg, Rolf, Hanns Johst – der Literaturfunktionär und Saga-Dichter, in: Rolf Düsterberg (Hg.), Dichter für das »Dritte Reich«. Biografische Studien zum Verhältnis von Literatur und Ideologie, Bielefeld 2009, S. 99–132.

Ehrke-Rotermund, Heidrun, »Durch die Erkenntnis des Schrecklichen zu seiner Überwindung«? Werner Beumelburg: Gruppe Bosemüller (1930), in: Thomas F. Schneider/Hans Wagener (Hg.), Von Richthofen bis Remarque. Deutschsprachige Prosa zum 1. Weltkrieg, Amsterdam 2003, S. 299–318.

Eitz, Thorsten/Isabelle Engelhardt (Hg.), Diskursgeschichte der Weimarer Republik, 2 Bde., Hildesheim 2015.

Eksteins, Modris, »All Quiet on the Western Front and the Fate of a War«, in: Journal of Contemporary History XV (1980), S. 345–366.

Eksteins, Modris, Tanz über Gräben. Die Geburt der Moderne und der Erste Weltkrieg, Reinbek 1990.

Epkenhans, Michael, Die deutsche Armee. An der Heimatfront besiegt?, in: Rudolf Jaun u. a. (Hg.), An der Front und hinter der Front. Der Erste Weltkrieg und seine Gefechtsfelder, Baden (Schweiz) 2015, S. 141–155.

Erdmann, Ulrich, Vom Naturalismus zum Nationalsozialismus? Zeitgeschichtlich-biographische Studien zu Max Halbe, Gerhart Hauptmann, Johannes Schlaf und Hermann Stehr, Frankfurt a. M. 1997.

Eschebach, Insa, Öffentliches Gedenken. Deutsche Erinnerungskulturen seit der Weimarer Republik, Frankfurt a. M./New York 2005.

Evans, Richard J., Das Dritte Reich und seine Verschwörungstheorien, Stuttgart 2021, S. 71–104.

Falter, Jürgen W. u. a. (Hg.), Wahlen und Abstimmungen in der Weimarer Republik, München 1986.

Falter, Jürgen W., Hitlers Wähler. Die Anhänger der NSDAP, 1924–1933, Frankfurt a. M. 2020 (Neuauflage).

Falter, Jürgen W. (Hg.), Wie ich den Weg zum Führer fand. Beitrittsmotive und Entlastungsstrategien von NSDAP-Mitgliedern, Frankfurt a. M. 2022.

Faust, Anselm, Der Nationalsozialistische Deutsche Studentenbund, 2 Bde., Düsseldorf 1973.

Fest, Joachim C., Hitler. Eine Biographie, Frankfurt a. M./Berlin/Wien 1973.

Fischer, Fritz, Griff nach der Weltmacht. Die deutsche Kriegszielpolitik 1914–1918, Düsseldorf ^{4}1971.

Fischer, Heike, Tannenberg-Denkmal und Hindenburgkult. Hintergründe eines Mythos, in: Michael Hütt u. a. (Hg.), Unglücklich das Land, das Helden nötig hat. Leiden und Sterben in den Kriegsdenkmälern des Ersten und Zweiten Weltkrieges, Marburg 1990, S. 28–49.

Franke, Julia, Paris – eine neue Heimat? Jüdische Emigranten aus Deutschland 1933–1939, Berlin 2000.

Fraschka, Mark A., Franz Pfeffer von Salomon. Hitlers vergessener Oberster SA-Führer, Göttingen 2016.

Frauendienst, Werner, Versailles und die Kriegsschuld, Berlin 1936.

Frey, Anja, Ein Blümlein aufs Millionengrab, in: Daniela Büchten/Anja Frey (Hg.), Im Irrgarten deutscher Geschichte, Die Neue Wache 1918–1933, Berlin 1993, S. 20–30.

Friedrich, Thomas, Die missbrauchte Hauptstadt. Hitler und Berlin, Berlin 2007.

Fritzsche, Peter, Wie aus Deutschen Nazis wurden, Zürich 1999.

Fröhlich, Michael, Die Apotheose des deutschen Soldaten. Die Soldatenhalle in Hitlers Neugestaltungsplänen der Reichshauptstadt, in: Portal Militärgeschichte, 24. September 2018, URL: http://portal-militaergeschichte.de/froehlich_soldatenhalle.

Geyer, Michael, »Ein Vorbote des Wohlfahrtsstaates. Die Kriegsopferversorgung in Frankreich, Deutschland und Großbritannien nach dem Ersten Weltkrieg«, in: Geschichte und Gesellschaft 9 (1982), S. 230–277.

Glunz, Claudia/Thomas F. Schneider (Hg.), Remarque-Forschung 1930–2010. Ein bibliographischer Bericht, Osnabrück 2010 (= Erich Maria Remarque-Jahrbuch 20/2010).

Goebel, Stefan, »Re-membered and re-mobilized. The ›Sleeping Dead‹ in Interwar Germany and Britain«, in: Journal of Contemporary History 39 (2004), S. 487–501.

Gollbach, Michael, Die Wiederkehr des Weltkrieges in der Literatur. Zu den Frontromanen der späten Zwanziger Jahre, Kronberg/Ts. 1978.

Grumblies, Florian, »Boykott, ›Arisierung‹, Rückerstattung. Zur Geschichte des Kaufhauses Sternheim & Emanuel und seiner jüdischen Inhaber vor und nach 1945«, in: Hannoversche Geschichtsblätter 68 (2014).

Guelton, Frédéric (Hg.), L'Etrange victoire. Archives du Ministère de la guerre et témoignages inédits, Paris 2008.

Günther, Albrecht Erich (Hg.), Was wir vom Nationalsozialismus erwarten. Zwanzig Antworten, Heilbronn 1932.

Haffner, Sebastian, Geschichte eines Deutschen. Die Erinnerungen 1914–1933, Stuttgart/München [9]2001.

Hagemann, Karen/Stefanie Schüler-Springorum (Hg.), Heimat – Front. Militär und Geschlechterverhältnisse im Zeitalter der Weltkriege, Frankfurt a. M. 2002.

Haumann, Heiko, »Eine inszenierte Friedensaktion. Freiburg i. Br. und Besançon als Schauplätze deutsch-französischer Frontkämpfertreffen 1937–1938«, in: Zeitschrift des Breisgau-Geschichtsvereins »Schau-ins-Land« 108 (1989), S. 289–316.

Hausen, Karin, Der Volkstrauertag. Ein Tag des nationalen Gedenkens an die getöteten deutschen Soldaten, in: dies., Geschlechtergeschichte als Gesellschaftsgeschichte, Göttingen 2012, S. 303–329.

Hausen Karin, Die Dankesschuld des Vaterlandes für die Witwen und Waisen der Kriegshelden des Ersten Weltkriegs, in: dies., Geschlechtergeschichte als Gesellschaftsgeschichte, Göttingen 2012, S. 330–358.

Herbert, Ulrich, »Generation der Sachlichkeit«. Die völkische Studentenbewegung der frühen zwanziger Jahre, in: ders., Arbeit, Volkstum, Weltanschauung. Über Fremde und Deutsche im 20. Jahrhundert, Frankfurt a. M. 1995, S. 31–58.

Herbert, Ulrich, Geschichte Deutschlands im 20. Jahrhundert, München 2014.

Herbert, Ulrich, Was haben die Nationalsozialisten aus dem Ersten Weltkrieg gelernt?, in: Gerd Krumeich (Hg.), Nationalsozialismus und Erster Weltkrieg, Essen 2010, S. 21–35; Neuabdr. in: Ulrich Herbert, Wer waren die Nationalsozialisten?, München 2021, S. 13–39.

Herbst, Ludolf, Hitlers Charisma: Die Erfindung eines deutschen Messias, Frankfurt a. M. 2010.

Herzfeld, Hans, Die deutsche Rüstungspolitik vor dem Weltkrieg, Berlin 1923.

Hettling, Manfred/Michael Jeismann, Der Weltkrieg als Epos. Philipp Witkops »Kriegsbriefe gefallener Studenten«, in: Gerhard Hirschfeld u. a. (Hg.). »Keiner fühlt sich hier mehr als Mensch …«. Erlebnis und Wirkung des Ersten Weltkriegs, Essen 1993, S. 175–198.

Hildebrand, Klaus, Das vergangene Reich. Deutsche Außenpolitik von Bismarck bis Hitler, Stuttgart 1996.

Hiller von Gaertringen, Friedrich, »Dolchstoß«-Diskussion und »Dolchstoß-Legende« im Wandel von vier Jahrzehnten, in: ders./Waldemar Besson (Hg.), Geschichte und Gegenwartsbewusstsein, Göttingen 1963, S. 122–160.

Hirschfeld, Gerhard u. a. (Hg.), »Keiner fühlt sich hier mehr als Mensch …«. Erlebnis und Wirkung des Ersten Weltkriegs, Essen 1993.

Hirschfeld, Gerhard, Die Stuttgarter »Weltkriegsbücherei« 1915–1944, in: Barbara Korte u. a. (Hg.): Der Erste Weltkrieg in der populären Erinnerungskultur, Essen 2008, S. 47–58.

Hirschfeld, Gerhard, Der Führer spricht vom Krieg. Der Erste Weltkrieg in den Reden Adolf Hitlers, in: Gerd Krumeich (Hg.), Nationalsozialismus und Erster Weltkrieg, Essen 2010, S. 35–52.

Hirschfeld, Gerhard/Gerd Krumeich, Deutschland im Ersten Weltkrieg, Frankfurt a. M. 2013.

Hirschfeld, Gerhard, Die Attraktion des Ersten Weltkriegs für die Nazi-Bewegung, in: Gudrun Brockhaus (Hg.), Attraktion der NS-Bewegung, Essen 2014, S. 63–78.

Hoffmann, Heinrich, Hitler wie ich ihn sah. Aufzeichnungen seines Leibfotografen, München und Berlin 1974.

Hoffstadt, Anke, Frontgemeinschaft? Der »Stahlhelm. Bund der Frontsoldaten« und der Nationalsozialismus, in: Gerd Krumeich (Hg.), Nationalsozialismus und Erster Weltkrieg, Essen 2010, S. 191–206.

Hüppauf, Bernd, Schlachtenmythen und die Konstruktion des »Neuen Menschen«, in: Gerhard Hirschfeld u. a. (Hg.), »Keiner fühlt sich hier mehr als Mensch …«. Erlebnis und Wirkung des Ersten Weltkriegs, Essen 1993, S. 43–85.

Jasper, Gotthard, Die gescheiterte Zähmung. Wege zur Machtergreifung Hitlers 1930–1934, Frankfurt a. M. 1986.

Joachimsthaler, Anton, Hitlers Weg begann in München 1913–1923, München 2000.

Jochmann, Werner, Die Ausbreitung des Antisemitismus, in: Werner E. Mosse (Hg.), Deutsches Judentum in Krieg und Revolution 1916–1923, Tübingen 1971.

Jochmann, Werner, Brünings Deflationspolitik und der Untergang der Weimarer Republik, in: ders., Gesellschaftskrise und Judenfeindschaft in Deutschland, 1870–1945, Hamburg [2]1991, S. 207–223.

Jones, Larry Eugene, The German Right 1918–1930. Political Parties, Organized Interests and Patriotic Associations in the Struggle against Weimar Democracy, Cambridge 2020.

Julien, Elise, Paris, Berlin, la mémoire de la guerre 1914–1933, Rennes 2009.

Jung, Otmar, »Plebiszitärer Durchbruch 1929? Zur Bedeutung von Volksbegehren und Volksentscheid gegen den Youngplan für die NSDAP«, in: Geschichte und Gesellschaft 15 (1989), S. 489–510.

Kaiser, Alexandra, Von Helden und Opfern. Eine Geschichte des Volkstrauertags, Frankfurt a. M. 2010.

Kellerhoff, Sven Felix, Die NSDAP. Eine Partei und ihre Mitglieder, Stuttgart 2017.

Kershaw, Ian, Hitler, Bd. 1: 1889–1936, Stuttgart 1996.

Kershaw, Ian, Der Hitlermythos. Führerkult und Volksmeinung, Stuttgart [2]1999.

Kershaw, Ian, »Führerstaat«. Charisma und Gewalt, in: Deutsches Historisches Museum (Hg.), Hitler und die Deutschen, Berlin 2011, S. 58–67.

Kessel, Martina, Gewalt und Gelächter. »Deutschsein« 1914–1945, Stuttgart 2019.

Kessinger, Bernd, Die Nationalsozialisten in Berlin-Neukölln, 1925–1933, Berlin 2013.

Ketelsen, Uwe-K., Die Jugend von Langemarck, ein poetisch-politisches Motiv der Zwischenkriegszeit, in: Thomas Koebner u. a. (Hg.), »Mit uns zieht die neue Zeit.« Der Mythos Jugend, Frankfurt a. M. 1985, S. 68–88.

Kienitz, Sabine, Beschädigte Helden, Kriegsinvalidität und Körperbilder 1914–1923, Paderborn u. a. 2008.

Kiesel, Helmuth, Ernst Jünger. Die Biographie, München 2007.

Kiesel, Helmuth, Geschichte der deutschsprachigen Literatur 1918–1933, München 2018.

Klünemann, Daniel, Jürgen Hahn-Butry – der Frontdichter, in: Rolf Düsterberg (Hg.), Dichter für das Dritte Reich (Bd. 2), Bielefeld 2011, S. 79–106.

Knickerbocker, H.[ubert] R.[enfro], Deutschland so oder so?, Berlin 1932.

Koch, Christian, Giftpfeile über der Front. Flugschriftpropaganda in und nach dem Ersten Weltkrieg, Essen 2015.

Koch, Jörg, Von Helden und Opfern. Kulturgeschichte des deutschen Kriegsgedenkens, Darmstadt 2013.

Koebner, Th. (Hg.), »Bruder Hitler«. Autoren des Exils und des Widerstands sehen den Führer des »Dritten Reichs«, München 1989.

Kolb, Eberhard, Der Frieden von Versailles, München 2005.

Köppen, Manuel, Werner Beumelburg und die Schlachten des Weltkriegs, in: Christian Meierhofer/Jens Wörner (Hg.), Materialschlachten. Der Erste Weltkrieg und seine Darstellungsressourcen in Literatur, Publizistik und populären Medien, 1899–1929, Osnabrück 2014, S. 267–290.

Kopperschmidt, Josef (Hg.), Hitler der Redner, München 2003.

Koselleck, Reinhard/Michael Jeismann (Hg.), Der politische Totenkult. Kriegerdenkmäler in der Moderne, München 1994.

Koselleck, Reinhart, Zur politischen Ikonologie des gewaltsamen Todes. Ein deutsch-französischer Vergleich, Basel 1998.

Koselleck, Reinhart, Begriffsgeschichten. Studien zur Semantik und Pragmatik der politischen und sozialen Sprache, Frankfurt a. M. 2006.

Koselleck, Reinhart/Karsten Dutt, Erfahrene Geschichte. Zwei Gespräche, Heidelberg 2013.

Kosubek, Katja, »genauso konsequent sozialistisch wie national«. Alte Kämpferinnen der NSDAP vor 1933, Göttingen 2017.

Kracauer, Siegfried, Von Caligari zu Hitler, Frankfurt a. M. 1984.

Krassnitzer, Patrick, Autobiographische Erinnerung und kollektive Gedächtnisse: Die nationalsozialistische Erinnerung an das »Fronterlebnis« im Ersten Weltkrieg, in: Vittoria Borsò u. a. (Hg.), Medialität und Gedächtnis, Stuttgart/Weimar 2001, S. 215–258.

Krassnitzer, Patrick, Die Geburt des Nationalsozialismus im Schützengraben, in: Jost Dülffer/Gerd Krumeich (Hg.), Der verlorene Frieden. Politik und Kriegskultur nach 1918, Essen 2002, S. 119–148.

Kretschmann, Carsten, Von der Frontgemeinschaft zur Volksgemeinschaft? in: Detlef Lehnert (Hg.), Demokratiekultur in Europa, Köln/Weimar/Wien 2011, S. 155–174.

Kreuz, Christian Daniel, Das Konzept »Schuld« im Ersten Weltkrieg und in der Weimarer Republik. Linguistische Untersuchungen zu einem brisanten Thema, Bremen 2018.

Kroll, Frank-Lothar, Volksgemeinschaft. Zur Diskussion über einen umstrittenen Integrationsfaktor nationalsozialistischer Weltanschauung, in: Alexander Gallus u. a (Hg.), Deutsche Kontroversen, Baden-Baden 2013, S. 99–112.

Krüger, Peter, Versailles: Deutsche Außenpolitik zwischen Revisionismus und Friedenssicherung, München 1986.

Krumeich, Gerd, Kriegsfront – Heimatfront, in: Gerhard Hirschfeld u. a. (Hg.), Kriegserfahrungen. Studien zur Sozial- und Mentalitätsgeschichte des Ersten Weltkriegs, Essen 1997, S. 12–19.

Krumeich, Gerd, Langemarck, in: Etienne François/Hagen Schulze (Hg.), Deutsche Erinnerungsorte (Bd. 3), München 2001, S. 292–309.

Krumeich, Gerd, Denkmäler zwischen Mahnmal und Schandmal, in: Jörg Engelbrecht/Clemens von Looz-Corswarem (Hg.), Krieg und Frieden in Düsseldorf, Düsseldorf 2004, S. 219–230.

Krumeich, Gerd (Hg.), Nationalsozialismus und Erster Weltkrieg, Essen 2010.

Krumeich, Gerd, Werner Beumelburg, in: Wolfram Pyta/Carsten Kretschmann (Hg.), Burgfrieden und Union Sacrée. Literarische Deutungen und politische Ordnungsvorstellungen in Deutschland und Frankreich 1914–1933, München 2011, S. 295–312.

Krumeich, Gerd, Zu den Anfängen des NS-Antisemitismus, in: Susanne Brandt/Uta Hinz/Thomas Gerhardt (Hg.), Gerd Krumeich. Deutschland, Frankreich und der Krieg, Essen 2015, S. 289–301.

Krumeich, Gerd, Publishing Ego Documents as War Propaganda, in: Richard Bessel/Dorothee Wierling (Hg.), Inside World War One? The First World War and its Witnesses, Oxford 2018, S. 231–248. 285.

Krumeich, Gerd, Die unbewältigte Niederlage. Das Trauma des Ersten Weltkriegs und die Weimarer Republik, Freiburg 2018.

Krumeich, Gerd, Entstehung und Bedeutung des »Kriegsschuld-Paragraphen« im Versailler Vertrag, in: Gerd Althoff u. a. (Hg.), Frieden. Theorien, Bilder, Strategien. Von der Antike bis zur Gegenwart, Münster 2019, S. 314–329.

Krumeich, Gerd, Niederlage und Dolchstoßlegenden, in: Guido von Büren u. a. (Hg.), Kriegsenden in europäischen Heimaten, Neustadt a. d. Aisch 2019, S. 81–90.

Krumeich, Gerd, Revolution und Waffenstillstand 1918, in: Ute Daniel/Henning Steinführer (Hg.), Die Novemberrevolution im Kontext, Wendeburg 2020, S. 63–74.

Kühne, Thomas, Kameradschaft. Die Soldaten des nationalsozialistischen Krieges und das 20. Jahrhundert, Göttingen 2006.

Kulturamt der Stadt Düsseldorf (Hg.), Das 39er Denkmal. Eine Dokumentation, Düsseldorf 1985.

Launay, Jacques de, Secrets diplomatiques 1914–18, Paris 1963.

Leonhard, Jörn, Die Büchse der Pandora. Geschichte des Ersten Weltkriegs, München 2014.

Leonhard, Jörn, Der überforderte Frieden. Versailles und die Welt 1918–1923, München 2018.

Lerner, Paul, Hysterical men. War, Psychiatry and the politics of trauma in Germany, 1890–1930, Ithaca (N.Y.) 2003.

Lethen, Helmut, Verhaltenslehren der Kälte. Lebensversuche zwischen den Kriegen, Berlin 1994, unver. Neuaufl. Berlin 2022.

Liang, HSI-Huey, Die Berliner Polizei in der Weimarer Republik, Berlin/New York 1977.

Libero, Loretana de, Rache und Triumph. Krieg, Gefühle und Gedenken in der Moderne, München 2014.

Linder, Ann P., Princes of the Trenches. Narrating the German Experience of the First World War, Camden House, 1996.

Löffelbein, Nils, Ehrenbürger der Nation. Die Kriegsbeschädigten des Ersten Weltkriegs in Politik und Propaganda des Nationalsozialismus, Essen 2013.

Longerich, Peter, Die braunen Bataillone, Geschichte der SA, München 1989.

Longerich, Peter, Zur Attraktivität der NSDAP als Kern eines rechtsextremen Milieus in der Weimarer Republik, in: Gudrun Brockhaus (Hg.), Attraktion der NS-Bewegung, Essen 2014, S. 115–132.

Lorenz, Thomas, »Die Weltgeschichte ist das Weltgericht!« Der Versailler Vertrag in Diskurs und Zeitgeist der Weimarer Republik, Frankfurt a. M./New York 2008.

Lurz, Meinhold, Kriegerdenkmäler in Deutschland (Bd. 4: Weimarer Republik und Bd. 5: Nationalsozialismus), Heidelberg 1986.

Mai, Gunther, »Verteidigungskrieg« und »Volksgemeinschaft«. Staatliche Selbstbehauptung, nationale Solidarität und soziale Befreiung in Deutschland in der Zeit des Ersten Weltkriegs (1900–1925), in: Wolfgang Michalka (Hg.): Der Erste Weltkrieg. Wirklichkeit, Wahrnehmung, Analyse, München/Zürich 1994, S. 583–602.

Maser, Werner, Frühgeschichte der NSDAP, Frankfurt a. M./Bonn 1965.

Mason, Timothy, Sozialpolitik im Dritten Reich. Arbeiterklasse und Volksgemeinschaft, Opladen 1978.

Matzner, Florian, Der »schlafende« Krieger. Ikonographische Aspekte zum ideologischen Stellenwert von Leben und Tod, in: Michael Hütt u. a. (Hg.), Unglücklich das Land, das Helden nötig hat. Leiden und Sterben in den Kriegsdenkmälern des Ersten und Zweiten Weltkrieges, Marburg 1990, S. 57–74.

Meister, Jochen, Die Neue Wache als »Ehrenmal deutschen heldischen Sterbens«, in: Daniela Büchten/Anja Frey (Hg.), Im Irrgarten deutscher Geschichte, Die Neue Wache 1918–1933, Berlin 1993, S. 31–36.

Mergel, Thomas, Wahlen, Wahlkämpfe und Demokratie, in: Nadine Rossol/Benjamin Ziemann (Hg.), Aufbruch und Abgründe. Das Handbuch der Weimarer Republik, Darmstadt 2021, S. 198–225.

Merkl, Peter H., Political Violence under the Swastika. 581 Early Nazis, Princeton 1975.

Meschnig, Alexander, Der Wille zur Bewegung. Militärischer Traum und totalitäres Programm. Eine Mentalitätsgeschichte vom Ersten Weltkrieg zum Nationalsozialismus, Bielefeld 2008.

Meyer zu Uptrup, Wolfram, Kampf gegen die »jüdische Weltverschwörung«. Propaganda und Antisemitismus der Nationalsozialisten, Berlin 2003.

Mittenzwei, Werner, Der Untergang einer Akademie oder die Mentalität des ewigen Deutschen. Der Einfluss der nationalkonservativen Dichter an der Preußischen Akademie der Künste 1918 bis 1947. Berlin 1992.

Mosse, George, Gefallen für das Vaterland. Nationales Heldentum und namenloses Sterben, Stuttgart 1993.

Mühle, Robert W., Frankeich und Hitler 1933–1935, Paderborn/München/Wien/Zürich 1995.

Müller, Hans-Harald, Der Krieg und die Schriftsteller. Der Kriegsroman der Weimarer Republik, Stuttgart 1986.

Müller, Markus, Die Christlich-Nationale Bauern- und Landvolkpartei 1928–1933, Düsseldorf 2001.

Nägler, Frank (Hg.), Deutsche jüdische Soldaten von der Epoche der Emanzipation bis zum Zeitalter der Weltkriege; eine Ausstellung des Militärgeschichtlichen Forschungsamtes in Zusammenarbeit mit dem Moses-Mendelssohn-Zentrum, Potsdam, und dem Centrum Judaicum, Berlin, Hamburg 1996.

Nübel, Christoph, »Neuvermessungen der Gewaltgeschichte. Über den ›langen Ersten Weltkrieg‹

(1900–1930)«, in: Mittelweg 36 (2015), S. 225–248.

Otto, Kirsten, Berlins verschwundene Denkmäler, Berlin 2020.

Patin, Nicolas, La catastrophe allemande 1914–1945, Paris 2014.

Paucker, Arnold, Der jüdische Abwehrkampf gegen Antisemitismus und Nationalsozialismus in den letzten Jahren der Weimarer Republik, Hamburg [2]1969.

Paul, Gerhard, Aufstand der Bilder. Die NS-Propaganda vor 1933, Bonn [2]1992.

Pfeifer, Eva, Das Hitlerbild im Spiegel einiger konservativer Zeitungen in den Jahren 1929–1933, München 1968.

Pfleiderer, Doris, Volksbegehren und Volksentscheid gegen den Youngplan, in: Archivnachrichten 35 (2007), S. 41–48.

Pitzen, Jutta, Jupp Rübsam 1896–1976, Krefeld 1991.

Platthaus, Andreas, Lyonel Feininger. Porträt eines Lebens, Berlin 2021.

Pöhlmann, Markus, Kriegsgeschichte und Geschichtspolitik. Der Erste Weltkrieg. Die amtliche deutsche Militärgeschichtsschreibung 1914–1956, Paderborn 2002.

Pöhlmann, Markus, »Das große Erleben da draußen«. Die Reihe »Schlachten des Weltkrieges« (1920–1930), in: Thomas F. Schneider/Hans Wagener (Hg.), Von Richthofen bis Remarque. Deutschsprachige Prosa zum I. Weltkrieg, Amsterdam 2003, S. 113–131.

Prost, Antoine, Les anciens combattants et la société française (Bd. 3: Idéologies et mentalités), Paris 1977.

Prost, Antoine, Les Monuments aux Morts. Culte républicain? Culte civique? Culte patriotique? in: Pierre Nora (Hg.), Les lieux de Mémoire (Bd. 1: La République), Paris 1984, S. 195–225.

Prost, Antoine/Gerd Krumeich, Verdun 1916. Une histoire franco-allemande de la bataille, Paris 2015.

Prümm, Karl, Die Literatur des soldatischen Nationalismus der zwanziger Jahre, Kronberg/Ts. 1974.

Pufelska, Agnieszka, Stabile Feindbilder gegen die instabile Zeit: Der »jüdische Bolschewismus« als Propagandainstrument in der Weimarer Republik, in: Jörg Ganzenmüller (Hg.), Verheißung und Bedrohung. Die Oktoberrevolution als globales Ereignis, Köln 2019, S. 127–146.

Pyta, Wolfram, Dorfgemeinschaft und Parteipolitik 1918–1933. Die Verschränkung von Milieu und Parteien in den protestantischen Landgebieten Deutschlands in der Weimarer Republik, Düsseldorf 1996.

Pyta, Wolfram, Hindenburg. Herrschaft zwischen Hohenzollern und Hitler, München 2007.

Pyta, Wolfram, Die Privilegierung des Frontkämpfers gegenüber dem Feldmarschall, in: Ute Daniel u. a. (Hg.), Politische Kultur und Medienwirklichkeiten in den 1920er Jahren, München 2010, S. 147–180.

Pyta, Wolfram/Carsten Kretschmann (Hg.), Burgfrieden und Union Sacrée. Literarische Deutungen und politische Ordnungsvorstellungen in Deutschland und Frankreich 1914–1933, München 2011.

Pyta, Wolfram, Hitler. Der Künstler als Politiker und Feldherr, München 2015.

Reichardt, Hans J./Wolfgang Schäche, Von Berlin nach Germania, Berlin 1998.

Reichardt, Sven, »Märtyrer« der Nation. Überlegungen zum Nationalismus in der Weimarer Republik, in: Jörg Echternkamp/Oliver Müller (Hg.), Die Politik der Nation. Deutscher Nationalismus in Krieg und Krisen 1760–1960, München 2002, S. 173–202.

Reichardt, Sven, Faschistische Kampfbünde. Gewalt und Gemeinschaft im italienischen Squadrismus und in der deutschen SA, Köln/Weimar/Wien 2002.

Reichardt, Sven, Totalitäre Gewaltpolitik? Überlegungen zum Verhältnis von nationalsozialistischer und kommunistischer Gewalt in der Weimarer Republik, in: Wolfgang Hardtwig (Hg.), Ordnungen in der Krise, München 2007, S. 377–402.

Renouvin, Pierre, L'Armistice de Rethondes. 11 novembre 1918, Paris 1968.

Renz, Irina, Erziehungsstätte für die heranwachsenden Geschlechter im Geist des neuen Deutschland. Das Kriegsmuseum der Weltkriegsbücherei, in: Christian Westerhoff (Hg.), 100 Jahre Bibliothek für Zeitgeschichte, 1915–2015, Stuttgart 2015, S. 48–71.

Retterath, Jörn, Was ist das Volk? Volks- und Gemeinschaftskonzepte der politischen Mitte in Deutschland 1917–1924, Berlin/Boston 2016.

Riecker, Joachim, Hitlers 9. November: wie der Erste Weltkrieg zum Holocaust führte, Berlin 2009.

Roerkohl, Anne, Hungerblockade und Heimatfront, Stuttgart 1991.

Rohe, Karl, Das Reichsbanner Schwarz-Rot-Gold, Düsseldorf 1966.

Rohkrämer, Thomas, Die fatale Attraktion des Nationalsozialismus, Paderborn 2013.

Roloff, Ernst-August, Bürgertum und Nationalsozialismus 1930–1933. Braunschweigs Weg ins Dritte Reich, Hannover 1961.

Rosenhaft, Eve, Links gleich rechts? Militante Straßengewalt um 1930, in: Thomas Lindenberger/Alf Lüdtke (Hg.), Physische Gewalt. Studien zur Geschichte der Neuzeit, Frankfurt a. M. [2]2016, S. 238–275.

Rosensprung, Jan, »Gegen eine Welt von Feinden«. Der Einfluss des Ersten Weltkriegs auf die frühen Mitglieder der NSDAP, in: Jürgen W. Falter (Hg.), Wie ich den Weg zum Führer fand. Beitrittsmotive und Entlastungsstrategien von NSDAP-Mitgliedern, Frankfurt a. M. 2022, S. 95–124.

Rosenthal, Jacob, Die Ehre des jüdischen Soldaten. Die Judenzählung im Ersten Weltkrieg und ihre Folgen, Frankfurt a. M./New York 2007.

Rossol, Nadine/Benjamin Ziemann (Hg.), Aufbruch und Abgründe. Das Handbuch der Weimarer Republik, Darmstadt 2021.

Rother, Rainer, Der unbekannte Soldat, in: Gerhard P. Groß (Hg.), Die vergessene Front. Der Osten 1914/15, Paderborn 2006, S. 353–371.

Rüter, Hubert, Remarque. Im Westen nichts Neues, Paderborn 1980.

Saehrendt, Christian, Der Stellungskrieg der Denkmäler. Kriegerdenkmäler im Berlin der Zwischenkriegszeit (1919–1939), Bonn 2004.

Sammet, Rainer, »Dolchstoß«. Deutschland und die Auseinandersetzung mit der Niederlage im Ersten Weltkrieg, Berlin 2003.

Sarkowicz, Hans/Alf Mentzer, Literatur in Nazi-Deutschland. Ein biografisches Lexikon, Hamburg/Wien 2000.

Scherb, Ute, Wir bekommen die Denkmäler, die wir verdienen. Freiburger Monumente im 19. und 20. Jahrhundert, Freiburg 2005.

Schmidt, Daniel u. a. (Hg.), Wegbereiter des Nationalsozialismus, Essen 2015.

Schmölders, Claudia, Hitlers Gesicht. Eine physiognomische Biographie, München 2000.

Schneider, Gerhard, »… nicht umsonst gefallen«? Kriegerdenkmäler und Kriegstotenkult in Hannover, Hannover 1991.

Schneider, Thomas F., »Krieg ist Krieg schließlich«. Erich Maria Remarque: Im Westen nichts Neues, in: ders./Hans Wagener (Hg.), Von Richthofen bis Remarque. Deutschsprachige Prosa zum I. Weltkrieg, Amsterdam/New York 2003.

Schneider, Thomas F., Das virtuelle Denkmal des unbekannte Soldaten: Erich Maria Remarques »Im Westen nichts Neues« und die Popularisierung des Ersten Weltkriegs, in: Barbara Korte u. a. (Hg.): Der Erste Weltkrieg in der populären Erinnerungskultur, Essen 2008, S. 89–98.

Schneider, Thomas F., Die Autoren und Bücher der deutschsprachigen Literatur zum Ersten Weltkrieg 1914–1939: ein bio-bibliographisches Handbuch, Göttingen 2008.

Schneider, Thomas F., Die Meute hinter Remarque. Zur Rezeption von Im Westen nichts Neues 1928–1930, in: Jahrbuch zur Literatur der Weimarer Republik 1 (1995), S. 143–170.

Schöning, Matthias, Versprengte Gemeinschaft. Kriegsroman und intellektuelle Mobilmachung in Deutschland, 1914–1933, Göttingen 2009.

Schrade, Hubert, Das Deutsche Nationaldenkmal. Idee, Geschichte, Aufgabe, München 1934.

Schrader, Bärbel, Der Fall Remarque. Im Westen nichts Neues. Eine Dokumentation, Leipzig 1992.

Schranz, Daniel, Der Friedensvertrag als Beutestück. Zum Schicksal der Originalurkunde des Versailler Vertrages im Zweiten Weltkrieg, in: Gerd Krumeich (Hg.), Versailles 1919. Ziele – Wirkung – Wahrnehmung, Essen 2001, S. 342–350.

Schröder, Anette, Vom Nationalismus zum Nationalsozialismus. Die Studenten der Technischen Hochschule Hannover von 1925 bis 1938, Hannover 2003.

Schröder, Joachim, Der Erste Weltkrieg und der »jüdische Bolschewismus«, in: Gerd Krumeich (Hg.), Nationalsozialismus und Erster Weltkrieg, Essen 2010, S. 77–96.

Schulz, Gerhard, Aufstieg des Nationalsozialismus. Krise und Revolution in Deutschland, Frankfurt a. M./Berlin/Wien 1975.

Schulze, Hagen, Weimar. Deutschland 1917–1933, Berlin [2]1994.

Schumann, Dirk, Politische Gewalt in der Weimarer Republik. Kampf um die Straße und Furcht vor dem Bürgerkrieg, Essen 2001.

Schwabe, Klaus (Hg.), Quellen zum Friedensschluss von Versailles, Darmstadt 1997.

Schwengler, Walter, Völkerrecht, Versailler Vertrag und Auslieferungsfrage, Stuttgart 1982.

Siebrecht, Claudia, Die Präsenz des Ersten Weltkrieges in der Kultur der Weimarer Republik, in: Nadine Rossol/Benjamin Ziemann (Hg.), Aufbruch und Abgründe. Das Handbuch der Weimarer Republik, Darmstadt 2021, S. 848–875.

Siefken, Hinrich, »Thomas Manns Essay ›Bruder Hitler‹«, in: German Life and Letters 35 (1982), S. 165–181.

Siemens, Daniel, Sturmabteilung. Die Geschichte der SA, München 2019.

Skor, Holger, Brücken über den Rhein. Frankreich in der Wahrnehmung und Propaganda des Dritten Reiches, 1933–1939, Essen 2011.

Smith, Bradley F., »Die Überlieferung der Hossbach-Niederschrift im Lichte neuer Quellen«, in: Vierteljahreshefte für Zeitgeschichte 38 (1980), S. 329–336.

Sontheimer, Kurt, Antidemokratisches Denken in der Weimarer Republik, München [2]1983.

Sösemann, Bernd, Der Erste Weltkrieg im propagandistischen Kalkül von Joseph Goebbels, in: Gerd Krumeich (Hg.), Nationalsozialismus und Erster Weltkrieg, Essen 2010, S. 53–76.

Späth, Nico, Das Thema hatte es in sich: Die Reaktion der deutschen und amerikanischen Presse auf Erich Maria Remarques Im Westen nichts Neues, Göttingen 2020.

Springer, Bernd F. W., »Demütigung, Ehre, Heldengedenken. Der Schriftsteller Paul Coelestin Ettighoffer zwischen soldatischem Nationalismus und Nationalsozialismus«, in: Annuari de Filologia. Literatures centemporànies 10/2020, S. 1–27.

Springer, Bernd F. W., Paul Coelestin Ettighoffers Kriegsroman Gespenster am Toten Mann. Ein Anti-Remarque-Buch?, in: Claudia Junk/Thomas F. Schneider (Hg.), Wenn Soldaten wie Gespenster sind. Literarische Verarbeitung der Kriege des 20. Jahrhunderts, Göttingen 2021, S. 97–132.

Stambolis, Barbara, Mythos Jugend – Leitbild und Krisensymptom, Schwalbach 2003.

Stambolis, Barbara, Aufgewachsen in »eiserner Zeit«. Kriegskinder zwischen Erstem Weltkrieg und Weltwirtschaftskrise, Gießen 2014.

Stephenson, Scott, The Final Battle. Soldiers of the Western Front and the German Revolution of 1918, Cambridge 2009.

Stöber, Rudolf, Die erfolgverführte Nation. Deutschlands öffentliche Stimmungen 1866 bis 1945, Stuttgart 1998, S. 52–55.

Stoffels, Michaela, Kriegerdenkmale als Kulturobjekte. Trauer- und Nationskonzepte in Monumenten der Weimarer Republik, Köln/Weimar/Wien 2011.

Stöver, Bernd, Volksgemeinschaft im Dritten Reich. Die Konsensbereitschaft der Deutschen aus der Sicht sozialistischer Exilberichte, Düsseldorf 1993.

Striefler, Christian, Kampf um die Macht. Kommunisten und Nationalsozialisten am Ende der Weimarer Republik, Berlin 1993.

Swett, Pamela, Neighbors and Enemies. The Culture of Radicalism in Berlin 1929–1933, Cambridge 2004.

Thamer, Hans-Ulrich, Nationalsozialismus und Denkmalskult, in: Historische Denkmäler. Vergangenheit im Dienste der Gegenwart, Bergisch-Gladbach 1994, S. 9–36.

Thamer, Hans-Ulrich, Die Repräsentation der Diktatur. Geschichts- und Propagandaausstellungen im nationalsozialistischen Deutschland und im faschistischen Italien, in: Christoph Dipper u. a. (Hg.), Faschismus und Faschismen im Vergleich, Köln 1998, S. 229–248.

Thamer, Hans-Ulrich, Volksgemeinschaft: Mensch und Masse, in: Richard van Dülmen (Hg.), Die Erfindung des Menschen. Schöpfungsträume und Körperbilder 1500–2000, Wien/Köln/Weimar 1998, S. 367–386.

Thamer, Hans-Ulrich, Faszination und Manipulation. Die Nürnberger Reichsparteitage der NSDAP, in: Uwe Schultz (Hg.), Das Fest. Eine Kulturgeschichte von der Antike bis zur Gegenwart, München 1988, S. 352–368.

Thorau, Dagmar/Gernot Schulinski (Hg.), Mythos Germania. Vision und Verbrechen, Berlin 2014.

Tietz, Jürgen, Das Tannenberg-Nationaldenkmal. Architektur, Geschichte, Kontext, Berlin 1999.

Tyrell, Albrecht, IV. Reichsparteitag der NSDAP, Göttingen 1978 (= Publikationen zu wissenschaftlichen Filmen hg. vom Institut für den wissenschaftlichen Film).

Ulrich, Bernd, »… als wenn nichts geschehen wäre«. Anmerkung zur Behandlung der Kriegsopfer während des Ersten Weltkriegs, in: Gerhard Hirschfeld u. a. (Hg.), »Keiner fühlt sich hier mehr als Mensch …«. Erlebnis und Wirkung des Ersten Weltkriegs, Essen 1993, S. 115–130.

Ulrich, Bernd/Benjamin Ziemann (Hg.), Krieg im Frieden. Die umkämpfte Erinnerung an den Ersten Weltkrieg, Frankfurt a. M. 1997.

Ulrich, Bernd u. a. (Hg.), Volksbund Deutsche Kriegsgräberfürsorge. Entwicklungslinien und Probleme, Berlin 2019.

Unruh, Karl, Langemarck. Legende und Wirklichkeit, Koblenz 1986.

Verhey, Jeffrey, The Spirit of 1914. Militarism, Myth and Mobilization in Germany, Cambridge 2000.

Vogelsang, Thilo, »Neue Dokumente zur Geschichte der Reichswehr 1930–1933«, in: Vierteljahreshefte für Zeitgeschichte 2 (1954), S. 397–456.

Vondung, Klaus, Magie und Manipulation. Ideologischer Kult und politische Religion des Nationalsozialismus, Göttingen 1971.

Wagener, Hans, Als Zeuge im Verhör, zum Ideologieverdacht in Sachen Dwinger, in: Jörg Thunecke (Hg.), Leid der Worte. Panorama des literarischen Nationalsozialismus, Bonn 1987, S. 278–299.

Walter, Dirk, Antisemitische Kriminalität und Gewalt: Judenfeindschaft in der Weimarer Republik, Bonn 1999.

Waßmer, Johannes, Die neuen Zeiten im Westen und das ästhetische Niemandsland. Phänomenologie der Beschleunigung und Metaphysik der Geschichte in den Westfront-Romanen des Ersten Weltkriegs, Freiburg 2018.

Weber, Thomas, Hitlers Erster Krieg. Der Gefreite Hitler im Weltkrieg – Mythos und Wahrheit, Berlin 2011.

Wegner, Larissa, Occupatio bellica. Die deutsche Armee in Nordfrankreich 1914–1918, Göttingen 1923.

Wehler, Hans-Ulrich, Deutsche Gesellschaftsgeschichte (Bd. 4), München 2003.

Weinrich, Arndt, Der Weltkrieg als Erzieher. Jugend zwischen Weimarer Republik und Nationalsozialismus, Essen 2013.

Weinrich, Arndt, Le traumatisme de la défaite. Mémoires et politiques mémorielles en Allemagne – 1918–1939, in: Laurent Jalabert u. a. (Hg.), La longue mémoire de la Grande guerre. Regards croisés franco-allemands de 1918 à nos jours, Villeneuve d'Asq 2017, S. 109–122.

Weisbrod, Bernd, »Gewalt in der Politik. Zur politischen Kultur in Deutschland zwischen den beiden Weltkriegen«, in: GWU 43 (1992), S. 391–404.

Westerhoff, Christian, »Eine Sammel- und Pflegestätte nationaler Geschichtsforschung«. Die Weltkriegsbücherei in Stuttgart in der Weimarer Republik und im »Dritten Reich«, in: Zeitschrift für Württembergische Landesgeschichte 76 (2017), S. 331–359.

Westphalen, Tilman (Hg.), Im Westen nichts Neues. Mit Materialien, Köln [7]2002.

Wildt, Michael, Volksgemeinschaft als politischer Topos in der Weimarer Republik, in: Alfred Gottwaldt (Hg.), NS-Gewaltherrschaft, Berlin 2005, S. 23–39.

Wildt, Michael, Geschichte des Nationalsozialismus, Göttingen 2008.

Wildt, Michael, Die Ungleichheit des Volks, in: Frank Bajohr/Michael Wildt (Hg.), Volksgemeinschaft: neue Forschungen zur Gesellschaft des Nationalsozialismus, Frankfurt a. M., 2009.

Wildt, Michael, Zerborstene Zeit. Deutsche Geschichte 1918–1945, München 2022.

Winkle, Ralph, Der Dank des Vaterlandes. Eine Symbolgeschichte des Eisernen Kreuzes, 1914–1936, Essen 2007.

Winkle, Ralph, »Kriegserfahrung und Anerkennungserwartungen – zur Bedeutung symbolischer Gratifikation im Nationalsozialismus«, in: Rheinisch-westfälische Zeitschrift für Volkskunde 54 (2009), S. 131–149.

Wirsching, Andreas, Vom Weltkrieg zum Bürgerkrieg. Politischer Extremismus in Deutschland und Frankreich 1918–1933/39. Berlin und Paris im Vergleich, München 1999.

Zelnhefer, Siegfried, Die Reichsparteitage der NSDAP, Nürnberg 1991.

Ziemann, Benjamin, Die deutsche Nation und ihr zentraler Erinnerungsort. Das »Nationaldenkmal für die Gefallenen im Weltkriege« und die Idee des »Unbekannten Soldaten« 1914–1935, in: Helmut Berding u. a. (Hg.), Krieg und Erinnerung. Fallstudien zum 19. und 20. Jahrhundert, Göttingen 2000, S. 67–91.

Ziemann, Benjamin, Veteranen der Republik. Kriegserinnerung und demokratische Politik 1918–1933, Bonn 2014.

Zwach, Eva, Deutsche und englische Militärmuseen im 20. Jahrhundert, Münster 1997.

Abbildungen

Seite 22: gemeinfrei via Deutsche Digitale Bibliothek

Seite 25: gemeinfrei via Deutsche Digitale Bibliothek

Seite 31: gemeinfrei via UB Heidelberg

Seite 54: mit freundlicher Genehmigung des NIOD

Seite 60: © Heinrich Hoffmann / Bundesarchiv

Seite 104: © akg-images

Seite 135: © mauritius images / Shawshots / Alamy / Alamy Stock Photos

Seite 157, 158: © mauritius images / War posters / Alamy / Alamy Stock Photos

Seite 159: © Fox Photos / Freier Fotograf / GettyImages

Seite 194: Buchcover, gemeinfrei

Seite 208: © picture-alliance / akg-images | akg-images

Seite 211: © Bundesarchiv

Seite 212: © mauritius images / Skimage / Alamy / Alamy Stock Photos

Seite 214: © Bundesarchiv

Seite 218: Historische Ansichtskarte

Seite 221: gemeinfrei via Wikimedia

Seite 223 oben: © Ralf Liebhold / shutterstock

Seite 223 unten: © Deutsche Fotothek / Richard Kuöhl

Seite 227: © Deutsche Fotothek / Uwe Gerig

Seite 235: Das Langemarckbuch der Deutschen Studentenschaft, hg. v. Karl August Walther, Leipzig 1933, Frontispiz und Titelblatt

Seite 241: © bpk / Deutsches Historisches Museum / Sebastian Ahlers

Seite 257: © mauritius images / JT Vintage / JT Vintage

Seite 279: Reproduktion eines Negativs aus dem Archiv des Autors

Personenregister

H

J

K

L

M

N

O

P

R